Studieren, aber was?

Dieter Herrmann
Angela Verse-Herrmann

Studieren, aber was?

Die richtige Studienwahl für optimale Berufsperspektiven

eichborn
berufsstrategie

Die Autoren:

Dr. Dieter Herrmann, mehrjährige Tätigkeit als Studienberater für deutsche und ausländische Studierende an der Universität Bonn, ist Geschäftsführer einer Wissenschaftsorganisation.

Dr. Angela Verse-Herrmann war mehrere Jahre Mitarbeiterin in der Zentralen Studienberatung der Universität Trier. Sie arbeitet als Autorin und Seminarleiterin im Bereich Studien- und Berufsplanung sowie als private Studienberaterin (www.bw-dienste.de).

Zahlreiche gemeinsame Veröffentlichungen, zuletzt: *1000 Wege nach dem Abitur. So entscheide ich mich richtig* (2010); *Der große Berufswahltest. So entscheide ich mich für den richtigen Beruf* (2009); *Der große Studienwahltest. So entscheide ich mich für das richtige Studienfach* (2008); *Erfolgreich bewerben an Hochschulen. So bekommen Sie Ihren Wunschstudienplatz* (2008).

Für die vielen Hilfen an diesem Buch ein herzlicher Dank an Annika Richter, Nackenheim.

1. Auflage 2010

Umschlaggestaltung: Christina Hucke
Lektorat: Christin Geweke
Satz: Oliver Schmitt
Druck und Bindung: FVA, Fulda
ISBN 978-3-8218-5993-4

FSC © Mix
Produktgruppe aus vorbildlich bewirtschafteten Wäldern, kontrollierten Herkünften und Recyclingholz oder -fasern
www.fsc.org Zert.-Nr. SCS-COC-001554
© 1996 Forest Stewardship Council

Eichborn Verlag, Kaiserstraße 66, 60329 Frankfurt am Main
Mehr Informationen zu Büchern und Hörbüchern aus dem Eichborn Verlag finden Sie unter www.eichborn.de

Inhalt

Vor dem Studium kommt der Studienplatz 146

Der Blick nach vorn: Berufliche Möglichkeiten nach dem Hochschulstudium 161

Beliebte und gefragte Studienbereiche 178

Liebe Leserin, lieber Leser,

wenn Sie sich für unser Buch *Studieren, aber was?* interessieren, werden Sie wahrscheinlich im nächsten oder darauf folgenden Jahr das Abitur oder die Fachhochschulreife ablegen. Sie sind sich vielleicht noch nicht sicher, ob Sie direkt studieren oder erst einmal eine berufliche Ausbildung machen wollen. Eventuell haben Sie auch gehört, dass es seit einigen Jahren Kombinationsausbildungen gibt, in denen Sie parallel eine Lehre und ein Studium absolvieren können. Möglicherweise haben Sie sich bereits dafür entschieden zu studieren, sind sich jedoch noch nicht sicher, ob ein Studium an einer Fachhochschule oder an einer Universität das Richtige für Sie ist. Und Sie wissen noch nicht genau, welches Studienfach Sie belegen wollen. Sie fragen sich womöglich, wie die Berufschancen später sein werden oder wie Sie ein Studium finanzieren können. Wenn einige dieser Punkte auf Sie zutreffen, werden Ihnen die folgenden Kapitel bei Ihrer Entscheidungsfindung weiterhelfen.

Damit Sie dieses Buch optimal nutzen können, möchten wir Ihnen einige Informationen zum Aufbau geben: Zunächst erfahren Sie, welche Möglichkeiten Ihnen das Abitur oder die Fachhochschulreife bieten. Sie können zwischen acht verschiedenen Wegen wählen. Sollten Sie nach der Lektüre des ersten Kapitels zu der Überzeugung gelangt sein, dass Sie studieren wollen, werden wir Ihnen bei der Entscheidung helfen, ob ein Universitäts- oder Fachhochschulstudium für Sie passender ist. Im nächsten Kapitel werden wir Sie mit den Studienmöglichkeiten an deutschen Hochschulen vertraut machen; auch hier gibt es wieder viele verschiedene Wege. Wir werden Ihnen zeigen, was für ein Studium an einer staatlichen und an einer privaten Hochschule spricht und ob man besser in Deutschland oder im Ausland studieren sollte.

Danach werden Ihnen 180 Studienfächer im Überblick vorgestellt. Wir werden Ihnen eine Anleitung geben, mit der Sie im Gewirr dieser vielen Möglichkeiten das für Sie optimale Studium herausfinden können. In weiteren zwei Kapiteln erfahren Sie, welche Fächerkombinationen und Abschlüsse möglich sind und wie Sie sich richtig entscheiden. Nachdem Sie Ihre Wahl getroffen haben, werden Sie wissen wollen, wie Sie an Ihren Wunsch- bzw. Traumstudienplatz herankommen. In diesem Zusammenhang bieten wir zahlreiche Informationen über die optimale Vorbereitung auf die Aufnahmeprüfung, die Sie mittlerweile in vielen Fächern erwartet. Und natürlich möchten Sie auch einen Eindruck davon bekommen, welche beruflichen Chancen Sie nach Ihrem Studium einmal haben werden. Im Anschluss werden Ihnen die beliebtesten Studienbereiche genauer vorgestellt. Und da Sie Ihr Studium auch irgendwie finanzieren müssen, erfahren Sie, welche verschiedenen Wege hierfür möglich sind.

Was Sie zwischen Bewerbung, Studienplatzzulassung und Studienbeginn noch alles beachten müssen, gibt Ihnen schließlich das letzte Kapitel mit auf den Weg. Zudem haben wir jede Menge Adressen von Ansprechpartnern für weitergehende Beratungsmöglichkeiten und Internet-Angebote für Sie zusammengestellt.

Neben den künftigen Studenten möchten wir uns in diesem Buch auch an die Eltern wenden, die ihrer Tochter oder ihrem Sohn helfen wollen, die richtige Entscheidung für die Zukunft zu fällen. Genauso möchten wir auch Lehrer und andere Menschen ansprechen, zu deren Aufgabe die Erziehung oder Beratung junger Leute gehört. Auch Sie laden wir ein, sich mit dem Thema »Studium« zu beschäftigen und Anregungen für Ihre Arbeit zu gewinnen.

Die ersten vier Ausgaben dieses Buches stießen auf sehr gute Resonanz. Aus diesem Grund haben wir sämtliche Informationen aktualisiert und alle neuen Entwicklungen in diese Neuausgabe aufgenommen.

Alle Angaben wurden gründlich zusammengetragen und geben den Stand Ende April 2010 wieder. Da sich im Bereich Ausbildung und Studium immer wieder schnelle Veränderungen ergeben, kann für die tagesaktuelle Vollständigkeit und Richtigkeit des Inhalts keine Gewähr übernommen werden. Die Autoren und der Verlag freuen sich über Anregungen. Schreiben Sie bitte an:

Dr. Dieter Herrmann und Dr. Angela Verse-Herrmann
E-Mail: *versea@aol.com*

Viel Spaß bei der Lektüre des Buches und einen erfolgreichen Start ins Studium wünschen Ihnen

Ihre Autoren

Studium und interessante Alternativen: Ausbildungsmöglichkeiten nach dem Abitur und der Fachhochschulreife

Die Entscheidung für eine bestimmte Ausbildung, gleichgültig ob für eine Berufsausbildung oder für ein Studium, ist eine der wichtigsten im Leben. Sie ist mitentscheidend für den späteren beruflichen Werdegang, zumindest wird damit die Richtung festgelegt. Sie ist auch prägend für die künftige Entwicklung der Persönlichkeit – es werden neue intellektuelle Fähigkeiten erworben, und häufig finden sich im neuen Umfeld auch neue Freunde und spätere Partner. Es ist verständlich, dass sich viele Jugendliche mit der Wahl eines bestimmten Berufes schwertun. Andererseits entsteht in Zeiten, in denen Ausbildungs- und Arbeitsplätze zu einem knappen Gut geworden sind, bei vielen der Eindruck, überhaupt keine Wahlmöglichkeiten zu haben. Viele glauben sofort zugreifen zu müssen, wenn sich eine Ausbildungsmöglichkeit eröffnet, auch wenn diese in Anbetracht der eigenen Interessen und Fähigkeiten nur einen leidlichen Kompromiss darstellt. Entscheidungsfreude ist zum richtigen Zeitpunkt sicherlich geboten, zuvor sollte man allerdings wissen, welche Chancen das Abitur oder die Fachhochschulreife überhaupt bieten. Entscheiden kann man sich nur dann richtig, wenn einem alle Optionen bekannt sind. Aber nur wenige Abiturienten wissen um ihre Möglichkeiten. Die meisten glauben, mit dem Abitur könne man entweder eine Lehre machen oder studieren. Es gibt aber, wie wir gleich sehen werden, erheblich mehr und auch interessante Alternativen.

Deshalb lautet der erste Schritt zur optimalen Entscheidung: in Erfahrung bringen, was überhaupt zur Auswahl steht.

Welche Ausbildungsmöglichkeiten gibt es nach dem Abitur oder der Fachhochschulreife und wie lang dauern sie?

Nach dem Abitur:

Studium	Dauer in Jahren durchschnittlich
an Universitäten	3–3 ½ in Studiengängen mit dem Abschluss Bachelor 5–6 in Studiengängen mit den Abschlüssen Master (Studienzeit des vorherigen Bachelors schon eingerechnet) und Staatsexamen
an Technischen Universitäten/ Hochschulen	3–3 ½ in Studiengängen mit dem Abschluss Bachelor 5–6 in Studiengängen mit den Abschlüssen Master (Studienzeit des vorherigen Bachelors schon eingerechnet) und Staatsexamen
an Kunst-, Sport-, Musikhochschulen	4–6
an Fachhochschulen	3 ½–4 in Studiengängen mit dem Abschluss Bachelor (ohne Vorpraktikum) 5–6 mit dem Abschluss eines Masterstudiengangs (ohne Vorpraktikum, Studienzeit des vorherigen Bachelors schon eingerechnet)

Ein wichtiger Hinweis zum besseren Verständnis der Studiendauer in Bachelor- und Masterstudiengängen (s. auch S. 107 f.): An Universitäten und Fachhochschulen haben die Bachelor- und Masterstudiengänge eine unterschiedliche Dauer. An Universitäten und Technischen Universitäten sind Bachelorstudiengänge auf eine Studiendauer von drei Jahren angelegt, ein darauf aufbauender Masterstudiengang dauert zwei weitere Jahre. Somit müssen mindestens fünf Jahre Studienzeit veranschlagt werden.

An Fachhochschulen hingegen dauern Bachelorstudiengänge in der Regel dreieinhalb Jahre. Einige Fachhochschulen bieten auch dreijährige Studiengänge an, vereinzelt findet man zudem Bachelorstudiengänge mit vierjähriger Studienzeit. Auch bei den Masterstudiengängen an Fachhochschulen gibt es Unterschiede zu den Universitäten: Sie dauern zumeist eineinhalb Jahre, seltener zu finden sind einjährige oder zweijährige Masterangebote. Ein kombiniertes Bachelor- und Masterstudium an Fachhochschulen dauert aber so ebenfalls mindestens fünf Jahre.

Berufliche Ausbildung	Dauer in Jahren durchschnittlich
in einem anerkannten Ausbildungsberuf	2 ½ –3 ½
durch Sonderausbildungsgänge der Wirtschaft	2–3
an einer Berufsakademie	3
im öffentlichen Dienst (gehobener Dienst)	3
in einer Berufsfachschulausbildung	2–4

Die Fachhochschulreife bietet folgende Möglichkeiten:

Studium	Dauer in Jahren durchschnittlich
an Fachhochschulen	3 ½–4 in Studiengängen mit dem Abschluss Bachelor (ohne Vorpraktikum) 5–6 mit dem Abschluss eines Masterstudiengangs (ohne Vorpraktikum, Studienzeit des vorherigen Bachelors schon eingerechnet)
an Kunst- und Musikhochschulen	4–6

Berufliche Ausbildung	Dauer in Jahren durchschnittlich
in einem anerkannten Ausbildungsberuf	2 ½–3 ½
durch Sonderausbildungsgänge der Wirtschaft (nur eingeschränkt)	2–3
an einer Berufsakademie (nur eingeschränkt)	3
im öffentlichen Dienst (gehobener Dienst)	3
in einer Berufsfachschulausbildung	2–4

Aus dieser Übersicht wird deutlich:

1. Abiturienten steht fast jede Ausbildung offen. Einzige Einschränkung: Es gibt keine Garantie, den Ausbildungsplatz zu bekommen.
2. Mit dem Abitur kann man theoretisch an allen Hochschulen studieren, mit der Fachhochschulreife sind die Möglichkeiten eingeschränkt.
3. Bei den beruflichen Ausbildungen sind die Möglichkeiten mit Abitur und Fachhochschulreife praktisch gleich.
4. Es gibt neben dem Studium viele andere Optionen, eine berufliche Qualifikation für den Arbeitsmarkt zu erwerben.

Rund 350 Angebote: Betriebliche Ausbildungen

Fast alle Hauptschüler/innen, die meisten, die die Schule mit einem Realschulabschluss verlassen, und über ein Drittel der Abiturienten eines Jahrgangs entscheiden sich für einen der rund 350 anerkannten Ausbildungsberufe. Begehrt sind bei Hauptschülern vor allem technische und handwerkliche Berufsausbildungen, bei Realschülern technische (einschließlich Informatik) und kaufmännische Ausbildungen sowie Gesundheitsberufe, bei Schülern mit Abitur oder Fachhochschulreife kaufmännische Ausbildungen in Banken, Versicherungen, Tourismusunternehmen und Ausbildungen in Bereichen der Informatik, der Medien, in sozialen und zum Teil auch handwerklichen Berufen. Besonders viele Lehrverträge wurden von den rd. 86.000 Abiturienten, die jedes Jahr eine Ausbildung beginnen, als Bankkaufmann/frau, Fachinformatiker/in, Fotograf/in, Gestalter/in für visuelles Marketing, Immobilienkaufmann/frau, Industriekaufmann/frau, Kaufmann/frau für audiovisuelle Medien, Kaufmann/frau im Groß- und Außenhandel, Kaufmann/frau für Marketingkommunikation (früher Werbekaufmann/frau), Kaufmann/frau für Versicherung und Finanzen, Luftverkehrskaufmann/frau, Mediengestalter/in Bild und Ton bzw. Mediengestalter/in Digital und Print, Medienkaufmann/frau Digital und Print, Steuerfachangestellte/r und Zahntechniker/in abgeschlossen.

Egal, für welche Ausbildung man sich entscheidet, sie läuft nach einem bestimmten Schema ab, dem sogenannten dualen System: Das heißt, die praktische Ausbildung im Betrieb wechselt sich mit dem theoretischen Unterricht in der Berufsschule (ein bis zwei Tage pro Woche oder in entsprechenden Blöcken) ab. Das Verhältnis Praxis zu Theorie beträgt etwa drei Viertel zu einem Viertel. Die meisten Ausbildungen sind auf drei Jahre angelegt. Eine wichtige Information für Abiturienten: Für sie besteht die Möglichkeit einer Verkürzung auf zwei bis zweieinhalb Jahre, wenn die Leistungen im Betrieb und in der Berufsschule stimmen und wenn der Ausbildungsbetrieb damit einverstanden ist.

Die Ausbildung endet mit einer Prüfung vor der Industrie- und Handelskammer oder vor der Handwerkskammer. Was an Prüfungsleistungen erbracht werden muss, ist genau geregelt und wird vom Staat kontrolliert. Während der Ausbildung wird generell eine Ausbildungsvergütung gezahlt, die – je nach Beruf und ansteigend mit dem Ausbildungsjahr – zwischen 300 und 1.000 Euro liegt. Die praktische Ausbildung steht bei der betrieblichen Ausbildung eindeutig im Vordergrund.

Interessant ist eine betriebliche Ausbildung also für all diejenigen, die einen möglichst raschen Berufseinstieg und damit schnelle finanzielle Unabhängigkeit sowie einen großen Praxisanteil in der Ausbildung anstreben. Die Bewerbung um einen Ausbildungsplatz beginnt etwa ein Jahr vor dem Abitur oder der Fachhochschulreife. Vor allem bei großen Unternehmen (u. a. bei Banken und Versicherungen) sollte man sich bis zu eineinhalb Jahre vor Ausbildungsbeginn (1. August / 1. September eines Jahres) bewerben.

Die Auswahl erfolgt anhand der eingereichten Bewerbungsunterlagen. Wer zum Vorstellungsgespräch eingeladen wird, hängt vom letzten Schulzeugnis, vom Gesamteindruck der Bewerbung und von den Noten in den Fächern ab, die für die Ausbildung wichtig sind. Da es sich in der Regel um die erste Bewerbung handelt, sollte man hierbei sehr gründlich vorgehen. Eine schlampige, fehlerhafte Bewerbung kann nicht durch noch so gute Schulnoten kompensiert werden. Personalverantwortliche legen auf eine komplette und ordentliche Bewerbungsmappe besonderen Wert.

Literaturtipp: Hesse/Schrader, *Die perfekte Bewerbungsmappe für Ausbildungsplatzsuchende. Die 50 besten Beispiele erfolgreicher Kandidaten,* 2010 (mit CD-ROM).

Informationen zu den Ausbildungsberufen erhält man bei der Berufsberatung der Bundesagentur für Arbeit und in den Berufsinformationszentren (BIZ), in denen viele Materialien zu Lehrberufen zum Mitnehmen ausliegen. Auch werden Ausbildungsberufe in der Berufe-Datenbank der Bundesagentur unter *www.berufenet.arbeitsagentur.de* sehr gut beschrieben. Die Recherche kann zudem branchenspezifisch erfolgen, etwa unter: *www.autoberufe.de, www.bankazubi.de, www.berufe-im-gastgewerbe.de, www.it-berufe.de.*

Ausbildungsstellen werden entweder von der Arbeitsagentur vermittelt, in Zeitungen ausgeschrieben oder in Lehrstellenbörsen im Internet angeboten. Außerdem ist es sinnvoll, sich auf der Homepage von Unternehmen das Lehrstellenangebot anzusehen und bei in Frage kommenden Betrieben direkt zu erkundigen.

Die größte Lehrstellenbörse ist die der Bundesagentur für Arbeit (*www.arbeitsagentur.de*). Besonders viele Angebote sind auch unter *www.meinestadt.de* und auf den Websites der jeweiligen Industrie- und Handelskammer und Handwerkskammer zu finden.

Wer in einer Lehre bereits besondere Zusatzqualifikationen (vor allem Fremdsprachen- und EDV-Kenntnisse) erwerben will, kann unter *www.ausbildungplus.de* (Rubrik »Zusatzqualifikationen«) Betriebe mit entsprechenden Ausbildungsangeboten recherchieren.

Extraangebot für Abiturienten: Sonderausbildungsgänge der Wirtschaft

Es gibt in Deutschland über 3.000 Betriebe, die jährlich einige tausend Ausbildungsplätze speziell für Abiturienten oder (weniger häufig) für Bewerber mit Fachhochschulreife anbieten. Bei diesen Sonderausbildungsgängen arbeiten Unternehmen mit verschiedenen Ausbildungsstätten wie Verwaltungs- und Wirtschaftsakademien, Berufsakademien, Berufsschulen und in einigen Fällen auch mit Fachhochschulen zusammen. Es handelt sich also auch um eine Ausbildung nach dem dualen System: Praxisphasen im Betrieb wechseln ab mit Phasen der theoretischen Ausbildung an der Berufsschule. Im Gegensatz jedoch zur klassischen Lehre ist der theoretische Anteil höher und beträgt etwa ein Drittel. Außerdem werden spezielle Klassen für diese Sonderausbildung besucht. Von daher ist das Anfangsniveau etwas höher. Nach etwa zwei Jahren wird ein anerkannter Ausbildungsberuf abgeschlossen. Daran schließt sich ein drittes Jahr als Fortbildungsphase an, die mit einer weiteren Kammerprüfung abgeschlossen werden kann. Nach erfolgreicher Prüfung lassen sich die Absolventen an der Bezeichnung Assistent/Assistentin erkennen (je nach Fachrichtung Wirtschaftsassistent/in, Handelsassistent/in, Wirtschaftsinformatik-Assistent/in, Ingenieur-Assistent/in usw.).

Die Unterschiede zur normalen betrieblichen Ausbildung sind deutlich: höheres Gewicht der theoretischen Ausbildung, längere Ausbildungsdauer, bessere Aufstiegsmöglichkeiten im Unternehmen aufgrund der qualifizierteren Ausbildung. Nicht zu vernachlässigen ist außerdem die generell etwas höhere Ausbildungsvergütung (zu Beginn in der Regel zwischen 450 und 800 Euro/Monat; in der zweiten Stufe der Ausbildung, im dritten Jahr, auch bis zu 1.300–1.400 Euro/Monat). Informationen über Unternehmen, die diese Ausbildungen anbieten, sind bei allen Arbeitsagenturen und Industrie- und Handelskammern erhältlich.

Viele Betriebe, die eine Sonderausbildung anbieten, sind auch auf einer CD-ROM mit Begleitheft verzeichnet, die man im Berufsinformationszentrum finden, im Buchhandel erwerben oder direkt beim Verlag (s. Adresse unter »Verwendete Materialien«) bestellen kann: *Helmut E. Klein, Abiturientenausbildung der Wirtschaft. Die praxisnahe Alternative zur Hochschule* (erscheint jedes Jahr neu). Recherchieren kann man auch auf der Homepage von großen Unternehmen. Als Faustregel gilt: Je größer ein Betrieb ist, desto eher bietet er solche Sonderausbildungsgänge für Abiturienten an.

Kaderschmieden der Unternehmen: Berufs- und Wirtschaftsakademien

Ebenfalls dem dualen Ausbildungssystem zuzurechnen ist die Ausbildung an einer Berufsakademie (auch Wirtschaftsakademie, abgekürzt WA). Berufsakademien gibt es derzeit in Berlin, Hamburg, Hessen, Niedersachsen, im Saarland, in Sachsen, Schleswig-Holstein und in Thüringen. Die Ausbildungsregelungen und die angebotenen Fächer variieren von Standort zu Standort. Die Fächer umfassen den technischen Bereich (Elektrotechnik, Maschinenbau, Mechatronik, Kunststofftechnik, Medizintechnik, Versorgungs- und Umwelttechnik u. Ä.), den Bereich Wirtschaft (z. B. Bankwirtschaft, Handel, Steuern und Prüfungswesen, Tourismuswirtschaft), Informatik (Studienrichtungen wie etwa Ingenieurinformatik, Praktische Informatik, Wirtschaftsinformatik) und an einigen Berufsakademien Sozialwesen. Während der gesamten drei- oder (seltener) dreieinhalbjährigen Ausbildung stehen die Auszubildenden in einem vertraglichen Ausbildungsverhältnis mit einem Betrieb (an den folglich auch die Bewerbung zu richten ist) oder mit einer Sozialeinrichtung. Die Ausbildung erfordert Abitur oder (weniger häufig) Fachhochschulreife und gute Noten. Sie führt, je nach Studienrichtung, zum Bachelor of Arts (B.A.), Bachelor of Engineering (B.Eng.) oder Bachelor of Science

(B.Sc.). Nur noch wenige Ausbildungen schließen mit dem früher üblichen Diplom (BA) ab.

Die Abschlüsse in akkreditierten Bachelorstudiengängen von Berufsakademien sind dem Bachelorgrad von Universitäten und Fachhochschulen gleichgestellt und berechtigen zum Erwerb eines Mastergrades an in- und ausländischen Hochschulen.

Das Land Baden-Württemberg, in dem Anfang der 1970er Jahre das Berufsakademie-Modell ins Leben gerufen wurde, hat 2009 seinen acht Berufsakademien den Hochschulstatus zuerkannt und sie in der »Dualen Hochschule Baden-Württemberg« zusammengefasst *(www.dhbw.de)*. Auch das Land Hamburg hat seine frühere Wirtschaftsakademie in eine Hochschule umgewandelt.

Es gibt in Deutschland zwei Systeme bei der Berufsakademie-Ausbildung: nacheinander und parallel. Nacheinander heißt, erst erfolgt die praktische Berufsausbildung, anschließend die Ausbildung an der Berufs- oder Wirtschaftsakademie. Das zweite System verbindet Blöcke im Betrieb und an der Berufsakademie.

Hinter den Berufsakademien stehen in der Regel große Unternehmen, die sich auf diese Art und Weise ihren betrieblichen Führungsnachwuchs heranbilden.

Der Betrieb oder die Sozialeinrichtung zahlt für die gesamten drei bis dreieinhalb Jahre eine Ausbildungsvergütung (zwischen 600 und 1.200 Euro/Monat, mit jedem Ausbildungsjahr ansteigend), also auch während der Studienphasen an der Berufsakademie, die man sich wie eine kleine Hochschule vorstellen kann (mit Bibliothek, Mensa usw.).

Die Ausbildung an einer Berufsakademie ist für viele Abiturienten eine interessante Alternative zum reinen Studium: zügig, praxisnah, bei Personalverantwortlichen gut angesehen und zudem noch bezahlt.

Informationen zu Ausbildungen an einer Berufsakademie geben die Arbeitsagenturen, die unter »Sonderausbildungsgänge« genannte Veröffentlichung von Helmut E. Klein und *Studien- und Berufswahl*, was kostenlos in den Schulen verteilt wird. Auch leistet die Datenbank unter *www.ausbildungplus.de* gute Dienste bei der Recherche nach einer Berufsakademie-Ausbildung.

In der Regel können die Betriebe, die an einer Berufsakademie eine bestimmte Ausbildung anbieten, auf der Homepage der Berufsakademie eingesehen werden. Die Bewerbungen sind dann nicht an die Berufsakademie, sondern direkt an die Betriebe zu richten.

Auch hier gilt, was für alle Bewerbungen um einen Ausbildungsplatz Gültigkeit hat: Auf die gute Bewerbung kommt es an. Mindestens ein Jahr vor dem Abitur sollte man sich bewerben und bereits einige Monate vor der Bewerbung die wichtigsten Infos besorgt haben.

Gegenwärtig gibt es folgende Berufsakademien (und in Baden-Württemberg auch die »Duale Hochschule«), an die man sich direkt wenden kann, um mehr über die angebotenen Ausbildungsgänge zu erfahren:

Baden-Württemberg

Duale Hochschule Heidenheim
Wilhelmstr. 10
89518 Heidenheim
Tel. 07321 / 3819-41
info@dhbw-heidenheim.de
www.dhbw-heidenheim.de

Duale Hochschule Karlsruhe
Erzbergerstraße 121
76133 Karlsruhe
Tel. 0721 / 9735-5
info@dhbw-karlsruhe.de
www.dhbw-karlsruhe.de

Duale Hochschule Lörrach
Hangstraße 46–50
79539 Lörrach
Tel. 07621 / 2071-0
info@dhbw-loerrach.de
www.dhbw-loerrach.de

Duale Hochschule Mannheim
Coblitzallee 1–9
68163 Mannheim
Tel. 0621 / 41 05-0
info@dhbw-mannheim.de
www.dhbw-mannheim.de

Duale Hochschule Mosbach
Lohrtalweg 10
74821 Mosbach
Tel. 06261 / 939-0
info@dhbw-mosbach.de
www.dhbw-mosbach.de

Duale Hochschule Mosbach
Außenstelle Bad Mergentheim
Schloss 2
97980 Bad Mergentheim
Tel. 07931 / 530-600
info@dhbw-mergentheim.de
www.dhbw-mergentheim.de

Duale Hochschule Ravensburg
Marienplatz 2
88212 Ravensburg
Tel. 0751 / 18999-2700
info@dhbw-ravensburg.de
www.dhbw-ravensburg.de

Duale Hochschule Ravensburg
Außenstelle Friedrichshafen
Fallenbrunnen 2
88045 Friedrichshafen
Tel. 0751 / 18999-0
info@dhbw-ravensburg.de
www.dhbw-ravensburg.de

Duale Hochschule Stuttgart
Jägerstraße 56
70174 Stuttgart
Tel. 0711 / 1849-632
info@dhbw-stuttgart.de
www.dhbw-stuttgart.de

Duale Hochschule Stuttgart
Außenstelle Horb
Florianstraße 15
72160 Horb am Neckar
Tel. 07451 / 521-0
info@dhbw-horb.de
www.dhbw-horb.de

Duale Hochschule Villingen-Schwenningen
Friedrich-Ebert-Straße 30
78054 Villingen-Schwenningen
Tel. 07720 / 3906-0
info@dhbw-vs.de
www.dhbw-vs.de

Berlin

Berufsakademie in der Hochschule
für Wirtschaft und Recht Berlin
Neue Bahnhofstraße 11–17
10245 Berlin
Tel. 030 / 29384300
info@hwr-berlin.de
www.hwr-berlin.de

Bremen

Akademie der Wirtschaft Bremen
Schillerstr. 10
28195 Bremen
Tel. 0421 / 363250
akademie@bwu-bremen.de
www.bwu-bremen.de

Hamburg

Berufsakademie Hamburg gGmbH
Zum Handwerkszentrum 1
21079 Hamburg
Tel. 040 / 35905560
info@ba-hamburg.de
www.ba-hamburg.de

Hamburg School of Business Administration
(aus der Wirtschaftsakademie hervorgegangen)
Adolphsplatz 1
20457 Hamburg
Tel. 040 / 36138-356
www.hsba.de

Hessen

BA Hessische Berufsakademie gGmbH
Grüneburgweg 102
60323 Frankfurt am Main
Tel. 069 / 2470220
info@hessische-ba.de
www.hessische-ba.de

accadis Internationale Berufsakademie
Bad Homburg
Du Pont-Straße 4
61352 Bad Homburg
Tel. 06172 / 9842 0
info@accadis.com
www.accadis.com

Berufsakademie Nordhessen gGmbH
Leinenweberstraße 1
36251 Bad Hersfeld
Tel. 06621 / 409134
info@ba-nordhessen.de
www.ba-badwildungen.de

Berufsakademie Rhein-Main
Ober-Rodener Straße 20
63322 Rödermark
Tel. 06074 / 3101120
info@ba-rm.de
www.ba-rm.de

Europäische Studienakademie
Kälte-Klima-Lüftung ESaK
Senfelderstraße 3
63477 Maintal
Tel. 06109 / 695440
info@esak.de
www.esak.de

Niedersachsen

Verwaltungs- und Wirtschaftsakademie
und Berufsakademie Göttingen e.V.
Gothaer Platz 2
37083 Göttingen
Tel. 0551 / 4004570
info@vwa-goettingen.de
www.vwa.goettingen.de

Berufsakademie Weserbergland e.V.
Am Stockhof 2
31785 Hameln
Tel. 05151 / 95590
info@baw-hameln.de
www.baw-hameln.de

Berufsakademie für Bankwirtschaft
Hannoversche Straße 149
30627 Hannover
Tel. 0511 / 95740
www.ba-bankwirtschaft.de

Leibniz-Akademie e.V.
Expo Plaza 11
30539 Hannover
Tel. 0511 / 9578412
info@leibniz-akademie.de
www.leibniz-akademie.de

Berufsakademie Ost-Friesland e.V.
Am Schlosspark 25
26789 Leer
Tel. 0491 / 9791166
info@bao-leer.de
www.bao-leer.de

Berufsakademie Emsland e.V.
An der Kokenmühle 9
49808 Lingen
Tel. 0591 / 91280 0
ba@ba-emsland.de
www.ba-emsland.de

Verwaltungs- und Wirtschafts-Akademie
und Berufsakademie Lüneburg e.V.
Rathaus Ochsenmarkt
21335 Lüneburg
Tel. 04131 / 34 696
www.vwa-lueneburg.de

Berufsakademie Holztechnik Melle e.V.
Sandweg 1
49324 Melle
Tel. 05422 / 9229 97 0
www.ba-melle.de

Berufsakademie für IT und Wirtschaft
Oldenburg
Escherweg 2
26121 Oldenburg
Tel. 0441 / 97 22 120
service@ba-oldenburg.de
www.ba-oldenburg.de

Welfenakademie – University of cooperative
education e.V.
Salzdahlumer Straße 160
38126 Braunschweig
Tel. 0531 / 21 488 0
info@welfenakademie.de
www.welfenakademie.de

Saarland

ASW – Berufsakademie Saarland
Kohlenstraße 13
66386 St. Ingbert
Tel. 06894 / 38798 0
info@asw-berufsakademie.de
www.asw-berufsakademie.de

BSA-Private Berufsakademie
für Fitness & Freizeit GmbH
Deutsche Hochschule für Prävention
und Gesundheitsmanagement GmbH
Hermann Neuberger Sportschule
66123 Saarbrücken
Tel. 0681 / 6855-150
info@dhfpg.de
www.private-ba.de
www.dhfpg.de

Sachsen

Berufsakademie Sachsen –
Staatliche Studienakademie Bautzen
Löbauer Straße 1
02625 Bautzen
Tel. 03591 / 35300
info@ba-bautzen.de
www.ba-bautzen.de

Berufsakademie Sachsen –
Staatliche Studienakademie Breitenbrunn
Schachtstraße 128
08359 Breitenbrunn
Tel. 037756 / 700
adm@ba-breitenbrunn.de
www.ba-breitenbrunn.de

Berufsakademie Sachsen –
Staatliche Studienakademie Plauen
Melanchthonstraße 1/3
08523 Plauen
Tel. 03741 / 57090
info@ba-plauen.de
www.ba-plauen.de

Berufsakademie Sachsen –
Staatliche Studienakademie Dresden
Heideparkstraße 8
01099 Dresden
Tel. 0351 / 813340
info@ba-dresden.de
www.ba-dresden.de

Berufsakademie Sachsen –
Staatliche Studienakademie Glauchau
Kopernikusstraße 51
08371 Glauchau
Tel. 03763 / 1730
info@ba-glauchau.de
www.ba-glauchau.de

Berufsakademie Sachsen –
Staatliche Studienakademie Leipzig
Schönauer Straße 113a
04207 Leipzig
Tel. 0341 / 42743330
info@ba-leipzig.de
www.ba-leipzig.de

Berufsakademie Sachsen -
Staatliche Studienakademie Riesa
Am Kutzschenstein 6
01591 Riesa
Tel. 03525 / 707511
ltg@ba-riesa.de
www.ba-riesa.de

Schleswig-Holstein

Wirtschaftsakademie Schleswig-Holstein
Berufsakademie Flensburg
Heinrichstraße 16
24937 Flensburg
Tel. 0461/ 581825
flensburg@wak-sh.de
www.berufsakademie.wak-sh.de

Wirtschaftsakademie Schleswig-Holstein
Berufsakademie Kiel
Hans-Detlev-Prien-Straße 10
24106 Kiel
Tel. 0431 / 3016153
kiel@wak-sh.de
www.berufsakademie.wak-sh.de

Wirtschaftsakademie Schleswig-Holstein
Berufsakademie Lübeck
Guerickerstraße 6-8
23566 Lübeck
Tel. 0451 / 5026100
luebeck@wak-sh.de
www.wak-sh.de

Thüringen

Berufsakademie Thüringen –
Staatliche Studienakademie Eisenach
Am Wartenberg 2
99817 Eisenach
info@ba-eisenach.de
www.ba-eisenach.de

Berufsakademie Thüringen –
Staatliche Studienakademie Gera
Weg der Freundschaft 4a
07546 Gera
info@ba-gera.de
www.ba-gera.de

Dienst beim Staat: Diplom-Verwaltungswirt/in

Auch der Staat bietet besondere Ausbildungen für Abiturienten und für Personen mit Fachhochschulreife an, die sogenannte gehobene Laufbahn. Die Ausbildung dauert drei Jahre und ist eingeteilt in praktische Berufsausbildung in der Behörde und Theorieunterricht. Bei der gehobenen Laufbahn wird anstelle des regelmäßigen Theorieunterrichts ein in der Regel eineinhalbjähriges fachbezogenes Studium an einer Fachhochschule des Bundes oder eines Bundeslandes für Öffentliche Verwaltung (FHÖV) absolviert. Wie bei der Ausbildung an einer Berufsakademie erhalten die Auszubildenden während der gesamten Zeit eine Ausbildungsvergütung (im ersten Jahr etwa 450 Euro/Monat, im dritten Jahr etwa 800 Euro/Monat). Am Ende der Ausbildung werden nach geglückter Laufbahnprüfung ein staatliches Zeugnis und ein Diplom zum/r Diplom-Verwaltungswirt/in oder ein Bachelor verliehen.

Einige Bundesländer haben in den letzten Jahren in Teilbereichen (Bibliotheks- und Dokumentationsdienst, Forstdienst oder allgemeiner Verwaltungsdienst) die verwaltungsinterne Ausbildung aufgegeben und ihren Verwaltungsnachwuchs an »normalen« Fachhochschulen ausbilden lassen. Entweder studieren diese Personen im Beamtenverhältnis auf Widerruf oder werden nach einem entsprechenden Studium eingestellt.

Die meisten Ausbildungen im Staatsdienst sind Verwaltungsausbildungen, die dazu qualifizieren, später als Sachbearbeiter/in in der Behörde (mit entsprechenden Aufstiegsmöglichkeiten) zu arbeiten. Man spricht deshalb auch vom nichttechnischen Dienst. Darüber hinaus gibt es – allerdings etwas seltener – auch einige technische Ausbildungen. Zumeist wird aber für Schreibtischtätigkeiten ausgebildet.

Für den gehobenen Dienst bilden die verschiedensten Behörden aus: städtische Behörden, Kreisbehörden, Landesbehörden und Bundesbehörden. Die Ausbildungsplätze werden auf der Homepage der jeweiligen Einrichtung und in Tageszeitungen ausgeschrieben oder sind den Arbeitsagenturen bekannt.

Die Ausbildung beim Staat ist eine interessante Alternative zum Studium und zu einer Berufsausbildung in der unternehmerischen Wirtschaft: überschaubare Ausbildungszeit, Mischung von Theorie und Praxis, anerkannter Abschluss, Ausbildungsvergütung und eine Option auf einen sicheren Arbeitsplatz im öffentlichen Dienst.

Interessenten sollten Informationsmaterialien bei der jeweiligen Behörde anfordern oder auf der Homepage der Behörde einsehen und das Kapitel »Ausbildung in der öffentlichen Verwaltung« in *Studien- und Berufswahl* lesen.

Interessant, doch nicht immer gratis: Berufsfachschulen

Für einige Berufe gibt es keine Lehre, keine Sonderausbildung und auch kein Studienfach. Für solche Berufe wird an Berufsfachschulen ausgebildet. Hierzu gehören vor allem verschiedene Assistentenberufe in der Medizin, therapeutische Berufe, der Beruf des Heilpraktikers, Assistententätigkeiten im Hotel-, Gaststätten- und Fremdenverkehrsgewerbe, Fremdsprachenausbildungen (Europasekretär/in, Fremdsprachenkorrespondent/in) und diverse Schönheitsberufe.

Es gibt dabei jede Menge Unterschiede zwischen den einzelnen Berufsfachschulen, aber auch einige Gemeinsamkeiten. Gemeinsam haben all diese Ausbildungsstätten, dass nichts produziert oder verkauft, sondern nur ausgebildet wird. Man findet hier auch nicht das genannte duale System; entweder sind Praxis und Theorie in einer Ausbildung zusammengefasst, oder es schließt sich an die theoretische Ausbildung ein praktischer Kurs von einigen Wochen oder Monaten außerhalb der Berufsfachschule an.

Es gibt staatliche und (staatlich anerkannte) private Berufsfachschulen, die die Prüfungen entweder selbst abnehmen oder in Kooperation mit einer staatlichen Stelle, und andere Berufsfachschulen, die auf eine bestimmte Abschlussprüfung hin ausbilden. Dies hat zwei Konsequenzen. Die Ausbildung an staatlichen und privaten Berufsfachschulen ist so aufgebaut, dass nach einem bestimmten Vollzeit-Lehrplan nach zwei bis vier Jahren die jeweilige Prüfung abgeschlossen werden kann, die entweder die Berufsfachschule selbst durchführt oder eine staatliche Behörde.

Die anderen Berufsfachschulen hingegen vermitteln nur das Wissen, das für ein bestimmtes Examen benötigt wird. Sie geben aber keine Garantie dafür, dass die Prüfung bestanden wird. Umgekehrt geben sie zuweilen die Möglichkeit, den Stoff in kürzerer Zeit zu lernen, oder bieten für Berufstätige Wochenend- oder Fernkurse an.

Eine Besonderheit mancher Berufsfachschulen ist die Ausbildung in den klassischen medizinischen Berufen wie Gesundheits- und Krankenpfleger/in, Gesundheits- und Kinderkrankenpfleger/in, Hebamme, Orthoptist/in. Diese Berufsfachschulen sind an ein Krankenhaus oder eine Klinik angegliedert und zahlen ihren Schülern und Schülerinnen auch Ausbildungsvergütungen.

Ein wichtiger Unterschied zwischen den verschiedenen Berufsfachschulen sind die Kosten. Staatliche Berufsfachschulen verlangen normalerweise keine Ausbildungskosten, allenfalls müssen Arbeitsbekleidung oder Lernmittel selbst beschafft werden. Bei den privaten Berufsfachschulen fallen Ausbildungskosten an. Alles, was die Berufsfachschule nicht selbst zur Verfügung stellt, muss auf eigene Kosten angeschafft werden. Auch für ihre Krankenversicherung sind die Teilnehmer selbst zuständig.

Wie hoch die Gebühren sind, hängt davon ab, ob die private Berufsfachschule staatliche Zuschüsse bekommt. Ohne Zuschüsse fallen pro Monat einige hundert Euro an; das sind für eine dreijährige Ausbildung einschließlich Prüfungsgebühren und Unterrichtsmaterialien insgesamt zwischen 5.000 und 20.000 Euro. Für den Lebensunterhalt kann, wenn die Voraussetzungen erfüllt werden, bei einer Ausbildung in staatlich anerkannten Ausbildungsberufen eine Unterstützung nach dem Bundesausbildungsförderungsgesetz (BAföG) beantragt werden.

Wegen dieser hohen Kosten sind die staatlichen Berufsfachschulen attraktiver und erhalten auch meistens mehr Bewerbungen, als Ausbildungsplätze zur Verfügung stehen. Die Ausbildung an einer privaten Berufsfachschule muss zwangsläufig nicht schlechter sein als die an einer staatlichen. Sie kostet nur mehr Geld und unterliegt weniger strengen Kontrollen.

Wer sich für eine solche Berufsfachschule entscheidet, sollte die Angebote sehr gründlich vergleichen und Informationen über die Qualität einholen. Auch unter den Berufsfachschulen gibt es manche graue und einige schwarze Schafe, die mehr am Profit als an einer soliden Ausbildung interessiert sind.

Berufsfachschulen bieten folgende Ausbildungsmöglichkeiten an: Altenpfleger/in, Assistent/in für das Hotel-, Gaststätten- und Fremdenverkehrsgewerbe, Assistent/in für Hotelmanagement, Chemisch-technische/r Assistent/in, Ergotherapeut/in, Fremdsprachenkorrespondent/in, Fremdsprachensekretär/in, Gesundheits- und Krankenpfleger/in, Gesundheits- und Kinderkrankenpfleger/in, Logopäde/Logopädin, Medizinische/r Dokumentar/in, Medizinisch-technische/r Assistent/in für Funktionsdiagnostik, Medizinisch-technische/r Laboratoriumsassistent/in, Medizinisch-technische/r Radiologieassistent/in, Orthoptist/in, Pharmazeutisch-technische/r Assistent/in, Physikalisch-technische/r Assistentin, Physiotherapeut/in, Veterinärmedizinisch-technische/r Assistent/in.

Weitere Informationen zu Berufsfachschulen sind bei den Berufsinformationszentren und auf der Homepage der Bundesagentur für Arbeit *(www.arbeitsagentur.de)* erhältlich. Wer unter *www.berufenet.arbeitsagentur.de* einen Beruf aufruft, erhält im Menü die Option, zu den jeweils ausbildenden Schulen zu gelangen. Ansonsten direkt auf der Homepage der Bundesagentur in der Datenbank »KURSNET« nach Berufsfachschulen recherchieren.

Kombination von Ausbildung und Studium: Duale Studiengänge

Die Kombination von Theorie und Praxis bei Ausbildungen für Abiturienten wird derzeit stark ausgebaut. Die Studienangebote neben einer Lehre haben einen höheren Theorieanteil. Die Ausbildungen an der Berufs- und Wirtschaftsakademie und die Ausbildung zum/r Diplom-Verwaltungswirt/in sind bereits kombinierte Ausbildungs- und Studienangebote, bei denen die praktische Ausbildung aber noch im Vordergrund steht bzw. mindestens 50 Prozent Ausbildungsanteil hat.

In den letzten Jahren hat sich die Tendenz, Ausbildung und Studium noch mehr zu verzahnen, verstärkt. Große Konzerne, Banken und Versicherungen haben mittlerweile eigene Einrichtungen, die der Weiterbildung von Mitarbeitern, aber auch der Lehre für besonders geeignete und qualifizierte Auszubildende dienen. Die meisten großen Banken verfügen über solche »Hochschulen«, häufig Akademien genannt, in denen nach einer Banklehre eine Weiterqualifizierung möglich ist.

Eine Reihe von Betrieben geht ähnliche Wege. Sie arbeiten mit Fachhochschulen und – seltener – auch mit Universitäten zusammen und bieten kombinierte Ausbildungs- und Studiengänge an. Solche Kombiausbildungen, auch duale oder ausbildungsintegrierte Studiengänge genannt, umfassen vor allem die Bereiche Wirtschaft, Technik und Informatik; seit kurzem sind einige Studiengänge für das Gesundheitswesen hinzugekommen.

Obwohl es sehr unterschiedliche Modelle gibt, sind sie nach einem ähnlichen System aufgebaut. Ein Unternehmen schließt einen Vertrag mit einer Hochschule, in der Regel einer Fachhochschule vor Ort. Häufig sind auch mehrere Betriebe daran beteiligt. Der Betrieb übernimmt die praktische Ausbildung oder stellt Praktikumsplätze zur Verfügung; ein technischer oder betriebswirtschaftlicher Fachbereich der Hochschule übernimmt den theoretischen Teil, also das Studium. Es erfolgt eine Verzahnung der Ausbildungsinhalte, und die Ausbildungsdauer wird festgelegt. Anschließend werden Ausbildungsverträge abgeschlossen, die auch die Ausbildungsvergütung oder Praktikantenbezahlung regeln. Gleichzeitig sieht der Vertrag eine Immatrikulation an der Hochschule vor – entweder mit Ausbildungsbeginn oder zu einem späteren Zeitpunkt.

Je nach Bundesland und örtlichen Besonderheiten gibt es verschiedene Modelle:

1. Die gleichzeitige Ausbildung sieht vor, dass der Student/Auszubildende zwischen dem Betrieb und der Hochschule pendelt. An ein, zwei oder drei Tagen pro Woche arbeitet er im Betrieb und besucht die Berufsschule und in der verbleibenden Zeit studiert er an der Hochschule. Zuweilen ist das Studium auf einen Nachmittag in der Woche und auf den Samstag beschränkt. Nach etwa zwei bis zweieinhalb Jahren kann er die Gesellenprüfung (Handwerk und Technik) oder die Gehilfenprüfung (kaufmännische Ausbildungen) abgelegen. Nach weiteren ein bis zwei Jahren steht dann der Abschluss des Studiums mit einem Bachelor bevor.
2. Ausbildung nacheinander: Erst erfolgt eine ganz normale Lehre, die nach zwei Jahren beendet wird und spezifische theoretische Kurse an der Hochschule beinhaltet. Ihr folgt ein Fachhochschulstudium, wobei ein Teil der vorherigen Ausbildung auf das Studium angerechnet wird.
3. Blockunterricht: Alle sechs bis acht Wochen wechselt der Auszubildende von seinem Lehrbetrieb an die Hochschule bzw. der Student anschließend wieder in den Betrieb.
4. Einige Ausbildungen ermöglichen zusätzlich zur Berufsausbildung und zum Studium einen Auslandsaufenthalt, entweder über den ausbildenden Betrieb oder über die Fachhochschule.
5. Nicht alle dualen Studiengänge sehen zwingend zwei Abschlüsse (einen Ausbildungsabschluss und einen Hochschulabschluss) vor. Der praktische Teil beschränkt sich dann auf mehrwöchige oder mehrmonatige Praktika in Unternehmen.

Die Ausbildungsdauer beträgt in der Regel – einschließlich der beiden Abschlüsse – dreieinhalb bis viereinhalb Jahre. Einige Betriebe erklären sich bereits vor der Ausbildung bereit, die Absolventen zu übernehmen oder sie bevorzugt einzustellen. Auch ohne eine solche Garantie oder Absichtserklärung ergeben sich für die Absolventen dieser kombinierten Ausbildungen gute Berufschancen.

Derzeit werden etwa 330 duale Studiengänge an Fachhochschulen und Universitäten angeboten. Die nachfolgende Tabelle soll Ihnen einen Überblick über das Ausbildungsangebot geben und nennt Ihnen die Hochschule, den Standort und die dort angebotenen Studiengänge. Die Adressen der einzelnen Hochschulen finden Sie ab S. 56.

Universität/Fachhochschule	Lehre verbunden mit einem Studium in:
Hochschule Augsburg	Mechatronik
Fachhochschule der Wirtschaft Bergisch Gladbach	Betriebswirtschaft Wirtschaftsinformatik
Beuth Hochschule für Technik (vorher Technische Fachhochschule Berlin)	Betriebswirtschaftslehre
Evangelische Fachhochschule Berlin	Nursing
Hochschule Bochum	Kooperative Ingenieurausbildung Bauingenieurwesen Kooperative Ingenieurausbildung Elektrotechnik Kooperative Ingenieurausbildung Informatik Kooperative Ingenieurausbildung Maschinenbau Kooperative Ingenieurausbildung Mechatronik
Fachhochschule Brandenburg	Gebäudesystemtechnik
Fachhochschule Braunschweig/ Wolfenbüttel, Standort Wolfsburg und Wolfenbüttel	Augenoptik Betriebswirtschaftslehre im Praxisverbund Elektrotechnik Energie- und Gebäudetechnik im Praxisverbund Fahrzeugaufbauentwicklung im Praxisverbund Fahrzeuginformatik/-elektronik Fahrzeugtechnik Industrieinformatik Informatik im Praxisverbund Logistik Maschinenbau Wirtschaftsingenieurwesen
Hochschule Bremen	Betriebswirtschaftslehre Informatik Mechanical Production and Engineering Mechatronik
Hochschule für angewandte Wissenschaften – Fachhochschule Coburg	Bauingenieurwesen
Fachhochschule Dortmund	Versicherungswirtschaft

Universität Duisburg-Essen, Standort Duisburg	Steel Technology and Metal Forming
Nordakademie Elmshorn	Betriebswirtschaftslehre Wirtschaftsinformatik Wirtschaftsingenieurwesen
Universität Erlangen-Nürnberg	Betriebswirtschaftslehre
Fachhochschule Erfurt	Bauingenieurwesen Gebäude- und Energietechnik
Fachhochschule für Oekonomie & Management, Standort Essen	Business Administration Informatik Ingenieurwesen Wirtschaftswissenschaft
Frankfurt School of Finance & Management Frankfurt/M.	Betriebswirtschaftslehre Wirtschaftsinformatik
Fachhochschule Frankfurt/M.	Luftverkehrsmanagement – Aviation Management
Fachhochschule Gelsenkirchen, Standort Gelsenkirchen und Standort Ahaus	Maschinenbau Informationstechnik Mechatronik
Hochschule Hamm-Lippstadt, Standort Lippstadt	Mechatronik
Fachhochschule Hannover	Betriebswirtschaftslehre Konstruktionstechnik Produktionstechnik Technischer Vertrieb Wertschöpfungsmanagement im Maschinenbau
Fachhochschule für die Wirtschaft Hannover	Betriebswirtschaft
Hochschule Heilbronn	Mechatronik und Mikrosystemtechnik
Fachhochschule Hildesheim/ Holzminden/Göttingen, Standort Göttingen	Adaptronik Optical Engineering/Photonics Physikalische Technologien Präzisionsmaschinenbau
Europa Fachhochschule Fresenius, Standort Idstein	Ergotherapie Logopädie Physiotherapie
Hochschule für angewandte Wissenschaften – Fachhochschule Ingolstadt	Betriebswirtschaftslehre Elektro- und Informationstechnik Fahrzeugtechnik Maschinenbau Wirtschaftsingenieurwesen
Fachhochschule Südwestfalen, Standort Iserlohn und Standort Hagen	Elektrotechnik Kunststofftechnik Maschinenbau Mechatronische Systeme Wirtschaftsingenieurwesen Wirtschaftsrecht
Hochschule Karlsruhe	Maschinenbau
Universität Kassel	Landwirtschaft
Fachhochschule Köln	Bauingenieurwesen Technische Chemie Versicherungswesen

Hochschule Ostwestfalen-Lippe, Standort Lemgo	Angewandte Informatik Betriebswirtschaftslehre Elektrotechnik Holztechnik Logistik Maschinentechnik Mechatronik Produktionstechnik Technische Informatik Wirtschaftsingenieurwesen
Fachhochschule Ludwigshafen am Rhein	Business and International Programs (BIP) Gesundheitsökonomie im Praxisverbund (GiP) Weinbau und Oenologie Rheinland-Pfalz
Fachhochschule Mainz	Wirtschaftsinformatik
Universität Magdeburg	Informatik
Hochschule Merseburg	Wirtschaftsingenieurwesen
Hochschule für angewandte Wissenschaften – Fachhochschule München	Bauingenieurwesen Elektrotechnik und Informationstechnik Pflege
Fachhochschule Neubrandenburg	Bautechnik Gesundheits- und Krankenpflege/Pflegewissenschaft
Fachhochschule Niederrhein, Standort Krefeld und Standort Mönchengladbach	Chemie und Biotechnologie Chemieingenieurwesen Elektrotechnik Maschinenbau Mechatronik Textil- und Bekleidungstechnik Verfahrenstechnik
European Business School (ebs), Oestrich-Winkel	Aviation Management
Fachhochschule Osnabrück	Betriebswirtschaftslehre Kunststofftechnik im Praxisverbund Maschinenbau im Praxisverbund
Fachhochschule der Wirtschaft Paderborn	Business Administration International Business Wirtschaftsinformatik Wirtschaftsrecht
Hochschule Rosenheim	Holzbau und Ausbau
Hochschule Ruhr-West, Standort Mühlheim	Maschinenbau (Fahrzeugtechnik)
Universität des Saarlandes, Standort Saarbrücken	Betriebswirtschaftslehre
Fachhochschule Schmalkalden	Elektrotechnik/Informationstechnik Maschinenbau
Universität Siegen	Bauingenieurwesen Elektrotechnik Maschinenbau
Fachhochschule Stralsund	Maschinenbau

Hochschule Ulm	Fahrzeugtechnik Industrieelektronik Maschinenbau Nachrichtentechnik Produktionstechnik
Fachhochschule Westküste, Standort Heide	Betriebswirtschaftslehre
Universität Wuppertal	Bauingenieurwesen Druck- und Medientechnologie Elektrotechnik Maschinenbau
Hochschule Zittau/Görlitz	Bauingenieurwesen Chemie Elektrotechnik Energie- und Umwelttechnik Informatik Ökologie und Umweltschutz Maschinenbau Mechatronik
Westsächsische Hochschule Zwickau	Kraftfahrzeugtechnik Kraftfahrzeugelektronik Maschinenbau

Weitere Informationen über duale Studienangebote an Fachhochschulen und Universitäten finden Sie auf der CD-ROM mit Begleitheft von *Helmut E. Klein, Abiturientenausbildung der Wirtschaft* (erscheint jährlich neu), unter *www.ausbildungplus.de*, *www.hochschule-dual.de* (Angebote in Bayern) und unter *www.studienwahl.de* (Pfad »Studium«, dann »Studiengang suchen«; in der Suchmaske bei »Studienform« wählen: »Ausbildungsintegriert (Studium+Lehre)«).

Groß im Angebot, doch teilweise überlaufen: Das Studium an der wissenschaftlichen Hochschule

Das Studium an einer wissenschaftlichen Hochschule, worunter man Universitäten, Technische Hochschulen/Universitäten, Kunst- und Musikhochschulen, Pädagogische Hochschulen, die Sporthochschule, Kirchliche und Theologische Hochschulen usw. versteht (hierüber mehr auf S. 40), zeichnet sich u.a. durch ein deutliches Übergewicht der theoretischen Ausbildung aus. Praxisorientierte Lehrveranstaltungen sind in den meisten Fächern Mangelware. Auch sind weniger externe Praktika vorgeschrieben als an Fachhochschulen. Ein großer Vorteil liegt aber in der Breite des Fächerangebotes und damit auch in der Möglichkeit, sich umfassend zu bilden. Eine großzügige Auswahl an möglichen (und teilweise auch vorgeschriebenen) Nebenfächern ist an fast allen Hochschulen gegeben.

Ein Studium an einer wissenschaftlichen Hochschule schließt man je nach Fach mit einem Bachelor, einem auf den Bachelor aufbauenden Master oder einem Staatsexamen ab. Die Diplom- und Magister-Artium-Studiengänge sind fast vollständig vom Bachelor-Master-Studienmodell abgelöst worden. Zu den Abschlüssen werden wir noch nähere Informationen geben (s. S. 107). Darauf aufbauend besteht die Möglichkeit zur Promotion, dem Erwerb eines Doktortitels. Der Berufseinstieg ist in vielen Fällen nicht so einfach wie für Fachhochschulabsolventen; ist er jedoch erst einmal geschafft, sind die langfristigen Aufstiegsmöglichkeiten hingegen besser.

Die Finanzierungsproblematik eines Studiums hat sich in den letzten Jahren erheblich verschärft, da viele Bundesländer Studiengebühren erheben. So müssen über mehrere Jahre neben dem Lebensunterhalt von durchschnittlich 740 Euro/Monat in der Regel 500 Euro pro Semester (manchmal ein noch höherer Betrag) aufgebracht werden, bis das »erste richtige Geld« aus dieser Investition zurückfließt.

Für die Bewerbung gilt Ähnliches wie bei der Fachhochschule. Ein halbes Jahr vor dem Studienbeginn sollte die Bewerbung bei der ZVS (gilt nur für die bundesweit stark nachgefragten Studienfächer wie Medizin und ca. 45 weitere Studiengänge an Universitäten bundesweit und an Fachhochschulen in NRW) oder direkt bei der Hochschule vorliegen. Die meisten Fächer erfordern kein vorheriges Praktikum (Ausnahmen: Ingenieurfächer, Informatik, Architektur).

Beliebt auch bei Abiturienten: Das Fachhochschulstudium

Die Fachhochschulen wurden Anfang der 1970er Jahre mit dem Ziel eingerichtet, Personen mit einem mittleren Bildungsabschluss und praktischer Berufserfahrung ein kurzes berufsbezogenes Studium zu ermöglichen. Inzwischen ist ein Fachhochschulstudium aber auch bei Abiturienten beliebt. Das Fächerangebot umfasst die folgenden Bereiche: Ingenieurwesen, Wirtschaft, Architektur und Innenarchitektur, Sozialwesen, Pflegestudiengänge, einige weitere Gesundheitsstudiengänge wie Physiotherapie und Ergotherapie, Übersetzen und Dolmetschen, Land- und Forstwirtschaft, Gestaltung und Design. Voraussetzung für ein Studium an einer Fachhochschule ist die Fachhochschulreife, die allgemeine Hochschulreife oder die fachgebundene Hochschulreife. Die meisten Studienfächer erfordern ein einschlägiges Praktikum von einigen Monaten bis zu einem Jahr, meistens vor dem Studium. Das Studium ist relativ straff organisiert, in Seminaren herrscht in der Regel Anwesenheitspflicht. Den Abschluss des Studiums bildet der Bachelorgrad, je nach Studienfach der Bachelor of Arts (B.A.), der Bachelor of Science (B.Sc.) oder der Bachelor of Engineering (B.Eng.). An den Bachelor kann ein vertiefendes Masterstudium angeschlossen werden. Die Hochschulen haben fast vollständig vom früheren Diplom (FH) auf das Bachelor-Master-Studienmodell umgestellt.

Mit der Einführung von Bachelor- und Masterabschlüssen wurde auch beabsichtigt, die Durchlässigkeit zwischen den Hochschultypen zu erhöhen und den Absolventen von Masterstudiengängen an Fachhochschulen den Übergang in die universitäre Doktorandenausbildung zu erleichtern. Absolventen von konsekutiven Masterabschlüssen (Masterabschlüssen, die den Bachelorstudiengang einer Hochschule fachlich fortführen und erweitern) erhalten die Berechtigung, eine Promotion an einer Universität durchzuführen und werden Masterabsolventen von Universitäten gleichgestellt.

Die Entscheidung über die Aufnahme liegt jedoch weiter bei den Universitäten, die in den Promotionsordnungen ihre Anforderungen an die Promotionswilligen formulieren. Ob die Zahl der Masterabsolventen von Fachhochschulen, die einen Doktorgrad an der Universität erwerben, tatsächlich ansteigt, wird die Zukunft zeigen.

Die Ausbildung an einer Fachhochschule orientiert sich stark an den praktischen Ansprüchen im späteren Beruf. Dies ist sicher auch ein Grund dafür, dass Fachhochschulabsolventen den beruflichen Einstieg im Durchschnitt schneller schaffen als Hochschulabsolventen, die von der sogenannten Sucharbeitslosigkeit nach dem Studium länger betroffen sind.

Bewerbungen für einen FH-Studienplatz erfolgen für die meisten Fächer direkt bei der Fachhochschule. Faustregel: Bewerbung etwa sechs Monate vor dem beabsichtigten Studienbeginn, der entweder zum 1. September oder (gilt nur für einige Fächer) auch zum 1. März erfolgt. Wer ein gestalterisches Fach studieren möchte, sollte mindestens eineinhalb Jahre vorher mit der Fachhochschule Kontakt aufnehmen, um ausreichend Zeit für die Anfertigung einer Mappe zu haben.

Informationen zum Studienangebot bieten die jeweiligen Homepages der Fachhochschulen und Studienberatungen, die im persönlichen Beratungsgespräch weiterhelfen.

Die wichtigsten Ausbildungswege auf einen Blick

Ausbildung	**Betriebliche Ausbildung**	**Sonderausbildungsgänge der Wirtschaft**	**Berufsakademien**
Lernort	Betrieb und Berufsschule	Betrieb und Berufsschule	Betrieb oder Sozialeinrichtung und Berufsakademie (BA) oder Wirtschaftsakademie (WA)
Dauer	2½–3½ Jahre	2–3 Jahre	3 Jahre
Status während der Ausbildung	Auszubildende/r	Auszubildende/r	Auszubildende/r Student/in
Abschluss	Geselle/in (Handwerk); Gehilfe/in (Industrie und Handel)	Assistent/in	Bachelor, Diplom (BA)
Fächer	Industrie, Handel, Handwerk, öffentlicher Dienst; rund 350 anerkannte Ausbildungsberufe	Industrie, Handel	Wirtschaft, Technik, Sozialwesen
Theorie-Praxis-Verhältnis	Praxisorientierte Ausbildung im Betrieb; Theorie wird an 1 bis 2 Wochentagen an der Berufsschule vermittelt (oder in Blockform); Verhältnis: ca. 25:75	Praktische Ausbildung im Betrieb, Theorie in speziellen Klassen der Berufsschule, zusätzliche Lehrgänge innerhalb des Betriebes; Verhältnis: ca. 35:65	Praktische Ausbildung im Betrieb und theoretische an der Berufsakademie, entweder nacheinander oder in Blöcken; kombinierte Praxis-/Studienausbildung; Verhältnis: 50:50
Schulabschluss	Rechtlich kein besonderer Schulabschluss vorgeschrieben; faktisch ist für die beliebtesten Berufe mind. Mittlere Reife erforderlich	Allgemeine Hochschulreife, teilweise Fachhochschulreife	Meist allgemeine Hochschulreife, teilweise Fachhochschulreife
Finanzielles	Ausbildungsvergütung (je nach Beruf und Ausbildungsjahr zwischen 300 und 1.000 Euro)	Ausbildungsvergütung (etwa 450–800 Euro)	Ausbildungsvergütung (600–1.200 Euro, auch während des Studiums an der BA)

Öffentlicher Dienst	Berufsfachschule	Fachhochschulen	Duales Studium	Wissenschaftliche Hochschulen
Behörde und Fachhochschule für Öffentliche Verwaltung (FHÖV)	Berufsfachschule	Fachhochschule	Betrieb, Berufsschule, Fachhochschule (Universität selten)	Universitäten, Technische Universitäten/Hochschulen, Pädagogische Hochschulen, Kunst-, Musikhochschulen u.a.
3 Jahre	Unterschiedlich, je nach Ausbildung 2–4 Jahre	Bachelor: 3 ½ bis 4 Jahre, Master: plus weitere 1 ½–2 Jahre	Ca. 3 ½–4 ½ Jahre	Bachelor: mind. 3 Jahre, Master: plus weitere 2 Jahre
Beamtenanwärter/in	Fachschüler/in o.Ä.	Student/in	Auszubildende/r und Student/in	Student/in
Diplom-Verwaltungswirt/in, Bachelor	Diverse Abschlüsse möglich	Bachelor, Master; auslaufend: Diplom (FH)	Bachelor	Bachelor, Master, Staatsexamen, Promotion; auslaufend: Diplom und Magister Artium
Öffentlicher Dienst, Verwaltung	Gesundheitsberufe, verschiedene Assistentenberufe, Schönheitsberufe	Ingenieurwesen, Wirtschaft, Sozialwesen, Land- und Raumwirtschaft, Design	Ingenieurwesen, Wirtschaft, Informatik, einzelne Gesundheitsberufe	Natur-, Ingenieur-, Geistes-, Sozial-, Rechts-, Wirtschaftswissenschaften, Medizin, Sport, Kunst, Musik
Praktische Ausbildung in den jeweiligen Behörden; theoretisches Studium an einer Fachhochschule für Öffentliche Verwaltung; Verhältnis: 50:50	Unterschiedlich, aber die Praxis überwiegt meistens	Mehr praxisorientierte Lerninhalte sowie vorgeschriebene externe Praktika als an Universitäten; Verhältnis: je nach Fach ca. 30:70 oder 40:60	Verhältnis 50:50	Vor allem theoretisch-wissenschaftliche Ausbildung; wenig praxisorientiert, nur in wenigen Fächern Praktika vorgeschrieben; Verhältnis (für die meisten Fächer): 10:90
Fachhochschulreife oder allgemeine Hochschulreife	Meistens Mittlere Reife, bei einigen auch Hauptschulabschluss ausreichend	Fachhochschulreife, allgemeine Hochschulreife, fachgebundene Hochschulreife; Praktikum meistens vorgeschrieben	Mind. Fachhochschulreife, besser allgemeine Hochschulreife oder fachbezogene Hochschulreife	Allgemeine Hochschulreife, fachgebundene Hochschulreife
Anwärterbezüge (ca. 450–800 Euro; auch während des Studiums an der FHÖV)	Häufig fallen Ausbildungskosten und Gebühren an; evtl. BAföG-Anspruch	In einigen Bundesländern Studiengebühren; evtl. BAföG (max. 648 Euro im Monat)	Ausbildungsvergütung im jeweiligen Lehrberuf während der zweijährigen Lehre, dann Vergütung bis zum Abschluss des Studiums in unterschiedlicher Höhe; Studiengebühren werden in der Regel von den Betrieben übernommen	In einigen Bundesländern Studiengebühren; evtl. BAföG (max. 648 Euro im Monat)

Sie wissen nun, welche vielfältigen Ausbildungsmöglichkeiten das Abitur und die Fachhochschulreife bieten und dass immer mehr Unternehmen ihre »passgerechten« Mitarbeiter/innen mit Abitur selbst ausbilden möchten und ihnen attraktive Ausbildungsangebote machen. Jetzt gilt es für Sie, folgende Fragen zu beantworten: Soll ich mich für eine dieser beruflichen Ausbildungen oder doch eher für ein Studium entscheiden? Falls die Wahl auf das Studium fällt, soll es eher ein Studium an einer wissenschaftlichen Hochschule oder an einer Fachhochschule sein?

Studium oder Berufsausbildung: Pro und contra

Derzeit nehmen über 60 Prozent eines Abiturjahrganges ihr Hochschulstudium unmittelbar nach der Hochschulreife oder nach Ableistung von Wehr- oder Zivildienst auf. Etwa 36 Prozent beginnen mit einer Berufsausbildung (Lehre, Sonderausbildungsgänge der Wirtschaft, Berufsakademie-Ausbildung, Ausbildung im öffentlichen Dienst).

Von denjenigen, die sich nach dem Abitur zunächst gegen ein Studium entscheiden, nimmt ein Teil nach der Berufsausbildung oder nach einigen Jahren Berufspraxis doch noch ein Studium auf, sodass insgesamt über 80 Prozent eines Abiturjahrganges irgendwann einmal mit einem Hochschulstudium beginnen.

Die Entscheidung Studium oder (erst einmal) berufliche Ausbildung muss gründlich überlegt werden. Dabei ist es hilfreich, sich die Argumente für und gegen ein Hochschulstudium klar vor Augen zu führen.

Beginnen wir mit den Nachteilen des Studiums:

1. Es ist länger als eine berufliche Ausbildung und dauert zwischen drei bis vier Jahren (wenn nur ein Bachelorgrad angestrebt wird) und fünf bis sechs Jahren (Bachelor- plus Masterstudium). Daraus folgt, dass man, da ein absolviertes Masterstudium in vielen Bereichen Einstellungsvoraussetzung ist, frühestens Mitte zwanzig in den Beruf eintritt.
2. Eigenes Geld verdient man erst mehrere Jahre später als bei den übrigen Ausbildungen.
3. Die meisten Studienfächer bieten keine Garantie, später eine gutbezahlte leitende Tätigkeit zu finden.
4. Viele Studienfächer sind stark theoriebezogen und bereiten nicht auf eine konkrete Berufstätigkeit vor.
5. Das Risiko, nach vielen Jahren ohne Examen dazustehen, ist groß. Jedes Jahr verlassen etwa 70.000 Studierende die Hochschulen ohne Studienabschluss oder brechen das Studium (aus verschiedenen Gründen) ab.

Dagegen stehen die Argumente, die für ein Studium sprechen:

1. Durch die lange Ausbildung erwirbt man eine hohe Allgemeinbildung und vielfältige berufliche Qualifikationen.
2. Akademiker brauchen (zumindest statistisch) Arbeitslosigkeit sehr viel weniger zu fürchten als Nichtakademiker.
3. Akademiker verdienen durchschnittlich etwa 30–50 Prozent mehr als Nichtakademiker.
4. Hochschulabsolventen haben bessere Aufstiegsmöglichkeiten.
5. Für immer mehr berufliche Tätigkeiten, die früher von Nichtakademikern ausgeübt wurden, wird mittlerweile oder in absehbarer Zukunft ein Hochschulstudium erwartet.
6. Akademische Titel, vor allem der Doktortitel, haben im gesellschaftlichen Ansehen immer noch einen hohen Stellenwert.

Es gibt also offenbar ebenso gute Gründe für ein Hochschulstudium wie dagegen. Betrachten wir diese Argumente pro und contra aber noch einmal genauer, fällt auf, dass es gar keine objektiven, sondern subjektive Gründe sind, die letzten Endes für oder gegen ein Hochschulstudium sprechen: Für den einen ist ein Argument absolut vorrangig, für den anderen vielleicht völlig uninteressant. Hierüber entscheiden persönliche Vorstellungen und Ziele.

Deshalb ist die Frage, ob ein Studium sinnvoll ist oder nicht, eigentlich falsch gestellt. Die Frage »Studium, ja oder nein?« kann sich nur jede/r Einzelne selbst beantworten.

Dabei sollte man folgende Überlegungen mit einbeziehen:

- Bin ich eher für eine theoretische oder für eine praktische Ausbildung geeignet?
- Möchte ich eine schnelle Ausbildung, in Kürze eigenes Geld verdienen und möglichst früh finanziell unabhängig sein?
- Oder bin ich bereit, auch eine längere Ausbildung mit unsicherem Ausgang zu durchlaufen, die mich noch eine Reihe von Jahren finanziell abhängig macht und bei der ich unter Umständen erst in fünf oder sechs Jahren Geld verdiene?
- Welchen Stellenwert hat für mich der berufliche Aufstieg mit all seinen Vor- und Nachteilen (lange Arbeitszeiten, hohe Verantwortung, Stress, weniger Freizeit als andere)?
- Was bedeuten für mich akademische Titel?
- Wie stelle ich mir meine weitere Lebensplanung (z. B. Partnerschaft, Familie) vor?

Es gibt eben keine fertigen Entscheidungsmuster für die Frage »Studium, ja oder nein?«. Die Frage geht an Sie zurück, und nur Sie selbst können, nachdem Sie alle Vor- und Nachteile in Verbindung mit Ihren persönlichen Vorstellungen und Ihrer Lebensplanung abgewogen haben, die Entscheidung treffen.

Wer die Wahl hat, hat die Qual. Und diese Entscheidung kann natürlich erhebliche Schwierigkeiten bereiten: Wer kann sich mit 17 oder 20 Jahren schon vorstellen, was er oder sie im Jahre 2020 beruflich machen wird?

Aus diesem Grund hat in den letzten Jahren die Tendenz stark zugenommen, vor einem Studium erst mal eine Lehre zu machen. Man gewinnt etwa zwei bis zweieinhalb Jahre (sinnvoll zugebrachte) Zeit, um sich zu entscheiden, ob man doch noch ein Studium aufnehmen möchte oder ob man direkt ins Berufsleben einsteigt. In dieser Zeit, so argumentieren viele, ist man um eine Erfahrung (die Lehre) reicher und überhaupt reifer für eine solche Entscheidung.

Neben dem Argument der größeren persönlichen Reife bietet die Lehre vor dem Studium weitere Vorteile: Sie vermittelt praktische Kenntnisse, die für jeden Beruf wichtig sind, und wird von allen Arbeitgebern als wichtige Qualifikation gewertet. Akademiker mit einer vorherigen Lehre erhalten in einigen Branchen ein höheres Anfangsgehalt als Hochschulabsolventen ohne Lehre, und zuweilen lässt sich das Studium durch eine vorher abgeschlossene Lehre verkürzen.

All diese vernünftigen Argumente dürfen aber nicht darüber hinwegtäuschen, dass es auch Nachteile für die Ausbildung vor dem Studium gibt. Die gewählte Lehre sollte in jedem Fall einen Bezug zum späteren Studienfach haben. Eine Lehre bloß um der Lehre willen ist wenig überzeugend. Es gibt Studienfächer (darauf werden wir noch näher eingehen), auf die keine Ausbildung sinnvoll vorbereitet. Und obwohl es jetzt noch lange hin erscheint, sollte man auch schon mit berücksichtigen, dass sich das endgültige Einstiegsalter ins Berufsleben durch eine Lehre vor dem Studium um ein bis zwei Jahre erhöht. Kommen dann noch ein oder zwei Ehrenrunden an der Schule oder Bundeswehr bzw. Zivildienst hinzu, ist man schließlich Ende zwanzig, wenn man sich um die erste Arbeitsstelle bewirbt. Dies kann im Einzelfall die beruflichen Einstiegsmöglichkeiten verschlechtern.

Bei manch einem könnte jetzt die Frage auftauchen: Geht es nicht auch umgekehrt? Ich probiere erst einmal aus, ob mir das Studium behagt. Falls nein oder falls ich danach keine Arbeit finde, kann ich immer noch eine Lehre machen. Diesen Gedanken sollten Sie schnell vergessen: Eine Lehre nach dem Studium ist so gut wie unmöglich. Arbeitgeber stellen ungern Leute für eine Berufsausbildung ein, die bereits mehrere Jahre studiert haben und einige Jahre älter sind als die übrigen Auszubildenden.

Bei der Entscheidung »Studium, ja oder nein« haben wir einen wichtigen Gesichtspunkt, der für das Studium spricht, noch nicht genannt. Denn dieses Argument liegt jenseits der bisher angestellten Überlegungen zu rationalen Gründen und persönlicher Berufs- und Lebensplanung. Es hat etwas zu tun mit dem geistigen Reifeprozess: Fragen Sie einmal Leute, die vor zehn, fünfzehn oder vierzig Jahren studiert haben, welche Empfindungen sie mit ihrem Studium verbinden. Sie werden von den Antworten überrascht sein. Die wenigsten werden antworten, dass das Schönste am Studium die Freude war, das Examen bestanden zu haben, oder die sich anschließende Karriere. Genauso selten werden Sie hören, dass das Studium lang und schwer war.

Sie werden ganz andere Antworten bekommen: Man hatte die Möglichkeit, den geistigen Horizont zu erweitern, Anregungen aus vielen Richtungen aufzunehmen und sein Weltbild zu entwickeln; und man hatte später nie wieder so viel Gelegenheit und Zeit, sich mit Menschen unterschiedlicher Vorstellungen, Kulturen, Religionen und Sprachen auszutauschen.

Vollzieht man diese Gedanken und Empfindungen nach, wird klar, warum sich der lateinische Begriff »Alma Mater« (nährende Mutter) über Jahrhunderte als anderes Wort für Universität gehalten hat und sogar heute noch gilt. Allerdings waren damals Massenstudium und schlechte Studienbedingungen, die junge Leute durchaus zu Recht davor abschrecken, zu studieren, noch weitgehend unbekannt.

Aber wie auch immer man es ausdrücken mag, ein wichtiger Vorteil des Studiums ist, dass junge Menschen in einer entscheidenden Phase des Reifeprozesses die Möglichkeit haben, durch vielfältige Einflüsse und geistige Anregungen, die vom Studium ausgehen, ihr Weltbild zu entwickeln und ihre Persönlichkeit zu bilden. Wollen wir es mit diesem Idealismus bewenden lassen. Zu viel davon, vor allem dann, wenn der Idealismus sich nicht auf die Sache, sondern nur auf die Person bezieht, kann auch schaden.

Schwierige Entscheidung: Universitäts- oder Fachhochschulstudium?

Es gibt viele Studienfächer, die man sowohl an Fachhochschulen als auch an Universitäten studieren kann (s. dazu ab S. 84). Um die Frage zu beantworten, ob man ein Fach besser an einer Universität oder an einer Fachhochschule studieren sollte, sehen wir uns zunächst die Kennzeichen beider Hochschularten genauer an.

Kennzeichen eines Universitätsstudiums	Kennzeichen eines Fachhochschulstudiums
eher theoriebezogenes Studium; auf wissenschaftliches Arbeiten und Forschung ausgerichtet	eher auf (praktische) Anwendung bezogenes Studium; Forschung ist keine zentrale Aufgabe
viele Studierende; in vielen Fächern Massenausbildung	etwas weniger Studierende; bessere individuelle Betreuung
Studiendauer ca. 5–6 Jahre; Ausnahme: man strebt nur einen Bachelorabschluss (Dauer: 3–3 ½ Jahre) an. Wer noch eine Doktorarbeit schreibt, muss weitere 2–4 Jahre einplanen.	Dauer ca. 3 ½–4 Jahre mit einem Bachelorabschluss, ca. 5–6 Jahre mit zusätzlichem Masterabschluss
späterer Einstieg ins Berufsleben (durch Studiendauer bedingt)	früherer Eintritt ins Berufsleben
breites Fächerangebot, mehr Kombinationsmöglichkeiten, selbstständiges wissenschaftliches und methodisches Arbeiten	begrenztes Angebot von Fächern, dafür größere Spezialisierung; stärker stoff- und lernorientiertes Studium
Berufseinstieg schwerer	Berufseinstieg in der Regel leichter
Möglichkeit zur Doktorarbeit	keine Promotionsmöglichkeit, nur möglich bei anschließendem Wechsel an die Universität
Ausbildung eher für höhere Positionen	Berufseinstieg eher in mittleren Positionen

Demnach ist keine der beiden Hochschularten besser als die andere. Es handelt sich einfach um zwei verschiedene Systeme mit unterschiedlichen Zielen und Aufgaben. Deshalb kann nur jede/r für sich die Frage beantworten, ob ein Fachhochschulstudium oder ein Universitätsstudium sinnvoller ist.

Dabei sollte man folgende Überlegungen einbeziehen:

- Bin ich eher an theoretischen Fragen oder mehr an der praktischen Bewältigung von Aufgaben interessiert?
- Halte ich mich eher für einen Generalisten und Analytiker, oder bin ich mehr ein Spezialist?
- Kann ich mir vorstellen, in einer Massenuniversität zurechtzukommen, oder brauche ich ein überschaubares Ausbildungssystem?
- Möchte ich evtl. eine Doktorarbeit schreiben (dauert weitere zwei bis vier Jahre) oder ist das für mich nebensächlich?
- Möchte ich mein Studium eher breit anlegen oder mich bereits früh spezialisieren?
- Welche Rolle spielen Geld und Karriere in meinem Leben?
- Strebe ich später Führungspositionen an, oder kann ich mir auch vorstellen, in mittleren Positionen mit Zufriedenheit zu arbeiten?

Wer den jeweils ersten Teil der Fragen für sich bejaht, lässt eine klare Präferenz für ein Universitätsstudium erkennen. Wer eher dem zweiten Teil der Fragen zustimmt, bringt bessere Voraussetzungen für ein Fachhochschulstudium mit. Diejenigen, bei denen sich die zustimmenden Antworten auf beide Fragenteile in etwa die Waage halten, sollten sich Universität und Fachhochschule einmal näher anschauen, um sich vor Ort einen besseren Einblick zu verschaffen. Für alle, die es genauer wissen wollen, empfehlen wir unser Buch *Der große Studienwahltest*, in dem Sie u.a. einen Extratest für Abiturienten finden, der Ihnen die Wahl zwischen Universitäts- und Fachhochschulstudium erleichtern kann.

Welche Studienmöglichkeiten bieten die deutschen Hochschulen?

Die Hochschulen in Deutschland sind Einrichtungen der Bundesländer. Jedes Bundesland ist für den Bau, die Erhaltung und Finanzierung seiner Hochschulen selbst zuständig. Demnach bestimmt auch jedes Bundesland allein, wie viele Hochschulen es benötigt, welche Studienfächer eingerichtet werden und welche Schwerpunkte die einzelnen Fächer haben. Daher gibt es trotz Absprachen zwischen den Bundesländern kein einheitliches deutsches Hochschulsystem, sondern so viele Systeme, wie es Bundesländer gibt – sechzehn. Dabei gibt es die größten Unterschiede zwischen den ost- und westdeutschen Hochschulen.

In den westlichen Bundesländern gibt es ein differenziertes und gut ausgebautes Hochschulwesen mit derzeit mehr als 1,7 Mio. Studierenden, die trotz einer wesentlich geringeren Zahl von eingerichteten Studienplätzen studieren, sodass Massenbetrieb, Zulassungsbeschränkungen, überfüllte Studiengänge und schlechte Studienbedingungen in vielen Fächern zur alltäglichen Realität gehören.

In den östlichen Bundesländern gibt es ebenfalls erheblich weniger Studienplätze, als benötigt werden, aber dort gibt es in absoluten Zahlen und auch relativ – das heißt bezogen auf einen Professor oder auf eine Lehrkraft – im Durchschnitt weniger Studierende. Diese guten Betreuungsverhältnisse ziehen deshalb viele Abiturienten aus den westlichen Bundesländern an ostdeutsche Hochschulen. Auch wenn es von Fach zu Fach Unterschiede geben kann, eines lässt sich deutlich sagen: Im Osten sind die Studienbedingungen insgesamt besser als im Westen. Und auch das Argument der Studienkosten spielt eine wichtige Rolle: Die Mieten in den ostdeutschen Hochschulstädten liegen insgesamt auf sehr niedrigem Niveau, und die ostdeutschen Bundesländer verzichten auf Studiengebühren.

Insgesamt studieren derzeit rund 2 Mio. Menschen an den etwa 400 staatlichen und privaten deutschen Hochschulen. Sie werden von ca. 37.000 Professoren ausgebildet. Abgesehen von den Unterschieden zwischen den einzelnen Bundesländern, lassen sich anhand der nachfolgenden Übersicht drei Hochschultypen unterscheiden: wissenschaftliche Hochschulen, Fachhochschulen und Hochschulen für künstlerische Studienfächer.

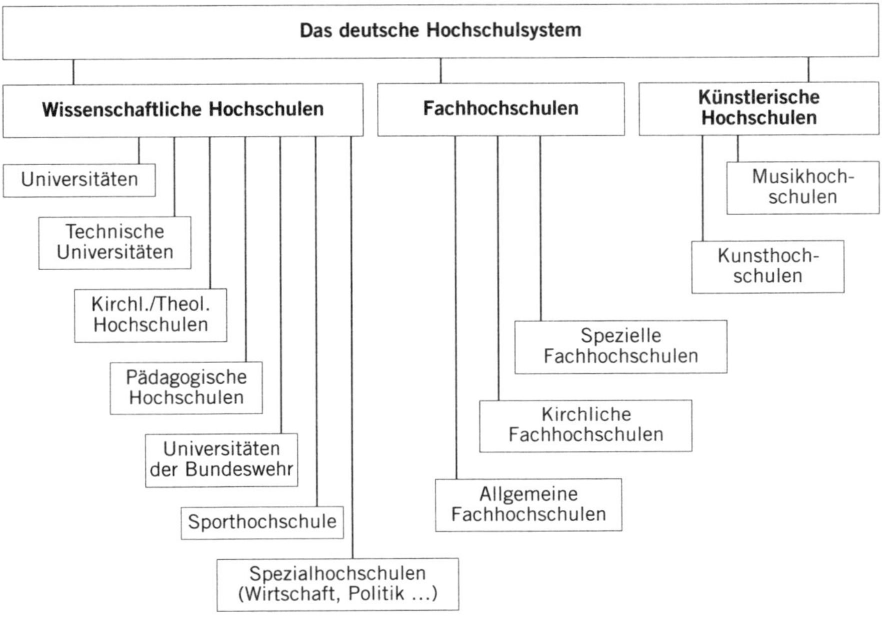

Innerhalb der Gruppe der *wissenschaftlichen Hochschulen* kann man unterscheiden zwischen:

- Universitäten,
- Technischen Universitäten/Technischen Hochschulen,
- Kirchlichen oder Theologischen Hochschulen,
- Pädagogischen Hochschulen (nur in Baden-Württemberg),
- Universitäten der Bundeswehr,
- der Sporthochschule und
- weiteren Spezialhochschulen.

Innerhalb der Gruppe *Fachhochschulen* unterscheiden wir:

- die allgemeinen staatlichen Fachhochschulen,
- die kirchlichen Fachhochschulen und
- besondere Fachhochschulen.

Bei der Gruppe *Künstlerische Hochschulen* lässt sich am einfachsten eine Unterscheidung nach Hochschulen für Kunst und Musik treffen.

Der Begriff »wissenschaftliche Hochschule« bedeutet, dass dort in erster Linie mit wissenschaftlichen Methoden und auf theoretischer Grundlage ausgebildet wird. Die Fachhochschulen bilden fachbezogen auf einen bestimmten Berufsbereich aus. Die künstlerischen Hochschulen bieten berufsbezogene Studiengänge an, für die eine besondere Begabung erforderlich ist.

Es gibt noch eine zunehmend wichtige Unterscheidung: staatliche Hochschulen und private Hochschulen. Die erstgenannten befinden sich in der Trägerschaft des Staates und verlangen keine oder nur geringe Studiengebühren. Auch die privaten Hochschulen stehen unter staatlicher Aufsicht, dürfen aber (zum Teil erhebliche) Studien- und Prüfungsgebühren verlangen. Es gibt noch einige weitere Unterschiede, die im Kapitel über die privaten Hochschulen nachzulesen sind (s. S. 52).

Die Alma Mater: Studium an Universitäten

An Universitäten und Technischen Universitäten wird in einem etwa fünf- bis sechsjährigen Studium theoretisches Fach- und Sachwissen auf der Grundlage wissenschaftlicher Methoden und Arbeitsweisen vermittelt. Kürzer ist das Studium nur für diejenigen, die mit einem Bachelorgrad abschließen und keinen Masterstudiengang anhängen. Für ein universitäres Bachelorstudium sind drei Jahre Studienzeit (sechs Semester) vorgesehen.

Wird ein Bachelorstudium durch einen zweijährigen Masterstudiengang vertieft oder interdisziplinär erweitert, kommt man auf mindestens fünf Jahre Studienzeit. Auch die Staatsexamensstudiengänge sind auf fünf Jahre angelegt, ebenso noch einige wenige Magister- und Diplomstudiengänge.

Die Inhalte des Studiums orientieren sich nicht in erster Linie an den Erfordernissen späterer Berufe. Sie sollen zwar auch Praxis- und Berufswissen vermitteln, aber zumeist nicht auf einen bestimmten Beruf hin ausbilden. Von wenigen Ausnahmen abgesehen, wird mit dem Universitätsabschluss keine Berufsbezeichnung vergeben, sondern ein akademischer Grad (Titel) verliehen.

Es gibt in Deutschland rund 70 Universitäten/Technische Universitäten, an denen derzeit etwa 1,4 Mio. Studierende eingeschrieben sind. Demnach sind die Universitäten die größten Hochschulen und bilden knapp 60 Prozent aller Akademiker aus.

Je nach ihrer Größe (Zahl der Studierenden und Lehrenden, Anzahl der Studienfächer) unterscheidet man kleine, mittelgroße und große Universitäten. Kleine Universitäten haben etwa zwei oder drei Fächergruppen, 15 bis 20 einzelne Fächer und 5.000 bis 10.000 Studierende.

Mittelgroße Universitäten verfügen über drei bis fünf Fächergruppen, 20 bis 40 Einzelfächer und 10.000 bis 25.000 Studierende.

Die großen Universitäten umfassen zumeist alle Fächergruppen, verfügen über 40 bis 100 Einzelfächer, in denen zwischen 25.000 und 40.000 Studierende ausgebildet werden.

Die Universitäten und Technischen Universitäten haben das größte Fächerangebot der Hochschulen in Deutschland. Wir finden hier die Gruppe der Sprach-, Literatur- und Kulturwissenschaften, theologische Fächer, die Naturwissenschaften, die Fächergruppe Agrar-, Forst- und Ernährungswissenschaften, Rechts-, Wirtschafts- und Gesellschaftswissenschaften, Medizin sowie Ingenieurwissenschaften. (Zu den Fächern im Einzelnen siehe das nächste Kapitel.)

Es gibt den Begriff »Universität« auf der einen und »Technische Universität« (zuweilen auch »Technische Hochschule«) auf der anderen Seite. Der Unterschied ist einfach zu erklären: Die Technischen Universitäten/Hochschulen haben ihren Schwerpunkt in den Ingenieurwissenschaften. Der zweite Schwerpunkt sind die Naturwissenschaften. Die übrigen Fächer sind entweder überhaupt nicht oder nur am Rande vertreten.

Bei den Universitäten ist es genau umgekehrt. Hier finden wir die Ingenieurwissenschaften (auch technische Fächer genannt) entweder überhaupt nicht oder nur gering vertreten, während die anderen Fächergruppen dominieren.

Um an einer Universität zu studieren, braucht man das Abitur, das Fachabitur oder eine Sonderprüfung. Die Fachhochschulreife reicht als Zulassungsvoraussetzung *nicht* aus.

Es gibt Universitäten in folgenden Städten:
Augsburg, Bamberg, Bayreuth, Berlin (Freie Universität, Humboldt-Universität), Bielefeld, Bochum, Bonn, Bremen, Duisburg-Essen, Düsseldorf, Eichstätt, Erfurt, Erlangen-Nürnberg, Flensburg, Frankfurt/Main, Frankfurt/Oder, Freiburg, Gießen, Göttingen, Greifswald, Hagen (Fernuniversität), Halle/Saale, Hamburg, Hannover, Heidelberg, Hildesheim, Hohenheim, Jena, Kassel, Kiel, Koblenz-Landau, Köln, Konstanz, Leipzig, Lübeck, Lüneburg, Magdeburg, Mainz, Mannheim, Marburg, München, Münster, Oldenburg, Osnabrück, Paderborn, Passau, Potsdam, Regensburg, Rostock, Saarbrücken, Siegen, Stuttgart, Trier, Tübingen, Ulm, Vechta, Weimar, Wuppertal, Würzburg.

Technische Universitäten/Technische Hochschulen gibt es in:
Aachen, Berlin, Braunschweig, Chemnitz, Clausthal, Cottbus, Darmstadt, Dortmund, Dresden, Freiberg/Sachsen, Hamburg-Harburg, Ilmenau, Kaiserslautern, Karlsruhe, München.

Die Adressen der Universitäten und Technischen Universitäten finden Sie am Ende des Kapitels ab S. 56 (geordnet nach Hochschulorten in alphabetischer Reihenfolge).

Praxisorientiert studieren: Das Fachhochschulstudium

Nach den Universitäten werden an den Fachhochschulen die meisten Studierenden ausgebildet. Derzeit sind es rund 570.000.

Im Gegensatz zu den Universitäten, die es bereits seit dem Mittelalter gibt, entstanden die Fachhochschulen erst Anfang der 1970er Jahre aus der Idee, Personen mit einem mittleren Bildungsabschluss und praktischer Berufserfahrung ein kurzes berufsbezogenes Studium zu ermöglichen.

Fachhochschulen waren ursprünglich nicht für Bewerber mit allgemeiner Hochschulreife vorgesehen. Doch seit vielen Jahren erfreuen sich Fachhochschulen einer stark zunehmenden Beliebtheit bei Abiturienten (s. dazu auch S. 30).

Voraussetzung für das Studium an Fachhochschulen ist entweder die allgemeine Hochschulreife, die Fachhochschulreife oder die fachgebundene Hochschulreife. Eine weitere Voraussetzung ist (zumeist) ein berufsbezogenes Praktikum vor dem Studium.

Das Fächerangebot der staatlichen Fachhochschulen umfasst die folgenden Bereiche: Ingenieurwesen, Wirtschaft, Sozialwesen, Pflege- und einzelne weitere Gesundheitsstudiengänge, Land- und Forstwirtschaft und gestalterische Studiengänge. Im letztgenannten Bereich überschneiden sie sich mit dem Studienangebot der Kunsthochschulen.

Die Größe der Fachhochschulen ist sehr unterschiedlich. Es gibt Fachhochschulen mit bis zu 15.000 Studierenden und einem breiten Fächerangebot, mittelgroße (ca. 1.000 bis 4.000 Studierende) und kleine Fachhochschulen (unter 1.000 Studierende), die zuweilen nur ein oder zwei Fächer anbieten.

Es gibt derzeit staatliche Fachhochschulen in:
Aachen, Aalen, Albstadt, Amberg, Ansbach, Augsburg, Bernburg (Hochschule Anhalt), Berlin (3), Biberach, Bielefeld, Bingen, Bochum, Brandenburg, Braunschweig, Bremen, Bremerhaven, Coburg, Darmstadt, Deggendorf, Dessau (Hochschule Anhalt), Dortmund, Dresden, Düsseldorf, Eberswalde, Emden, Erfurt, Esslingen, Flensburg, Frankfurt/Main, Freising (Fachhochschule Weihenstephan), Fulda, Furtwangen, Geisenheim (Hochschule RheinMain), Gelsenkirchen, Gießen-Friedberg, Görlitz, Göttingen, Hagen (Fachhochschule Südwestfalen), Hamburg, Hamm, Hannover, Hennef (Hochschule Bonn-Rhein-Sieg) Heide (Fachhochschule Westküste), Heilbronn, Hildesheim, Hof, Holzminden, Ingolstadt, Iserlohn (Fachhochschule Südwestfalen), Jena, Kaiserslautern, Karlsruhe, Kempten, Kiel, Kleve, Koblenz, Köln, Köthen (Hochschule Anhalt), Konstanz, Krefeld (Hochschule Niederrhein), Landshut, Leipzig, Lemgo (Hochschule Ostwestfalen-Lippe), Lippstadt, Lübeck, Ludwigshafen, Magdeburg, Mainz, Mannheim, Merseburg, Meschede (Fachhochschule Südwestfalen), Mittweida, Mülheim, München, Münster, Neu-Ulm, Neubrandenburg, Nordhausen, Nürnberg, Nürtingen,

Offenburg, Oldenburg (Jade Hochschule), Osnabrück, Pforzheim, Potsdam, Ravensburg-Weingarten, Regensburg, Reutlingen, Rheinbach (Hochschule Bonn-Rhein-Sieg), Rosenheim, Rottenburg, Rüsselsheim (Hochschule RheinMain), Saarbrücken, Sankt Augustin (Hochschule Bonn-Rhein-Sieg), Schmalkalden, Schwäbisch Gmünd, Schweinfurt, Senftenberg (Hochschule Lausitz), Soest (Fachhochschule Südwestfalen), Stralsund, Stuttgart (2), Trier, Ulm, Weiden, Wernigerode (Hochschule Harz), Wiesbaden (Hochschule RheinMain), Wildau, Wilhelmshaven (Jade Hochschule), Wismar, Wolfenbüttel, Worms, Würzburg, Zittau, Zwickau.

Die Adressen der Fachhochschulen finden Sie am Ende des Kapitels ab S. 56 (alphabetische Auflistung nach Hochschulorten).

Kirchliche Fachhochschulen, die es von beiden christlichen Konfessionen gibt, bieten in erster Linie Studienmöglichkeiten in den Bereichen Sozialwesen (Sozialarbeit, Sozialpädagogik, Heilpädagogik) und in Religionspädagogik an. Das bevorzugte Arbeitsfeld dieser Studierenden ist eine Tätigkeit in der kirchlichen Gemeindearbeit oder im seelsorgerischen Unterstützungsbereich.

Kirchliche Fachhochschulen gibt es in:
Berlin (2), Darmstadt, Dresden, Freiburg (2), Hamburg, Hannover, Mainz, Moritzburg, München, Nürnberg, Ludwigsburg.

Die Adressen finden Sie am Ende des Kapitels ab S. 56 (in alphabetischer Reihenfolge nach Hochschulorten geordnet).

Für künftige Lehrer/innen: Pädagogische Hochschulen

Die Pädagogischen Hochschulen, die das Abitur voraussetzen, gibt es nur in Baden-Württemberg. Sie bilden Lehrer für Grund- und Hauptschulen sowie für Realschulen und Sonderschulen (Blinde, Gehörlose, geistig Behinderte, Lernbehinderte, Schwerhörige, Sehbehinderte, Sprachbehinderte) aus. In den anderen Bundesländern werden diese Ausbildungen von den Universitäten angeboten.

Die Pädagogischen Hochschulen sind eher kleine Hochschulen mit 1.000 bis 5.000 Studierenden. Sie bieten die üblichen Schulfächer, ferner allgemeine und spezielle Pädagogik (z. B. Sonderpädagogik) sowie mancherorts den Studiengang Erziehungswissenschaft an.

Pädagogische Hochschulen gibt es derzeit in:
Freiburg, Heidelberg, Karlsruhe, Ludwigsburg, Schwäbisch Gmünd, Weingarten.

Zu den Adressen vgl. am Ende des Kapitels ab S. 56 (in alphabetischer Anordnung nach Hochschulorten).

Nicht nur für angehende Geistliche: Theologische Hochschulen

Die Kirchlichen und Theologischen Hochschulen befinden sich entweder in der Trägerschaft einer der beiden christlichen Konfessionen (Kirchliche Hochschulen = evangelische Kirche, Theologische Hochschulen = katholische Kirche), oder sie haben ihre Fächer auf spätere kirchliche Tätigkeiten ausgerichtet. Sie bilden Theologen (Geistliche und Laientheologen) sowie Religionslehrer aus. Ihr Fächerangebot ist beschränkt auf Theologie, alte Sprachen (Hebräisch, Griechisch, Latein), Philosophie und Religionspädagogik. Hinzu kommen mancherorts einige Gesellschaftswissenschaften. Diese Hochschulen gehören mit einigen hundert Studierenden zu den kleinsten Hochschulen.

Kirchliche Hochschulen gibt es in:
Benediktbeuern, Eichstätt, Frankfurt/Main, Friedensau, Fulda, München, Münster, Neuendettelsau, Oberursel, Paderborn, Sankt Augustin, Trier, Vallendar, Wuppertal.

Die Adressen finden Sie am Ende des Kapitels ab S. 56 (in alphabetischer Reihenfolge nach Hochschulorten).

Zutritt nur für Begabte: Kunst- und Musikhochschulen

Die Künstlerischen Hochschulen, zu denen Kunsthochschulen, Hochschulen für Film und Fernsehen, Hochschulen für Gestaltung und Musikhochschulen zählen, stehen nur Menschen offen, die eine besondere Begabung in einer Aufnahmeprüfung nachweisen können. Sie bilden den künstlerischen Nachwuchs aus. Bei hervorragender Begabung verzichten diese Hochschulen auf Abitur oder Fachhochschulreife.

Insgesamt studieren an allen deutschen Künstlerischen Hochschulen etwa 30.000 Personen. Sie sind neben den Pädagogischen Hochschulen die kleinste Hochschulart.

Die *Kunsthochschulen* als Teil der Künstlerischen Hochschulen sind staatliche Hochschulen für die Ausbildung in den bildenden Künsten. Angeboten werden rein künstlerische Ausbildungen zum Maler, Grafiker oder Bildhauer (= freie Kunst), Ausbildungen für Design/Gestaltung sowie für angehende Architekten oder Innenarchitekten (= angewandte Kunst). Einige Kunsthochschulen bilden auch Kunsterzieher für Schulen aus. Die Anzahl der Studierenden an Kunsthochschulen variiert zwischen einigen hundert und ca. 1.500.

Kunsthochschulen findet man in den Städten:
Berlin, Braunschweig, Bremen, Dresden, Düsseldorf, Frankfurt/Main, Halle, Hamburg, Karlsruhe (2), Kiel, Leipzig, München (2), Münster, Nürnberg, Offenbach, Saarbrücken, Stuttgart.

Die *Musikhochschulen* haben das Ziel, den künstlerischen Nachwuchs für Theater, Oper, Operette, Konzerte, Musik- und Tanzschulen sowie Musiklehrer für den Schuldienst auszubilden. Im Einzelnen handelt es sich um künftige Chorsänger, Solosänger, Instrumentalmusiker, Kirchenmusiker, Dirigenten, Regisseure, Komponisten, Tonmeister, Schauspieler (nur an wenigen Musikhochschulen), Tänzer, Musikpädagogen (Privatmusiklehrer) und Musiklehrer für allgemeinbildende Schulen. Die Größe der Musikhochschulen entspricht in etwa der der Kunsthochschulen.

Musikhochschulen gibt es in:
Berlin, Detmold, Dresden, Düsseldorf, Essen, Frankfurt/Main, Freiburg, Halle/Saale, Hamburg, Hannover, Heidelberg, Karlsruhe, Köln, Leipzig, Lübeck, Mannheim, München, Rostock, Saarbrücken, Stuttgart, Trossingen, Weimar, Würzburg.

Die Adressen der künstlerischen Hochschulen finden Sie am Ende des Kapitels ab S. 56 (in alphabetischer Anordnung nach Hochschulorten geordnet).

Allrounder gefragt: Die Sporthochschule

Zur Gruppe der wissenschaftlichen Hochschulen zählt im weitesten Sinne auch die Sporthochschule. In Deutschland gibt es nur eine, nämlich die Deutsche Sporthochschule in Köln.

Um an der Sporthochschule zu studieren, muss man vielseitig sportlich begabt sein. Anders als die Kunst- und Musikhochschulen, die Talente ausbilden, nehmen an der Sporthochschule vor allem diejenigen ein Studium auf, die später als Trainer in Vereinen, in der Sportartikelindustrie, als Sporttherapeuten in Rehabilitationseinrichtungen, als Spiel- und Tanzpädagogen, Sportjournalisten sowie als Sportmanager in Vereinen arbeiten, Referententätigkeiten bei Sportverbänden, Bildungswerken, Krankenkassen u. Ä. ausüben oder Sportlehrer an allgemeinbildenden Schulen werden möchten. Bei der Lehramtsausbildung kooperiert die Sporthochschule mit der Universität Köln, an der weitere Lehramtsstudiengänge belegt werden können.

Die Studienanfänger haben die Wahl zwischen insgesamt vier Bachelorstudienangeboten (Sportmanagement und Sportkommunikation; Sport, Gesundheit und Prävention; Sport, Erlebnis und Bewegung; Sport und Leistung) und Lehramtsstudiengängen (Sport für alle Schulformen). Hinzu kommen mehrere Masterstudienangebote und die Möglichkeit, eine Doktorarbeit zu schreiben.

Die Ausbildung an der Sporthochschule ist sowohl theoretisch als auch praktisch ausgerichtet. Voraussetzung für das Studium ist eine entsprechende Aufnahmeprüfung, die die körperliche und sportliche Eignung in Individualsportarten und Mannschaftssportarten prüft. Es ist wichtiger, sportlich vielseitig begabt zu sein, als nur in einer Sportart ein Ass.

Die Adresse der Deutschen Sporthochschule ist am Ende des Kapitels ab S. 56 unter Köln aufgelistet.

Es geht auch von zu Hause aus: FernUniversität in Hagen und Fernhochschulen

Die FernUniversität in Hagen/Westfalen ist mit derzeit rd. 60.000 Studierenden (46.000 in den Studiengängen, 14.000 in den weiterbildenden Studien und Kursen) die größte Hochschule bundesweit. Fernuniversität bedeutet, dass man zu Hause studiert, alle Studienunterlagen per Post oder E-Mail zugeschickt bekommt und die Betreuung und Kommunikation mit den Dozenten vor allem netzgestützt erfolgt. An dieser Hochschule studieren überwiegend Berufstätige, die entweder ein Hochschulstudium in ihrer Freizeit absolvieren oder sich in einem bestimmten Bereich weiterbilden möchten. Es gibt aber dort auch »normale« Studierende, die auf diesem Weg ihrer Ausbildung nachgehen. Zunehmend schreiben sich auch Abiturienten ein, um neben einer Lehre ein Studium zu absolvieren. Auch wer kein Abitur hat, kann unter bestimmten Voraussetzungen und über eine Zugangsprüfung ein Studium aufnehmen.

Möglich ist sogar eine Promotion (Doktorarbeit) nach einem in Hagen oder (theoretisch auch möglich) anderswo bestandenen Hochschulabschluss.

Die Studierenden können sich ihr Lernpensum flexibel einteilen und an ihre jeweilige Arbeitsbelastung anpassen, d. h. entweder in Vollzeit oder in Teilzeit studieren.

Ganz ohne persönliche Betreuung und Gespräche mit Mitstudierenden geht es auch in Hagen nicht. Überall in Deutschland (und sogar in einigen ausländischen Städten) gibt es deshalb Studien- und Regionalzentren, wo die Studierenden fachkundig beraten und durch Tutorenkurse fachlich betreut werden. In diesen Zentren finden auch die Klausuren und Prüfungen statt.

Gebühren werden für das von den Studierenden bezogene Studienmaterial erhoben, sie hängen also von der Anzahl der belegten Module und Kurse ab. Studierende im Bachelorstudiengang Psychologie zahlen z. B. insgesamt rund 1.800 Euro für ihr Studium, Studierende der Wirtschaftswissenschaft ca. 2.000 Euro.

Angebotene Studiengänge an der FernUniversität in Hagen:

- *Bachelorstudiengänge:*
  Bildungswissenschaft, Informatik, Kulturwissenschaften mit Fachschwerpunkt Geschichte, Literaturwissenschaft, Philosophie, Mathematik, Politik- und Verwaltungswissenschaft, Psychologie, Rechtswissenschaft, Wirtschaftsinformatik, Wirtschaftswissenschaft

- *Masterstudiengänge:*
  Bildung und Medien – eEducation, Computer Science, Elektrotechnik und Informationstechnik, Europäische Moderne – Geschichte und Literatur, Governance, Informatik, Philosophie – Philosophie im europäischen Kontext, Soziologie – Individualisierung und Sozialstruktur, Mathematik, Mathematik – Methoden und Modelle, Rechtswissenschaft, Wirtschaftswissenschaft

Hinzu kommen zahlreiche Zusatz- und Weiterbildungsstudiengänge sowie eine Vielzahl von weiterbildenden Kursen und Studien.

Neben der Hagener Fernuniversität bieten mittlerweile auch einige private Hochschulen Fernstudiengänge auf *Fachhochschulniveau* an. Zu nennen sind z. B. die Private Fernhochschule Darmstadt (Wilhelm Büchner Hochschule), die Hamburger Fern-Hochschule und die Europäische Fernhochschule Hamburg. Da es sich um private Hochschulen handelt, fallen generell Studiengebühren an.

Die Adressen dieser Hochschulen werden am Ende des Kapitels ab S. 56 aufgelistet (in alphabetischer Reihenfolge nach Hochschulorten).

Student/in in Uniform: Universitäten der Bundeswehr

Eine besondere Erwähnung finden zwei Universitäten, die allerdings für Abiturienten ohne Zusatzbedingung nicht offen sind. Dabei handelt es sich um die Universitäten der Bundeswehr in Hamburg und München. Deren Studierende sind Offiziere auf Zeit, die sich für mindestens dreizehn Jahre bei der Bundeswehr verpflichtet haben. Sie studieren wie andere Studenten in Vorlesungen, Übungen und Seminaren und im Bachelor-Master-Studienmodell. Auch bestehen keine Unterschiede hinsichtlich des Lehrpersonals – unterrichtet werden die angehenden Offiziere ausschließlich von Zivilisten.

Es gibt lediglich zwei, wenn auch nicht unwesentliche Unterschiede: Das Studienjahr besteht nicht aus Semestern, sondern aus Trimestern mit der Folge von weniger langen Semesterferien, die nicht selten für fachliche Weiterbildung oder für militärische Übungen Verwendung finden. Die straffe Studienorganisation ermöglicht den Abschluss eines Bachelor- und Masterstudiums bereits nach vier Jahren (sieben Trimester für den Bachelor, fünf Trimester für den Master). Der zweite Unterschied ist die Studienfinanzierung. Die Studenten sind weder auf BAföG noch aufs Jobben angewiesen – während des Studiums wird das Offiziersgehalt gezahlt.

Die Universität der Bundeswehr in München bietet auch Fachhochschulstudiengänge an, die offen sind für Bundeswehrbedienstete mit Fachhochschulreife. Wer Sanitätsoffizier werden will, studiert Medizin oder Pharmazie an »normalen« Universitäten oder Medizinischen Hochschulen.

Helmut-Schmidt-Universität – Universität der Bundeswehr Hamburg
Angebotene Studiengänge mit Abschluss Bachelor:

- Betriebswirtschaftslehre
- Bildungs- und Erziehungswissenschaft
- Elektro- und Informationstechnik
- Geschichtswissenschaft
- Maschinenbau
- Politikwissenschaft
- Volkswirtschaftslehre
- Wirtschaftsingenieurwesen

Helmut-Schmidt-Universität – Universität der Bundeswehr Hamburg
Angebotene Studiengänge mit Abschluss Master:

- Betriebswirtschaftslehre
- Bildungs- und Erziehungswissenschaft
- Elektrische Energietechnik
- Energie- und Umwelttechnik
- Fahrzeugtechnik
- Geschichtswissenschaft
- Mechatronik
- Politikwissenschaft
- Produktentstehung und Logistik
- Volkswirtschaftslehre
- Wirtschaftsingenieurwesen

Universität der Bundeswehr München
Angebotene Studiengänge mit Abschluss Bachelor und Master:

- Adult, Intercultural and Media Education (AMF)
- Bauingenieurwesen und Umweltwissenschaften
- Informatik
- Mathematical Engineering
- Sportwissenschaft – Vermittlung von Sport
- Staats- und Sozialwissenschaften
- Wirtschafts- und Organisationswissenschaften
- Wirtschaftsinformatik
- Hinzu kommen die Fachhochschulstudiengänge Maschinenbau, Technische Informatik und Kommunikationstechnik, Wehrtechnik,Wirtschaft und Journalismus sowie der Masterstudiengang Computer Aided Engineering.

Die Adressen der Universitäten der Bundeswehr werden am Ende des Kapitels ab S. 56 unter Hamburg und München aufgelistet.

Sonstige Hochschulen

Neben den bisher genannten Hochschulen gibt es auch noch einige Spezialhochschulen. Medizinische Hochschulen und Tierärztliche Hochschulen bilden Ärzte, Zahnärzte oder Tierärzte aus und sind den Universitäten gleichgestellt. Weitere Spezialhochschulen bieten Studiengänge im Bereich der Wirtschafts- und Gesellschaftswissenschaften an.

Es gibt folgende Spezialhochschulen in Deutschland:
Berlin (Schauspielkunst), Frankfurt/Main (Finance and Management), Hamburg (Rechtswissenschaft), Hannover (Medizin), Hannover (Tiermedizin), Heidelberg (Jüdische Studien), Koblenz-Vallendar (Unternehmensführung), Köln (Medien), Leipzig (Wirtschaft), Ludwigsburg (Film), München (Fernsehen und Film), Oestrich-Winkel (Wirtschaft), Potsdam (Film und Fernsehen), Speyer (Verwaltungswissenschaften).

Die Adressen von diesen Hochschulen werden am Ende des Kapitels ab S. 56 aufgelistet (in alphabetischer Reihenfolge nach Hochschulorten).

Sogenannte Fachhochschulen für öffentliche Verwaltung können von Beamten im Bundes- oder Landesdienst besucht werden. Vergleiche hierzu das Kapitel »Dienst beim Staat« (ab S. 21).

Fein, aber teuer: Private Hochschulen

Für die einen sind private Hochschulen der Zugriff des kapitalistischen Wirtschaftssystems auf eine bislang noch weitgehend von Kommerz und Profitstreben freie Zone, die es den Sprösslingen von betuchten Bundesbürgern ermöglichen sollen, einen Studienabschluss gegen entsprechende Geldzahlungen, sprich Studiengebühren, zu erlangen. Es ist nicht schwer, zu erraten, dass die Gegner von privaten Hochschulen sie am liebsten abgeschafft sähen.

Auf der anderen Seite bekommen manche Leute strahlende Augen, wenn von privaten Hochschulen die Rede ist. Ihnen fallen auch gleich die passenden Argumente ein: Sie seien ein Lichtblick in dem ansonsten tristen staatlich organisierten Hochschulsystem, modern, innovativ und die Zukunft schlechthin.

Wer gegenüber Ideologie und grenzenloser Begeisterung weniger anfällig ist, entdeckt, dass die privaten Hochschulen Vorteile gegenüber dem staatlichen System haben, aber auch einige Nachteile. Der größte Nachteil ist, dass es dort nur gegen hohe Gebühren möglich ist, zu studieren, es sei denn, man gehört zu den Glücklichen, die mit einem Stipendium ausgestattet sind. Studiengebühren von jährlich anfallenden 6.000 bis 10.000 Euro, manchmal sogar Beträge darüber, kann sich bei weitem nicht jeder leisten. Fairerweise sollte man allerdings erwähnen, dass die Hochschulen damit nur etwa 20 bis 25 Prozent ihrer Kosten decken. Sie sind auf Spenden, staatliche Zuschüsse und auf Stiftungsprofessuren aus der Wirtschaft angewiesen, wenn sie über die Runden kommen wollen.

Auf der anderen Seite herrschen aber Studienbedingungen, die man bei staatlichen Hochschulen nur selten findet – Arbeit in Kleingruppen, intensive Betreuung durch die Dozenten, Wechsel von Theorie und Praxis, häufige Auslandsaufenthalte, die Teil des Studiums sind, kürzere Studienzeiten und relativ gute Einstiegschancen nach dem Studium.

Private Hochschulen als Aufbewahrungsort von geistigen Tieffliegern ist barer Unsinn. Wer einmal eine Aufnahmeprüfung, etwa der Hochschule für Unternehmensführung in Vallendar, absolvieren durfte, weiß, dass hier nur die Besten (nicht die mit den dicksten Geldbörsen) zum Zuge kommen. Auch während des Studiums gelten Leistungskriterien.

Auch zwischen den einzelnen privaten Hochschulen gibt es erhebliche Unterschiede bei der Qualität der Ausbildung und bei der Anerkennung der Abschlüsse. Deswegen sollte jeder Studieninteressent vor einer Wahl das jeweilige Angebot sehr gründlich prüfen (nicht nur die Hochglanzbroschüren lesen) und Vergleiche anstellen.

Seriöse Hochschulen beantworten auch gerne folgende Fragen zufriedenstellend:

- Ist die Hochschule staatlich anerkannt?
- Wer ist der Träger, und wie finanziert sie sich?
- Ist die Hochschule auf Gewinn ausgerichtet, und wohin fließen diese Gelder?
- Sind die Abschlüsse denen staatlicher Hochschulen gleichwertig?
- Gibt es festes Personal, oder werden die Dozenten von außen auf Zeit »eingekauft«?
- Wie hoch sind die Studiengebühren?
- Gibt es Stipendien oder Nachlass von Studiengebühren?
- Welche Banken geben Kredite für die Studiengebühren?
- Welche Unternehmen stellen die Absolventen bevorzugt ein?

Studienangebote ausgewählter privater Hochschulen:

- Universität Witten-Herdecke: *Humanmedizin, Zahnmedizin, Pflegewissenschaft (M.Sc.), Philosophie und Kulturreflexion (B.A., M.A.), Business Economics (B.A.), General Management (M.A.), Management von Gesundheits- und Sozialeinrichtungen (M.A.)*
- Zeppelin University, Friedrichshafen: *Communication and Cultural Management (B.A., M.A.), Corporate Management and Economics (B.A, M.A.), Public Management and Governance (B.A., M.A.)*
- European Business School (EBS), Oestrich-Winkel: *Bachelorstudiengänge General Management (B.Sc.) und Aviation Management (B.Sc.), Masterstudiengänge Management (M.Sc.), Accounting, Controlling and Taxation (M.Sc.), Business, Law and Economics (M.Sc.), Finance (M.Sc.), Marketing (M.Sc.), Real Estate (M.Sc.) und Business Innovation (M.A.)*
- Europäische Wirtschaftshochschule (ESCP Europe), Berlin: *Master in Management (in drei Ländern, drei Abschlüsse), Master in European Business (in zwei Ländern)*
- Wissenschaftliche Hochschule für Unternehmensführung (WHU) – Otto-Beisheim-School of Management, Vallendar/Koblenz: *Bachelorstudiengang BWL/Management (B.Sc.), Masterstudiengang Management (M.Sc.)*
- Handelshochschule Leipzig (HHL): *Master in Management (M.Sc.)*
- Private Fachhochschule Göttingen: *General Management (B.Sc., M.Sc.), Business Administration (B.Sc.), Business Information Systems (B.Sc., M.Sc.), Verbundwerkstoffe/Composites (B.Eng., M.Sc.)*
- Business and Information Technology School (BiTS), Iserlohn: *Business and Management Studies (B.Sc.), Business and Technology Management (B.Sc.), Business Psychology (B.Sc.), Communication and Media Management (B.Sc.), Sport and Event Management (B.Sc.), Journalism and Business Com-*

munication (B.A.), International Management for Service Industries (B.Sc.), Green Business Management (B.Sc.), Masterstudiengänge Corporate Management (M.A.), PR and Corporate Communication (M.A.)
- Fachhochschule für die Wirtschaft (FHDW), Hannover: *Betriebswirtschaftslehre, Informatik, Wirtschaftsinformatik, Business Process Administration, Business Process Engineering*
- Frankfurt School of Finance and Management, Frankfurt/Main: *Bachelorstudiengänge Betriebswirtschaftslehre, Internationale Betriebswirtschaftslehre, Management, Philosophy & Economics, Management & Financial Markets, BWL in Kooperation mit KPMG*
- Fachhochschule für Oekonomie & Management (FOM), Essen: *Banking and Finance, Business Administration, International Management, Steuerrecht, Wirtschaftsinformatik, Wirtschaftsrecht*

Für weitere Auskünfte s. ab S. 56 die Adressen der Hochschulen (in alphabetischer Reihenfolge nach Hochschulorten geordnet).

Studieren ohne Grenzen: Studium im Ausland

Fragt man Studienanfänger, so möchten etliche ein komplettes Studium in einem anderen Land absolvieren, und fast alle möchten eine Zeit ihres Studiums im Ausland verbringen. Die Idee ist verlockend. Wer möchte dem überlaufenen deutschen Hochschulsystem nicht gerne den Rücken kehren oder ein fremdes Land und ein anderes Ausbildungssystem besser kennenlernen, vorhandene Sprachkenntnisse verbessern und für den späteren Beruf wichtige Auslandserfahrungen sammeln?

Zwischen dem Wunsch und der Realität klafft allerdings eine erhebliche Lücke. Tatsache ist: Weniger als ein Prozent aller deutschen Studierenden besuchen eine Hochschule im Ausland mit dem Ziel, das Examen dort abzulegen. Nur rund zehn Prozent aller deutschen Studierenden gelingt es, zumindest eine Zeit an einer ausländischen Hochschule zu verbringen. Hierfür gibt es handfeste Gründe: Auch viele andere Länder klagen über überlaufene Hochschulen und erschweren die Zugänge für Ausländer. In den meisten Ländern reicht das Abitur nicht aus, um direkt zum Studium zugelassen zu werden. Vor dem Studium steht eine Aufnahmeprüfung, die häufig auch zwei Drittel der Einheimischen nicht bestehen. Deutsch ist zwar eine schöne Sprache, aber nur in Deutschland, Österreich und der deutschsprachigen Schweiz Unterrichtssprache. Deshalb ist es für jeden Studienaufenthalt im Ausland nicht nur sinnvoll, sondern unbedingt notwendig, vorher entsprechende Kenntnisse der Landessprache zu erlernen und mit einer Prüfung nachzuweisen. Für englisch- und französischsprachige Länder muss man für die Bewerbung eine bestandene Sprachprüfung nachweisen; ansonsten hat die Bewerbung keine Chance auf Erfolg. Selbst wenn man das Auslandsstudium aus eigener Tasche bezahlt, kommt man um diese Prüfung nicht herum. Man kann sie vor Ort, das heißt bei der ausländischen Hochschule, ablegen. Besteht man die Prüfung nicht, geht es einem so wie den ausländischen Studierenden in Deutschland, deren Deutschkenntnisse unzureichend sind: man kann nicht direkt mit dem Fachstudium beginnen, sondern muss erst einmal Sprachkurse besuchen.

Viele ausländische Hochschulen erheben Studiengebühren – und zwar wesentlich höhere als in Deutschland. Stipendien sind entweder auf die einheimischen Studierenden begrenzt, oder es werden nur sehr wenige an Ausländer vergeben. Bei der Rückkehr erlebt man zuweilen Überraschungen, wenn Studienleistungen, die im Ausland erbracht wurden, nicht anerkannt werden. Die Bewerbung erfordert außerdem die Überwindung vieler bürokratischer Hürden und somit auch Durchhaltevermögen. Dies ist alles kein Plädoyer gegen ein komplettes Auslandsstudium. Wer über genügend Durchhaltevermögen, gute Fremdsprachenkenntnisse des Ziellandes und auch über das nötige Kleingeld für die Studiengebühren und die Mittel für den Lebensunterhalt verfügt, sollte sich nicht vom Ziel abbringen lassen.

Leichter ist da schon ein zeitlich befristeter Studienaufenthalt an einer ausländischen Hochschule. Hierfür gibt es in Deutschland eine Vielzahl von Stipendienmöglichkeiten. Zum Zeitpunkt der Bewerbung sollte man bereits gute Studienleistungen vorweisen können, um eine Chance auf ein Stipendium zu haben. Aus diesem Grund lässt sich der Auslandsaufenthalt am ehesten nach drei bis vier Semestern realisieren.

In Deutschland gibt es staatliche und private Einrichtungen, die Stipendien für einen Auslandsaufenthalt zu Studienzwecken vergeben. Üblich ist ein einjähriger Aufenthalt. Gefördert werden aber auch Sprachkurse im Ausland und Praktika in ausländischen Unternehmen. Für alle Fragen zum Auslandsstudium und zu Auslandsstipendien gibt es an jeder Hochschule eine entsprechende Einrichtung, das *Akademische Auslandsamt*. Dort sind auch Informationen über sogenannte Partnerschaftsprogramme erhältlich. Jede deutsche Hochschule unterhält Austauschvereinbarungen mit Partnerhochschulen im Ausland, die Studienaufenthalte (meist unter Erlass von Studiengebühren) fördern.

Beim Auslandsstudium stehen die Niederlande, England, Österreich, die Schweiz, die USA, Frankreich und Schweden vorn auf der Wunschliste.

Abschließend noch ein wichtiger Hinweis: BAföG-Berechtigte können schon zum ersten Semester an einer Hochschule in der Europäischen Union oder der Schweiz bis zum dortigen Abschluss mit den BAföG-Inlandssätzen studieren.

Wer eine international orientierte Hochschulausbildung anstrebt, die schon zu Beginn ein oder zwei Jahre Auslandsaufenthalt vorsieht und evtl. auch den zusätzlichen Abschluss einer ausländischen Hochschule, der sollte sich in einen *internationalen Studiengang* einschreiben, den viele Hochschulen mit Partnerhochschulen im Ausland anbieten. Mit der Aufnahme in den Studiengang (in der Regel gibt es ein Auswahlverfahren) ist die Anerkennung aller an der ausländischen Hochschule erbrachten Studienleistungen garantiert, und Aufnahmeprüfungen an der ausländischen Hochschule sowie Studiengebühren entfallen. S. hierzu auch S. 317 ff.

Adressen der deutschen Hochschulen (alphabetisch nach Hochschulorten)

Nachfolgend finden Sie die Adressen der deutschen Hochschulen. Die erste Anlaufstelle ist die jeweilige Zentrale Studienberatung, mancherorts heißt sie auch Allgemeine Studienberatung. Sie informiert über alle angebotenen Studienfächer der Hochschule, aber auch über Studienfinanzierung, Praktika und Wohnmöglichkeiten.

Aachen

Fachhochschule Aachen
Allgemeine Studienberatung
Hohenstaufenallee 10
52064 Aachen
Tel. 0241 / 6009-51800, -51801
Fax 0241 / 6009-52836
www.fh-aachen.de

Rheinisch-Westfälische Technische Hochschule Aachen
Zentrale Studienberatung
Templergraben 83
52062 Aachen
Tel. 0241 / 80-94050
Fax 0241 / 80-92406
www.rwth-aachen.de

Aalen

Hochschule Aalen
Studiensekretariat
Beethovenstraße 1
73430 Aalen
Tel. 07361 / 576-2173
Fax 07361 / 576-2232
www.htw-aalen.de

Albstadt (und Sigmaringen)

Hochschule Albstadt-Sigmaringen
Jakobstraße 6
72458 Albstadt
Tel. 07431 / 579-233
www.hs-albsig.de

Alfter bei Bonn

Alanus Hochschule. Staatlich anerkannte, private Hochschule für Kunst und Gesellschaft
Studentensekretariat
Johannishof
53347 Alfter bei Bonn
Tel. 022 22 / 9321-0
Fax 022 22 / 9321-21
www.alanus.de

Amberg (und Weiden)

Hochschule Amberg-Weiden
Zentrale Studienberatung
Kaiser-Wilhelm-Ring 23
92224 Amberg
Tel. 09621 / 482-197, -215
Fax 09621 / 482-110
www.haw-aw.de

Ansbach

Fachhochschule Ansbach
Studienberatung
Residenzstraße 8
91522 Ansbach
Tel. 0981 / 4877-145, -152
Fax 0981 / 4877-228
www.fh-ansbach.de

Arnstadt

FH Kunst Arnstadt
Schloßplatz 2
99310 Arnstadt
Tel. 03628 / 918534-0
Fax 03628 / 918534-44
www.fh-kunst.de

Aschaffenburg

Hochschule Aschaffenburg
Würzburger Straße 45
63743 Aschaffenburg
Tel. 06021 / 314-620, -622
Fax 06021 / 314-608
www.fh-aschaffenburg.de

Augsburg

Fachhochschule Augsburg
Studienberatung
An der Fachhochschule 1
86161 Augsburg
Tel. 0821 / 5586-3278
www.hs-augsburg.de

Universität Augsburg
Zentrale Studienberatung
Universitätsstraße 2
86159 Augsburg
Tel. 0821 / 598-5146, -5143
www.uni-augsburg.de

Bad Homburg

accadis Hochschule Bad Homburg
Du Pont-Straße 4
61352 Bad Homburg
Tel. 06172 / 9842-0
Fax 06172 / 9842-20
www.accadis.com

Bad Honnef

Internationale Fachhochschule
Bad Honnef-Bonn
Mülheimer Straße 38
53604 Bad Honnef
Tel. 02224 / 9605-109
Fax 02224 / 9605-500
www.fh-bad-honnef.de

Bad Sooden-Allendorf

Private Fachhochschule Nordhessen
Sekretariat
Am Hegeberg 2
37242 Bad Soden-Allendorf
Tel. 05652 / 58777-0
Fax 05652 / 58777-29
www.fh-nordhessen.de

Bad Wildbad

Internationale Hochschule für Kreativpädagogik
und künstlerische Therapien
Bätznerstraße 92/1
75323 Bad Wildbad
Tel. 07081 / 3807-39
Fax 07081 / 3807-40
www.internationale-hochschule-calw.de

Bamberg

Otto-Friedrich-Universität Bamberg
Zentrale Studienberatung
Markusstraße 6
96045 Bamberg
Tel. 0951 / 863-1047, -1050
Fax 0951 / 863-1054
www.uni-bamberg.de

Bayreuth

Hochschule für evangelische Kirchenmusik
der Evangelisch-Lutherischen Landeskirche in
Bayern
Wilhelminenstraße 9
95444 Bayreuth
Tel. 0921 / 75934-17
Fax 0921 / 75934-36
www.hfk-bayreuth.de

Universität Bayreuth
Zentrale Studienberatung
Universitätsstraße 30
95440 Bayreuth
Tel. 0921 / 55-5245, -5249
www.uni-bayreuth.de

Benediktbeuern

Philosophisch-Theologische Hochschule der Salesianer Don Boscos – Theologische Fakultät
Studienberatung
Don-Bosco-Straße 1
83671 Benediktbeuern
Tel. 08857 / 88-201
Fax 08857 / 88-249
www.pth-bb.de

Bergisch Gladbach

Fachhochschule der Wirtschaft (FHDW)
Hauptstraße 2
51465 Bergisch Gladbach
Tel. 02202 / 9527-02
Fax 02202 / 9527-200
www.fhdw.de

Berlin

Alice Salomon Hochschule für Sozialarbeit und Sozialpädagogik
Studienberatung
Alice-Salomon-Platz 5
12627 Berlin
Tel. 030 / 99245-125, -414, -374
www.ash-berlin.de

ESCP Europe Campus Berlin
Studienberatung
Heubnerweg 6
14059 Berlin
Tel. 030 / 32007-0
Fax 030 / 32007-111
www.escpeurope.de

Evangelische Fachhochschule Berlin (EFB) – Fachhochschule für Sozialpädagogik/ Sozialarbeit
Studienberatung
Teltower Damm 118–122
14167 Berlin
Tel. 030 / 84582-292
www.evfh-berlin.de

Hochschule für Technik und Wirtschaft Berlin
Studienberatung
Treskowallee 8
10318 Berlin
Tel. 030 / 5019-2199
Fax 030 / 5019-2241
www.htw-berlin.de

Hochschule für Wirtschaft und Recht Berlin
Studienberatung
Badensche Straße 50–51
10825 Berlin
Tel. 030 / 85789-254, -255
www.hwr-berlin.de

Freie Universität Berlin
Studienberatung und Psychologische Beratung
Brümmerstraße 50
14195 Berlin
Tel. 030 / 838-70000
www.fu-berlin.de

Hochschule für Musik »Hans Eisler« Berlin
Studienberatung
Charlottenstraße 55
10117 Berlin
Tel. 030 / 688305-830
Fax 030 / 688305-730
www.hfm-berlin.de

Hochschule für Schauspielkunst »Ernst Busch« Berlin
Schnellerstraße 104
12439 Berlin
Tel. 030 / 755417-136
Fax 030 / 755417-175
www.hfs-berlin.de

Humboldt-Universität zu Berlin
Allgemeine Studienberatung
Unter den Linden 6
10099 Berlin
Tel. 030 / 2093-1551
Tel. für Auskünfte zu med. Studiengängen 030 / 450-576042
www.hu-berlin.de

Katholische Hochschule für Sozialwesen (KHSB) Berlin
Studienberatung
Köpenicker Allee 39–57
10318 Berlin
Tel. 030 / 501010-40
www.khsb-berlin.de

Mediadesign. Hochschule für Design und Informatik Berlin
Lindenstraße 20–25
10969 Berlin
Tel. 030 / 399266-24, -25
Fax 030 / 399266-15
www.mediadesign.de

SRH Hochschule Berlin
Ernst-Reuter-Platz 10
10587 Berlin
Tel. 030 / 922535-50
Fax 030 / 922535-55
www.srh-hochschule-berlin.de

Steinbeis-Hochschule Berlin
Gürtelstraße 29 A/30
10247 Berlin
Tel. 030 / 293309-0
Fax 030 / 293309-20
www.steinbeis-hochschule.de

Beuth Hochschule für Technik Berlin
Zentrale Studienberatung
Luxemburger Straße 10
13353 Berlin
Tel. 030 / 4504-2020
www.beuth-hochschule.de

Technische Universität Berlin
Studienberatung und Psychologische Beratung
Straße des 17. Juni 135
10623 Berlin
Tel. 030 / 314-25606
www.tu-berlin.de

Universität der Künste Berlin
Allgemeine Studienberatung
Einsteinufer 43–53
10587 Berlin
Tel. 030 / 3185-2204
www.udk-berlin.de

Kunsthochschule Berlin-Weißensee.
Hochschule für Gestaltung
Studienberatung
Bühringstraße 20
13086 Berlin
Tel. 030 / 47705-342
Fax 030 / 47705-290
www.kh-berlin.de

Berliner Technische Kunsthochschule –
Hochschule für Gestaltung
Bernburger Straße 24–25
10963 Berlin
Tel. 030 / 2535-8698
Fax 030 / 2694-9605
www.btk-fh.de

bbw Hochschule
Leibnizstraße 11–13
10625 Berlin
Tel. 030 / 509293-26
Fax 030 / 509293-99
www.bbw-hochschule.de

Design Akademie Berlin – Hochschule für
Kommunikation und Design
Paul-Lincke-Ufer 8e
10999 Berlin
Tel. 030 / 695351-60
www.design-akademie-berlin.de

Hochschule für Medien Berlin
Kommunikation und Wirtschaft (HMKW)
Robert-Koch-Platz 4
10115 Berlin
Tel. 030 / 2934-5731
www.hmkw.de

Biberach

Hochschule Biberach
Zentrale Studienberatung
Karlstraße 11
88400 Biberach/Riß
Tel. 07351 / 582-150, -411
www.hochschule-biberach.de

Bielefeld

Fachhochschule Bielefeld
Studienberatung
Kurt-Schumacher-Straße 6,
33615 Bielefeld
Tel. 0521 / 106-7758, -7764
www.fh-bielefeld.de

Fachhochschule des Mittelstandes (FHM)
Studienberatung
Ravensberger Straße 10 G
33602 Bielefeld
Tel. 0521 / 96655-21
Fax 0521 / 96655-11
www.fhm-mittelstand.de

Universität Bielefeld
Zentrale Studienberatung
Universitätsstraße 25
33615 Bielefeld
Tel. 0521 / 106-3017, -3019
Fax 0521 / 106-6460
www.uni-bielefeld.de

Fachhochschule der Wirtschaft (FHDW)
Meisenstraße 92
33607 Bielefeld
Tel. 0521 / 23842-02
Fax 0521 / 23842-18
www.fhdw.de

Fachhochschule der Diakonie
Grete-Reich-Weg 9
33617 Bielefeld
Tel. 0521 / 144-2700
Fax 0521 / 144-3230
www.fhdd.de

Bingen

Fachhochschule Bingen
Zentrale Studienberatung
Berlinstraße 109
55411 Bingen
Tel. 06721 / 409-386
www.fh-bingen.de

Bochum

Hochschule Bochum
Allgemeine Studienberatung
Lennershofstraße 140
44801 Bochum
Tel. 0234 / 32-10096
Fax 0234 / 32-14408
www.hochschule-bochum.de

Technische Fachhochschule Georg Agricola zu Bochum
Studienberatung
Herner Straße 45
44787 Bochum
Tel. 0234 / 968-3366
Fax 0234 / 968-3359
www.tfh-bochum.de

Ruhr-Universität Bochum
Zentrale Studienberatung
Universitätsstraße 150
44780 Bochum
Tel. 0234 / 32-22435
Fax 0234 / 32-14473
www.ruhr-uni-bochum.de

Evangelische Fachhochschule Rheinland-Westfalen-Lippe
Immanuel-Kant-Str. 18–20
44803 Bochum
Tel. 0234 / 36901-151, -153
Fax 0234 / 36901-100
www.efh-bochum.de

Hochschule für Gesundheit (ab WS 2010/11)
Universitätsstraße 105
44789 Bochum
www.hs-gesundheit.de

EBZ Business School
Springorumallee 20
44795 Bochum
Tel. 0234 / 9447-500
Fax 0234 / 9447-666
www.ebz-business-school.de

Bonn

Rheinische Friedrich-Wilhelms-Universität Bonn
Zentrale Studienberatung
Poppelsdorfer Allee 49
53115 Bonn
Tel. 0228 / 73-7080
www.uni-bonn.de

Brandenburg

Fachhochschule Brandenburg
Studienberatung
Magdeburger Straße 50
14770 Brandenburg/Havel
Tel. 03381 / 355-106
Fax 03381 / 355-199
www.fh-brandenburg.de

Braunschweig

Hochschule für Bildende Künste Braunschweig
Allgemeine Studien- und Studentenberatung
Johannes-Selenka-Platz 1
38118 Braunschweig
Tel. 0531 / 391-9269
www.hbk-bs.de

Technische Universität Carolo-Wilhelmina zu Braunschweig
Zentrale Studienberatung
Pokkelsstraße 11
38106 Braunschweig
Tel. 0531 / 391-4321
Fax 0531 / 391-4069
www.tu-braunschweig.de

Fachhochschule Braunschweig/Wolfenbüttel
Zentrale Studienberatung
Ludwig-Winter-Str. 2
38120 Braunschweig
Tel. 05331 / 939-15200
www.fh-wolfenbuettel.de

Bremen

Hochschule Bremen
Studienberatung
Neustadtswall 30
28199 Bremen
Tel. 0421 / 5905-2214
www.hs-bremen.de

Hochschule für Künste
Am Speicher XI Nr. 8
28195 Bremen
Tel. 0421 / 9595-1000
Fax 0421 / 9595-2000
www.hfk-bremen.de

Jacobs University Bremen
Campus Ring 1
28759 Bremen
Tel. 0421 / 200-4208
www.jacobs-bremen.de

Universität Bremen
Zentrale Studienberatung
Bibliothekstraße 1
28359 Bremen
Tel. 0421 / 218-61160
Fax 0421 / 218-4769
www.uni-bremen.de

Bremerhaven

Hochschule Bremerhaven
Zentrale Studienberatung
An der Karlstadt 8
27568 Bremerhaven
Tel. 0471 / 4823-556
Fax 0471 / 4823-555
www.hs-bremerhaven.de

Brühl

Europäische Fachhochschule
Kaiserstr. 6
50321 Brühl
Tel. 02232 / 5673-0
www.eufh.de

Buxtehude

Hochschule21
Sekretariat
Harburger Straße 7
21614 Buxtehude
Tel. 04161 / 648-0
Fax 04161 / 648-123
www.hs21.de

Calw

SRH Hochschule Calw
Sekretariat
Badstraße 27
75365 Calw
Tel. 07051 / 9203-0
Fax 07051 / 9203-59
www.hochschule-calw.de

Chemnitz

Technische Universität Chemnitz
Zentrale Studienberatung
Straße der Nationen 62
09107 Chemnitz
Tel. 0371 / 531-31637, -55555
Fax 0371 / 531-12128
www.tu-chemnitz.de

Clausthal-Zellerfeld

Technische Universität Clausthal
Zentrale Studienberatung
Adolph-Roemer-Straße 2 a
38678 Clausthal-Zellerfeld
Tel. 05323 / 72-3671
www.tu-clausthal.de

Coburg

Hochschule für angewandte Wissenschaften.
Fachhochschule Coburg
Allgemeine Studienberatung
Friedrich-Streib-Straße 2
96450 Coburg
Tel. 09561 / 317-247
Fax 09561 / 317-8247
www.hs-coburg.de

Fachhochschule Schloss Hohenfels.
Staatlich anerkannte private Hochschule für
Fachtherapien im Gesundheitswesen
Schloss Hohenfels
96450 Coburg
Tel. 09561 / 4270-80
Fax 09561 / 4270-89
www.fh-schloss-hohenfels.de

Cottbus

Brandenburgische Technische Universität
Cottbus
Zentrale Studienberatung
Konrad-Wachsmann-Allee 1
03046 Cottbus
Tel. 0355 / 69-3211, -2796
Fax 0355 / 69-3493
www.tu-cottbus.de

Darmstadt

Evangelische Fachhochschule Darmstadt
Zweifalltorweg 12
64293 Darmstadt
Tel. 06151 / 8798-86
Fax 06151 / 8798-58
www.efh-darmstadt.de

Hochschule Darmstadt
Student Service Center
Haardtring 100
64295 Darmstadt
Tel. 06151 / 16-7979
Fax 06151 / 16-8089
www.h-da.de

Technische Universität Darmstadt
Zentrale Studienberatung (ZSB)
Hochschulstraße 1
64289 Darmstadt
Tel. 06151 / 16-3568
Fax 06151 / 16-2055
www.tu-darmstadt.de

Deggendorf

Hochschule Deggendorf
Edlmairstraße 6+8
94469 Deggendorf
Tel. 0991 / 3615-202, -242
Fax 0991 / 3615-292
www.fh-deggendorf.de

Detmold

Hochschule für Musik Detmold
Neustadt 22
32756 Detmold
Tel. 05231 / 975-770, -771
www.hfm-detmold.de

Dortmund

Fachhochschule Dortmund
Allgemeine Studienberatung
Sonnenstraße 96
44047 Dortmund
Tel. 0231 / 9112-245
www.fh-dortmund.de

International School of Management (ISM)
Zentrale Studienberatung
Otto-Hahn-Straße 19 (Technologie Park)
44227 Dortmund
Tel. 0231 / 975139-0
Fax 0231 / 975139-39
www.ism.de

Technische Universität Dortmund
Zentrum für Studieninformation und
Beratung (ZIB)
Emil-Figge-Straße 72
44221 Dortmund
Tel. 0231 / 755-2345
www.uni-dortmund.de

Dresden

Evangelische Hochschule für Soziale Arbeit
Studienberatung
Semperstraße 2 A
01069 Dresden
Tel. 0351 / 46902-15
www.ehs-dresden.de

Hochschule für Bildende Künste Dresden
Büro für Studenten- und Studienangelegen-
heiten
St.-Petersburger Straße 15
01069 Dresden
Tel. 0351 / 4402-140, -141
www.hfbk-dresden.de

Hochschule für Kirchenmusik der Evangelisch-
Lutherischen Landeskirche Sachsens
Käthe-Kollwitz-Ufer 97
01309 Dresden
Tel. 0351 / 31864-0
Fax 0351 / 31864-22
www.kirchenmusik-dresden.de

Hochschule für Musik »Carl Maria von Weber«
Dresden
Wettiner Platz 13
01067 Dresden
Tel. 0351 / 4923-634
www.hfmdd.de

Palucca Schule Dresden – Hochschule für Tanz
Schüler- und Studentenangelegenheiten
Basteiplatz 4
01277 Dresden
Tel. 0351 / 25906-21
Fax 0351 / 25906-11
www.palucca.eu

Hochschule für Technik und Wirtschaft Dresden
Studienberatung
Friedrich-List-Platz 1
01069 Dresden
Tel. 0351 / 462-3519
www.htw-dresden.de

Technische Universität Dresden
Zentrale Studienberatung
Mommsenstr. 7
01069 Dresden
Tel. 0351 / 463-36063
Fax 0351 / 463-36157
www.tu-dresden.de

Fachhochschule der Wirtschaft (FHDW)
Paradiesstraße 40
01217 Dresden
Tel. 0351 / 87667-40
Fax 0351 / 87667-44
www.fhdw.de

Dresden International University (DIU)
Chemnitzerstr. 46b
01187 Dresden
Tel. 0351 / 463-32326
Fax 0351 / 463-33956
www.dresden-international-university.com

Duisburg

Universität Duisburg-Essen
Zentralstelle Allgemeine Studienberatung ZAS
Universitätsstraße 2
45141 Essen
Tel. 0201 / 183-2014
Fax 0201 / 183-4329
www.uni-duisburg-essen.de

Düsseldorf

Fachhochschule Düsseldorf
Zentrale Studienberatung
Josef-Gockeln-Straße 9
40474 Düsseldorf
Tel. 0211 / 4351-684, -687
Fax 0211 / 4351-683
www.fh-duesseldorf.de

Robert-Schumann-Hochschule Düsseldorf
Studentensekretariat
Fischerstraße 110
40476 Düsseldorf
Tel. 0211 / 4918-100
Fax 0211 / 4918-190
www.rsh-duesseldorf.de

Kunstakademie Düsseldorf
Studienberatung
Eiskellerstraße 1
40213 Düsseldorf
Tel. 0211 / 1396-211, -212
Fax 0211 / 1396-225
www.kunstakademie-duesseldorf.de

Heinrich-Heine-Universität Düsseldorf
Allgemeine Studienberatung
Universitätsstraße 1
40225 Düsseldorf
Tel. 0211 / 81-15471
www.uni-duesseldorf.de

Eberswalde

Fachhochschule Eberswalde
Friedrich-Ebert-Straße 28
16225 Eberswalde
Tel. 03334 / 65-7133, -7134
Fax 03334 / 65-7136
www.fh-eberswalde.de

Eichstätt

Katholische Universität Eichstätt-Ingolstadt
Zentrale Studienberatung
Ostenstraße 26
85072 Eichstätt
Tel. 08421 / 93-1211, -1283
www.ku-eichstaett.de

Elmshorn

Nordakademie. Hochschule der Wirtschaft
Köllner Chaussee 11
25337 Elmshorn
Tel. 04121 / 4090-0, -16, -18
Fax 04121 / 4090-40
www.nordakademie.de

Emden

Fachhochschule Emden/Leer
Constantiaplatz 4
26723 Emden
Tel. 04921 / 807-1371, 1373
www.fh-emden-leer.de

Erding

Fachhochschule für angewandtes Management
Zentrale Studienberatung
Am Bahnhof 2
85435 Erding
Tel. 08122 / 955948-0
www.myfham.de

Erfurt

Fachhochschule Erfurt
Studentensekretariat und Allgemeine Studienberatung
Altonaer Str. 25
99085 Erfurt
Tel. 0361 / 6700-111, -144
www.fh-erfurt.de

Universität Erfurt
Allgemeine Studienberatung
Nordhäuser Straße 63
99089 Erfurt
Tel. 0361 / 737-5151
www.uni-erfurt.de

Adam Ries Fachhochschule
Franckestraße 4
99084 Erfurt
Tel. 0361 / 653120-10
Fax 0361 / 653120-11
www.adam-ries-fh.de

Erlangen

Friedrich-Alexander-Universität Erlangen-Nürnberg
Informations- und Beratungszentrum für Studiengestaltung und Career Service
Schlossplatz 3
91054 Erlangen
Tel. 09131 / 85-23333
Fax 09131 / 85-24803
www.uni-erlangen.de

Essen

Fachhochschule für Oekonomie & Management
Leimkugelstraße 6
45141 Essen
Tel. 0180 / 181-0048
Fax 0180 / 181-0049
www.fom.de

Folkwang Hochschule Essen
Studienberatung
Klemensborn 39
45239 Essen
Tel. 0201 / 4903-230, -234
Fax 0201 / 4903-288
www.folkwang-hochschule.de

Universität Essen-Duisburg
Allgemeine Studienberatung
Universitätsstraße 2
45141 Essen
Tel. 0201 / 183-2014
Fax 0201 / 183-4329
www.uni-duisburg-essen.de

Esslingen

Hochschule Esslingen
Kanalstraße 33
73728 Esslingen
Tel. 0711 / 397-3050
Fax 0711 / 397-3045
www.hs-esslingen.de

Flensburg

Fachhochschule Flensburg
Studienberatung
Kanzleistraße 91–93
24943 Flensburg
Tel. 0461 / 805-1215
Fax 0461 / 805-1300
www.fh-flensburg.de

Universität Flensburg
Zentrale Studienberatung
Campusallee 3
24943 Flensburg
Tel. 0461 / 805-2193
Fax 0461 / 805-2816
www.uni-flensburg.de

Frankfurt (Oder)

Stiftung Europa-Universität Viadrina Frankfurt (Oder)
Allgemeine Studienberatung
Große Scharnstraße 59
15230 Frankfurt (Oder)
Tel. 0335 / 5534-4444
www.euv-frankfurt-o.de

Frankfurt (Main)

Fachhochschule Frankfurt am Main
Zentrale Studienberatung
Nibelungenplatz 1
60318 Frankfurt am Main
Tel. 069 / 1533-3666, -3883
www.fh-frankfurt.de

Frankfurt School of Finance and Management
Sonnemannstraße 9–11
60314 Frankfurt am Main
Tel. 069 / 154008-735
Fax 069 / 154008-728
www.frankfurt-school.de/content/de

Staatliche Hochschule für Bildende Künste – Städelschule
Dürerstraße 10
60596 Frankfurt am Main
Tel. 069 / 605008-0
Fax 069 / 605008-46
www.staedelschule.de

Hochschule für Musik und Darstellende Kunst Frankfurt am Main
Studentische Angelegenheiten/Studienberatung
Eschersheimer Landstraße 29–39
60322 Frankfurt am Main
Tel. 069 / 154007-328, -330
Fax 069 / 154007-125
www.hfmdk-frankfurt.de

Philosophisch-Theologische Hochschule Sankt Georgen
Allgemeine Studienberatung
Offenbacher Landstraße 224
60599 Frankfurt am Main
Tel. 069 / 6061-0, -239
www.sankt-georgen.de

Johann Wolfgang Goethe-Universität Frankfurt am Main
Zentrale Studienberatung
Bockenheimer Landstraße 133
60325 Frankfurt am Main
Tel. 069 / 798-7980
www.uni-frankfurt.de

Provadis School of International Management and Technology AG
Industriepark Höchst, Geb. B 845
65926 Frankfurt am Main
Tel. 069 / 305-41880
Fax 069 / 305-16277
www.provadis-hochschule.de

Freiberg

Technische Universität Bergakademie Freiberg
Zentrale Studienberatung
Akademiestraße 6
09596 Freiberg
Tel. 03731 / 39-3461, -2711
www.tu-freiberg.de

Freiburg

Evangelische Fachhochschule Freiburg. Hochschule für Soziale Arbeit, Diakonie und Religionspädagogik
Bewerbungsamt
Bugginger Straße 38
79114 Freiburg
Tel. 0761 / 47812-29
www.efh-freiburg.de

Staatliche Hochschule für Musik Freiburg
Zentrale Studienberatung
Sedanstraße 6
79098 Freiburg
Tel. 0761 / 203-4246
Fax 0761 / 203-8835
www.mh-freiburg.de

Katholische Fachhochschule Freiburg. Hochschule für Sozialwesen, Religionspädagogik und Pflege
Studienberatung
Karlstraße 63
79104 Freiburg
Tel. 0761 / 200-486
www.kfh-freiburg.de

Pädagogische Hochschule Freiburg
Studienberatung
Kunzenweg 21
79117 Freiburg
Tel. 0761 / 682-535 (Lehramt), -511 (Europalehramt)
www.ph-freiburg.de

Albert-Ludwigs-Universität Freiburg
Zentrale Studienberatung
Sedanstraße 6
79098 Freiburg
Tel. 0761 / 203-4246
Fax 0761 / 203-8835
www.uni-freiburg.de

Freising

Fachhochschule Weihenstephan
Allgemeine Studienberatung
Am Hofgarten 4
85354 Freising
Tel. 08161 / 71-2891
Fax 08161 / 71-4987
www.fh-weihenstephan.de

Friedensau

Theologische Hochschule Friedensau
An der Ihle 5 a
39291 Friedensau
Tel. 03921 / 916-134
www.thh-friedensau.de

Friedrichshafen

Zeppelin University Friedrichshafen
Bewerberberatung
Am Seemooser Horn
88045 Friedrichshafen
Tel. 07541 / 6009-2000
Fax 07541 / 6009-1199
www.zeppelin-university.de

Fulda

Hochschule Fulda
Zentrale Studienberatung
Daimler-Benz-Straße 5
36039 Fulda
Tel. 0661 / 9640-146, -101
www.hs-fulda.de

Theologische Fakultät Fulda
Eduard-Schick-Platz 2
36037 Fulda
Tel. 0661 / 87-223
Fax 0661 / 87-224
www.thf-fulda.de

Furtwangen

Hochschule Furtwangen – Informatik, Technik, Wirtschaft, Medien
Zentrale Studienberatung
Robert-Gerwig-Platz 1
78120 Furtwangen
Tel. 07723 / 920-1240
Fax 07723 / 920-1249
www.hs-furtwangen.de

Gelsenkirchen

Fachhochschule Gelsenkirchen
Allgemeine Studienberatung
Neidenburger Straße 43
45877 Gelsenkirchen
Tel. 0209 / 9596-516
Fax 0209 / 9596-145
www.fh-gelsenkirchen.de

Gera

SRH Fachhochschule für Gesundheit Gera
Hermann-Drechsler-Straße 2
07546 Gera
Tel. 0365 / 773407-0
Fax 0365 / 773407-77
www.gesundheitshochschule.de

Gießen

Justus-Liebig-Universität Gießen
Zentrale Studienberatung
Ludwigstraße 28 A
35390 Gießen
Tel. 0641 / 99-16223
www.uni-giessen.de

Fachhochschule Gießen-Friedberg
Zentrale Studienberatung
Wiesenstraße 14
35390 Gießen
Tel. 0641 / 309-1336
Fax 0641 / 309-1323
www.fh-giessen-friedberg.de

Göttingen

Private Fachhochschule Göttingen
Weender Landstraße 3–7
37073 Göttingen
Tel. 0551 / 54700-100
Fax 0551 / 54700-190
www.pfh-goettingen.de

Georg-August-Universität Göttingen
Zentrale Studienberatung
Wilhelmsplatz 2
37073 Göttingen
Tel. 0551 / 39-113
www.uni-goettingen.de

Greifswald

Ernst-Moritz-Arndt-Universität Greifswald
Zentrale Studienberatung
Rubenowstr. 2
17487 Greifswald
Tel. 03834 / 86-1293
Fax 03834 / 86-1279
www.uni-greifswald.de

Hagen

FernUniversität in Hagen
Service Center
Universitätsstraße 11
58084 Hagen
Tel. 02331 / 987-2444
www.fernuni-hagen.de

Halle

Evangelische Hochschule für Kirchenmusik
Halle an der Saale
Kleine Ulrichstraße 35
06108 Halle
Tel. 0345 / 21969-0
Fax 0345 / 21969-29
www.ehk-halle.de

Burg Giebichenstein. Hochschule für Kunst
und Design Halle
Neuwerk 7
06108 Halle (Saale)
Tel. 0345 / 7751-532, -693
Fax 0345 / 7751-517
www.burg-halle.de

Martin-Luther-Universität Halle-Wittenberg
Allgemeine Studienberatung
Universitätsplatz 11
06108 Halle (Saale)
Tel. 0345 / 55-21318
Fax 0345 / 55-27052
www.uni-halle.de

Hamburg

Bucerius Law School. Hochschule für
Rechtswissenschaft
Jungiusstraße 6
20355 Hamburg
Tel. 040 / 30706-248, -266
Fax 040 / 30706-282
www.law-school.de

Europäische Fernhochschule Hamburg
Studienberatung
Doberaner Weg 20
22143 Hamburg
Tel. 040 / 67570-700
Fax 040 / 67570-710
www.euro-fh.de

Evangelische Hochschule für Soziale Arbeit &
Diakonie
Studierendensekretariat
Horner Weg 170
22111 Hamburg
Tel. 040 / 65591-238
Fax 040 / 655591-288
www.ev-hochschule-hh.de

Hamburger Fern-Hochschule (HFH)
Studienberatung
Alter Teichweg 19
22081 Hamburg
Tel. 040 / 35094-360
Fax 040 / 35094-328
www.hamburger-fh.de

Hochschule für Angewandte Wissenschaften
Hamburg
Zentrale Studienberatung
Stiftstraße 69
20099 Hamburg
Tel. 040 / 42875-9110
www.haw-hamburg.de

Hochschule für bildende Künste Hamburg
Servicebüro
Lerchenfeld 2
22081 Hamburg
Tel. 040 / 428989-269, -270
Fax 040 / 428989-377
www.hfbk-hamburg.de

Hochschule für Musik und Theater Hamburg
Studienberatung
Harvestehuder Weg 12
20148 Hamburg
Tel. 040 / 428482-407,-497, -527
www.musikhochschule-hamburg.de

HafenCity Universität Hamburg – Universität
für Baukunst und Metropolenentwicklung
Studierendensekretariat
Hebebrandstraße 1
22297 Hamburg
Tel. 040 / 42827-4003
www.hcu-hamburg.de

Universität Hamburg
Zentrum für Studienberatung und
Psychologische Beratung
Edmund-Siemers-Allee 1
20146 Hamburg
Tel. 040 / 42838-2522
Fax 040 / 42838-2318
www.uni-hamburg.de

Helmut-Schmidt-Universität –
Universität der Bundeswehr Hamburg
Studiensekretariat
Holstenhofweg 85
22043 Hamburg
Tel. 040 / 6541-2204, -2694
www.unibw-hamburg.de

Technische Universität Hamburg-Harburg
Zentrale Studienberatung
Schwarzenbergstraße 95
21073 Hamburg
Tel. 040 / 42878-2776, -2232
www.tu-harburg.de

Hamm

Hochschule Hamm-Lippstadt
Marker Allee 76–78
59063 Hamm
Tel. 02381 / 78789-0
www.hshl.de

SRH Fachhochschule Hamm.
Hochschule für Logistik und Wirtschaft
Sachsenweg 12
59073 Hamm
Tel. 02381 / 8710-732
Fax 02381 / 8710-739
www.fh-hamm.de

Hannover

Fachhochschule Hannover (FHH)
Allgemeine Studienberatung
Ricklinger Stadtweg 120
30459 Hannover
Tel. 0511 / 9296-1015, -1118
www.fh-hannover.de

Fachhochschule für die Wirtschaft Hannover
(FHDW)
Freundallee 15
30173 Hannover
Tel. 0511 / 28483-70
Fax 0511 / 28483-72
www.fhdw.de

Hochschule für Musik und Theater Hannover
Sekretariat
Emmichplatz 1
30175 Hannover
Tel. 0511 / 3100-1
Fax 0511 / 3100-200
www.hmt-hannover.de

Medizinische Hochschule Hannover
Zentrale Studienberatung
Welfengarten 1
30167 Hannover
Tel. 0511 / 762-2020
Fax 0511 / 762-19385
www.mh-hannover.de

Tierärztliche Hochschule Hannover
Zentrale Studienberatung
Welfengarten 1
30167 Hannover
Tel. 0511 / 762-2020
Fax 0511 / 762-5504
www.tiho-hannover.de

Gottfried Wilhelm Leibniz Universität Hannover
Zentrale Studienberatung
Welfengarten 1
30167 Hannover
Tel. 0511 / 762-2020
Fax 0511 / 762-5504
www.uni-hannover.de

Heide

Fachhochschule Westküste.
Hochschule für Wirtschaft und Technik
Studienberatung
Fritz-Thiedemann-Ring 20
25746 Heide
Tel. 0481 / 8555-141
www.fh-westkueste.de

Heidelberg

Hochschule für Kirchenmusik der
Evangelischen Landeskirche in Baden
Zentrum für Studienberatung und
Weiterbildung
Friedrich-Ebert-Anlage 62
69117 Heidelberg
Tel. 06221 / 54-5454
Fax 06221 / 54-3850
www.hfk-heidelberg.de

Hochschule für Jüdische Studien
Studierendensekretariat
Friedrichstraße 9
69117 Heidelberg
Tel. 06221 / 43851-0
Fax 06221 / 43851-29
www.hjs.eu

SRH Hochschule Heidelberg
Studentensekretariat
Ludwig-Guttmann-Straße 6
69123 Heidelberg
Tel. 06221 / 88-1000
Fax 06221 / 88-2797
www.fh-heidelberg.de

Pädagogische Hochschule Heidelberg
Studienberatung
Keplerstraße 87
69120 Heidelberg
Tel. 06221 / 477-680
www.ph-heidelberg.de

Ruprecht-Karls-Universität Heidelberg
Zentrum für Studienberatung und Weiterbildung
Friedrich-Ebert-Anlage 62
69117 Heidelberg
Tel. 06221 / 54-5454
www.uni-heidelberg.de

Heidenheim

Duale Hochschule Baden-Württemberg Heidenheim
Wilhelmstraße 10
89518 Heidenheim
Tel. 07321 / 38-1941
Fax 07321 / 38-1947
www.dhbw-heidenheim.de

Heilbronn

Hochschule Heilbronn. Technik, Wirtschaft, Informatik
Studentensekretariat
Max-Planck-Straße 39
74081 Heilbronn
Tel. 07131 / 504-222, -260, -660
Fax 07131 / 252470
www.hs-heilbronn.de

Herford

Hochschule für Kirchenmusik der Evangelischen Kirche von Westfalen
Parkstraße 6
32049 Herford
Tel. 05221 / 991450
Fax 05221 / 830809
www.hochschule-herford.de

Hildesheim

Fachhochschule Hildesheim/Holzminden/Göttingen
Studentische Angelegenheiten
Hohnsen 4
31134 Hildesheim
Tel. 05121 / 881-113, -116, -129
www.hawk-hhg.de

Universität Hildesheim
Zentrale Studienberatungsstelle
Marienburger Platz 22
31141 Hildesheim
Tel. 05121 / 20655-12
www.uni-hildesheim.de

Hof

Fachhochschule Hof
Studienberatung
Alfons-Goppel-Platz 1
95028 Hof
Tel. 09281 / 409-304, -307
www.fh-hof.de

Hohenheim (s. Stuttgart)

Idstein

Hochschule Fresenius
Limburger Straße 2
65510 Idstein
Tel. 06126 / 9352-0
Fax 06126 / 9352-10
www.fh-fresenius.de

Ilmenau

Technische Universität Ilmenau
Zentrale Studien- und Studentenberatung
Max-Planck-Ring 14
98693 Ilmenau
Tel. 03677 / 69-2021, -2023
www.tu-ilmenau.de

Ingolstadt

Hochschule für angewandte Wissenschaften –
FH Ingolstadt
Allgemeine Studienberatung
Esplanade 10
85049 Ingolstadt
Tel. 0841 / 9348-121
Fax 0841 / 9348-474
www.fh-ingolstadt.de

Iserlohn

Business and Information Technology School
BiTS Iserlohn
Studienberatung
Reiterweg 26b
58636 Iserlohn
Tel. 02371 / 776-534
www.bits-iserlohn.de

Fachhochschule Südwestfalen.
Hochschule für Technik und Wirtschaft
Frauenstuhlweg 31
58644 Iserlohn
Tel. 02371 / 566-129
Fax 02371 / 566-253
www.fh-swf.de

Isny

Naturwissenschaftlich-Technische Akademie
Prof. Dr. Grübler gemeinnützige GmbH
Staatlich anerkannte Hochschule und
Berufskollegs
Seidenstraße 12–35
88316 Isny/Allgäu
Tel. 07562 / 9707-0
Fax 07562 / 9707-71
www.fh-isny.de

Jena

Fachhochschule Jena
Zentrale Studienberatung
Carl-Zeiss-Promenade 2
07745 Jena
Tel. 03641 / 205-122
Fax 03641 / 205-121
www.fh-jena.de

Friedrich-Schiller-Universität Jena
Studienberatung
Fürstengraben 1
07743 Jena
Tel. 03641 / 9311-11
Fax 03641 / 9311-12
www.uni-jena.de

Kaiserslautern

Fachhochschule Kaiserslautern
Studentenberatung
Morlauterer Straße 31
67657 Kaiserslautern
Tel. 0631 / 3724-112, -113
Fax 0631 / 3724-137
www.fh-kl.de

Technische Universität Kaiserslautern
StudierendenServiceCenter
Gottlieb-Daimler-Straße
67663 Kaiserslautern
Tel. 0631 / 205-5252
www.uni-kl.de

Karlsruhe

Staatliche Akademie der Bildenden Künste
Studiensekretariat
Reinhold-Frank-Straße 67
76133 Karlsruhe
Tel. 0721 / 926-5224
www.kunstakademie-karlsruhe.de

Hochschule Karlsruhe – Technik und Wirtschaft
Zentrum für Information und Beratung (zib)
Zähringerstraße 65
76133 Karlsruhe
Tel. 0721 / 608-4902
www.hs-karlsruhe.de

Staatliche Hochschule für Gestaltung Karlsruhe
Allgemeine Studienberatung
Lorenzstraße 15
76135 Karlsruhe
Tel. 0721 / 8203-2369, -2371
Fax 0721 / 8203-2373
www.hfg-karlsruhe.de

Staatliche Hochschule für Musik
Studentensekretariat
Am Schloss Gottesaue 7
76131 Karlsruhe
Tel. 0721 / 6629-250
Fax 0721 / 6629-266
www.hfm-karlsruhe.de

Pädagogische Hochschule Karlsruhe
Studienberatung
Bismarckstraße 10
76133 Karlsruhe
Tel. 0721 / 925-4041, -4042
Fax 0721 / 925-5000
www.ph-karlsruhe.de

Universität Karlsruhe (TH)
Zentrum für Information und Beratung (zib)
Zähringer Straße 65
76133 Karlsruhe
Tel. 0721 / 608-4930
Fax 0721 / 608-4902
www.uni-karlsruhe.de

Duale Hochschule Baden-Württemberg
Karlsruhe
Erzbergerstraße 121
76133 Karlsruhe
Tel. 0721 / 9735-5
Fax 0721 / 9735-600
www.dhbw-karlsruhe.de

Kassel

Universität Kassel
Studienberatung, Studieninformation,
Studienservice
Mönchebergstraße 19
34109 Kassel
Tel. 0561 / 804-2205
www.uni-kassel.de

Kempten

Fachhochschule Kempten.
Hochschule für Technik und Wirtschaft
Allgemeine Studienberatung
Bahnhofstraße 61
87435 Kempten
Tel. 0831 / 2523-308
www.fh-kempten.de

Kiel

Fachhochschule Kiel
Zentrale Studienberatung
Sokratesplatz 1
24149 Kiel
Tel. 0431 / 210-1760
Fax 0431 / 210-61760
www.fh-kiel.de

Muthesius Kunsthochschule
Lorentzendamm 6–8
24103 Kiel
Tel. 0431 / 5198-414, -500
www.muthesius.de

Christian-Albrechts-Universität zu Kiel
Zentrale Studienberatung
Christian-Albrechts-Platz 5
24118 Kiel
Tel. 0431 / 880-7440
www.uni-kiel.de

Kleve

Hochschule Rhein-Waal
Landwehr 4
47533 Kleve
Tel. 02821 / 80673-0
Fax 02821 / 80673-60
www.hochschule-rhein-waal.de

Koblenz

Fachhochschule Koblenz
Studierendensekretariat
Rheinau 3–4
56075 Koblenz
Tel. 0261 / 9528-0
www.fh-koblenz.de

Universität Koblenz-Landau
Studienberatung Campus Koblenz
Universitätsstraße 1
56070 Koblenz
Tel. 0261 / 287-1751
www.uni-koblenz-landau.de

Köln

Deutsche Sporthochschule Köln
Studienberatung
Am Sportplatz Müngersdorf 6
50933 Köln
Tel. 0221 / 4982-2520
www.dshs-koeln.de

Fachhochschule Köln
Studienberatung
Claudiusstraße 1
50678 Köln
Tel. 0221 / 8275-3407, -3480
www.fh-koeln.de

Hochschule für Musik Köln
Studiensekretariat
Dagobertstraße 38
50668 Köln
Tel. 0221 / 912818-143, -144, -145
www.mhs-koeln.de

Kunsthochschule für Medien Köln
Studiensekretariat
Peter-Welter-Platz 2
50676 Köln
Tel. 0221 / 20189-119
Fax 0221 / 20189-298
www.khm.de

Rheinische Fachhochschule Köln
Studienberatung
Schaevenstraße 1a/b
50676 Köln
Tel. 0221 / 20302-28
www.rfh-koeln.de

Universität zu Köln
Zentrale Studienberatung
Albertus-Magnus-Platz
50923 Köln
Tel. 0221 / 470-3789, -3606
Fax 0221 / 470-5095
www.uni-koeln.de

Katholische Hochschule Nordrhein-Westfalen, Abt. Köln
Wörthstr. 10
50668 Köln
Tel. 0221 / 7757-127
Fax 0221 / 7757-180
www.kfhnw.de

Köthen

Hochschule Anhalt (FH)
Allgemeine Studienberatung
Bernburger Straße 55
06366 Köthen
Tel. 03496 / 67-5203
Fax 03496 / 67-5299
www.hs-anhalt.de

Konstanz

Hochschule Konstanz. Technik, Wirtschaft und Gestaltung
Brauneggerstraße 55
78462 Konstanz
Tel. 07531 / 206-101, -107
Fax 07531 / 206-400
www.fh-konstanz.de

Universität Konstanz
Zentrale Studienberatung
Universitätsstraße 10
78464 Konstanz
Tel. 07531 / 88-3636
Fax 07531 / 88-3574
www.uni-konstanz.de

Krefeld

Hochschule Niederrhein
Studierendenbüro
Reinarzstr. 49
47805 Krefeld
Tel. 02151 / 822-2734, -2736
www.hs-niederrhein.de

Lahr

AKAD Wissenschaftliche Hochschule Lahr (WHL)
Hohbergweg 15–17
77933 Lahr
Tel. 07821 / 9238-55
www.whl-lahr.de

Landshut

Fachhochschule Landshut
Allgemeine Studienberatung
Am Lurzenhof 1
84036 Landshut
Tel. 0871 / 506-117
www.fh-landshut.de

Leipzig

AKAD Fachhochschule Leipzig
Gutenbergplatz 1 E
04103 Leipzig
Tel. 0341 / 22619-30
Fax 0341 / 22619-44
www.akad.de

Deutsche Telekom AG. Hochschule für Telekommunikation Leipzig
Gustav-Freytag-Straße 43–45
04277 Leipzig
Tel. 0341 / 3062-101
www.hft-leipzig.de

Handelshochschule Leipzig (HHL)
Jahnallee 59
04109 Leipzig
Tel. 0341 / 9851-60
Fax 0341 / 4773-243
www.hhl.de

Hochschule für Grafik und Buchkunst Leipzig
Wächterstraße 11
04107 Leipzig
Tel. 0341 / 2135-144
Fax 0341 / 2135-166
www.hgb-leipzig.de

Hochschule für Musik und Theater
»Felix Mendelssohn Bartholdy« Leipzig
Grassisstraße 8
04107 Leipzig
Tel. 0341 / 2144-620, -623
Fax 0341 / 2144-624
www.hmt-leipzig.de

Hochschule für Technik, Wirtschaft und Kultur
Leipzig
Dezernat Studienangelegenheiten
Eichendorffstraße 2
04277 Leipzig
Tel. 0341 / 3076-6508
Fax 0341 / 3076-6507
www.htwk-leipzig.de

Universität Leipzig
Zentrale Studienberatung
Goethestraße 6
04109 Leipzig
Tel. 0341 / 97-32005
www.uni-leipzig.de

Lemgo

Hochschule Ostwestfalen-Lippe
Studentische Angelegenheiten
Liebigstraße 87
32657 Lemgo
Tel. 05261 / 702-220
Fax 05261 / 702 222
www.fh-owl.de

Lübeck

Fachhochschule Lübeck
Studienberatung
Mönkhofer Weg 239
23562 Lübeck
Tel. 0451 / 300-5012
Fax 0451 / 300-5080
www.fh-luebeck.de

Musikhochschule Lübeck
Allgemeine Studienberatung
Große Petersgrube 17–29
23552 Lübeck
Tel. 0451 / 1505-209
Fax 0451 / 1505-303
www.mh-luebeck.de

Universität zu Lübeck
Studienberatung im Studierenden-
Service-Center
Ratzeburger Allee 160
23538 Lübeck
Tel. 0451 / 500-3009
Fax 0451 / 500-3016
www.uni-luebeck.de

Ludwigsburg

Pädagogische Hochschule Ludwigsburg
Reuteallee 46
71634 Ludwigsburg
Tel. 07141 / 140-215, -234, -235
www.ph-ludwigsburg.de

Akademie für Darstellende Kunst
Baden-Württemberg
Mathildenstr. 20
71638 Ludwigsburg
Tel. 07141 / 3099138-0
Fax 07141 / 3099138-9
www.adk-bw.de

Filmakademie Baden-Würtemberg
Mathildenstr. 20
71638 Ludwigsburg
Tel. 07141 / 969-0
Fax 07141 / 969-299
www.filmakademie.de

Evangelische Hochschule Ludwigsburg
Paulusweg 6
71638 Ludwigsburg
Tel. 07141 / 9745-220, -224
Fax 07141 / 9745-411
www.eh-ludwigsburg.de

Ludwigshafen

Fachhochschule Ludwigshafen am Rhein
Ernst-Boehe-Str. 4
67059 Ludwigshafen
Tel. 0621 / 5203-195, -148
www.fh-ludwigshafen.de

Lüneburg

Leuphana Universität Lüneburg
Zentrale Studienberatung
Scharnhorststraße 1, Gebäude 8
21335 Lüneburg
Tel. 04131 / 677-1260
Fax 04131 / 677-1269
www.leuphana.de

Magdeburg

Otto-von-Guericke-Universität Magdeburg
Allgemeine Studienberatung
Universitätsplatz 2
39106 Magdeburg
Tel. 0391 / 67-12283, -12286
Fax 0391 / 67-11140
www.uni-magdeburg.de

Hochschule Magdeburg-Stendal
Allgemeine Studienberatung
Breitscheidstraße 2
39114 Magdeburg
Tel. 0391 / 886-4106
Fax 0391 / 886-4618
www.hs-magdeburg.de

Mainz

Fachhochschule Mainz
Lucy-Hillebrand-Str. 2
55116 Mainz
Tel. 06131 / 2859-113 (Gestaltung) oder
06131 / 628-3421 (Wirtschaft)
www.fh-mainz.de

Katholische Fachhochschule Mainz
Postfach 2340
55013 Mainz
Tel. 06131 / 28944-24
Fax 06131 / 28944-824
www.kfh-mainz.de

Johannes Gutenberg-Universität Mainz
Zentrale Studienberatung
Forum universitatis
55099 Mainz
Tel. 06131 / 39-22122
Fax 06131 / 39-25004
www.uni-mainz.de

Mannheim

Duale Hochschule Baden-Württemberg
Mannheim
Coblitzweg 1–7
68163 Mannheim
Tel. 0621 / 4105-0
Fax 0621 / 4105-1101
www.dhbw-mannheim.de

Hochschule Mannheim
Studenten-Service-Center
Paul-Wittsack-Straße 10
68163 Mannheim
Tel. 0621 / 292-6373
Fax 0621 / 292-6007
www.hs-mannheim.de

Staatliche Hochschule für Musik und
Darstellende Kunst Mannheim
Studienbüro
N 7, 18
68161 Mannheim
Tel. 0621 / 292-3512, -1745
www.muho-mannheim.de

Popakademie Baden-Württemberg
Hafenstraße 33
68159 Mannheim
Tel. 0621 / 533972-00
Fax 0621 / 533972-99
www.pop-akademie.de

Universität Mannheim
Studienbüros
L 9, 5
68131 Mannheim
Tel. 0621 / 181-1189, -1196
Fax 0621 / 181-1187
www.uni-mannheim.de

Marburg

Philipps-Universität Marburg
Zentrale Allgemeine Studienberatung
Biegenstraße 12
35037 Marburg / Lahn
Tel. 06421 / 28-22222
Fax 06421 / 28-26037
www.uni-marburg.de

Merseburg

Hochschule Merseburg
Geusaer Straße 88
06217 Merseburg
Tel. 03461 / 46-2331, -2318
Fax 03461 / 46-2378
www.hs-merseburg.de

Mittweida

Hochschule Mittweida
Dezernat Studienangelegenheiten
Technikumplatz 17
09648 Mittweida
Tel. 03727 / 58-1309
Fax 03727 / 58-1319
www.htwm.de

Moritzburg

Evangelische Fachhochschule für
Religionspädagogik und Gemeindediakonie
Bahnhofstraße 9
01468 Moritzburg
Tel. 035207 / 84-300
Fax 035207 / 84-310
www.fhs-moritzburg.de

Mosbach

Duale Hochschule Baden-Württemberg Mosbach
Lohrtalweg 10
74821 Mosbach
Tel. 06261 / 939-0
Fax 06261 / 939-504
www.dhbw-mosbach.de

Mülheim

Hochschule Ruhr-West
Brunshofstraße 12
45470 Mülheim an der Ruhr
Tel. 0208 / 30246-0
Fax 0208 / 30246-102
www.hochschule-ruhr-west.de

München

Akademie der Bildenden Künste München
Akademiestraße 2
80799 München
Tel. 089 / 3852-168
Fax 089 / 3852-206
www.adbk.de

Hochschule für angewandte Wissenschaften –
FH München
Zentrale Studienberatung
Lothstraße 34
80335 München
Tel. 089 / 1265-1373, -1250
www.hm.edu

Hochschule für Fernsehen und Film München
Frankenthaler Straße 23
81539 München
Tel. 089 / 68957-0
www.hff-muc.de

Hochschule für Musik und Theater München
Arcisstraße 12
80333 München
Tel. 089 / 289-27450
Fax 089 / 289-27419
www.musikhochschule-muenchen.mhn.de

Hochschule für Philosophie München
Kaulbachstraße 31a
80539 München
Tel. 089 / 2386-2300
Fax 089 / 2386-2302
www.hfph.mwn.de

Katholische Stiftungs-Fachhochschule
München
Preysingstraße 83
81667 München
Tel. 089 / 48092-1276
www.ksfh.de

Technische Universität München
Studenten-Service-Zentrum
Arcisstraße 21
80290 München
Tel. 089 / 289-22737
Fax 089 / 289-22735
www.tu-muenchen.de

Ludwigs-Maximilians-Universität München
Zentrale Studienberatung
Ludwigstraße 27/I
80539 München
Tel. 089 / 2180-2345, -2350
Fax 089 / 2180-2967
www.uni-muenchen.de

Universität der Bundeswehr München
Allgemeine Studienberatung
Werner-Heisenberg-Weg 39
85577 Neubiberg
Tel. 089 / 6004-3244
www.unibw-muenchen.de

Hochschule für Politik München
Ludwigsstraße 8
80539 München
Tel. 089 / 2880399-0
Fax 089 / 283705
www.hochschule-fuer-politik.mhn.de

Münster

Fachhochschule Münster
Zentrale Studienberatung der Hochschulregion
Münster
Schlossplatz 5
48149 Münster
Tel. 0251 / 83-22357
Fax 0251 / 83-22085
www.fh-muenster.de

Kunstakademie Münster. Hochschule
für Bildende Künste
Zentrale Studienberatung
Schlossplatz 5
48149 Münster
Tel. 0251 / 83-22357
Fax 0251 / 83-22085
www.kunstakademie-muenster.de

Philosophisch-Theologische Hochschule
Münster
Hohenzollernring 60
48145 Münster
Tel. 0251 / 48256-0
Fax 0251 / 48256-19
www.pth-muenster.de

Westfälische Wilhelms-Universität Münster
Zentrale Studienberatung
Schlossplatz 5
48149 Münster
Tel. 0251 / 83-22357
Fax 0251 / 83-22085
www.uni-muenster.de

Katholische Hochschule Nordrhein-Westfalen,
Abt. Münster
Piusallee 89
48147 Münster
Tel. 0251 / 41767-0
Fax 0251 / 41767-52
www.kfhnw.de

Neubrandenburg

Hochschule Neubrandenburg
Studienberatung
Brodaer Straße 2
17033 Neubrandenburg
Tel. 0395 / 5693-121
Fax 0395 / 5693-125
www.fh-nb.de

Neuendettelsau

Augustana-Hochschule
Allgemeine Studienberatung
Waldstraße 15 a
91564 Neuendettelsau
Tel. 09874 / 509-430
www.augustana.de

Neu-Ulm

Hochschule Neu-Ulm
Studien- und Infocenter
Wileystr. 1
89231 Neu-Ulm
Tel. 0731 / 9762-2002
www.hs-neu-ulm.de

Nordhausen

Fachhochschule Nordhausen
Studien-Service-Zentrum
Weinberghof 4
99734 Nordhausen
Tel. 03631 / 420-226
Fax 03631 / 420-811
www.fh-nordhausen.de

Nürnberg

Akademie der Bildenden Künste Nürnberg
Studienberatung
Bingstraße 60
90480 Nürnberg
Tel. 0911 / 9404-0
Fax 0911 / 9404-150
www.adbk-nuernberg.de

Evangelische Fachhochschule Nürnberg
Bärenschanzstraße 4
90429 Nürnberg
Tel. 0911 / 27253-6
Fax 0911 / 27253-799
www.evfh-nuernberg.de

Georg-Simon-Ohm-Hochschule Nürnberg
Zentrale Studienberatung
Keßlerplatz 16
90489 Nürnberg
Tel. 0911 / 5880-4327, -4328
Fax 0911 / 5880-8327
www.ohm-hochschule.de

Hochschule für Musik Nürnberg
Veilhofstraße 34
90489 Nürnberg
Tel. 0911 / 231-8443
Fax 0911 / 231-7697
www.hfm-n-a.de

Nürtingen

Hochschule für Wirtschaft und Umwelt
Nürtingen-Geislingen
Neckarsteige 6–10
72622 Nürtingen
Tel. 07022 / 201-347
www.hfwu.de

Hochschule für Kunsttherapie Nürtingen
Sigmaringer Straße 15
72622 Nürtingen
Tel. 07022 / 93336-13
Fax 07022 / 93336-23
www.hkt-nuertingen.de

Oberursel

Lutherische Theologische Hochschule Oberursel (LThH)
Altkönigstraße 150
61440 Oberursel
Tel. 06171 / 9127-0
Fax 06171 / 9127-70
www.lthh-oberursel.de

Oestrich-Winkel

European Business School (EBS)
Schloss Reichartshausen
65375 Oestrich-Winkel
Tel. 06723 / 69-129
Fax 06723 / 69-133
www.ebs.edu

Offenbach

Hochschule für Gestaltung Offenbach am Main
Schloßstraße 31
63065 Offenbach
Tel. 069 / 80059-120
Fax 069 / 80059-109
www.hfg-offenbach.de

Offenburg

Hochschule für Technik, Wirtschaft und Medien Offenburg
Badstraße 24
77652 Offenburg
Tel. 0781 / 205-0
Fax 0781 / 205-214
www.hs-offenburg.de

Oldenburg

Jade Hochschule. Fachhochschule Wilhelmshaven/Oldenburg/Elsfleht
Ofener Straße 16/19
26121 Oldenburg
Tel. 0441 / 7708-3174
Fax 0441 / 7708-3374
www.jade-hs.de

Carl von Ossietzky-Universität Oldenburg
Zentrale Studienberatung
Campus Haarentor
Uhlhornsweg 49–55
26129 Oldenburg
Tel. 0441 / 798-4405
www.uni-oldenburg.de

Osnabrück

Fachhochschule Osnabrück
Zentrale Studien- und Studierendenberatungsstelle
Neuer Graben 27
49076 Osnabrück
Tel. 0541 / 969-4999
Fax 0541 / 969-4792
www.fh-osnabrueck.de

Universität Osnabrück
Zentrale Studien- und Studierendenberatungsstelle
Neuer Graben 27
49076 Osnabrück
Tel. 0541 / 969-4999
Fax 0541 / 969-4792
www.uni-osnabrueck.de

Ottersberg

Fachhochschule Ottersberg. Fachhochschule für Kunsttherapie, Kunstpädagogik und Kunst
Am Wiestebruch 68
28870 Ottersberg
Tel. 04205 / 3949-0
Fax 04205 / 3949-79
www.fh-ottersberg.de

Paderborn

Fachhochschule der Wirtschaft (FHDW)
Fürstenallee 3–5
33102 Paderborn
Tel. 05251 / 301-02
Fax 05251 / 301-188
www.fhdw.de

Theologische Fakultät Paderborn
Allgemeine Studienberatung
Kamp 6
33098 Paderborn
Tel. 05251 / 121760
www.theol-fakultaet-pb.de

Universität Paderborn
Zentrale Studienberatung
Warburger Str. 100
33098 Paderborn
Tel. 05251 / 60-2007
Fax 05251 / 60-3532
www.uni-paderborn.de

Passau

Universität Passau
Zentrale Studienberatung
Innstr. 41
94032 Passau
Tel. 0851 / 509-1150, -1151
www.uni-passau.de

Pforzheim

Hochschule Pforzheim. Gestaltung, Technik, Wirtschaft und Recht
Hochschulinformationszentrum
Tiefenbronner Straße 65
75175 Pforzheim
Tel. 07231 / 28-6607
Fax 07231 / 28-7607
www.hs-pforzheim.de

Pfungstadt

Private Fernhochschule Darmstadt. Wilhelm Büchner Hochschule
Studienberatung
Ostendstraße 3
64319 Pfungstadt
Tel. 06157 / 806-404
www.wb-fernstudium.de

Pinneberg

AKAD-Fachhochschule Pinneberg
Am Rathaus 10
25421 Pinneberg
Tel. 04101 / 8558-0
Fax 04101 / 8558-55
www.akad.de

Potsdam

Fachhochschule Potsdam
Allgemeine Studienberatung
Pappelallee 8–9
14469 Potsdam
Tel. 0331 / 580-2093
www.fh-potsdam.de

Universität Potsdam
Zentrale Studienberatung
Am Neuen Palais 10
14469 Potsdam
Tel. 0331 / 977-1715
Fax 0331 / 977-1065
www.uni-potsdam.de

Hochhochschule für Film und Fernsehen »Konrad Wolf« Potsdam-Babelsberg
Allgemeine Studienberatung
Marlene-Dietrich-Allee 11
14482 Potsdam
Tel. 0331 / 6202-511, -512
www.hff-potsdam.de

Ravensburg

Duale Hochschule Baden-Württemberg Ravensburg
Marienplatz 2
88212 Ravensburg
Tel. 0751 / 18999-2700
Fax 0751 / 18999-2701
www.dhbw-ravenburg.de

Regensburg

Fachhochschule Regensburg
Allgemeine Studienberatung
Seybothstraße 2
93025 Regensburg
Tel. 0941 / 943-1068, -9711
www.fh-regensburg.de

Hochschule für Katholische Kirchenmusik und Musikpädagogik Regensburg
Andreasstr. 9
93059 Regensburg
Tel. 0941 / 83009-12
Fax 0941 / 83009-46
www.hfkm-regensburg.de

Universität Regensburg
Zentralstelle für Studienberatung
Universitätsstraße 31
93053 Regensburg
Tel. 0941 / 943-2219
Fax 0941 / 943-2415
www.uni-regensburg.de

Reutlingen

Hochschule Reutlingen
Alteburgstraße 150
72762 Reutlingen
Tel. 07121 / 271-1060
ww.reutlingen-university.de

Riedlingen

SRH FernHochschule Riedlingen
Lange Straße 19
88499 Riedlingen
Tel. 07371 / 9315-0
Fax 07371 / 9315-15
www.srh.de

Rosenheim

Hochschule Rosenheim
Studienberatung
Hochschulstr. 1
83024 Rosenheim
Tel. 08031 / 805-138
Fax 08031 / 805-139
www.fh-rosenheim.de

Rostock

Hochschule für Musik und Theater Rostock
Beim St.-Katharinenstift 8
18055 Rostock
Tel. 0381 / 5108-224
Fax 0381 / 5108-101
www.hmt-rostock.de

Universität Rostock
Allgemeine Studienberatung und Careers Service
Parkstraße 6
18057 Rostock
Tel. 0381 / 498-1230, -1251
www.uni-rostock.de

Rottenburg

Hochschule für Forstwirtschaft Rottenburg
Schadenweilerhof
72108 Rottenburg am Neckar
Tel. 07472 / 951-221, -222
Fax 07472 / 951-200
www.hs-rottenburg.de

Hochschule für Kirchenmusik Rottenburg
Studienberatungstelle
Sankt-Meinrad-Weg 6
72108 Rottenburg
Tel. 07472 / 9363-0
Fax 07472 / 9363-63
www.hfk-rottenburg.de

Saarbrücken

Hochschule der Bildenden Künste Saar
Keplerstraße 3–5
66117 Saarbrücken
Tel. 0681 / 92652-101
Fax 0681 / 92652-149
www.hbksaar.de

Hochschule für Musik Saar
Studienberatung
Bismarckstraße 1
66111 Saarbrücken
Tel. 0681 / 96731-12
Fax 0681 / 96731-30
www.hfm.saarland.de

Hochschule für Technik und Wirtschaft des Saarlandes
Studierendensekretariat
Goebenstraße 40
66117 Saarbrücken
Tel. 0681 / 5867-115
Fax 0681 / 5867-151
www.htw-saarland.de

Universität Saarbrücken
Zentrum für Studienberatung, Weiterbildung und Fernstudium (Studienzentrum)
Campus, Gebäude 41
66123 Saarbrücken
Tel. 0681 / 302-3513
www.uni-saarland.de

Sankt Augustin

Philosophisch-Theologische Hochschule SVD Sankt Augustin
Studienberatung
Arnold-Janssen-Straße 30
53754 Sankt Augustin
Tel. 02241 / 237-222, -245
ww.philtheol-augustin.de

Hochschule Bonn-Rhein-Sieg
Allgemeine Studienberatung
Grantham-Allee 20
53757 Sankt Augustin
Tel. 02241 / 865-622, -626
www.fh-bonn-rhein-sieg.de

Schmalkalden

Fachhochschule Schmalkalden
Allgemeine Studienberatung
Blechhammer
98574 Schmalkalden
Tel. 03683 / 688-1203
www.fh-schmalkalden.de

Schwäbisch Gmünd

Hochschule für Gestaltung Schwäbisch Gmünd
Studierenden-Sekretariat
Rektor-Klaus-Straße 100
73525 Schwäbisch Gmünd
Tel. 07171 / 602-600, -605
www.hfg-gmuend.de

Pädagogische Hochschule Schwäbisch Gmünd
Studienberatung
Oberbettringer Straße 200
73525 Schwäbisch Gmünd
Tel. 07171 / 983-210, -486
www.ph-gmuend.de

Schwäbisch Hall

Fachhochschule Schwäbisch Hall –
Hochschule für Gestaltung
Studienberatungsstelle
Salinenstraße 2
74523 Schwäbisch Hall
Tel. 0791 / 85655-0
Fax 0791 / 85655-10
www.fhsh.de

Senftenberg

Hochschule Lausitz
Allgemeine Studienberatung
Großenhainer Straße 57
01968 Senftenberg
Tel. 03573 / 85-280
Fax 03573 / 85-279
www.fh-lausitz.de

Siegen

Universität Siegen
Zentrale Studienberatung
Hölderlinstraße 3
57068 Siegen
Tel. 0271 / 740-2712, -3116, -3117
www.uni-siegen.de

Sigmaringen

Hochschule Albstadt-Sigmaringen
Studentensekretariat
Anton-Günther-Straße 51
72488 Sigmaringen
Tel. 07571 / 732-224
www.hs-albsig.de

Speyer

Deutsche Hochschule für Verwaltungswissen-
schaften Speyer
Freiherr-vom-Stein-Straße 2
67346 Speyer
Tel. 06232 / 654-227, -228
www.hfv-speyer.de

Stralsund

Fachhochschule Stralsund
Allgemeine Studienberatung
Zur Schwedenschanze 15
18435 Stralsund
Tel. 03831 / 45-6532
Fax 03831 / 45-6537
www.fh-stralsund.de

Stuttgart

Staatliche Akademie der Bildenden Künste
Stuttgart
Studentensekretariat
Am Weißenhof 1
70191 Stuttgart
Tel. 0711 / 28440-106, -107, -126
www.abk-stuttgart.de

Hochschule der Medien Stuttgart
Studienbüro
Nobelstraße 10
70569 Stuttgart
Tel. 0711 / 8932-2086, -2081, -2090
Fax 0711 / 8932-2090
www.hdm-stuttgart.de

Staatliche Hochschule für Musik und
Darstellende Kunst Stuttgart
Sekretariat
Urbanstraße 25
70182 Stuttgart
Tel. 0711 / 212-4650
Fax 0711 / 212-4639
www.mh-stuttgart.de

Duale Hochschule Baden-Württemberg
Stuttgart
Friedrichstraße 14
70174 Stuttgart
Tel. 0711 / 320660-0
www.dhbw.de

Hochschule für Technik Stuttgart
Studierendensekretariat
Schellingstraße 24
70174 Stuttgart
Tel. 0711 / 8926-2659
Fax 0711 / 8926-2666
www.hft-stuttgart.de

Merz Akademie. Hochschule für Gestaltung Stuttgart
Teckstraße 58
70190 Stuttgart
Tel. 0711 / 26866-25
www.merz-akademie.de

AKAD Fachhochschule Stuttgart
Zentrale Interessentenberatung
Maybachstraße 18–20
70469 Stuttgart
Tel. 0711 / 81495-0
Fax 0711 / 81495-999
www.akad.de

Freie Hochschule Stuttgart. Seminar für Waldorfpädagogik
Sekretariat
Haußmannstraße 44 a
70188 Stuttgart
Tel. 0711 / 21094-0
Fax 0711 / 2348913
www.freie-hochschule-stuttgart.de

Universität Stuttgart
Zentrale Studienberatung
Geschwister-Scholl-Straße 24 C
70174 Stuttgart
Tel. 0711 / 685-82133
Fax 0711 / 685-82256
www.uni-stuttgart.de

Universität Hohenheim
Zentrale Studienberatung
Schloss-Kolleggangflügel
70599 Stuttgart
Tel. 0711 / 459-22064
Fax 0711 / 459-23723
www.uni-hohenheim.de

Trier

Fachhochschule Trier. Hochschule für Technik, Wirtschaft und Gestaltung
Studierendensekretariat
Schneidershof
54293 Trier
Tel. 06781 / 8103-300, -592
Fax 06781 / 8103-314
www.fh-trier.de

Theologische Fakultät Trier
Studienberatung
Universitätsring 19
54296 Trier
Tel. 0651 / 201-3525
www.uni-trier.de/uni/theo

Universität Trier
Zentrale Studienberatung
Universitätsring 15
54296 Trier
Tel. 0651 / 201-2798, -2799
Fax 0651 / 201-3864
www.uni-trier.de

Trossingen

Staatliche Hochschule für Musik Trossingen
Schultheiß-Koch-Platz 3
78647 Trossingen
Tel. 07425 / 9491-22
www.mh-trossingen.de

Tübingen

Hochschule für Kirchenmusik der Evangelischen Landeskirche in Württemberg
Gartenstraße 12
72074 Tübingen
Tel. 07071 / 9259-97
Fax 07071 / 9259-98
www.kirchenmusikhochschule.de

Eberhard-Karls-Universität Tübingen
Zentrale Studienberatung
Wilhelmstraße 11
72074 Tübingen
Tel. 07071 / 29-72555
www.uni-tuebingen.de

Ulm

Hochschule Ulm
Info Center
Prittwitzstraße 10
89075 Ulm
Tel. 0731 / 50-28102
www.hs-ulm.de

Universität Ulm
Zentrale Studienberatung
89069 Ulm
Tel. 0731 / 50-22074
www.uni-ulm.de

Vallendar

Philosophisch-Theologische Hochschule
Vallendar
Sekretariat
Pallottistraße 3
56179 Vallendar
Tel. 0261 / 6402-255
Fax 0261 / 6402-300
www.pthv.de

WHU – Otto Beisheim School of Management
Studienberatung
Burgplatz 2
56179 Vallendar
Tel. 0261 / 6509-511, -512, -513
www.whu.edu

Vechta

Universität Vechta
Zentrale Studienberatung
Driverstraße 22
49377 Vechta
Tel. 04441 / 15-379
www.uni-vechta.de

Private Fachhochschule für Wirtschaft und
Technik Vechta/Diepholz
Rombergstr. 40
49377 Vechta
Tel. 04441 / 915-0
Fax 04441 / 915-109
www.fhwt.de

Villingen-Schwenningen

Duale Hochschule Baden-Würtemberg
Villingen-Schwenningen
Friedrich-Ebert-Straße 30
78054 Villingen-Schwenningen
Tel. 07720 / 3906-0
Fax 07720 / 3906-119
www.dhbw-vs.de

Wedel

Fachhochschule Wedel
Feldstraße 143
22880 Wedel
Tel. 04103 / 8048-10
www.fh-wedel.de

Weimar

Hochschule für Musik »Franz Liszt« Weimar
Allgemeine Studienberatung
Platz der Demokratie 2–3
99423 Weimar
Tel. 03643 / 555-1840
www.hfm-weimar.de

Bauhaus-Universität Weimar
Allgemeine Studienberatung
Coudraystraße 7
99423 Weimar
Tel. 03643 / 58-2358
Fax 03643 / 58-2360
www.uni-weimar.de

Weingarten

Pädagogische Hochschule Weingarten
Studienberatung
Kirchplatz 2
88250 Weingarten
Tel. 0751 / 501-8728
www.ph-weingarten.de

Hochschule Ravensburg-Weingarten
Zentrale Studienberatung der Hochschulregion
Konstanz
Universitätsstraße 10
78464 Konstanz
Tel. 07531 / 88-3636
Fax 07531 / 88-3574
www.hs-weingarten.de

Wiesbaden

Hochschule Rhein-Main
Zentrale Studienberatung
Kurt-Schumacher-Ring 18
65197 Wiesbaden
Tel. 0611 / 9495-1590
Fax 0611 / 9495-1594
www.fh-wiesbaden.de

Wildau

Technische Fachhochschule Wildau
Allgemeine Studienberatung
Bahnhofstraße
15745 Wildau
Tel. 03375 / 508-180
Fax 03375 / 508-118
www.tfh-wildau.de

Wilhelmshaven

Jade Hochschule. Fachhochschule
Wilhelmshaven/Oldenburg/Elsfleht
Friedrich-Paffrath-Straße 101
26389 Wilhelmshaven
Tel. 04421 / 985-2378, -2361
Fax 04421 / 985-2713
www.jade-hs.de

Wismar

Hochschule Wismar
Allgemeine Studienberatung
Philipp-Müller-Straße
23966 Wismar
Tel. 03841 / 753-212
www.hs-wismar.de

Witten

Private Universität Witten/Herdecke
Alfred-Herrhausen-Str. 50
58448 Witten
Tel. 02302 / 926-403
www.uni-wh.de

Wolfenbüttel

Fachhochschule Braunschweig/Wolfenbüttel
Studierenden-Servicebüro Wolfenbüttel
Salzdahlumer Straße 46–48
38302 Wolfenbüttel
Tel. 05331 / 939-1313
www.fh-wolfenbuettel.de

Worms

Fachhochschule Worms
Studiensekretariat
Erenburgerstr. 19
67549 Worms
Tel. 06241 / 509-180
www.fh-worms.de

Wuppertal

Kirchliche Hochschule Wuppertal/Bethel.
Hochschule für Kirche und Diakonie
Missionsstraße 9 b
42285 Wuppertal
Tel. 0202 / 2820-104
www.kiho-wuppertal.de

Bergische Universität Wuppertal
Zentrale Studienberatung
Gaußstraße 20
42119 Wuppertal
Tel. 0202 / 439-2595
www.uni-wuppertal.de

Würzburg

Hochschule für Musik Würzburg
Sekretariat
Hofstallstraße 6–8
97070 Würzburg
Tel. 0931 / 32187-0
Fax 0931 / 32187-2800
www.hfm-wuerzburg.de

Bayerische Julius-Maximilians-Universität
Würzburg
Zentrale Studienberatung
Sanderring 2
97070 Würzburg
Tel. 0931 / 31-2914
Fax 0931 / 31-2603
www.uni-wuerzburg.de

Fachhochschule Würzburg-Schweinfurt
Studienberatung
Münzstraße 12
97070 Würzburg
Tel. 0931 / 3511-168
www.fh-wuerzburg.de

Zittau

Internationales Hochschulinstitut Zittau
Studentensekretariat
Markt 23
02763 Zittau
Tel. 03583 / 61-2712
www.ihi-zittau.de

Hochschule Zittau/Görlitz
Studienberatung
Theodor-Körner-Allee 16
02763 Zittau
Tel. 03583 / 61-1500
www.hs-zigr.de

Zwickau

Westsächsische Hochschule Zwickau
Allgemeine Studienberatung
Dr.-Friedrichs-Ring 2 A
08056 Zwickau
Tel. 0375 / 536-1184
www.fh-zwickau.de

Von Archäologie bis Zahnmedizin: 180 Studienfächer im Überblick

An den deutschen Hochschulen können etwa 180 verschiedene Fächer studiert werden. Diese Vielzahl an Einzeldisziplinen von A (Architektur) über M (Mittellateinische Philologie) bis Z (Zentralasienkunde) muss vielen wie ein großer Supermarkt vorkommen. Und 80 Prozent der Fächer sind Schülern und Eltern meist überhaupt nicht oder nur vom Hörensagen bekannt. Angesichts dieses großen Angebots sind die meisten der künftigen Studierenden unschlüssig – wie könnte es anders sein –, welches Fach oder welche Fächer sie studieren sollen und für welche Richtung sie die entsprechende Eignung mitbringen.

Im Gegensatz zu anderen Büchern mit dem Thema Studien- und Berufswahl wollen wir Ihnen die rund 180 Fächer hier nicht einzeln und in alphabetischer Reihenfolge präsentieren, sodass Sie am Ende Tibetologie und Tierheilkunde nicht mehr voneinander unterscheiden können. Wir haben, um einen Weg durch diesen Fächerdschungel zu finden, alle Studienfächer zu Fächergruppen nach übergeordneten Gesichtspunkten sortiert. So wissen Sie jederzeit, um welche Fächer es geht und welche benachbart sind.

Wichtige Information: Allerdings können wir Ihnen nicht für jedes Fach sämtliche Hochschulen nennen, die dieses anbieten. Unser Platz ist begrenzt. Wir wollen Ihnen mehr bieten als nur eine Auflistung der Fächer und der Hochschulen, an denen sie studiert werden können, nämlich gute Entscheidungshilfen. Zudem wird Ihre Zeit wahrscheinlich auch begrenzt sein und die Lust am Lesen ebenso. Wir beschränken uns deshalb darauf, zu erwähnen, an welchen Hochschultypen die jeweilige Fächergruppe bevorzugt angeboten wird. Wenn Sie nachsehen wollen, an welchen Hochschulen etwa Romanistik studiert werden kann, verweisen wir Sie auf die Datenbanken unter *www.studienwahl.de* (Pfad »Studium« – »Studiengang suchen«) oder unter *www.hochschulkompass.de* (Pfad »Studium« – »Grundständiges Studienangebot suchen«).

Die Studienfächer lassen sich in zwölf Fächergruppen einteilen:

- Sprach-, literatur- und kulturwissenschaftliche Fächer
- Theologische Fächer
- Mathematik und Naturwissenschaften
- Agrar-, Forst- und Ernährungswissenschaften
- Medizinische Fächer
- Technische und ingenieurwissenschaftliche Fächer
- Rechts-, Wirtschafts- und Gesellschaftswissenschaften
- Sozialwesen
- Pädagogik/Erziehungswissenschaft
- Informationswissenschaften
- Freie und Angewandte Kunst sowie Musik
- Sport und Gesundheit

Sprach-, literatur- und kulturwissenschaftliche Fächer

Die Sprach-, Literatur- und Kulturwissenschaften sind, was die Zahl der Einzelfächer anbelangt, die größte Fächergruppe. Sie beschäftigen sich mit einzelnen Sprachen und deren Entwicklungen sowie mit historischen Bezügen von Sprache, Literatur und Kultur.

Das Studium der Sprach- und Literaturwissenschaften ist auf das Erlernen von Sprachen, auf die Entwicklung von Sprachen und Sprachsystemen (Sprachgeschichte), auf den Aufbau von Sprachen (Sprachwissenschaft), auf den Umgang mit sprachlichen Quellen und Dokumenten, mit geschichtlichen und kulturellen Beziehungen und auf literarische Erzeugnisse von Sprachen (Literaturwissenschaft) ausgerichtet. Man nennt diese Fächergruppe auch Philologien.

Der übliche Studienabschluss dieser Fächergruppe ist der Bachelor, und, darauf aufbauend, der Master. Die früher üblichen Magisterstudiengänge sind im Auslaufen begriffen. Bei den Bachelorstudiengängen hat man mehrere Optionen. Zur Wahl stehen Bachelorstudiengänge, in denen man sich auf das Studium eines Faches konzentriert (man spricht hier auch vom *Ein-Fach-Bachelor*), Studiengänge, bei denen zwei Fächer gleichberechtigt nebeneinander studiert werden (sogenannter *Zwei-Fach-Bachelor*), und die Kombination eines »großen« Bachelorfaches mit einem zweiten, vom Leistungsaufwand »kleineren« Fach (*Bachelor-Hauptfach* mit *Bachelor-Nebenfach*). Im Anschluss an ein dreijähriges Bachelorstudium besteht die Möglichkeit, ein zweijähriges Masterstudium anzuschließen.

Es werden der Bachelor und der Master of Arts (abgekürzt B.A. oder M.A.) vergeben. Welche Kombinationsmöglichkeiten mit anderen Fächern bestehen, ist von Hochschule zu Hochschule verschieden und wird in der jeweiligen Prüfungsordnung eines Studiengangs geregelt.

Die in dieser Fächergruppe angesiedelten Lehramtsfächer werden in den Studiengängen Bachelor of Education und Master of Education (B.Ed. oder M.Ed.) studiert.

Eine Besonderheit innerhalb der Gruppe der sprach-, literatur- und kulturwissenschaftlichen Fächer sind die Studiengänge der Angewandten Sprachwissenschaft (Übersetzen, Dolmetschen). Bei diesen Fächern spielen Sprachgeschichte und Sprachkultur keine entscheidende Rolle. Die Ausbildung soll die Studierenden in die Lage versetzen, gegenwärtige Fremdsprachen einschließlich Fachsprachen in schriftlicher (Übersetzen) oder in mündlicher Form (Dolmetschen) zu übertragen.

Die Kulturwissenschaften beschäftigen sich entweder mit historischen, das heißt heute nicht mehr bestehenden Kulturen oder mit noch bestehenden Kulturen in ihrer Entwicklung und in ihren Auswirkungen auf andere gegenwärtige Kulturen. Der Begriff *Kultur* ist dabei in einem sehr weiten Sinne als die Vielfalt menschlicher Kulturäußerungen, die sich in der Geschichte, Philosophie, Kunst, Musik, Literatur, Religion, Gesellschaft oder im Brauchtum zeigen, zu verstehen. Solche Fächer beziehen sich auf eine Epoche (z. B. Antike), auf einzelne Regionen (z. B. deutsche Geschichte) oder auf eine Kulturäußerung (z. B. Kunstgeschichte oder Philosophie).

Diese Fächergruppe wird häufig auch Geisteswissenschaften oder Buchwissenschaften genannt. Wir werden den (alten) Begriff *Geisteswissenschaften* aber nicht verwenden, weil auch alle anderen Studienfächer geistige Bezüge und intellektuelle Anforderungen haben. Der Begriff *Buchwissenschaften* ist schon passender, weil bei all diesen Fächern das Lesen von Büchern (Literaturbüchern, wissenschaftliche Fachbüchern) im Mittelpunkt des Studiums steht. Da auch in allen anderen Studienfächern Bücher gelesen werden, sprechen wir besser von Sprach-, Literatur- und Kulturwissenschaften.

Die Fächergruppe der Sprach-, Literatur- und Kulturwissenschaften lässt sich in zwei Untergruppen einteilen:

Die erste Untergruppe heißt *sprach- und literaturwissenschaftliche Fächer Europas und Nordamerikas*. Hierzu gehören folgende Einzelfächer:

- Amerikanistik (Sprache, Geschichte, Literatur und Kultur Nordamerikas)
- Kanadistik (Sprache, Geschichte, Literatur und Kultur Kanadas)
- Anglistik (Sprache, Literatur, Kultur und Geschichte Englands und der von England geprägten Welt)

- Balkanologie (Sprachen und Kulturen der Balkanländer)
- Baltische Philologie (Sprachen und Kulturen der heutigen Länder Estland, Lettland, Litauen und angrenzender Regionen)
- Byzantinistik (Sprache und Kulturen des oströmischen Reiches bis zur Eroberung durch die Türken im 16. Jahrhundert)
- Finno-Ugristik (die ursprünglich verwandten Sprachen und Kulturen Finnlands und Ungarns)
- Germanistik (deutsche Sprache und Literatur)
- Niederländische Philologie (niederländische Sprache, Literatur und Kultur), auch Niederlandistik genannt
- Skandinavistik/Nordistik (Sprachen und Kulturen der nordeuropäischen Länder)
- Keltologie (keltische Sprachen und Kulturen)
- Klassische Philologie (Latein, Griechisch)
- Mittellateinische Philologie (lateinische Sprache im Mittelalter)
- Neugriechisch
- Vergleichende Literaturwissenschaft (Vergleich von verschiedenen Literaturen)
- Romanistik (Kultur und Sprachen der romanischen Welt wie Französisch, Italienisch, Spanisch, Portugiesisch oder Rumänisch)
- Slavistik (slavische Kultur und Sprachen wie Russisch, Polnisch, Tschechisch)
- Allgemeine Sprachwissenschaft (Vergleich von verschiedenen Sprachen und Sprachsystemen)
- Angewandte Sprachwissenschaft (Übersetzen, Dolmetschen)

Die zweite Untergruppe sind die *außereuropäischen Sprachen und Kulturen*, die sich noch einmal in vier weitere Untergruppen unterteilen lassen.

Die erste dieser Untergruppen heißt *Sprachen und Kulturen der Alten Welt*. Hierbei handelt es sich um alte orientalische Kulturen, die heute nicht mehr bestehen. Hierzu gehören:

- Ägyptologie (ägyptische Sprachen und Kulturen von der Pharaonenzeit bis zur griechisch-römischen Zeit)
- Koptologie (Sprache und Geschichte der Christen in Ägypten, auch Kopten genannt)
- Altorientalistik/Assyriologie (die alten Kulturen der Babylonier und der Sumerer)
- Hethitologie (Sprache und Kultur der alten Hethiter)
- Vorderasiatische Altertumswissenschaft
- Altamerikanistik (altamerikanische Indianersprachen und -kulturen)
- Keilschriftkunde (Schriftkunde des vorderasiatischen Altertums)

- Papyrologie (befasst sich mit den schriftlichen Quellen der Spätzeit Ägyptens bis in die arabische Zeit)

Die zweite Untergruppe sind die *Sprachen und Kulturen des Vorderen Orients und Afrikas*. Im Einzelnen handelt es sich um folgende Studienfächer:

- Afrikanistik (afrikanische Sprachen und Kulturen)
- Orientalistik (Sprachen und Kulturen des Orients)
- Iranistik (Sprachen und Kulturen des Persischen Reiches)
- Islamwissenschaft (Sprachen und Kulturen der vom Islam geprägten Welt)
- Arabistik (arabische Sprachen und Kulturen)
- Semitistik (semitische Sprachen und Kulturen)
- Turkologie (Sprachen und Kulturen der asiatischen Turkvölker)
- Wissenschaft vom christlichen Orient (christliche Kulturen im Orient)
- Judaistik (Sprache, Kultur und Geschichte der Juden)

Das Studienfach, das sich mit *Sprachen und Kulturen des indischen Subkontinents* (die heutigen Staaten Indien, Pakistan, Bangladesch, Sri Lanka, Afghanistan, Nepal) beschäftigt, heißt Indologie. Zu den Sprachen und Kulturen Südostasiens gehören:

- Südostasienwissenschaft (südostasiatische Sprachen und Kulturen)
- Sprachen und Kulturen Austronesiens (Sprachen und Kulturen der Südsee)
- Birmaistik (Sprachen und Kulturen des Birma-Reiches)
- Malayologie und Indonesisch (altmalayische und neuindonesische Sprachen und Kulturen)
- Thailändisch (Geschichte, Kultur und Sprache der Thai-Völker)
- Vietnamistik (Sprachen und Kulturen Vietnams)

Die letzte Untergruppe innerhalb der sprach- und literaturwissenschaftlichen Fächer sind die *Sprachen und Kulturen Zentral- und Ostasiens*, wozu im Einzelnen gehören:

- Koreanistik (Sprache und Kultur Koreas)
- Japanologie (japanische Sprache und Kultur)
- Sinologie (chinesische Sprache und Kultur)
- Altaistik (s. u.)
- Manjuristik (s. u.)
- Mongolistik (s. u.)
- Tibetologie (zentralasiatische Sprachen und Kulturen)

Unter dem Begriff *Kulturwissenschaften* werden die Fächer zusammengefasst, bei denen nicht das Erlernen der jeweiligen Kultursprachen, sondern die Beschäftigung mit geschichtlichen und kulturellen Gesichtspunkten im Vordergrund des Studiums steht. Hierzu zählen:

- Archäologie (klassische, christliche, Provinzialarchäologie)
- Archivwissenschaft
- Bibliothekswissenschaft
- Geschichte (vom Altertum bis zur Zeitgeschichte)
- Historische Landeskunde
- Angewandte Kulturwissenschaft
- Kunstgeschichte, Kunstwissenschaft (einschließlich indische und orientalische Kunstgeschichte)
- Kulturpädagogik
- Musikwissenschaft/Vergleichende Musikwissenschaft
- Philosophie
- Vergleichende Religionswissenschaft (auf mehrere Religionen bezogen)
- Theaterwissenschaft
- Völkerkunde (auch Ethnologie genannt)
- Volkskunde/Europäische Ethnologie

Fächer der Gruppe Sprach-, Literatur- und Kulturwissenschaften werden nur an den Universitäten (vereinzelt auch an Technischen Universitäten) gelehrt. Als Orientierung gilt, dass keine deutsche Universität alle Fächer anbietet. Am stärksten sind sie an den alten deutschen Universitäten und an den großen neuen Universitäten vertreten. An den neuen kleinen Universitäten sind meistens nur einige davon zu finden. An technisch ausgerichteten Universitäten werden sie nicht oder nur vereinzelt angeboten. Die Studiendauer beträgt nach einem Bachelor- und mit anschließendem Masterstudium im Durchschnitt fünf bis sechs Jahre.

Für die Absolventen dieser Fächergruppe gibt es kein fest umrissenes Berufsfeld. Sie streben zumeist eine Beschäftigung in folgenden Bereichen an: Lehramt an Schulen, Mitarbeit in Bildungseinrichtungen, bei Behörden, Medien, in Museen, Archiven, Bibliotheken und Verlagen, Tätigkeiten im Hochschuldienst, im Auswärtigen Dienst oder in der Entwicklungshilfe.

Bei den sprach-, literatur- und kulturwissenschaftlichen Fächern ist es wichtig, ein ausgeprägtes Sprachgefühl zu besitzen, sicher im sprachlichen Ausdruck zu sein und Freude und Interesse am Lesen von Literatur und an Kulturgeschichte zu haben. Gute Leistungen in Schulfächern wie Deutsch, Englisch, Französisch, Latein, Geschichte und Philosophie sind hierfür wichtige Anhaltspunkte.

Theologische Fächer

Die theologischen Fächer beschäftigen sich mit der Lehre von Gott, mit der Verkündigung der Glaubenslehre und mit der Entwicklung des christlichen Glaubens. Je nach Ausrichtung und Schwerpunkt unterscheiden wir katholisch-theologische Fächer (Katholische Theologie, Katholische Religionspädagogik), Evangelische Religionslehre (Evangelische Theologie, Evangelische Religionspädagogik), das Studium kleinerer christlicher Glaubensgemeinschaften (z. B. Altkatholische Theologie) und die Fächer, die sich mit der pädagogischen Vermittlung dieser Glaubensgrundsätze (Religionspädagogik) beschäftigen. Das Fach Vergleichende Religionswissenschaft untersucht Gemeinsamkeiten und Unterschiede von wichtigen Hochreligionen, z. B. Christentum, Judentum, Islam, Buddhismus.

Die theologischen Fächer können entweder an Universitäten oder an speziellen Kirchlichen oder Theologischen/Philosophischen Hochschulen studiert werden. Im Studium spielt der Erwerb von Sprachkenntnissen in den alten Sprachen eine besondere Rolle, denn Latein und Griechisch und auch Hebräisch sind die Quellensprachen der christlichen Religionen. Aus diesem Grund steht in den ersten Semestern das Erlernen dieser alten Sprachen im Mittelpunkt des Studiums. Die Absolventen sind – je nach Ausbildung – als Geistliche, als Laientheologen, in der kirchlichen Erwachsenenbildung, in sozialen Berufen oder als Religionslehrer im Schuldienst tätig.

Die wichtigste Voraussetzung für ein theologisches Studium ist der Glaube. Aber an Gott glauben reicht allein nicht aus. Für den späteren Geistlichen oder Laientheologen ist ein Verständnis für die Sorgen und Probleme anderer Menschen ebenso wichtig wie das Interesse an philosophischen und geistigen Fragen. Außerdem sollte, wie bereits erwähnt, ein starkes Interesse an alten Sprachen sowie an Geschichte bestehen.

Mathematik und Naturwissenschaften

Die nächste Gruppe bilden die mathematischen und naturwissenschaftlichen Fächer. Hierbei handelt es sich um eine Reihe von einzelnen Disziplinen, die sich mit der systematischen Erforschung der Natur oder Teilen davon beschäftigen. Das Ziel dieser Fächer besteht darin, Erscheinungen und Vorgänge in der Natur und deren Gesetzmäßigkeit mit Experimenten zu ergründen, aus Beobachtung Theorien zu entwickeln und die Natur mit Hilfe der Technik nutzbar zu machen.

Es gibt die sogenannten klassischen naturwissenschaftlichen Fächer, wie Physik, Chemie, Biologie, Geologie und Pharmazie, und neuere Fächer (z. B. Biotechnologie). Die Mathematik wird, obwohl sie sich mit Zahlen beschäftigt, zu den Naturwissenschaften gerechnet, weil sie wichtige Methoden und Verfahren für die Naturwissenschaften liefert und gewissermaßen die Sprache der Naturwissenschaften ist.

In der Vergangenheit stand für die Naturwissenschaften die Ausbeutung und Beherrschung der Natur im Vordergrund. Heute gewinnen jene Fächer an Bedeutung, die sich mit der Umwelt und den Auswirkungen auf menschliches, tierisches und pflanzliches Leben beschäftigen. Demzufolge wird der Schutz der Natur immer mehr ein Ziel naturwissenschaftlicher Arbeit.

Die Gruppe umfasst folgende Einzelfächer:

- Allgemeine Mathematik
- Angewandte Mathematik
- Technomathematik
- Wirtschaftsmathematik
- Biologie
- Biochemie
- Biotechnologie
- Chemie
- Geographie
- Meteorologie
- Mineralogie
- Ozeanographie
- Physik/Physikalische Technik
- Astronomie (zumeist Schwerpunkt innerhalb des Faches Physik)
- Geologie
- Geophysik
- Informatik mit verschiedenen Einzelfächern
- Lebensmittelchemie

Das Studium dieser Fächergruppen ist an Universitäten und – von einigen klassischen Naturwissenschaften abgesehen – an Fachhochschulen möglich. Wer sich für ein Universitätsstudium entscheidet, sollte für einen Bachelorstudiengang mindestens drei Jahre plus ggf. zwei Jahre Masterstudium einkalkulieren.

Für das Fach Pharmazie, das mit einem Staatsexamen abgeschlossen wird, gilt als Richtlinie viereinhalb bis fünf Jahre Studium. Das Fachhochschulstudium (nur für wenige Fächer) ist in Bachelorstudiengängen auf dreieinhalb Jahre angelegt, ein darauf aufbauender Master auf weitere eineinhalb Jahre. Abschlüsse an beiden Hochschultypen sind der Bachelor of Science (B.Sc.) und der Master of

Science (M.Sc.) bzw. der Bachelor of Engineering (B.Eng.) und Master of Engineering (M.Eng.). Die vorher üblichen Diplomstudiengänge an Universitäten und Diplom-(FH)-Studiengänge an Fachhochschulen sind im Auslaufen begriffen.

Egal, für welches Fach aus dieser Gruppe Sie sich entscheiden – das Studium ist in den ersten drei oder vier Semestern sehr ähnlich aufgebaut. Es besteht (grob) aus einem Viertel Mathematik, einem Viertel Chemie, einem Viertel Physik und einem Viertel des eigentlichen Studienfachs. Wenn jemand Biologie studiert, beträgt der Anteil der reinen Biologieveranstaltungen nur ein Viertel. Später im Studium verschieben sich die Anteile natürlich stärker hin zum eigentlichen Studienfach. Da aber nicht alle Studenten mit gleich guten Kenntnissen in den Naturwissenschaften an die Hochschule kommen, ist es notwendig, in den ersten Semestern das noch fehlende Basiswissen aufzuarbeiten. Mancher, der bereits früh Chemie und Physik abgewählt hat, muss vieles nachholen. Aus diesem Grund sollte sich niemand an einem mathematisch-naturwissenschaftlichen Fach versuchen ohne grundlegendes Interesse für die Naturwissenschaften. Und so bedarf es für ein Informatikstudium einer starken Affinität zu Computern und EDV.

Bei dieser Fächergruppe ist es auch von Vorteil, über etwas technische Begabung und Handgeschick zu verfügen, da das Studium etliche fachpraktische und experimentelle Lehrveranstaltungen beinhaltet.

Mathematiker und Naturwissenschaftler sind überwiegend in der Forschung und Entwicklung tätig, sei es in der Industrie, in staatlichen Forschungseinrichtungen, in privatwirtschaftlichen Planungsbüros, an Hochschulen oder bei Behörden (z. B. Ministerien), die Forschungsentwicklungen steuern oder kontrollieren.

Agrar-, Forst- und Ernährungswissenschaften

Mit den Naturwissenschaften verwandt ist die vierte hier vorgestellte Fächergruppe, die Agrar-, Forst- und Ernährungswissenschaften. Zu dieser Gruppe gehören all die Fächer, die sich mit der Gestaltung der Landschaft und der wirtschaftlichen Nutzung und Pflege des Bodens beschäftigen; ferner mit den vielfältigen Arten von Pflanzen-, Baum- und Tierhaltung, mit deren Weiterverarbeitung für die menschliche und tierische Ernährung sowie mit den physiologischen und wirtschaftlichen Gesichtspunkten für die menschliche Ernährung. Dabei wird auch die Umwelt mit einbezogen. Einige dieser Fächer haben deshalb entsprechende Umweltschwerpunkte.

Die einzelnen Fächer dieser Gruppe sind:

- Agrarwissenschaften
- Landbau/Landwirtschaft
- Agrarbiologie
- Agrarökonomie
- Forstwirtschaft
- Forstwissenschaft
- Landespflege
- Holzwirtschaft
- Landschaftsgestaltung
- Landschaftsplanung
- Gartenbau
- Haushaltswissenschaft/Haushaltstechnik
- Hauswirtschaftswissenschaft
- Ernährungswissenschaft
- Lebensmitteltechnologie
- Weinbau

Die Agrar-, Forst- und Ernährungswissenschaften können entweder an den wissenschaftlichen Hochschulen oder an Fachhochschulen studiert werden. Das Studium an Universitäten dauert in Bachelorstudiengängen mindestens drei Jahre (sechs Semester), für das anschließende Masterstudium müssen zwei weitere Jahre (vier Semester) veranschlagt werden. Bachelorstudiengänge an Fachhochschulen sind meistens auf dreieinhalb Jahre (sieben Semester) angelegt, die Masterstudiengänge in der Regel auf weitere eineinhalb Jahre (drei Semester). Die früher üblichen Diplomstudiengänge an Universitäten und Diplom-(FH)-Studiengänge an Fachhochschulen sind im Auslaufen begriffen.

Für das Studium eines Faches aus dieser Gruppe benötigt man eine Begabung für Naturwissenschaften, wie etwa Physik, Chemie, Biologie und Mathematik. Außerdem sollten Interesse an Natur und Umwelt, Hand- und Fingergeschick, technisches Verständnis sowie körperliche Belastbarkeit vorhanden sein.

Den Absolventen bieten sich entsprechend ihren Schwerpunktfächern berufliche Tätigkeiten bei land- und forstwirtschaftlichen Behörden, bei Landschafts- und Siedlungsbehörden, in Verbraucher- und Kontrolleinrichtungen, in Industriebetrieben, in landschaftsgestaltenden Unternehmen oder als selbstständige Raum-, Landschafts- und Umweltplaner.

Medizinische Fächer

Die medizinischen Fächer, die sich mit dem menschlichen und tierischen Organismus, vor allem mit den Erscheinungsformen von Krankheiten, deren Erkennung, Behandlung und Verhütung befassen, sind ebenfalls naturwissenschaftlich orientiert.

Es gibt drei medizinische Fächer: Humanmedizin (Heilkunde vom Menschen), Tiermedizin (Tierheilkunde) und Zahnmedizin. Jedes dieser Fächer ist wiederum in Spezialgebiete unterteilt.

Grundlage des Medizinstudiums sind die naturwissenschaftlichen Fächer Chemie, Biologie, Physik und Mathematik. Immer wichtiger werden auch die technischen und ingenieurwissenschaftlichen Fächer, die der Medizin neue technische Geräte und Verfahren bei der Erkennung und Behandlung von Krankheiten liefern. Eine zunehmend wichtige Hilfswissenschaft ist die Psychologie, da eine Reihe menschlicher Erkrankungen ihre Ursache in seelischen oder sozialen Problemen hat.

Das Studium der Medizin ist nur möglich an Universitäten und an speziellen Medizinischen Hochschulen. Es ist eine der längsten Universitätsausbildungen, denn auf mindestens sechs Jahre Studienzeit folgt in der Regel eine weitere zwei- bis dreijährige Facharztausbildung.

Für das Medizinstudium sind folgende Voraussetzungen besonders wichtig: eine mathematische und naturwissenschaftliche Begabung, Kommunikationsfähigkeit, soziale Kompetenz und Einfühlungsvermögen sowie körperliche und geistige Belastbarkeit.

Ärzte arbeiten überwiegend selbstständig als Allgemeinmediziner oder Facharzt. Daneben gibt es Beschäftigungsmöglichkeiten als (angestellte) Krankenhausärzte, als Betriebsärzte und im Gesundheitsdienst (z. B. Gesundheitsamt) oder – mit entsprechenden Zusatzqualifikationen – bei Verbänden, Beratungsfirmen, Versicherungen und medizinischen Verlagen.

Technische und ingenieurwissenschaftliche Fächer

Die sechste Gruppe sind die technischen und ingenieurwissenschaftlichen Fächer. Zu dieser Gruppe gehören etwa siebzig verschiedene Einzelfächer, in denen sich die Studierenden mit der Entwicklung technischer Abläufe beschäftigen, technische Maschinen, Geräte und Werkzeuge entwickeln oder technische Prozesse steuern, Technik und technisches Denken weiterentwickeln und die Anwendung der Technik auf neue Bereiche erproben.

Die technischen und ingenieurwissenschaftlichen Fächer sind im Laufe der letzten hundert Jahre aus den Naturwissenschaften entstanden. Viele technische Maschinen und Geräte sind natürlichen Abläufen nachgebaut oder versuchen, natürliche Prozesse in technische Verfahren umzusetzen. Vor diesem Hintergrund ist es einleuchtend, dass sie einen engen Bezug zu den klassischen naturwissenschaftlichen Fächern wie Physik, Chemie, Biologie und vor allem Mathematik haben. In den letzten Jahren ist eine immer engere Verbindung zur Informatik und Elektronik festzustellen. Ähnlich eng ist der Bezug zur Umwelt geworden. Technische Geräte, Maschinen und Materialien sollen umweltverträglich sein, und mit Hilfe technischer Möglichkeiten soll die Umwelt geschont werden.

Die Fächergruppe umfasst folgende Einzeldisziplinen, die entweder an Universitäten oder zum Teil auch an Fachhochschulen studiert werden können:

- Architektur
- Bauingenieurwesen/Bautechnik
- Bergbau/Rohstoffingenieurwesen
- Biomedizinische Technik
- Bekleidungs-/Textiltechnik
- Brennstoffingenieurwesen
- Biotechnologie
- Chemieingenieurwesen/Verfahrenstechnik
- Elektrotechnik
- Druckereitechnik
- Feinwerktechnik
- Gießereitechnik
- Informatik
- Medientechnik
- Kunststofftechnik
- Getränketechnologie
- Laser- und Optotechnik
- Maschinenbau/Maschinentechnik (mit vielen Unterfächern wie Fahrzeugtechnik, Fertigungstechnik, Konstruktionstechnik, Luft- und Raumfahrttechnik, Schiffbau usw.)
- Mechatronik
- Produktionstechnik
- Recycling
- Raumplanung
- Vermessungswesen (Geodäsie)
- Versorgungstechnik/Entsorgungstechnik
- Verfahrenstechnik

- Umwelttechnik
- Wasserbau
- Werkzeugtechnik

Das Bachelorstudium ist an Universitäten auf drei Jahre angelegt, an Fachhochschulen auf drei oder (häufiger) dreieinhalb. Für einen Masterstudiengang müssen an Universitäten weitere zwei Jahre Studium veranschlagt werden, an Fachhochschulen dauern Masterstudiengänge meistens eineinhalb Jahre. Die Abschlüsse heißen Bachelor und Master of Science (B.Sc. und M.Sc.) oder Bachelor und Master of Engineering (B.Eng. und M.Eng.).

Diplomstudiengänge mit dem Abschluss »Dipl.-Ing.« an Universitäten bzw. »Dipl.-Ing. (FH)« an Fachhochschulen sind im Auslaufen begriffen.

Um ein technisches oder ingenieurwissenschaftliches Fach erfolgreich zu bewältigen, benötigt man Hand- und Fingergeschick, sehr gute mathematische und physikalische Begabung, gutes räumliches Vorstellungsvermögen, Verständnis für technische Zusammenhänge sowie Interesse an der Arbeit mit Maschinen und technischen Anlagen. Wer handwerklich geschickt ist und in Schulfächern wie Physik, Mathematik, Zeichnen und Werken erfolgreich war, sollte sich ein solches Studium zutrauen.

Ingenieure haben ein breites Berufs- und Tätigkeitsfeld, das von Industriebetrieben über Behörden bis hin zur Selbstständigkeit reicht. Überall, wo es um technische Neuentwicklungen, um den Einsatz der Technik oder um technische Abläufe oder Fragen geht, trifft man auf technisch ausgebildete Hochschulabsolventen.

Die Berufsperspektiven sind auch in Zukunft außerordentlich gut, weil seit Jahren die Studienanfängerzahlen bei den Ingenieurfächern rückläufig sind und der Bedarf an gut ausgebildeten Ingenieuren in der nächsten Zeit eher noch ansteigen wird. Seit Jahren werben Fachleute für diese Studienfächer. Wer über die notwendige Begabung verfügt und sich für dieses Fach entscheidet, studiert in eine beruflich günstige Zukunft (siehe hierzu auch S. 259).

Rechts-, Wirtschafts- und Gesellschaftswissenschaften

Der Begriff *Rechtswissenschaft* (Jurisprudenz, deshalb auch Jura genannt) bezieht sich auf das Verständnis sowie die Auslegung und Weiterentwicklung von rechtlichen Fragen und Zusammenhängen. Hierzu gehört auch die Auseinandersetzung mit der Geschichte des Rechts, seiner Legitimation und Herleitung (Rechtsphilosophie) und den sozialen und politischen Auswirkungen. Immer wichtiger werden auch die Teilbereiche Rechtsvergleichung (Vergleich mehrerer Rechtssysteme), Europarecht und Internationales Recht.

Das Studium der Rechtswissenschaft ist nur an Universitäten möglich. Veranschlagt werden für Studium und Staatsexamen neun bis zehn Semester. Danach folgt das juristische Referendariat von ca. zwei Jahren Dauer, das mit dem 2. Staatsexamen abschließt.

Wirtschaftswissenschaften ist der Oberbegriff für mehrere Studienfächer, die sich mit wirtschaftlichen Fragen, Abläufen, Entwicklungen und Entscheidungen beschäftigen. Hierbei stehen staatliche Entscheidungen und wirtschaftliches Handeln von Unternehmen und Konsumenten im Vordergrund. Je nach Studienfach liegt der Schwerpunkt mehr auf der Gesamtwirtschaft und ihren internationalen Bezügen (Volkswirtschaftslehre, abgekürzt VWL) oder mehr auf den einzelnen Teilen der Wirtschaft, z.B. den Unternehmen (Betriebswirtschaftslehre, abgekürzt BWL), oder aber auch auf der Vermittlung wirtschaftlichen Wissens (Wirtschaftspädagogik). Das Studium der Wirtschaftswissenschaft verbindet Teile der BWL und VWL zu einem eigenen Fach.

Die Wirtschaftswissenschaften können an Universitäten (VWL, BWL, Wirtschaftswissenschaft) und an Fachhochschulen studiert werden, wobei sich an Letzteren das Studienangebot auf die Betriebswirtschaftslehre beschränkt (Ausnahme sind drei Fachhochschulen, die auch VWL anbieten). An einigen wenigen Universitäten und an vielen Fachhochschulen werden zudem Studiengänge in Wirtschaftsrecht angeboten, die rechts- und wirtschaftswissenschaftliche Inhalte vermitteln.

Die wirtschaftswissenschaftlichen Studiengänge schließen mit Bachelor- und Mastergraden ab. Bachelorstudiengänge an Universitäten sind auf drei Jahre (sechs Semester) angelegt, an Fachhochschulen zumeist auf dreieinhalb Jahre (sieben Semester), es gibt hier aber auch dreijährige oder vierjährige Bachelorstudienangebote. Für diejenigen, die ein Masterstudium anschließen möchten, bieten Universitäten zweijährige Masterstudiengänge an, Fachhochschulen in der Regel eineinhalbjährige. Erworben wird der Bachelor und Master of Arts (B.A. und M.A.) oder der Bachelor und Master of Science (B.Sc. und M.Sc.).

Gesellschaftswissenschaften befassen sich mit allen Erscheinungsformen, Entwicklungen und Problemen des Menschen als gesellschaftlichem Wesen – entweder unter dem Gesichtspunkt individueller Probleme, menschlicher Konflikte und deren Bewältigung (z.B. Psychologie) oder mit Menschen als gesellschaftliche Gruppen und soziale Schichten einschließlich der Konfliktstrategien und Konfliktbewältigungen (z.B. Soziologie) – und mit dem Menschen als Subjekt und Objekt politischer Prozesse und Entscheidungen und mit den Rahmenbedingungen politischen Handelns (Politologie).

Das Studium dieser Fächergruppe ist an Universitäten und an einigen anderen wissenschaftlichen Hochschulen möglich. Für das Studium sollten etwa fünf bis sechs Jahre Studienzeit einkalkuliert werden. Bachelorstudiengänge an Universitäten dauern drei Jahre (sechs Semester), der darauf aufbauende Master zwei weitere Jahre.

Die Gruppe der Rechts-, Wirtschafts- und Gesellschaftswissenschaften umfasst folgende Einzelfächer:

- Volkswirtschaftslehre
- Betriebswirtschaftslehre
- Wirtschaftswissenschaft (Verbindung von VWL und BWL)
- Wirtschaftsrecht
- Technische Betriebswirtschaftslehre
- Politikwissenschaft
- Rechtswissenschaft
- Sozialwissenschaft
- Soziologie
- Sozialökonomie
- Psychologie
- Verwaltungswissenschaft
- Statistik (Hilfswissenschaft für die Wirtschafts- und Gesellschaftswissenschaften)
- Wirtschaftspädagogik
- Wirtschaftsingenieurwesen (Verbindung von Wirtschaftswissenschaften und Ingenieurwissenschaften)
- Wirtschaftsrecht

Studierende benötigen für das Studium dieser Fächer Kommunikations- und sprachliche Ausdrucksfähigkeit, Spaß am Arbeiten mit Zahlen und Daten und Interesse für wirtschaftliche Fragestellungen und Abläufe oder für rechtliche Fragen. Von Juristen wird behauptet, dass sie oftmals gute Leistungen in den Schulfächern Deutsch, Mathematik und Latein erbracht haben. Bei den Wirtschaftswissenschaften werden Begabungen in Mathematik, Deutsch und Wirtschaftskunde für wichtig erachtet. Wer kein Interesse an wirtschaftlichen Fragen aufbringt und noch nie den Wirtschaftsteil einer Zeitung gelesen hat, sollte diese Studienwahl nicht treffen.

Wichtige Voraussetzungen für Psychologen sind Belastbarkeit, Kontaktfähigkeit, soziale Kompetenz, Einfühlungsvermögen und die Fähigkeit zum aktiven Zuhören.

Bei den Gesellschaftswissenschaften ist ein Interesse an Fächern wie Gemeinschaftskunde, Sozialkunde und Geschichte hilfreich. Zudem ist eine mathematische Grundbegabung von Vorteil, weil hier auch Statistik eine Rolle spielt.

Juristen sind entweder im Justizdienst als Richter, Staatsanwälte und Notare, in eigener Kanzlei als Rechtsanwälte und Steuerberater oder angestellt in Behörden, Unternehmen und größeren Kanzleien tätig.

Wirtschaftswissenschaftler arbeiten überall dort, wo es um Wirtschaftsplanung, Geld oder Zahlen geht. Man findet sie im kaufmännischen Bereich von Banken, Versicherungen, Industrie- und Handelsbetrieben, in Behörden oder als selbstständige Unternehmer oder als freiberuflich Tätige, z. B. als Steuerberater und Wirtschaftsprüfer.

Gesellschaftswissenschaftler haben hingegen kein fest umrissenes Berufsfeld. Sie suchen Tätigkeiten in den Medien, bei Behörden, in der Politik und der Politikberatung, in der Erwachsenenbildung und der Presse- und Öffentlichkeitsarbeit.

Sozialwesen

Die achte Fächergruppe ist das Sozialwesen, das mit den Gesellschaftswissenschaften eng verbunden ist. Während die Gesellschaftswissenschaften gesellschaftliche Entwicklungen und Probleme vorwiegend theoretisch untersuchen, befasst sich das Sozialwesen mehr mit der praktischen Bewältigung sozialer Probleme. Es versucht, Menschen in individuellen Notlagen Hilfen zu geben, um eigene Kräfte zu entwickeln; man versucht, Menschen zu verantwortlichem Handeln anzuleiten, Notständen vorzubeugen und Wissen über die Zusammenhänge von Gesellschaft, Konflikten und deren Lösungen zu vermitteln.

Das Sozialwesen umfasst die Studiengänge Sozialarbeit und Sozialpädagogik (Studium an wissenschaftlichen Hochschulen und an Fachhochschulen) sowie Kirchliche Bildungsarbeit (vor allem an konfessionellen Fachhochschulen). Das Studium an der Universität ist in Bachelorstudiengängen auf drei Jahre angelegt, auf die ggf. zwei weitere Jahre Masterstudium folgen. An Fachhochschulen schließt das Studium nach drei oder (häufiger) dreieinhalb Jahren mit dem Bachelor ab; für einen Master müssen in der Regel weitere eineinhalb Jahre Studienzeit eingerechnet werden.

Von Sozialarbeitern und Sozialpädagogen werden folgende Fähigkeiten erwartet: Hineindenken in die Probleme anderer Menschen, Lösungen für diese Probleme finden, sicherer Umgang mit Menschen, sich stets auf neue Situationen und andere Menschen einstellen können und Menschen zu helfen. Deshalb sind hohe psychische Belastbarkeit, Kontaktfreude und Kontaktfähigkeit, viel Einfühlungsvermögen in die soziale Situation anderer, die Fähigkeit zum Zuhören und Handlungsbereitschaft erforderlich. Gefragt ist viel Idealismus, allerdings sollte der Idealismus in der Sache (den Menschen helfen zu wollen) begründet sein und nicht in der Person, weil Selbstverwirklichung in diesem Beruf nur eine untergeordnete Rolle spielt.

Absolventen dieser Studiengänge findet man in der Familienfürsorge, in der Jugend- und Sozialhilfe, in der Strafrechtshilfe, in der Leitung von pädagogischen Einrichtungen oder in städtischen Behörden, die in sozialen Fragen beraten. Sie sind überwiegend als Angestellte tätig.

Pädagogik und Erziehungswissenschaften

Die neunte Gruppe setzt sich aus den pädagogischen und erziehungswissenschaftlichen Fächern zusammen. Hierzu gehören auch die sogenannten Lehramtsfächer.

Die Pädagogik hat ein weites Einsatzfeld: von der Pädagogik des Kindes bis zur Pädagogik des alten Menschen, von der schulischen Bildung bis zur beruflichen Weiterbildung.

Den Schwerpunkt der pädagogischen Fächer bilden die sogenannten Lehramtsfächer, die für bestimmte Schularten angeboten werden, für das

- Lehramt an Grund- und Hauptschulen,
- Lehramt an Sonderschulen (Sonderpädagogik),
- Lehramt an Realschulen,
- Lehramt an Gymnasien und
- Lehramt an beruflichen/berufsbildenden Schulen.

Die Lehramtsausbildung umfasst die Kombination von zwei oder drei Fächern, allgemeine Pädagogik (Grundlagen der Pädagogik, Schulpädagogik, psychologische Pädagogik, gesellschaftskundliche Fächer), die auf das jeweilige Fach ausgerichtete pädagogische Vermittlung (fachwissenschaftlich-didaktische Ausbildung) sowie verschiedene Schulpraktika. Auf die Ausbildung an den Hochschulen (Universitäten, Pädagogische Hochschulen, Musik- und Kunsthochschulen), die zwischen dreieinhalb Jahren (Lehramt an Grund- und Hauptschulen) und fünf bis sechs Jahren (Lehramt an Gymnasien) dauert, folgt eine je nach Bundesland zwischen 18 und 24 Monaten lange Vorbereitungsphase, auch Referendariat genannt.

Studiert wird nicht mehr in Staatsexamensstudiengängen, sondern in den Studiengängen Bachelor und Master of Education (B.Ed. und M.Ed.). Der Masterabschluss wird dann als Staatsexamen anerkannt.

Die Gruppe der Lehramtsfächer umfasst folgende Einzelfächer:

Alle Schulstufen:

- Deutsch
- Mathematik
- Religionslehre
- Erdkunde
- Sozialkunde
- Musik
- Bildende Kunst/Werken
- Sport

Hinzu kommen folgende Fächer:

- Geschichte
- Englisch
- Französisch
- Hauswirtschaft
- Wirtschaftslehre
- Physik
- Chemie
- Biologie
- Informatik
- Latein
- Griechisch
- und andere europäische Fremdsprachen

Die Fächer der Sonderpädagogik umfassen Blindenpädagogik, Sehbehindertenpädagogik, Gehörlosenpädagogik, Schwerhörigenpädagogik, Geistigbehindertenpädagogik, Körperbehindertenpädagogik, Lernbehindertenpädagogik, Sprachbehindertenpädagogik, Verhaltensgestörtenpädagogik einschließlich Soziologie, Psychologie und Recht der Behinderten.

Für das Lehramt an beruflichen/berufsbildenden Schulen werden Berufsschullehrerinnen und Berufsschullehrer ausgebildet, die theoretische Kenntnisse und fachpraktische Fertigkeiten für spätere Berufe vermitteln. Je nach Berufsfeld gibt es verschiedene Ausrichtungen: Technik, Naturwissenschaft, Ernährungs- und Hauswirtschaft, Landwirtschaft und Gartenbau, Sozialpädagogik, Gestaltung und Wirtschaft. Entweder werden zwei berufliche Fachrichtungen kombiniert oder ein berufliches Fach mit einem allgemeinbildenden wie etwa Deutsch, Englisch, Mathematik, Biologie, Chemie usw.

Da die Lehramtsausbildung Sache der einzelnen Bundesländer ist, ergeben sich, was Fächerkombinationen, Dauer der Ausbildung und Prüfungen anbelangt, zum Teil erhebliche Unterschiede. Das Gleiche gilt für die künftigen Berufsperspektiven (vgl. hierzu auch ab S. 260).

Auch für die Fächergruppe der Pädagogik und Erziehungswissenschaften wird die Fähigkeit erwartet, sich in die Probleme anderer hineindenken und Sachverhalte vermitteln zu können, geduldig zu sein und sicher im Umgang mit anderen Menschen.

Beim Lehramt an Schulen ist es neben der Begabung für die jeweiligen Schulfächer wichtig, eine natürliche pädagogische Veranlagung zu haben und sich allgemein verständlich ausdrücken zu können.

Pädagogen und Erziehungswissenschaftler arbeiten in erster Linie im staatlichen Schuldienst. Daneben sind sie in der Erwachsenenbildung und in Bildungseinrichtungen von Kirchen, Verbänden und Unternehmen, aber auch in der betrieblichen Weiterbildung tätig, vor allem Wirtschaftspädagogen.

Informationswissenschaften

Die nächste Fächergruppe, die Informationswissenschaften, beschäftigen sich damit, wie Informationen beschafft, gesammelt, verarbeitet und weitergegeben werden. Die Informationen werden dann entweder speziellen Nutzern zur Verfügung gestellt oder in den Medien (Zeitungen, Zeitschriften, Fernsehen, Radio, Internet usw.) verbreitet. Zu dieser Gruppe gehören auch Fächer, die sich theoretisch mit der menschlichen Kommunikation beschäftigen. Die Informationswissenschaften stehen in engem Bezug zu einigen technischen Fächern, deren Methoden und Verfahren (z. B. Elektronik und Computer) sie für die Informationsverarbeitung und -verbreitung verwenden.

Die Gruppe umfasst folgende Einzelfächer:

- Bibliotheks- und Informationswissenschaft
- Buchwissenschaft
- Computerlinguistik
- Dokumentation/Medizinische Dokumentation
- Journalistik
- Kommunikationswissenschaft
- Medienwissenschaft
- Publizistik

Das Studium dieser Fächer ist nur an Universitäten möglich. Die Studiendauer liegt bei etwa drei bis dreieinhalb Jahren in Bachelorstudiengängen. Wer nach dem Bachelor noch ein Masterstudium anschließt, muss mindestens weitere zwei Jahre Studienzeit einkalkulieren.

Bei den Informationswissenschaften sind folgende Dinge wichtig: gründliches Arbeiten, keine Angst vor Zahlen- und Datenmengen und sprachliche Ausdrucksfähigkeit. Außerdem spielen die modernen elektronischen Systeme eine immer größere Rolle bei der Beschaffung, Strukturierung, Auswertung und Weiterleitung von Daten und Informationen. Informatikkenntnisse sind deshalb gefragt.

Gute Journalisten und andere Medienspezialisten sollten Folgendes beherrschen: komplizierte Vorgänge verstehen, allgemeinverständlich schreiben, verlässlich recherchieren, notwendige Überzeugungsarbeit leisten und ihre Vorhaben durchsetzen. Das alles genügt aber noch nicht. Es gibt bekanntlich nichts Spannenderes als die Zeitung von morgen und nichts Langweiligeres als die von gestern. Besonders wichtig ist deshalb die Fähigkeit, unter Zeitdruck arbeiten zu können.

Informationswissenschaftler findet man vor allem in den Medien, bei Zeitungen und Zeitschriften, bei Radio und Fernsehen sowie in Pressebüros und Dokumentationsstellen von Unternehmen und Behörden.

Freie und Angewandte Kunst sowie Musik

In der Fächergruppe der Freien und Angewandten Kunst sowie Musik, die aus einer Vielzahl einzelner Fächer besteht, werden erstens künstlerisch hochbegabte Personen durch ein Hochschulstudium so weit ausgebildet, dass sie eigenständige künstlerische Arbeiten schaffen können (entweder freischaffend oder angestellt), zweitens Personen ausgebildet, die als Pädagogen künstlerisch Begabte an speziellen Schulen fördern (z. B. an Musikschulen), und drittens Lehrer für Kunst oder Musik an allgemeinbildenden Schulen.

Zur Gruppe der Freien und Angewandten Kunst zählen folgende Studiengänge:

- Bildhauerei
- Bühnenbild
- Bühnenkostüm
- Design (u. a. Grafikdesign, Industrial Design, Modedesign)
- Druck
- Fotografie

- Film
- Gestaltung/Gestaltungstechnik
- Glasgestaltung
- Goldschmiedekunst/Silberschmiedekunst
- Grafik
- Innenarchitektur
- Keramik
- Malerei
- Restaurierung
- Literarisches Schreiben
- Szenisches Schreiben
- Textilgestaltung

Die Musikhochschulen haben folgende Ausbildungsmöglichkeiten:

- Dirigieren
- Chor- und Orchesterleitung
- Instrumente und Gesang
- Kirchenmusik
- Komposition
- Musiktheorie
- Musikerziehung
- Oper (Solo- und Chorgesang)
- Regie (Oper und Schauspiel)
- Rhythmik
- Schauspiel
- Musical
- Tanz
- Tanzpädagogik für Berufs- und Laientanz
- Tonmeister

Die Ausbildung erfolgt an Kunst- und Musikhochschulen. Das Studium schließt mit einem Bachelor- und Mastergrad oder einer künstlerischen oder musikalischen Reifeprüfung ab. Die Aufnahme für das Studium eines der Fächer setzt eine umfangreiche Überprüfung der künstlerischen Begabung voraus.

Die Absolventen der künstlerischen Hochschulen sind je nach abgeschlossenem Studienfach entweder als freischaffende Künstler oder in entsprechenden künstlerischen Engagements tätig. Ferner als Lehrer an allgemeinbildenden Schulen, an Kunst- oder Musikschulen oder als angestellte Gestalter/Designer in Unternehmen.

Sport und Gesundheit

Wer das Kapitel über die Deutsche Sporthochschule (s. S. 47) gelesen hat, weiß, dass dort Lehrerinnen und Lehrer für das Fach Sport an staatlichen Schulen und – in erster Linie – Personen ausgebildet werden, die nach dem Studium in Sportvereinen, -verbänden, in der Sportartikelindustrie, in Tourismusunternehmen, als Sportjournalisten sowie in Gesundheits- und Rehabilitationseinrichtungen tätig sein wollen. Man kann das Lehramtsfach Sport aber auch an einer Reihe von anderen Universitäten und an Pädagogischen Hochschulen studieren.

Die Sportstudiengänge für Tätigkeiten außerhalb der Schule finden sich mit unterschiedlichen Ausrichtungen an Universitäten. Einige Fachhochschulen bieten das Fach Sportmanagement an. Das Studium dauert in Bachelorstudiengängen mindestens drei Jahre, ein daran anschließendes Masterstudium zwei weitere Jahre.

Für das Sportstudium an der Sporthochschule oder an anderen Universitäten sind eine Aufnahmeprüfung in mehreren Sportarten (Mannschaftssportarten, Individualsportarten) und ein Zeugnis über die körperliche Eignung obligatorisch. Beim Fachhochschulstudiengang Sportmanagement sind die Anforderungen an die praktisch-sportliche Begabung unterschiedlich.

Angebotene Studiengänge:

- Sport als Lehramtsstudiengang
- Sportwissenschaft/Prävention
- Sportwissenschaft/Rehabilitation
- Sporttourismus
- Sportpublizistik/Sportkommunikation
- Sportpsychologie
- Sportmanagement
- Sporttechnologie

Sportwissenschaftler arbeiten bei großen Vereinen, als Funktionäre in Verbänden, in der Sportartikelbranche, als Manager von Sportlern oder in den Medien. Die Sportbranche ist weiter wachsend, daher sind die Beschäftigungsmöglichkeiten breit.

Eine Besonderheit sind die Studiengänge Physiotherapie und Ergotherapie (Behandlung gesundheitlicher Störungen mit vielfältigen praktisch-sportlichen und gestalterischen Aktivitäten). Die Ausbildung in diesem Bereich war lange den

Berufsfachschulen (s. S. 22) vorbehalten. Jetzt gibt es diese Ausbildung auf Hochschulniveau: Entweder werden Studiengänge für ausgebildete Physiotherapeuten und Ergotherapeuten angeboten, die sich weiterqualifizieren wollen, oder duale Studiengänge, in denen eine Berufsfachschulausbildung parallel zu einem Fachhochschulstudium erfolgt.

Weichenstellung: Fächerkombinationen, Studiengänge, Abschlussmöglichkeiten, Qualifikationen

In diesem Kapitel werden wir Ihnen die Struktur des Studiums nahebringen. Die Studienwahl besteht nicht nur aus der Wahl eines Studienfaches, denn es gibt zudem die Möglichkeit, Fächer zu einer Fächerkombination zu verbinden. Auch sind verschiedene Abschlüsse möglich: Für die überwiegende Zahl der Studiengänge ist ein Bachelor- und anschließend ein Masterabschluss vorgesehen, zur zweiten – kleinen – Gruppe gehören Studiengänge mit Abschluss Staatsexamen. Die vorher üblichen Magister-Artium- und Diplomstudiengänge und auch die Staatsexamensstudiengänge für Lehramt sind im Auslaufen begriffen und nehmen keine Studienanfänger mehr auf.

Bevor Sie sich jedoch Ihr Studium »maßgeschneidert« zusammenstellen können, möchten wir Sie mit den wichtigsten Begriffen und Informationen vertraut machen. Nur wer weiß, was es gibt, kann sich zwischen den verschiedenen Möglichkeiten entscheiden.

Außerdem möchten wir Ihnen noch einige Informationen geben, welche zusätzlichen Qualifikationen wichtig und weniger wichtig sind.

Viele Möglichkeiten: Der Aufbau des Studiums

Die Bachelor- und Masterstudiengänge haben sowohl die universitären Diplom- und Magisterstudiengänge als auch an Fachhochschulen die Diplom-(FH)-Studiengänge weitgehend abgelöst. Vorgesehen war bei der Umstellung auf das Bachelor-Master-Studienmodell, dass ein Bachelor mindestens drei und maximal vier Jahre Studienzeit umfassen sollte. Die Universitäten haben dreijährige Studiengänge (6 Semester) eingerichtet und die Fachhochschulen überwiegend dreieinhalbjährige Studiengänge (7 Semester), aber eine dreijährige bzw. vierjährige Studiendauer ist hier auch vielfach zu finden.

In einem Bachelorstudiengang sollen die notwendigen fachlichen und methodischen Grundlagen eines Faches und berufsfeldbezogene Qualifikationen vermittelt werden. Eine Spezialisierung ist vor allem in den letzten zwei oder drei Semestern des Studiums und in der Bachelorarbeit vorgesehen. Die eigentliche

Spezialisierung ist aber den Masterstudiengängen vorbehalten. Diese haben eine Dauer von ein bis zwei Jahren und können »stärker anwendungsorientiert« oder »stärker forschungsorientiert« ausgerichtet sein. Die Universitäten bieten zweijährige Masterstudiengänge an, die Fachhochschulen überwiegend eineinhalbjährige. Wenn ein Masterstudium den vorangegangenen Bachelorstudiengang inhaltlich vertieft, wird von einem *konsekutiven Masterstudiengang* gesprochen. Konsekutive Bachelor- und Masterstudiengänge sind dabei auf höchstens fünf Jahre Studiendauer angelegt.

Um ein *nichtkonsekutives Masterstudium* handelt es sich, wenn das Studium in einem inhaltlich nur angrenzenden oder in einem interdisziplinär angelegten Masterstudiengang weitergeführt wird.

Von einem *weiterbildenden Masterstudium* spricht man, wenn der Masterstudiengang sich an bereits Berufstätige richtet, die Berufspraxis als Zulassungsvoraussetzung aufweisen müssen.

Kennzeichen von Bachelor- und Masterstudiengängen ist die Unterteilung in sogenannte *Module*. Der erfolgreiche Abschluss eines Moduls besteht darin, mehrere unterschiedliche Lehrveranstaltungen (z. B. ein Seminar, eine Vorlesung, Übung oder Projektarbeit) zu einem Oberthema erfolgreich absolviert zu haben. Eingerechnet wird in das Modul auch das Selbststudium, das für die erfolgreiche Bewältigung der Lehrveranstaltungen erforderlich ist. Da vielfach nicht alle zu einem Modul gehörenden Lehrveranstaltungen in einem Semester angeboten werden, erstreckt sich der erfolgreiche Abschluss eines Moduls meistens über zwei, zuweilen auch über drei Semester.

Ein weiteres Kennzeichen der Bachelor- und Masterstudiengänge ist die Bewertung der Studienleistungen nach einem Leistungspunktesystem, dem *European Credit Transfer System (ECTS),* das in allen europäischen Staaten eingeführt wurde, um Studienleistungen vergleichbar zu machen.

Für den Abschluss eines Bachelorstudiums werden mindestens 180 und maximal 240 Leistungspunkte (credit points) verlangt, für ein Masterstudium weitere 120 Punkte, sodass ein Masterabsolvent mindestens 300 Punkte beim Studienabschluss vorweisen muss. Ein Leistungspunkt entspricht dabei 30 Stunden Arbeit, wobei häusliche Arbeit, der Besuch von Lehrveranstaltungen und Praktika eingerechnet werden. Für ein Semester werden 30 Punkte veranschlagt, was 900 Arbeitsstunden entspricht. Ein erfolgreicher Masterabsolvent hat demzufolge mindestens 300 Punkte vorzuweisen und mindestens fünf Jahre studiert.

Einen Hinweis, ob ein Bachelor- bzw. Masterstudiengang die Qualitätskriterien (etwa modularer Aufbau, ECTS-System) erfüllt, soll die sogenannte *Akkreditierung* geben. Dabei handelt es sich um ein offizielles »Gütesiegel«, das von einigen eigens geschaffenen Agenturen verliehen wird. Auch hierauf sollte geachtet werden.

In den Staatsexamensstudiengängen, wozu Pharmazie, Lebensmittelchemie, Human-, Tier- und Zahnmedizin sowie Rechtswissenschaft zählen, ist keine Einteilung in Module und auch kein Leistungspunktesystem vorgesehen. Für das Studium ist eine bestimmte Studienzeit vorgeschrieben, abhängig vom jeweiligen Fach. Diese beträgt zwischen vier bis fünf (Pharmazie) und sechs (Humanmedizin) Jahren.

Das Studium besteht aus fachbezogenen Lehrveranstaltungen (Vorlesungen, Übungen, Seminare, Kolloquien, fachpraktische Veranstaltungen) und Veranstaltungen, in denen Schlüsselqualifikationen und berufsrelevante Qualifikationen vermittelt werden (etwa Rhetorik, Präsentationstechniken, EDV-Qualifikationen, Fremdsprachenkenntnisse).

Das *Modulhandbuch* und die *Prüfungsordnung* eines Bachelor- bzw. Masterstudiengangs sowie die *Studienordnung* und die *Prüfungsordnung* eines Staatsexamensfaches legen fest, welche Lehrveranstaltungen in welchem Umfang und in welcher Reihenfolge besucht werden und mit welchem Nachweis (Teilnahme, Klausur, mündliche Prüfung, Referat, Hausarbeit, Bericht u.ä.) die Veranstaltung abgeschlossen werden kann. Geregelt ist auch, wann unter welchen Bedingungen die Abschlussarbeit abgelegt wird und aus welchen Teilen das Examen besteht.

Ein wesentlicher Unterschied zwischen den Bachelor- und Masterstudiengängen und den Staatsexamensstudiengängen besteht auch darin, dass in den Bachelor- und Masterstudiengängen die Prüfungen einschließlich der Benotung studienbegleitend ab dem ersten Semester erfolgen und nicht – wie bei Staatsexamensstudiengängen – eine zentrale Abschlussprüfung am Ende des Studiums stattfindet.

Die Abschlüsse Bachelor und Master bieten eindeutige Vorteile auf dem internationalen Arbeitsmarkt. Es darf aber nicht übersehen werden, dass der Bachelor zwar als Studienabschluss gilt, aber nicht als Abschluss einer wissenschaftlich orientierten Universitätsausbildung. Mit dem Bachelor allein sind die beruflichen Aufstiegsmöglichkeiten insgesamt schlechter als mit einem zusätzlichen Master.

Jedes Studienangebot mit Bachelorabschluss muss abgeklopft werden auf die Inhalte, die vermittelt werden, und auf die Verzahnung zwischen dem Bachelorstudium und einer späteren Spezialisierung im Masterstudium. Das ist selbst für Fachleute nicht einfach. Deshalb eine kleine Hilfe: Legen Sie mehrere Modulübersichten von verschiedenen Hochschulen des Faches, das Sie studieren möchten, nebeneinander und vergleichen Sie, welche Studieninhalte vermittelt werden. Dort, wo die Abweichungen groß sind, sollten Sie Vorsicht walten lassen; es wird möglicherweise auf dem Rücken der künftigen Studierenden experimentiert.

Wer Ingenieur/in werden möchte, studiert entweder in einem praxis- und berufsbezogenen Bachelorstudiengang an einer Fachhochschule oder in einem vorwiegend theorie- und forschungsorientierten Bachelorstudiengang an einer Universität. Absolventen beider Hochschultypen wird der Master nach dem Bachelor dringend empfohlen; der Bachelor allein bietet auf dem Arbeitsmarkt für Ingenieure nur sehr geringe Chancen.

Auch bei naturwissenschaftlichen Fächern wie Mathematik, Physik, Biologie oder Chemie reicht der Bachelor nicht, hier wird ebenfalls ein Master und häufig auch eine Promotion erwartet.

Jede Menge Variationen: Studiengänge und Kombinationsmöglichkeiten

Bislang haben wir von *Studienfächern* gesprochen, bei denen es für die Studiengestaltung nicht unerheblich ist, welches Fach ausgewählt wird und welche Berufsmöglichkeiten damit eröffnet werden. Es gibt aber noch den *Studiengang*, in dem die Fächer eingebettet sind und der die Ausrichtung des Studiums vorgibt. Unter Studiengang versteht man das Studium eines oder zweier Fächer, dessen Durchführung und, was noch wichtiger ist, dessen Abschluss durch das Modulhandbuch bzw. die Studienordnung und die Prüfungsordnung geregelt ist.

Ob Ihr Studium aus einem Fach, aus zwei Fächern oder aus Haupt- und Nebenfächern besteht, hängt davon ab, zu welcher Fächergruppe das Studienfach gehört und wie die Bachelor- und Masterangebote der jeweiligen Hochschule aufgebaut sind.

Das Studium der sprach-, literatur- und kulturwissenschaftlichen Fächer besteht im Bachelorstudium entweder aus einem einzigen Fach oder einer Zwei-Fächer-Kombination; je nach Hochschule werden unterschiedliche Kombinationsmöglichkeiten angeboten. Wenn man nur ein Fach studiert, wird vom *Ein-Fach-Bachelor* gesprochen. Werden zwei Fächer innerhalb eines Bachelorstudiengangs studiert, gibt es die Variante, dass zwei Fächer gleichwertig nebeneinander studiert werden (dann spricht man auch vom *Zwei-Fach-Bachelor*) oder dass ein großes mit einem vom Arbeitsaufwand »kleineren« Fach kombiniert wird. Bei der zweiten Kombinationsmöglichkeit werden häufig die Begriffe *Bachelor-Hauptfach* bzw. *Bachelor-Kernfach* und *Bachelor-Nebenfach* bzw. *Bachelor-Begleitfach* verwendet.

Masterstudiengänge können ebenso aus einem Fach (*Ein-Fach-Master*) oder zwei Fächern (*Zwei-Fach-Master*) bestehen. In den sprach-, literatur- und kulturwissenschaftlichen Fächern lautet der genaue Abschluss dann *Bachelor of Arts* (abgekürzt B.A.) bzw. *Master of Arts* (M.A.).

Das Studium der naturwissenschaftlichen, technischen und ingenieurwissenschaftlichen Fächer (einschließlich Architektur) besteht in Bachelorstudiengängen aus einem Fach mit der Möglichkeit, neben den Pflichtmodulen sogenannte Wahlpflichtmodule zu belegen, wobei aus einem vorgegebenen Katalog von Modulen ausgewählt werden kann. Das Gleiche gilt für die wirtschaftswissenschaftlichen Fächer wie BWL oder VWL. Das Studium ist ebenfalls auf ein Fach ausgerichtet, mit der Möglichkeit, in Wahlpflichtmodulen kleine Akzente zu setzen.

Unabhängig davon, ob der Bachelor oder der Master an einer Fachhochschule oder einer Universität erworben wurde, wird ein *Bachelor/Master of Science* (abgekürzt B.Sc. oder M.Sc.) oder ein *Bachelor/Master of Engineering* (abgekürzt B.Eng. oder M.Eng.) verliehen.

Genaue Auskunft über den belegten Studiengang, seine Inhalte und Qualifikationen gibt dann das sogenannte *Diploma Supplement (DS)*, ein EU-einheitliches Formular, das für Bachelor- und Masterstudiengänge vorgeschrieben ist.

Am Ende des Studiums der Fächer Pharmazie, Humanmedizin, Tiermedizin, Zahnmedizin und Lebensmittelchemie steht ein *Staatsexamen*. Auch das Studium der Rechtswissenschaft (Jura) schließt mit dem Staatsexamen ab. Beim Lehramtsstudium, das früher auch mit Staatsexamen abgeschlossen wurde, wird jetzt in eigenen Bachelor- und Masterstudiengängen studiert, die mit dem Bachelor of Education (B.Ed.) und Master of Education (M.Ed.) abschließen. In diesen Studiengängen werden in der Regel zwei Schulfächer mit erziehungswissenschaftlichen Begleitfächern zusammen studiert. Der Master of Education wird dann als 1. Staatsexamen anerkannt.

Für die meisten Studiengänge, die für Tätigkeiten im Schuldienst, Gesundheitsdienst und in der öffentlichen Justizverwaltung vorbereiten, wird das 1. Staatsexamen (und anschließend noch ein Vorbereitungsdienst, Referendariat oder eine fachpraktische Ausbildung) vorausgesetzt.

Das Studium der Theologie besteht aus einem Hauptfach mit verschiedenen Teildisziplinen und verwandten Disziplinen wie Philosophie und kann mit einem Bachelor, einem Master oder mit einem kirchlichen Examen abgeschlossen werden. Natürlich kann Theologie auch für das Lehramt an Schulen studiert werden; hier führt der Weg über eigene Bachelor- und Masterangebote. Die Abschlüsse lauten dann Bachelor of Education und Master of Education (B.Ed. und M.Ed.).

Die künstlerischen Studiengänge bestehen wiederum aus einem Hauptfach mit mehreren Teilgebieten und Zusatzfächern und enden mit Bachelor, Master, künstlerischer Reifeprüfung oder Zertifikat. Für das Lehramt in Kunst und Musik wird in eigenen Bachelor- und Masterstudiengängen ausgebildet.

Nicht nur zum Zuhören: Lehrveranstaltungen

Das Studium setzt sich je nach Fach und Hochschule mit unterschiedlichen Anteilen aus folgenden Lehrveranstaltungen zusammen:

- Vorlesungen,
- Übungen,
- Seminare,
- Studienpraktische/fachpraktische Lehrveranstaltungen,
- Exkursionen.

Das Wesen einer *Vorlesung* besteht darin, dass ein/eine Hochschullehrer/in in einem großen Raum, Hörsaal genannt, vor einigen Dutzend oder einigen hundert Studierenden ein Semester lang regelmäßig zu einem bestimmten Thema entweder vorliest (deshalb Vorlesung) oder (seltener) etwas frei vorträgt. Die Studierenden machen sich hierzu Notizen. Fragen und Diskussionen sind in der Vorlesung normalerweise nicht üblich.

Die Vorlesung versucht einen Überblick über ein Thema oder ein Problem des Faches zu geben, berücksichtigt dabei auch den jeweils neuesten Wissensstand und erläutert hierzu unterschiedliche Ansätze, Methoden und Meinungen.

Im Vorlesungsverzeichnis wird angekündigt, wie oft pro Woche, zu welcher Zeit und wo die Vorlesung stattfindet. Es gibt Vorlesungen mit einer Stunde pro Woche ebenso wie Vorlesungen mit zwei, drei bis hin zu sechs Stunden pro Woche. Üblich sind zweistündige Vorlesungen mit zweimal 45-minütiger Dauer.

Wichtig für jede Vorlesungsstunde ist eine gründliche Vor- und Nachbereitung anhand der vom Dozenten genannten Fachliteratur zum Thema der Vorlesung.

Da selten jemand – und am wenigsten Studienanfänger – alles auf Anhieb versteht, was in einer Vorlesung gesagt wird, und man auch kaum die Möglichkeit hat, Verständnisfragen zu stellen oder zu diskutieren, gibt es (nicht für alle Fächer) sogenannte Arbeitsgemeinschaften oder Tutorien, die im kleinen Kreis stattfinden und die Vorlesung begleiten. Geleitet werden sie entweder von Studierenden höherer Semester oder von Mitarbeitern des Hochschullehrers. Diese Lehrveranstaltungen beziehen sich auf den Stoff der jeweiligen Vorlesung und sollen ihn vertiefen. Verständnisfragen werden beantwortet, Musteraufgaben geübt, und es wird ausführlich diskutiert.

In einem kleineren Rahmen als in den Vorlesungen (zehn bis siebzig Studierende) werden in den sogenannten *Übungen* Inhalte oder Methoden des Faches entweder auf wissenschaftlich-theoretischer oder praktischer Ebene unter Leitung eines Dozenten vermittelt.

Die Übung hat je nach Studienfach sehr unterschiedliche Inhalte. Beim Studium von Fremdsprachen handelt es sich etwa um eine sprachpraktische Übung (z.B. Übersetzen von Texten) oder um eine sprachtheoretische Übung (Interpretation von Quellentexten). Bei einer Ingenieurwissenschaft kann eine Übung darin bestehen, praktisches Wissen zu vermitteln, wie Maschinen funktionieren und bedient werden oder wie man technische Instrumente herstellt. Bei einer Übung in Architektur kann es sich um die Konstruktionszeichnung für eine Brücke handeln, beim Studium von Gesang oder Kunst um die Einübung einer Opernarie bzw. um die Herstellung einer Grafikdruckplatte. Bei den Werkstoffwissenschaften geht es um die Erprobung einer Metalllegierung, im Fach Kunstgeschichte um die Beschreibung von Gemälden. Diese Beispiele lassen sich noch beliebig fortsetzen.

Auf jeden Fall – und hier gibt es keine Unterschiede – wird in allen Übungen erwartet, dass die Studierenden sich aktiv beteiligen und entweder im Laufe der Übung, am Ende der Lehrveranstaltung oder zum Abschluss mehrerer Übungen irgendeine Form von Leistungsnachweis erbringen. Die Formen sind so vielfältig wie die Übungen: mündliche Prüfung, schriftliche Prüfung (Klausur), mündlich vorgetragene oder schriftlich verfasste Hausarbeit (Referat), Entwurf oder Herstellung eines Objektes, Demonstration (Vorspielen, Vorsingen), Bericht über eine Versuchsreihe, Befragung von Personen, Materialanalyse und vieles mehr. Die Übung ist ähnlich wie die Vorlesung eine Fortsetzungsveranstaltung, die einmal oder mehrmals pro Woche während des Semesters stattfindet.

Seminare sind ähnlich aufgebaut wie Übungen. Im kleinen Kreis (ca. zehn bis siebzig Studenten) werden unter Leitung eines Hochschullehrers einzelne Themen eines zusammenhängenden Themengebietes besprochen, diskutiert und dabei auch bestimmte Vorgehensweisen eingeübt. Mehr noch als in der Übung wird die aktive Mitarbeit der Studierenden mit abschließendem Leistungsnachweis erwartet.

Sofern man überhaupt einen Unterschied zwischen Übung und Seminar erkennen kann, ist die Übung etwas stärker auf die Methoden und das Seminar eher mehr auf den Inhalt des Faches ausgerichtet. Zuweilen – aber nicht immer – sind die Leistungsanforderungen beim Seminar etwas höher. Nichtsdestotrotz gibt es die gleichen Leistungsnachweise wie bei der Übung. Auch zwischen den einzelnen Seminaren gibt es wesentliche Unterschiede und in vielen Fächern Abstufungen: Proseminare (für Studienanfänger), Mittelseminare (für Fortgeschrittene) und Oberseminare (für Examenskandidaten). Es versteht sich von selbst, dass die Anforderungen vom Proseminar zum Oberseminar höher werden.

Studienpraktische Lehrveranstaltungen, die es vor allem in den Fächergruppen Naturwissenschaften, Medizin, Land- und Forstwirtschaften sowie in den Ingenieurwissenschaften gibt, sollen den Studierenden bestimmte praktische Fertigkeiten vermitteln, die im späteren Berufsleben benötigt werden. Ein solches Praktikum kann in einem Labor, einem Konstruktionsraum oder auf einem Versuchsgelände stattfinden.

Bei den Praktika sind – neben den obligatorischen Denkleistungen – vor allem Finger- und Handfertigkeiten gefragt. Schon mancher Kopfmensch hat in einer fachpraktischen Lehrveranstaltung die Grenzen seiner praktischen Begabung erkennen müssen, beispielsweise wenn er oder sie zum dritten Mal die falschen Chemikalien zusammengemischt, sich zum siebten Mal mit dem Lötkolben die Finger verbrannt oder den soundsovielten Glaskolben kaputtgemacht hat. Praktische Lehrveranstaltungen finden zum Teil wie die Vorlesungen, Übungen und Seminare fortlaufend während des Semesters statt. Häufiger jedoch, dies macht sie bei einigen Studierenden so unbeliebt, werden sie als Blockveranstaltungen über mehrere Tage oder Wochen in der vorlesungsfreien Zeit abgehalten.

Auch die Leistungsnachweise bei fachpraktischen Lehrveranstaltungen sind unterschiedlich und reichen vom Praktikumsbericht oder der Durchführung einer Versuchsreihe bis hin zur praktischen Überprüfung des erworbenen Wissens.

Im Zusammenhang mit fachpraktischen Lehrveranstaltungen sind sogenannte *Fachpraktika* zu erwähnen, die entweder vor Beginn des Studiums oder in den ersten Semestern absolviert werden müssen. Dabei handelt es sich nicht um Veranstaltungen der Hochschule, sondern um ein oder mehrere Grund- oder Einführungspraktika in Industriebetrieben oder bei staatlichen Einrichtungen. Die Dauer liegt je nach Hochschule und Fach zwischen drei und zwölf Monaten. Sinn dieser Praktika, die wir vor allem in den Ingenieurwissenschaften (wissenschaftliche Hochschulen und Fachhochschulen) und bei der Betriebswirtschaftslehre sowie der Fächergruppe Sozialwesen (jeweils Fachhochschule) finden, ist es, dass die Studierenden vor Beginn oder zu Anfang des Studiums Informationen über die Anforderungen im späteren Beruf oder über die praktischen Anforderungen im Studium sammeln.

Die Ansprüche an solche Praktika sind recht unterschiedlich, nicht nur von Hochschule zu Hochschule, sondern zuweilen auch im gleichen Studienfach. Es hängt vor allem davon ab, welche Bedeutung das jeweilige Studienfach dem Praxisbezug beimisst.

Praktika werden in aller Regel nicht oder nur geringfügig bezahlt. Um eine Praktikantenstelle muss man sich selbst kümmern. Dabei sind die Hochschulen (nach einem Praktikantenamt fragen), die Arbeitsagenturen sowie die Industrie- und Handelskammern, die es in jeder größeren Stadt gibt, behilflich. Es gibt auch Organisationen, die Praktika im Ausland vermitteln (s. auch hierzu S. 119).

Exkursionen sind eine weitere Art von Lehrveranstaltung. Sie finden nicht innerhalb der Hochschule, sondern irgendwo anders statt. Eine Exkursion ist also mit Reisen verbunden.

Nur wenige Fächer schreiben Exkursionen zwingend vor. Dies sind vor allem Fächer wie Kunstgeschichte und Archäologie (Besuch von Museen und Galerien), Geschichte (Orte historischer Ereignisse) und Geographie/Geologie (Geländeerkundungen). Die angehenden Geowissenschaftler sind die Könige der Exkursionen, weil bei ihnen auch Reisen in andere Länder und durch andere Kontinente nicht selten sind.

Exkursionen fallen zumeist in die vorlesungsfreie Zeit. Der Leistungsnachweis besteht entweder aus einem mündlichen Referat, einer schriftlichen Hausarbeit oder in der Anfertigung eines Exkursionsberichtes.

An den Hochschulen gibt es neben Vorlesungen, Übungen, Seminaren usw. auch andere Veranstaltungen, die so interessant sein können, dass sie manchen Studierenden von der eigentlichen Arbeit abhalten. Sie gehören nicht zum eigentlichen Studium. Ihr Besuch ist freiwillig.

Was im Einzelnen angeboten wird, hängt von der Zahl der Studierenden und von der Größe der Hochschule ab. Eine Universität mit 20.000 oder 30.000 Studierenden hat natürlich mehr solcher Veranstaltungen als eine Fachhochschule mit 1.000 Studierenden.

An den Universitäten finden wir das sogenannte *Studium generale/Studium universale*. Dabei handelt es sich um kein eigenständiges Studienfach, sondern um Einrichtungen, die die fachübergreifende und kulturelle Bildung der Studierenden fördern und einer fachlichen Vereinseitigung der Studierenden entgegenwirken wollen. Vorträge, Vortragsreihen und Arbeitsgemeinschaften, aber auch Musikkreise und Arbeitskreise zur schöpferischen Eigenbetätigung sind Bestandteile dieses zusätzlichen Studienangebotes.

Darüber hinaus werden weitere attraktive Veranstaltungen angeboten, z. B.:

- Hochschulsport (von Basketball über Schach bis Fallschirmspringen),
- Hochschulmusik (Hochschulorchester, -chor),
- gemeinsame Arbeitskreise (zu den unterschiedlichsten Themen),
- Mitarbeit in politischen Hochschulgruppen,
- studentisches Theater und studentisches Kino,
- alle möglichen Stammtische,
- Gastvorträge von auswärtigen Hochschullehrern,
- Dichterlesungen,
- Diskussionsveranstaltungen,
- Vorträge zu aktuellen Themen,
- Nachwuchskonzerte und -kunstausstellungen.

Es fehlt noch eine Lehrveranstaltung, die jede/r Student/in selbst veranstalten muss: das sogenannte *Eigen- oder Selbststudium*. Das, was Studierende in Vorlesungen, Übungen, fachpraktischen Lehrveranstaltungen, in Seminaren und Tutorien und bei Exkursionen lernen, wurde zuweilen nur angerissen oder war eine Einführung in ein Themenfeld, was einer Beschäftigung über die Lehrveranstaltungen hinaus bedarf. Oder es werden praktische Fertigkeiten vermittelt, die eingeübt werden müssen. Oder man erhält aus einem Seminar eine Anregung, die man in selbstständiger Arbeit zu einem Projekt entwickelt.

Aus diesen Gründen müssen alle Studierenden selbstständig das Gelernte vertiefen, erweitern, kritisch überprüfen und Überlegungen für neue Ideen und deren Verwirklichung anstellen. Wie viele Stunden jemand für das Eigenstudium aufwendet, hängt natürlich vom jeweiligen Studienfach und vom persönlichen Interesse am Studium ab. Es ist aber durchaus üblich, dass hierfür zwischen 10 und 25 Stunden pro Woche aufgewendet werden.

Nachdem wir so viel von den Lehrveranstaltungen gehört haben, verraten wir nun, wer sie abhält und wer sonst noch dafür sorgt, dass der Hochschulbetrieb funktioniert.

Beginnen wir mit den *Professoren*, deren Aufgaben vielfältig, aber leicht zu beschreiben sind. Professoren sind Hochschullehrer, die Unterricht abhalten (im Fachdeutsch heißt das Lehre), über bestimmte Themen forschen und die Ergebnisse veröffentlichen sowie in Gremien der Hochschule mitarbeiten. Sie halten Vorlesungen, Seminare, Übungen, Kolloquien und leiten fachpraktische Lehrveranstaltungen oder Exkursionen.

Ihnen stehen *Wissenschaftliche Mitarbeiter* zur Seite, die sie in Lehre und Forschung unterstützen, sowie *Hilfskräfte*, die unter der Leitung von Hochschullehrern arbeiten (gegen Bezahlung).

Sogenannte *Lektoren* finden wir vor allem in der Fremdsprachenausbildung, wo sie Sprachkurse und landeskundliche Veranstaltungen anbieten. *Lehrbeauftragte* sind Personen, die nicht fest angestellt sind und eine oder mehrere Lehrveranstaltungen abhalten. Lehrbeauftragte und Lektoren sind in aller Regel nur in der Lehre tätig.

Neben dem wissenschaftlichen Personal (so nennt man die genannten Personen) gibt es noch viele andere Mitarbeiter der Hochschule, die die Studierenden aber seltener zu Gesicht bekommen: Verwaltungsangestellte, Hausmeister, Pförtner, Reinigungspersonal, technische Mitarbeiter, Labor- und Werkstattpersonal, Krankenpflegepersonal (in Universitätskliniken), Gärtner, Monteure, Schreiner, Köche usw.

Hochschulen sind Massenbetriebe, nicht nur was die Zahl der Studierenden, sondern auch die der Mitarbeiter anbelangt. An den größten deutschen Universitäten arbeiten bis zu 10.000 Personen. In einer mittelgroßen Universität oder einer großen Fachhochschule mit etwa 10.000 Studierenden sind zwischen 1.000 und 1.500 Angestellte beschäftigt.

Wenden wir uns abschließend den Semesterzeiten zu, in denen die Lehrveranstaltungen angeboten werden.

Das Wintersemester beginnt bei den wissenschaftlichen Hochschulen am 1.10. und endet am 31.3. Das Sommersemester fängt am 1.4. an und endet am 30.9. An den Fachhochschulen liegen die Zeiten vom 1.9. bis 28.2. und vom 1.3. bis 31.8.

Das Semester gliedert sich in eine Vorlesungszeit, in der die Lehrveranstaltungen stattfinden, und in eine vorlesungsfreie Zeit, in der zwar keine Lehrveranstaltungen stattfinden, die Hochschule und ihre Einrichtungen aber geöffnet sind.

Die Vorlesungszeiten sind von Bundesland zu Bundesland unterschiedlich. Bei den wissenschaftlichen Hochschulen liegen sie im Wintersemester von Anfang/Ende Oktober bis Anfang/Ende Februar, im Sommersemester reichen die Vorlesungszeiten von Anfang/Ende April bis Anfang/Ende Juli. Die übrige Zeit – das heißt zwei Monate im Winter und drei Monate im Sommer – ist frei von Lehrveranstaltungen.

Die Vorlesungszeiten an den Fachhochschulen unterscheiden sich von denen der Universitäten. Das Wintersemester beginnt Anfang/Mitte September und endet Mitte/Ende Januar. Danach ist etwa ein Monat vorlesungsfreie Zeit. Das Sommersemester startet Anfang/Mitte März und endet Mitte/Ende Juni. Die Monate Juli und August sind normalerweise frei von Lehrveranstaltungen.

Wer jetzt glaubt, dass man fünf Monate an den wissenschaftlichen und drei Monate an den Fachhochschulen Urlaub hat, unterliegt einem weitverbreiteten Irrtum. Das Studentenleben ist auch in der vorlesungsfreien Zeit arbeitsintensiv. Keine Lehrveranstaltungen zu haben heißt nicht, dass man nur Urlaub machen kann. Die vorlesungsfreie Zeit dient dazu, Stoff aus den gerade zu Ende gegangenen Lehrveranstaltungen nachzuholen, Referate und Hausarbeiten zu schreiben oder für einzelne Prüfungen zu lernen, die bevorzugt in den Semesterferien liegen, damit die Studierenden genügend Zeit zum Lernen haben. Die vorlesungsfreie Zeit dient außerdem der Vorbereitung auf das neue Semester oder der Ableistung von naturwissenschaftlichen oder technischen Praktika.

In den künstlerischen Studiengängen wird diese Zeit häufig zur Arbeit in den Werkstätten und Zeichensälen verwendet, um in aller Ruhe künstlerisch tätig zu sein. Zudem nutzen viele Studierende die Semesterferien zum Jobben.

Im Normalfall verbleiben den meisten Studenten nicht mehr als ein oder zwei Monate studienfreie Zeit pro Jahr, in der sie verreisen oder etwas anderes tun können, als zu studieren. Unterm Strich gesehen haben Studierende etwa so viel Urlaub wie normale Arbeitnehmer. Das Studium ist für die meisten ein Fulltime-Job, sofern sie die Ausbildung ernsthaft betreiben.

Für Internationalisten: Der MBA

Eine besondere Qualifikation für den internationalen Arbeitsmarkt ist der sogenannte *Master of Business Administration*, abgekürzt MBA. Wer diesen Abschluss sogar noch an einer der führenden Managerschmieden in Europa oder in den USA geschafft hat und beruflich als Manager in internationalen Konzernen tätig sein möchte, braucht sich derzeit um die Berufsperspektiven keine Sorgen zu machen, sondern hat die Qual der Wahl zwischen verschiedenen Angeboten. Wer jetzt glaubt, endlich den Traumstudiengang gefunden zu haben, den müssen wir leider enttäuschen. Der MBA ist kein grundständiges Studium, sondern ein Aufbaustudium mit einem international anerkannten Studienabschluss, der ein abgeschlossenes Hochschulstudium, (häufig) Berufserfahrung und eine Aufnahmeprüfung voraussetzt. Da die Ausbildung in englischer Sprache durchgeführt wird, darf es auch nicht an entsprechenden Sprachkenntnissen fehlen.

Die MBA-Ausbildung eignet sich für Wirtschaftswissenschaftler, Naturwissenschaftler, Ingenieure und Juristen, die sich mit allen Bereichen des modernen Managements vertraut machen und internationale Kompetenz erlangen wollen. Für mittelständische Unternehmen und für den Staatsdienst hat der MBA keine Bedeutung.

MBA-Programme werden in Deutschland vor allem von ausländischen Universitäten, aber auch von einigen deutschen Hochschulen angeboten. Vielfach gibt es auch gemeinsame Programme von deutschen und ausländischen Hochschulen.

Der MBA ist jedoch mit hohen Kosten verbunden. Für die rund zweijährige Ausbildung muss man je nach Angebot Studiengebühren und weitere Gelder zwischen 10.000 und 20.000 Euro aufwenden, an den renommierten Schulen in Großbritannien und den USA sogar zwischen 60.000 und 70.000 Euro. Nicht jeder MBA-Abschluss wird in Deutschland anerkannt. Wer einen MBA anstrebt, sollte nicht nur die bunten Werbebroschüren der Anbieter studieren, sondern das Preis-Leistungs-Verhältnis überprüfen und beim zuständigen Kultusministerium in Erfahrung bringen, ob dieser Abschluss in Deutschland anerkannt ist und hierzulande geführt werden darf. Es wäre doch wirklich ärgerlich, wenn man für die Karriere so viel Geld ausgegeben hat und den Titel nur im Herkunftsland führen darf.

Gegen graue Theorie: Praktika im In- und Ausland

Eine Berufsausbildung vor dem Studium ist eine der besten Zusatzqualifikationen für den Arbeitsmarkt (siehe S. 36). Wem dies zeitlich zu aufwendig ist, sollte während des Studiums die Möglichkeiten nutzen, Praktika abzuleisten. Für die meisten Berufe werden fachpraktische Erfahrungen erwartet. Wer während des Studiums nicht mindestens ein halbes Jahr in einem Unternehmen mitgearbeitet hat, landet beim Wettbewerb um die Einstiegsjobs schnell im Mittelfeld. Doch längst nicht jeder Ferienjob gilt bei Personalchefs als Praktikum. Nur diejenigen Tätigkeiten, die in einem Zusammenhang mit dem Studium oder dem angestrebten Berufsziel stehen, bringen Pluspunkte. Außerdem bieten Praktika die Möglichkeit, sich die spätere Tätigkeit im Labor oder hinter dem Schreibtisch gut vorstellen zu können. Zudem kann man durch den Einblick in die Praxis die Wahl von Studienschwerpunkten besser beurteilen.

In einigen Studiengängen sind Praktika obligatorisch. Die Praktikumsplätze werden an den Hochschulen von speziellen Praktikantenstellen, im Rahmen von studentischen Initiativen (Praktikantenbörse) oder von sogenannten Technologie-Transferstellen vermittelt. An manchen Hochschulen sind auch Fachvermittlungsstellen der Arbeitsagenturen eingerichtet, die ihrerseits Praktikumsplätze vermitteln. Für das regionale Umfeld der Hochschule bringen die Industrie- und Handelskammern Interessenten und Anbieter in Kontakt. Im Internet steht zudem eine Vielzahl von Praktikantenbörsen zur Verfügung.

Die meisten großen Unternehmen bieten auch selbst Praktikumsplätze an und verfügen über eigene Abteilungen, die mit einschlägigen Informationsveranstaltungen und Firmenpräsentationen Kontakte zu Studierenden herstellen. In der Regel haben Großunternehmen eigene Praktikantenbörsen auf ihrer Homepage eingerichtet. Hiermit versuchen sie, geeigneten Nachwuchs kennenzulernen, von dem sich der eine oder die andere möglicherweise auch für eine Bachelor- oder Masterarbeit in der Praxis und nach dem Studium für eine Anstellung eignet.

Bei Praktika sollte auf folgende Grundregeln geachtet werden:

1. Bei in Frage kommenden Unternehmen sollte man sich etwa ein Jahr vor dem geplanten Beginn bewerben.
2. Praktika sollten mindestens sechs Wochen, besser noch zwei bis drei Monate dauern.
3. Praktika nicht nach der Höhe der Bezahlung aussuchen, sofern man darauf verzichten kann: Ein guter Firmenname wiegt einige hundert Euro beim Berufseinstieg auf.

4. Ein Praktikum ist kein Aushilfsjob, und Praktikanten sind keine billigen Arbeitskräfte. Deshalb muss detailliert (schriftlich) festgehalten werden, welche Arbeiten das Praktikum umfasst und welche Bezahlung vorgesehen ist.
5. Eine Bescheinigung oder (in jedem Fall besser) ein Zeugnis sollte alle erledigten Aufgaben und eine Beurteilung der Person enthalten.

Nachfolgend haben wir eine Auswahl von Praktikantenbörsen im Internet zusammengestellt (für Praktika im In- und Ausland):

- *Absolute Beginners* – Praktikumsvermittlung für die Bereiche Grafik, Design, Werbung, Redaktion und Marketing
  ▸ *www.absolutebeginners.de*
- Cesar – Auflistung von Praktikantenbörsen
  ▸ *www.cesar.de/alles_ueber_cesar.html*
- *Forum* – Informationsdienst mit Praktika, Bewerbungs-Know-how und Unternehmensporträts ▸ *www.forum-jobline.de*
- *Interactive BusinessNet* – Stellenmarkt für die Multimedia- und Online-Branche, auch Praktikumbörse ▸ *www.ibusiness.de/praktika*
- *Jobmensa* – eines der größten Portale für Studentenjobs, aber auch mit Praktikantenbörse ▸ *www.jobmensa.de*
- *Planet Praktika* – Praktikumsbörse für alle Branchen und Studienbereiche
  ▸ *www.planetpraktika.de*
- *Prabo.de* – Praktikumsbörse u. a. für Schüler ▸ *www.prabo.de*
- *Praktikum.de* – Suche nach Branche, Abschluss, Dauer oder Region
  ▸ *www.praktikum.de*
- *Praktikumsbörse* – ein Service des Bundesverbandes der mittelständischen Wirtschaft (BVMW) ▸ *www.praktikums-boerse.de*
- *Praktikum-Service* – Stellen- und Bewerbungsbörse für Praktika im In- und Ausland ▸ *www.praktikum-service.de*
- *Unicum Praktikumsbörse* – die Angebote lassen sich regional, nach Firmen und nach Stichworten durchsuchen. ▸ *www.unicum.de/beruf/praktikum*

Praktikumsplätze im Ausland sind schwerer zu bekommen als in Deutschland. Großunternehmen geben Bewerbern nur dann eine Chance in der ausländischen Dependance, wenn sie sich bereits im Inland bewährt haben. Interessenten für Praktika können sich auch an folgende wichtige Organisationen wenden, deren Vermittlung in der Regel kostenfrei ist.

- *InWEnt – Internationale Weiterbildung und Entwicklung*, Lützowufer 6–9, 10785 Berlin, Tel. 030 / 25482-351 bis -358, Fax 030 / 25482-359, *www.asa-programm.de* (vermittelt Praktika in Entwicklungsländern)

- *AIESEC*, Adresse: Deutsches Komitee der AIESEC, Kasernenstraße 26, 53111 Bonn, Tel. 0228 / 28980-0, Fax 0228 / 28980-10, *www.aiesec.de* (vermittelt Auslandspraktika für Studierende sozial- und wirtschaftswissenschaftlicher Fächer). An den Hochschulen mit entsprechendem Fächerangebot gibt es Lokalkomitees, die vor Ort beraten und den Austausch organisieren.
- *Deutscher Akademischer Austauschdienst*, Kennedyallee 50, 53175 Bonn, Tel. 0228 / 882-0, Fax 0228 / 882-444, *www.daad.de* (Stipendien für Praktika im Ausland). Informationen auch beim Akademischen Auslandsamt der jeweiligen Hochschule.
- *IAESTE*, c/o DAAD, Adresse wie vorher (Auslandspraktika für Studierende naturwissenschaftlicher und technischer Fächer sowie der Land- und Forstwirtschaft). An den Hochschulen gibt es Lokalkomitees, die den Austausch vor Ort organisieren. *www.iaeste.de*
- *Famulantenaustausch der Bundesvertretung der Medizinstudierenden in Deutschland (bvmd)*, Kennedyallee 91–103, 53175 Bonn, Tel. 0228 / 882-731, Fax 0228 / 882-732, *http://bvmd.de/ausland/scope/*
- *Pädagogischer Austauschdienst (PAD)*, Nassestraße 8, 53113 Bonn, Tel. 0228 / 501-0, *www.kmk-pad.org* (bevorzugt Studierende neuerer Philologien und Referendarinnen und Referendare)
- *Deutscher Bauernverband*, Claire-Waldoff-Straße 7, 10117 Berlin, Tel. 030 / 31904-407, Fax 030 / 31904-431, *www.bauernverband.de* (Studierende land- und forstwirtschaftlicher Fachrichtungen)
- *Deutscher Berufsverband für Soziale Arbeit e.V.*, Friedrich-Ebert-Straße 30, 45127 Essen, Tel. 0201 / 82078-0, Fax 0201 / 82078-40, *www.dbsh.de* (s. unter »Job Sozial-Stellenmarkt«, hier »Praktikum« eingeben, Angebote für Studierende der Sozialarbeit und Sozialpädagogik)
- *Zahnmedizinischer Austauschdienst*, Mallwitzstraße 16, 53177 Bonn, Tel. 0228 / 8557-44, *www.zad-online.com*

Für Ego und Karriere: Promotion

Diejenigen, die der Hochschule nach dem Examen noch für einige Jahre erhalten bleiben, sind die Promovenden. Etwa zehn Prozent all derer, die ein Studium abschließen, streben hinterher einen Doktortitel an und promovieren. Eine Promotion ist aber nur an einer wissenschaftlichen Hochschule möglich, Fachhochschulen haben kein Promotionsrecht.

Eine Promotion setzt zumeist einen ersten Studienabschluss voraus, womit ein Master oder ein Staatsexamen gemeint ist. Eine Promotion direkt nach dem Bachelor ist nicht vorgesehen. Die Promotion erfolgt in drei Schritten. Der erste Schritt ist die Anfertigung einer umfangreichen wissenschaftlichen Untersuchung.

Ihr folgt eine mündliche Prüfung, Rigorosum oder andernorts Disputation genannt. Den Abschluss bildet die Veröffentlichung der wissenschaftlichen Arbeit, entweder in Form eines Buches oder online.

Je nach Fach und Thema dauert es zwischen zwei und vier Jahren, bis das Doktorexamen abgeschlossen ist. Es bietet zwar höhere berufliche Qualifikationen und im Einzelfall bessere Aufstiegsmöglichkeiten, höheres Einkommen und ein hohes gesellschaftliches Ansehen, aber auch einige Nachteile wie hohe Kosten für die Promotion und späteres Eintrittsalter in den Beruf.

Ein Sprichwort sagt: Wer nicht promoviert ist, braucht zehn Jahre, um zu beweisen, dass er etwas kann; wer promoviert ist, kann zehn Jahre sicher sein, bevor man merkt, dass er nichts kann. Diese Aussage mag von der Tendenz her stimmen, weil eine Promotion eine wissenschaftliche Kompetenz signalisiert. Wenn Herr Dr. Müller, Pressesprecher eines Chemiekonzerns, der Öffentlichkeit versichert, das kleine Leck im Zyankalibehälter habe keine Auswirkungen für Mensch, Tier und Umwelt, ist das etwas anderes, als wenn Herr Müller dies behauptet.

Die Zahl der Personen mit Doktortitel steigt an, derzeit sind es rund 25.000 Menschen in Deutschland, die pro Jahr promoviert werden. Wichtiger ist aber: Der Arbeitsmarkt legt weniger Wert auf Titel, sondern mehr auf Leistung. Eine bestandene Promotion sagt nicht mehr, aber auch nicht weniger aus, als dass jemand sich über mehrere Jahre intensiv mit einem wissenschaftlichen Thema beschäftigt und hierüber veröffentlicht hat. Für Arbeitgeber ist aber wichtig, dass dieses Thema aktuell und für den Betrieb von Nutzen ist. Aus diesem Grund werden in den Naturwissenschaften bevorzugt Promovierte eingestellt. In Chemie ist ein adäquater Berufseinstieg ohne Doktortitel kaum möglich, weshalb über 90 Prozent aller Examinierten nach dem Master promovieren. Bei den Medizinern ist die Promotionsbereitschaft wegen der langen Ausbildung rückläufig. In Jura, ebenfalls früher ein Studiengang mit vielen Doktoranden, dürfen nur die besten Absolventen sich an einer Promotion versuchen.

Sieht man einmal von zwei weiteren Berufen, Archivar/in und Kunsthistoriker/in in Museen und in der Denkmalpflege, ab, in denen ohne Promotion wenig geht, hat die Frage »Promotion, ja oder nein?« in den meisten Berufen keine entscheidende Bedeutung.

Da, wie Sie sicherlich schon bemerkt haben, im Studium alles genauestens geregelt ist, gibt es auch bei der Promotion nicht einen, sondern mehrere Doktortitel. Wohlgemerkt: Der Doktor ist ein Titel. Wer ihn trägt, aber nicht hat, bekommt Ärger mit der Justiz.

In Deutschland werden u. a. folgende Doktortitel verliehen:

Dr. med.	▶ Doktor der Humanmedizin
Dr. med. dent.	▶ Doktor der Zahnmedizin
Dr. med. vet.	▶ Doktor der Tiermedizin
Dr. rer. nat.	▶ Doktor der Naturwissenschaften
Dr. agr.	▶ Doktor der Agrarwissenschaften
Dr. paed.	▶ Doktor der Pädagogik
Dr. theol.	▶ Doktor der Theologie
Dr. phil.	▶ alle Geistes- und Kulturwissenschaften
Dr. jur.	▶ Doktor der Rechtswissenschaft
Dr. rer. pol. oder Dr. rer. oec.	▶ Doktor der Wirtschaftswissenschaften
Dr. rer. mont.	▶ Doktor der Bergbauwissenschaften
Dr.-Ing.	▶ Doktor der Ingenieurwissenschaften
Dr. rer. forest.	▶ Doktor der Forstwissenschaft
Dr. rer. hort.	▶ Doktor der Gartenbauwissenschaften

Dass man sich nicht aussuchen kann, welchen Doktortitel man machen will, haben Sie sich sicherlich schon gedacht. Es geht nach dem Prinzip: Jede Fächergruppe hat ihren eigenen Doktortitel.

Die einfachste und schnellste Art, einen Doktortitel zu bekommen, ist der Ehrendoktor (Dr. h. c.). Man braucht weder eine Doktorarbeit zu schreiben noch Prüfungen abzulegen. Aber: Dieser Doktortitel wird nur Personen verliehen, die berühmt sind oder etwas Außergewöhnliches für die Wissenschaft geleistet haben. In bestimmten Kreisen, z. B. bei Politikern, ist es geradezu Mode, Ehrendoktorhüte zu sammeln.

Studieren, aber was? Die richtige Studienentscheidung

Grundsätzliche Überlegungen: Die Voraussetzungen zum Studium

Eine wichtige Frage bei der Studienwahl lautet: Wie kann ich herausfinden, ob ich für das Studium generell geeignet bin, und wie finde ich das richtige Studienfach?

Wir beginnen diese Überlegungen mit einer Behauptung: Die wichtigsten Kriterien für ein erfolgreiches Studium sind Interesse und Begabung. Nur diejenigen, die für das gewählte Studienfach die erforderlichen fachlichen Voraussetzungen mitbringen, haben die Chance, das Studium zu schaffen. Es leuchtet ein, dass niemand ein Handwerk erlernen wird, der handwerklich nicht geschickt ist. Viele Studierende entscheiden sich jedoch nicht aufgrund ihres Interesses und ihrer Begabung, sondern weil sie gehört haben, dass bestimmte Studienfächer gute Berufschancen oder hohe Verdienstmöglichkeiten bieten.

Abgesehen davon, dass niemand genau weiß, welche Studienfächer in fünf oder zehn Jahren auf dem Arbeitsmarkt gefragt sind, wie die Verdienstmöglichkeiten dann aussehen und welche beruflichen Chancen die einzelnen Fächer eröffnen werden, gibt es handfeste Gründe, sich *nicht* an diesen Kriterien zu orientieren. Zwei Beispiele:

Sie haben sich für ein Fach entschieden, für das Sie geeignet sind, und Sie bringen die notwendigen Begabungen und Voraussetzungen dafür mit. Dann macht das Studium und auch das Lernen Spaß, was mit guten Studienleistungen belohnt wird. Erfolg im Studium motiviert, weiterhin oder noch mehr Leistung zu bringen. Wer durchweg gute Leistungen im Studium erzielt, wird kaum Angst vor dem Examen haben und in aller Regel auch einen guten Abschluss machen. Ein guter oder sehr guter Studienabschluss bietet zwar keine Garantie, aber doch eine gewisse Sicherheit, einen entsprechenden Arbeitsplatz zu finden.

Sie haben sich für ein Studienfach entschieden, das derzeit gute Berufs- oder Verdienstmöglichkeiten bietet, für das Sie aber nicht oder nicht ausreichend geeignet sind. Sie merken, dass andere, die mit Ihnen das Studium begonnen haben, mit Elan und Erfolg bei der Sache sind. Sie selbst haben Mühe, den Lehrveranstaltungen zu folgen, und bestehen die ersten Einzelprüfungen nicht. Das Lernen macht keinen Spaß. Zunehmend bereitet Ihnen das Studium Widerwillen. Schlechte Studienleistungen motivieren nicht, mehr zu tun, sondern frustrieren sehr früh. Wer feststellen muss, dass man trotz aller Bemühungen nicht vorankommt, wogegen andere es scheinbar viel leichter schaffen, entwickelt immer mehr Frustrationen gegen das Studium. Wer dann nicht konsequent ist und sich fragt, ob man möglicherweise im falschen Film, sprich Studienfach, oder im falschen Kino, sprich Studium, gelandet ist, wird sich bald in der Reihe derjenigen wiederfinden, die entweder überhaupt kein Examen versuchen oder aber beim Examen durchfallen. Selbst wenn das Examen mit Ach und Krach gerade noch so bestanden wurde, hilft das nicht viel weiter. Die Einstiegshürden in den Beruf sind mit einem schlechten Abschluss kaum zu überwinden.

Man sollte diesen Gedanken noch über das Studium hinaus weiterverfolgen. Wer im Berufsleben das umsetzen kann, was er über mehrere Jahre im Studium mit Spaß und Erfolg erlernt hat, wird sich leichter zurechtfinden und auch berufliche Zufriedenheit finden. Was einem selbst Freude bereitet, motiviert andere. Ein gutes Arbeitsklima ist häufig das Ergebnis davon, dass Leute Spaß an ihrer Arbeit haben.

Nehmen wir den anderen Fall. Man hat sich trotz fehlender Eignung und Begabung nach langen Jahren durch das Examen gequält und mit viel Glück oder Beziehungen eine Arbeit gefunden. Nun beginnt die gleiche Tortur noch einmal. Man trifft im Beruf auf Anforderungen, die man im Studium schon kaum bewältigen konnte. Das Berufsleben macht dann keinen Spaß, auch wenn die Bezahlung gut ist. Man frustriert sich und andere. Unzufriedene Leute, die Schwierigkeiten haben, ihre Arbeit zu bewältigen, sind nirgendwo gern gesehene Mitarbeiter oder Vorgesetzte. Unmut im Beruf belastet nicht nur während der Arbeit, sondern auch in der Freizeit und im familiären Umfeld.

Was die ganze Sache noch verschlimmert, ist der Umstand, dass ein Studium einige Jahre, das Berufsleben hingegen mehrere Jahrzehnte dauert. Kein Mensch kann dies auf Dauer durchhalten, ohne psychischen Schaden zu nehmen.

Es gibt, wie wir gesehen haben, etwa 180 verschiedene Studienfächer. Für das Studium werden erst einmal unabhängig von der Fachrichtung einige allgemeine Voraussetzungen verlangt, für das jeweilige Studienfach wiederum besondere Begabungen, Interessen und Kenntnisse, zum Beispiel Fremdsprachenkenntnisse.

Allgemeine Voraussetzung für ein Studium – dies gilt für jedes Studienfach – ist die Fähigkeit, logisch und rational zu denken. Zur Bewältigung eines Studiums gehört außerdem, sich mehrere Jahre intensiv mit den verschiedenen Themen des

Faches zu beschäftigen, auch mit solchen, die man weniger interessant oder wichtig findet. Dies setzt die Fähigkeit zu ausdauerndem Arbeiten voraus.

Eine weitere wichtige Voraussetzung ist der sichere Umgang mit der Sprache. Gedankliche und sprachliche Ausdrucksfähigkeit wird von allen künftigen Akademikern erwartet. Sprachliche Ausdrucksfähigkeit heißt erst einmal das Beherrschen der eigenen Sprache. Je nach Standpunkt mag dies für die einen revolutionär, für die anderen altmodisch klingen. Deshalb präzisieren wir die Aussage: Beherrschen der Muttersprache heißt, die wichtigsten Rechtschreib- und Grammatikregeln zu kennen; zu wissen, nach welchen Prinzipien Sätze und Texte aufgebaut werden und wie man sich verständlich ausdrückt. Dies gilt für die gesprochene und die geschriebene Sprache. Es gibt kein Studienfach, egal ob an Universitäten oder an Fachhochschulen, wo man auf einen dieser Punkte verzichten könnte. Deshalb ist gutes Deutsch eine Voraussetzung für alle Studienfächer.

Wer sein Abitur oder die Fachhochschulreife an einer Schule bestanden hat, an der auf diese Dinge weniger Wert gelegt wurde, wird im Studium wahrscheinlich sehr bald die Erfahrung machen, dass die Texte, die schwere sprachliche Fehler und Regelverstöße aufweisen, nicht nur wie an der Schule mit einem Notenabzug geahndet werden, sondern im ungünstigsten Fall als nicht bestanden bewertet oder (im günstigsten Fall) zur sprachlichen und gedanklichen Überarbeitung zurückgegeben werden. Nach solch einer Erfahrung bleibt nichts anderes übrig, als sich im Schnellverfahren mit den wichtigsten Regeln der deutschen Sprache vertraut zu machen.

Während die Bedeutung der Muttersprache als Voraussetzung zum Studium häufig unterschätzt wird, werden Fremdsprachenkenntnisse zumeist überbewertet. Richtig ist, dass Englisch eigentlich keine Fremdsprache mehr ist, sondern in fast jedem Studienfach eine wichtige Rolle spielt, weil entweder viele Fachausdrücke aus dem Englischen stammen oder weil ein Teil der Literatur zu Themen des Faches in englischer Sprache geschrieben wurde. Auch englischsprachige Fachbücher liegen nur selten in deutscher Übersetzung vor.

Die Englischkenntnisse, die man in der Schule gelernt hat, reichen in aller Regel als Grundlage aus, um darauf den Fachwortschatz aufzubauen.

Die Kenntnis weiterer europäischer Fremdsprachen, z. B. Französisch oder Spanisch, erleichtert den Einstieg in das eine oder andere Studienfach, ist aber, abgesehen vom direkten Studium dieser Fächer, für den Studienerfolg nicht entscheidend. Fast jede Hochschule bietet außerdem die Möglichkeit, andere Sprachen in kostenlosen Kursen zu erlernen.

Wer glaubt, Latein sei mittlerweile völlig unnötig, irrt. Für viele sprach-, literatur- und kulturwissenschaftliche Fächer werden Kenntnisse des Lateinischen benötigt, da viele europäische Sprachen vom Lateinischen stark beeinflusst wurden und ein Verständnis von Geschichte und Kultur nicht ohne Kenntnis der antiken Welt möglich ist. Eine Reihe von Hochschulen verlangt für diese Fächer das Latinum oder eine ähnliche Sprachprüfung. Auch bei Fächern wie Rechtswissenschaft, Pharmazie, Medizin, Biologie u. Ä. leuchtet es ein, dass Grundkenntnisse in Latein sinnvoll sind, um die Fachausdrücke besser verstehen zu können. Hierfür werden aber Kurse zum Verständnis der wichtigsten (lateinischen) Fachtermini angeboten.

Es gibt einzelne Fächer, bei denen man umfangreiche Lateinkenntnisse im Studium benötigt. Hierzu gehören neben dem Studium der Klassischen Philologie (Latein, Griechisch) Fächer wie Geschichte, Archäologie, Romanische Sprachen und Theologie. Wer über die geforderten Lateinkenntnisse beim Studienbeginn nicht verfügt, hat die Möglichkeit, in Schnellkursen Versäumtes (mit allerdings recht viel Arbeitsaufwand) nachzuholen.

Niemand erwartet hingegen, dass beim Studium von Sprachen, die nicht überall als Schulfach angeboten werden, bei Studienbeginn die entsprechenden Fremdsprachenkenntnisse vorhanden sind. Wer Russisch, Japanisch oder Portugiesisch studieren will, beginnt im ersten Semester mit entsprechenden Anfängerkursen.

Neben den genannten allgemeinen Voraussetzungen zum Studium werden besondere Begabungen für einzelne Studienfächer erwartet. Bei Fächern wie Kunst, Musik oder Sport leuchtet dies direkt ein. Wer keinen Strich gerade zeichnen kann, wird keine Chance im Kunststudium haben. Wer musikalisch unbegabt ist, wird schwerlich ein Musikstudium bewältigen können. Wer sportlich stets eine Niete war, wird kaum versucht sein, ein Sportstudium aufzunehmen. Aus diesem Grund verlangen Hochschulen für Sport, Kunst und Musik einen entsprechenden Nachweis der besonderen Eignung für das jeweilige Studienfach. Hiermit soll verhindert werden, dass sich Abiturienten in falscher Einschätzung ihrer Begabung und Interessen in Studienfächer verirren, für die sie nicht optimal geeignet sind. Auch dort gibt es sicherlich das eine oder andere unerkannte potenzielle Genie, das an der Aufnahmeprüfung scheitert. Aus diesem Grund wird allen, die sich nach reiflicher Überlegung und auch nach Einholung anderer Meinungen (Fremdeinschätzung) für eines der genannten Studienfächer geeignet fühlen, nahegelegt, es auch noch bei anderen Hochschulen zu versuchen.

Auch für ein Dolmetscher- und Übersetzerstudium und bei journalistischen Studienangeboten ist eine Aufnahmeprüfung obligatorisch. Seit einigen Jahren sind in immer mehr Fächern Aufnahmeprüfungen eingeführt worden, sowohl an Fachhochschulen als auch an Universitäten. Hierauf sollte man sich gründlich vorbereiten. Dieser Trend entspricht dem, was in anderen Ländern schon seit

Jahrzehnten üblich ist. In England, Frankreich oder in Spanien etwa berechtigt das Abiturzeugnis nicht automatisch zum Studium, sondern erst die bestandene Eingangsprüfung. Durchfallquoten von über 50 Prozent sind dort normal.

Deshalb ist besondere Vorsicht bei der Fächerwahl geboten. In vielen Fächern überprüft die Hochschule nicht, wer für das Studium generell und insbesondere für den gewählten Studiengang geeignet ist. Bedenken Sie diesen Sachverhalt sehr genau: Niemand überprüft bei einem zulassungsfreien Fach Ihre Entscheidung oder, falls andere Ihnen die Entscheidung abgenommen haben, deren Einschätzung.

Wenn Sie bei der Studienwahl die falsche Entscheidung getroffen haben, tragen Sie das alleinige Risiko. Jeder Berufsberater und jeder Hochschullehrer würde sich den Hinweis auf eine Mitschuld verbitten. Sie entscheiden und tragen die uneingeschränkte Verantwortung. Ob Ihnen dies gefällt oder nicht, ist unerheblich, weil außer Ihnen niemand einen Nachteil dadurch hat, dass Sie falsch gewählt haben.

Aus diesem Grund wird in den Kapiteln »180 Studienfächer im Überblick« und »Besonders beliebte und gefragte Studienbereiche« differenziert aufgeführt und gezeigt, welche Begabungen und Interessen zwingend notwendig sind. Lesen Sie diese Ausführungen sehr gründlich, und nutzen Sie bitte auch die nachfolgenden Informationen zur Studienwahl.

Der Schlüssel muss passen: Stärken-Schwächen-Analyse und mögliche Studienfächer

Nochmals: Für jedes Studienfach wird eine besondere Begabung oder Eignung vorausgesetzt, die nicht jede/r hat. Wie können Sie also herausfinden, ob Sie für ein Studium geeignet sind und welche Studienfächer Ihren Interessen und Begabungen am ehesten entsprechen?

Zunächst einmal gehört hierzu eine realistische Selbsteinschätzung, aber auch Einschätzungen von Menschen aus dem persönlichen Umfeld. Die bisher erbrachten schulischen Leistungen sollte man zwar nicht unterbewerten, aber auch auf keinen Fall überschätzen.

Hilfreich ist eine Stärken-Schwächen-Analyse. Aus den Vorlieben für oder aus der Abneigung gegen bestimmte Schulfächer lassen sich mögliche Studienfächer herausfinden. Vorliebe oder Abneigung drückt sich aber nur teilweise in der jeweiligen Note aus. Die Note ist die Summe von Begabung, Arbeit, Interesse, sozialem Umfeld in Familie und Schule; sie hängt auch von den Anforderungen der Schule und vom Lehrer ab. Machen Sie deshalb folgendes Gedankenexperiment: Sie haben für alle Fächer gleich viel getan und sind dabei auf einen begabten Pädagogen gestoßen, der den Unterricht interessant gestaltet und das Wissen optimal vermitteln kann. Welche Noten wären dann sehr gut, gut, befriedigend usw. gewesen?

Normalerweise werden folgende Schulfächer angeboten: Geschichte, Französisch, Englisch, Deutsch, Religionslehre, Musik, Kunst, Sport, Erdkunde, Mathematik, Wirtschaft, Sozialkunde, Chemie, Latein, Griechisch, Physik, Biologie, Technik, Informatik, Philosophie.

Nehmen Sie jetzt zuerst das Schulfach mit der besten Note, und schauen Sie sich die folgende Übersicht genau an.

Schulfächer	**Mögliche Studienfächer**
Religionslehre	▶ Theologie, Sozialpädagogik, Sozialarbeit, Vergleichende Religionswissenschaft
Sozialkunde/ Gemeinschaftskunde	▶ Wirtschaftswissenschaften, Soziologie, Politologie, Sozialwissenschaft, Rechtswissenschaft
Geschichte	▶ Geschichte, Politologie, Soziologie, Sozialwissenschaft, alte Sprachen
Deutsch	▶ Germanistik, Literaturwissenschaft, Bibliothekswesen, Journalismus
Englisch	▶ Anglistik, Amerikanistik, europäische Sprachen
Französisch	▶ Romanistik, andere geisteswissenschaftliche Fächer
Latein/Griechisch	▶ Klassische Philologie, Sprachwissenschaft, Geschichte, Archäologie
Sport	▶ Sportstudiengänge
Mathematik	▶ Mathematik, Physik, Wirtschaftswissenschaften, ingenieurwissenschaftliche Fächer, Astronomie, Maschinenbau, Informatik, Architektur
Physik	▶ Physik, Astronomie, Elektrotechnik, Maschinenbau, Fahrzeugtechnik, Biowissenschaften
Chemie	▶ Chemie, Biochemie, Biologie, Agrarwissenschaften, Medizin
Erdkunde	▶ Geographie, Geologie, Mineralogie, Landwirtschaft
Biologie	▶ Biologie, Biochemie, Medizin, Chemie, Landwirtschaft
Philosophie	▶ Philosophie, Religionswissenschaft, Pädagogik, Sprachen und Kulturen
Kunst	▶ Kunst, Architektur, Innenarchitektur, Grafik, Gestaltung, Design, Kunstgeschichte
Musik	▶ Musikwissenschaft, Vokalmusik, Instrumentalmusik
Informatik	▶ Informatik, ingenieurwissenschaftliche Fächer
Pädagogik	▶ Erziehungswissenschaft, Lehramtsstudiengänge, Sozialwesen
Wirtschaftslehre	▶ alle wirtschaftswissenschaftlichen Fächer
Technik	▶ alle technischen Studienfächer

Machen Sie jetzt einen Abgleich mit den schwächeren Fächern, und vergleichen Sie auch diese Fächer mit der Liste. Wer trotz vieler Bemühungen in Mathematik oder Physik Schwierigkeiten hatte, sollte diese Fächer und jedes ingenieurwissenschaftliche Studium meiden. Das Gleiche gilt für die naturwissenschaftlichen

Fächer (Biologie, Chemie). Ohne eine grundlegende Begabung in mehreren Naturwissenschaften ist ein naturwissenschaftliches Studium zum Scheitern verurteilt.

Wer Probleme in Deutsch oder Fremdsprachen hat, sollte sich nicht auf ein Studium sprach- und literaturwissenschaftlicher Fächer einlassen. Wer kein Interesse an wirtschaftlichen oder gesellschaftlichen Fragen hat, sollte auch nicht wirtschaftswissenschaftliche oder gesellschaftswissenschaftliche Fächer studieren. Ein Studium der Informatik ist ohne gute mathematische Begabung und eine gewisse Begeisterung für Computer nicht möglich. Wer Schwächen in Deutsch und Mathematik hat, sollte die Finger von einem Jurastudium lassen.

Sie können an dieser Stelle mit Ihren schwachen Fächern sicherlich schnell weitere Beispiele notieren.

Aus einer Stärken-Schwächen-Analyse für einzelne Schulfächer lassen sich also durchaus Rückschlüsse auf mögliche Studienfächer ziehen. Wer trotz vieler Bemühungen in einem Schulfach dauernd Schwierigkeiten hatte, sollte dieses Fach auf keinen Fall studieren. Das klingt zwar sehr einleuchtend, aber es gibt Leute, die das trotzdem tun.

Wer in einem Schulfach stets gute oder sehr gute Leistungen aufzuweisen hat, kann sich dieses Schulfach durchaus als Studienfach zutrauen. Wir sehen aber auch, dass Begabungen in einem Schulfach nicht zwangsläufig nur *ein* Studienfach zur engeren Wahl stellt, sondern immer mehrere Fächer. Eine Begabung in Mathematik etwa zieht nicht zwangsläufig das Mathematikstudium nach sich, sondern ist eine gute Voraussetzungen für eine Reihe von Studienfächern in den Naturwissenschaften, in der Medizin und in den technischen Fächern.

Vorsicht ist geboten, wenn jemand gute Leistungen in einem Schulfach hatte und dieses studieren möchte, aber schlecht war in den benachbarten Fächern. Dies kann eine Bauchlandung nach sich ziehen. Zwei Beispiele sollen dies verdeutlichen: Biologie ist ein solches Studienfach. Man lernt in der Schule interessante Teilgebiete wie beispielsweise Verhaltenslehre und Ökologie kennen. Das Biologiestudium ist aber nur dann zu schaffen, wenn auch in Chemie, Physik und Mathematik entsprechende Begabungen vorhanden sind, weil in den ersten Semestern hohe Anteile der Mathematik, Physik und Chemie verlangt werden.

Wer gerne Literatur liest oder sich sogar selbst als Literat/in fühlt, neigt vielleicht dazu, Germanistik zu studieren. Dieses Studium ist aber auf die Analyse und Interpretation von Literatur ausgerichtet und bildet keine Poeten aus.

Solche Beispiele ließen sich beliebig erweitern. Bei der Studienwahl sollte man deshalb weniger von einem einzelnen Schulfach, sondern ausgehend von mehreren Schulfächern Rückschlüsse auf mögliche Studienfächer ziehen, die eng miteinander verbunden sind.

Deshalb machen wir es jetzt in einem zweiten kleinen Test umgekehrt und zeigen, welche Studienfächergruppe welche starken Schulfächergruppen voraussetzen.

Studienfächer nach Gruppen	Schulfächer
Sprach-, literatur- und kulturwissenschaftliche Fächer	▶ Deutsch, Geschichte, Sprachen, Philosophie
Theologische Fächer	▶ Religionslehre, Alte Sprachen, Geschichte
Mathematik und Naturwissenschaften	▶ Biologie, Mathe, Physik, Chemie
Agrar-, Forst- und Ernährungswissenschaften	▶ Naturwissenschaften, Erdkunde
Medizinische Fächer	▶ Biologie, Mathe, Physik, Chemie
Technische und ingenieurwissenschaftliche Fächer	▶ Mathe, Technik, Informatik
Rechts-, Wirtschafts- und Gesellschaftswissenschaften	▶ Deutsch, Wirtschaft, Sozialkunde, Mathe
Pädagogische und erziehungswissenschaftliche Fächer	▶ Deutsch, Sozialkunde
Sozialwesen	▶ Sozialkunde
Informationswissenschaften	▶ Deutsch, Informatik
Freie und Angewandte Kunst sowie Musik	▶ Kunst, Musik
Sport und Gesundheit	▶ Sport, Naturwissenschaften

Es stellt sich jetzt die Frage, welche Rolle die Abiturdurchschnittsnote für die Bewältigung eines Studiums spielt. Viele wird es überraschen, dass diese Note längst nicht die entscheidende Bedeutung hat, die ihr üblicherweise beigemessen wird.

Die Hochschulreife ist kein Nachweis besonderer Begabungen, sondern bestätigt in erster Linie die Fähigkeit, vielfältige Stoffgebiete zu bewältigen und erlerntes Wissen wiederzugeben. Um die Hochschulreife zu schaffen, sind neben der Begabung weitere Gesichtspunkte zu berücksichtigen, wie Fleiß, Ausdauer, Verhältnis zu den Lehrern, familiäre Situation und vieles mehr.

Wer das Abitur mit guten oder sehr guten Noten bestanden hat, hat zwar statistisch eine größere Chance, auch das Studium zu bewältigen, aber eine Garantie ist das selbstverständlich nicht. Umgekehrt ist die Chance der Dreier- und Viererkandidaten, das Studium zu schaffen, rein rechnerisch geringer. Aber tatsächlich schafft auch eine Reihe von Einserkandidaten das Studium nicht, während manche Dreier- oder Viererabiturienten im Studium große Erfolge haben. Woran liegt das?

Das Studium ist im Gegensatz zur Schule weniger darauf ausgerichtet, erlerntes Wissen wiederzugeben, sondern stärker auf Eigeninitiative und selbstständiges Arbeiten fokussiert. Die von vielen Schülern meisterhaft beherrschte Mini-Max-Methode lässt sich im Hochschulstudium nicht anwenden. Bei den Mini-Max-Spezialisten handelt es sich um Leute, die irgendwann einmal erkannt haben, dass es bei entsprechender Intelligenz möglich ist, mit minimalem Aufwand den maximalen Erfolg (die Hochschulreife) zu erzielen. Schlechte Klausuren kann man bekanntlich mit guten mündlichen Beiträgen ausgleichen. Wenn es eng wird, setzt man sich mal ein paar Tage hin, um die nächste Klausur zu schaffen, und wenn man die Stärken und Schwächen der Lehrer kennt, weiß man, wie man gerade noch die Kurve kriegt und wo es brenzlig wird. An der Hochschule ist das anders. Eine schlechte schriftliche Arbeit kann nicht durch gelegentliche gute mündliche Mitarbeit ausgeglichen werden. Auch ein nettes und freundliches Wesen oder gutes Betragen spielen im Massenbetrieb der heutigen Hochschulen keine Rolle. Was zählt, ist die Fähigkeit, kontinuierlich zu arbeiten, sich durchzukämpfen, den regelmäßig auftretenden Frust zu überwinden und die jeweils anstehenden Prüfungen zu bestehen.

Aus diesem Grund werden aus den sogenannten Mini-Max-Kandidaten häufig gute Studierende, nachdem sie erkannt haben – hoffentlich schon nach der ersten versägten Einzelprüfung –, dass es mit dem Mini-Max-System vorbei ist und sie sich für ein Studienfach entschieden haben, für das sie die notwendige Begabung mitbringen und dennoch etwas tun müssen.

Die Abiturnote ist aber sehr wichtig, wenn es darum geht, einen Studienplatz in einem Fach zu bekommen, das zulassungsbeschränkt ist, also einen sogenannten Numerus clausus hat. Hierauf wird an anderer Stelle noch ausführlich eingegangen (s. ab S. 146).

Dieses Kapitel ist kein Freibrief für ein schlechtes Abiturzeugnis und schon gar nicht als Aufforderung misszuverstehen, die Mini-Max-Methode zu erlernen. Diese Methode führt mit einiger Sicherheit zu einem recht schweren Studieneinstieg und zu äußerst unangenehmen Erfahrungen. Denn im Studium muss man hart arbeiten, darum kommt man nicht herum.

Wie entscheiden sich aber diejenigen, die in der Schule in keinem Fach oder keiner Fächergruppe wirkliche Stärken gezeigt haben, oder diejenigen, die überall gute Noten hatten?

Zunächst einmal die erste Gruppe: Wer trotz vieler Mühen und entsprechenden Fleißes in der Schulzeit nie so richtig ein Bein auf den Boden bekam, sollte sich ernsthaft die Frage stellen, ob er oder sie überhaupt studieren soll. Der Misserfolg im Studium ist fast vorprogrammiert. Es gibt, wie im ersten Kapitel ausführlich erläutert, auch außerhalb der Hochschule vielfältige und interessante berufliche Ausbildungsmöglichkeiten.

Zur zweiten Gruppe, die scheinbar nur Stärken hat: Hier kann die Entscheidung durch ehrliche, kritische Selbsteinschätzung erleichtert werden. Eine Eins in einem Fach, für das man kaum gelernt hat, ist etwas anderes als eine Eins oder Zwei in einem anderen Fach, für das man Tag und Nacht gearbeitet hat. Die besten Voraussetzungen liegen wahrscheinlich dort vor, wo man mit dem geringsten Aufwand die besten Leistungen erzielt hat, da hier das größte Steigerungspotenzial im Studium zu erwarten ist.

Stärken und Schwächen bei Schulfächern sind – dies muss noch einmal betont werden – ein durchaus wichtiges, aber nicht das alleinige Kriterium bei der Frage nach der Studienwahl. Man darf nicht vergessen, dass sich Menschen in einer dauernden Entwicklung befinden und zuweilen ungeahnte neue Fähigkeiten entdecken. Nicht zu unterschätzen ist der Wille zum Durchhalten – ein Studium dauert mehrere Jahre –, die Fähigkeit, zeitweilige Frustrationen zu überwinden, eine nicht bestandene Einzelprüfung wegzustecken und sich immer wieder zum Lernen zu motivieren.

Wichtig ist auch die Erkenntnis, dass mit der Wahl des Studienfaches nicht die Entscheidung für den späteren Beruf, sondern nur für eine Berufsrichtung verbunden ist. Jedes gut geschaffte Studium eröffnet mehrere berufliche Möglichkeiten. Wir erläutern dies an einem Beispiel: Wer Rechtswissenschaft (Jura) mit Erfolg studiert hat, dem eröffnen sich Möglichkeiten als Richter, Staatsanwalt, Rechtsanwalt, Notar oder als Jurist in der öffentlichen Verwaltung oder einem Unternehmen. Juristen findet man aber auch als Journalisten, Lektoren im Verlagswesen oder als Steuerberater.

Die berufliche Praxis erschließt eine Reihe von oft ungeahnten Möglichkeiten. Außerdem zeigt die Erfahrung, dass für viele Menschen – und in Zukunft werden es noch mehr sein – das Studium nur die Basis für ein lebenslanges Lernen ist. Die rasanten Entwicklungen machen es gegebenenfalls notwendig, sich später beruflich umzuorientieren oder weiterzubilden.

Infos total: Informationsmöglichkeiten richtig genutzt

Neben der Stärkenanalyse ist es von entscheidender Bedeutung, die Informationsmöglichkeiten richtig und auch gezielt zu nutzen.

Die Informationsflut, die auf künftige Abiturienten einströmt, ist groß. Man muss also zunächst einmal aus der Fülle von Informations- und Beratungsmöglichkeiten die für die richtige Entscheidung wichtigen Informationen herausfiltern.

Die Auskünfte, die von allen möglichen Seiten gegeben werden, sind überaus vielfältig und manchmal auch widersprüchlich. Versucht man nun, sich die richtigen Informationen zu beschaffen, kommt man sich oft so vor, als ob man in einem schwer durchdringbaren Dschungel den Weg sucht. Von Eltern, Lehrern, Bekannten und Freunden wird man mit wohlgemeinten Ratschlägen überschüttet, ob man studieren soll oder nicht und welches Studienfach das richtige ist. Von Firmen, von der Arbeitsagentur und von den Hochschulen erhält man interessante, aber häufig schwer lesbare Broschüren und Informationshefte, und wer schon mal eine Hochschule aufgesucht hat, weiß, wie viele verschiedene Informations- und Beratungsmöglichkeiten es dort gibt. Wer dann unter »Studium« in den Internet-Suchmaschinen weiterzukommen versucht, findet auch hier selten Informationen für die persönlich richtige Wahl.

Aus diesem großen, unübersichtlichen Angebot entstehen häufig Irritationen, die zu einer falschen oder vorschnellen Entscheidung führen können. Viele Probleme im Studium haben ihre Ursache in ungenügenden oder falschen Informationen vor dem Studium. Die Tatsache, dass etwa 25 bis 30 Prozent aller Studierenden in den ersten Semestern das Studienfach wechseln oder das Studium abbrechen, legt nah, dass sie entweder nicht ausreichend oder falsch informiert wurden.

Daher möchten wir anschließend Tipps zu folgenden Fragen geben: Welche Informationsmöglichkeiten gibt es? Welche Informationen werden überhaupt benötigt? Wo sind diese Informationen erhältlich?

Die folgende Übersicht über die verschiedenen Informations- und Beratungsmöglichkeiten soll als Wegweiser für die anschließenden Erläuterungen dienen; lassen Sie sich also bitte nicht davon abschrecken, wenn Sie mit den meisten Begriffen noch nichts anfangen können.

Informationsmöglichkeiten über das Studium

1. Arbeitsagentur

- Berufsberatung (ca. 1–1 ½ Jahre vor der beruflichen Ausbildung oder dem Studienbeginn)
- Berufsinformationszentrum (abgekürzt BIZ, spezielle Einrichtung der Arbeitsagentur für die Berufswahl) als erste Orientierung

2. Hochschule

- Zentrale Studienberatung (ZSB, Informationsstelle für alle Studienfragen)
- Fachstudienberatung (Informationen über Fragen zu einem bestimmten Studienfach)
- Studentische Beratung (Informationen von Student zu Student)
- Studierendensekretariat (Bewerbung, Einschreibung etc.)

- Studentenwerk (Mensa, Wohnheime, Zimmersuche)
- Amt für Ausbildungsförderung (BAföG)
- Akademisches Auslandsamt (Studium im Ausland)
- Behindertenberatung
- Psychologische Beratungsstelle

3. Schriftliche Informationsquellen

- *Studien- und Berufswahl* (wird kostenlos in der Jahrgangsstufe vor dem Abitur in den Schulen verteilt)
- *abi* (liegt in der Schule oder der Arbeitsagentur aus)
- Fachstudienführer (im Buchhandel erhältlich, vgl. einzelne Titel im Kapitel »Besonders beliebte und gefragte Studienbereiche«)
- Hochschulführer (bei der Zentralen Studienberatung einer Hochschule zu bestellen)
- Vorlesungsverzeichnis (bei der Zentralen Studienberatung der Hochschule bzw. im Buchhandel der Stadt erhältlich oder über die Homepage der Hochschule einsehbar)
- Studien- und Prüfungsordnungen, Modulhandbücher (bei der Zentralen Studienberatung einer Hochschule oder den Fachstudienberatern erhältlich oder auf der Homepage der Hochschule einsehbar)

4. Recherche im Internet

- *www.studienwahl.de* oder *www.hochschulkompass.de* (Datenbanken zur Suche nach Studiengängen)
- *www.abi.de*
- Homepage der Hochschule
- *www.einstieg.com, www.startschuss-abi.de* und *www.azubitage.de* (Abiturientenmessen)

Welche Informationen bekomme ich woher?

Die Bundesagentur für Arbeit, die es in jeder größeren Stadt gibt, hat eine Beratungsstelle auch für Abiturienten und Fachoberschüler. Dort erhält man im persönlichen Gespräch Informationen über die Möglichkeiten nach dem Abitur oder nach dem Fachabitur. In den größeren Städten verfügen die Arbeitsagenturen über Berufsinformationszentren, abgekürzt BIZ. Dort kann man sich anhand von vielfältigen Unterlagen und Materialien über Ausbildungs- und Berufsmöglichkeiten informieren.

Die Adresse der nächstgelegenen Arbeitsagentur und des Berufsinformationszentrums findet man im Telefonbuch oder unter *www.arbeitsagentur.de.*

Wichtige Informationen enthält die Broschüre *Studien- und Berufswahl*, die von den Arbeitsagenturen im Jahr vor dem Abitur kostenlos an alle künftigen Abiturienten über die Schulen verteilt wird. Wer dieses Buch derzeit noch nicht hat, findet es in der Schulbücherei oder bekommt es bei der Arbeitsagentur. *Studien- und Berufswahl* enthält auf über 800 Seiten eine Fülle von Informationen zum Studium und zu allen Ausbildungsmöglichkeiten außerhalb der Hochschule. Von A (Architektur) bis Z (Zahnmedizin) erfährt man, welche Studienfächer es gibt, womit sie sich beschäftigen, an welchen Hochschulen man diese Fächer studieren kann, wie lange das Studium dauert, wie es aufgebaut ist und welche beruflichen Möglichkeiten es eröffnet. Im hinteren Teil sind wichtige Adressen, zum Beispiel die der Hochschulen, aufgeführt.

Hilfreich sind auch Informationen zum Studium in den *abi*-Heften, die an jeder Schule und jeder Arbeitsagentur ausliegen (sollten) oder die über *www.abi.de* eingesehen werden können.

Von Nutzen können auch sogenannte Fachstudienführer sein. Dabei handelt es sich um Informationsschriften zu einem Studienfach (zum Beispiel Germanistik oder Medizin) oder zu mehreren einzelnen Studienfächern, die zu einer gemeinsamen Fächergruppe gehören (beispielsweise Ingenieurwissenschaften, Sprach- und Kulturwissenschaften). Sie enthalten Informationen darüber, an welchen Hochschulen dieses Fach oder diese Fächergruppe studiert werden kann, welche Inhalte das Fach hat, wie es aufgebaut ist, welche Schwerpunkte es an den einzelnen Hochschulen hat, welche Abschlüsse möglich sind und welche beruflichen Chancen offenstehen. Es gibt praktisch zu jedem Fach einen Fachstudienführer. Jede gute Buchhandlung ist in der Lage, über Fachstudienführer zu informieren und sie zu bestellen. Fachstudienführer, die zwischen 10 und 20 Euro kosten, sollte man sich aber erst dann anschaffen, wenn man bereits die Richtung für ein Studienfach erkannt oder mehrere Fächer in die engere Auswahl gezogen hat.

Die Hochschulen haben verschiedene Beratungs- und Informationseinrichtungen, die aber meistens nur über die eigene Hochschule und in aller Regel nicht über andere Hochschulen informieren.

Die erste Anlaufstelle für Studienanfänger ist die *Zentrale Studienberatung* einer Hochschule, mancherorts *Allgemeine Studienberatung* genannt. Die Adressen der Studienberatungsstellen sind auf der Homepage der jeweiligen Hochschule zu finden.

Die Zentrale Studienberatung, abgekürzt ZSB , gibt einen Überblick zu allen Fragen des Studiums an dieser Hochschule in Form von telefonischen Auskünften, schriftlichen Materialien, persönlichen Beratungen und Gruppenveranstaltungen. Sie hilft Studieninteressenten bei der Wahl des richtigen Faches, Studierenden bei studienbedingten Problemen und Examinierten beim Berufseinstieg.

Die meisten Studienberatungsstellen verschicken auf Anfrage sogenannte Hochschulführer oder Einzelblätter, die Auskunft darüber geben, welche Fächer es an der jeweiligen Hochschule gibt, welche Schwerpunkte die einzelnen Fächer haben, wie viele dort studieren, welche Hochschuleinrichtungen, örtlichen Besonderheiten und weitergehenden Beratungsmöglichkeiten vorhanden sind.

Ebenfalls von der ZSB oder im lokalen Buchhandel erhält man (gegen Gebühr) das Vorlesungsverzeichnis der Hochschule. Es enthält Informationen darüber, welche konkreten Lehrveranstaltungen es im nächsten Semester gibt, welcher Dozent die Veranstaltung leitet und zu welchem Zeitpunkt und an welchem Ort sie stattfindet. Viele Hochschulen haben kein gedrucktes Vorlesungsverzeichnis mehr, sondern stellen es auf ihrer Homepage ein.

Bei der Studienberatung sind auch Studien- und Prüfungsordnungen bzw. die Modulhandbücher für die einzelnen Fächer erhältlich, die auch auf der Homepage der Hochschule zu finden sind. Sie enthalten Informationen, welche Lehrveranstaltungen man in den jeweiligen Semestern oder Ausbildungsabschnitten in einem Studiengang besuchen muss, mit welchem Leistungsnachweis die jeweilige Lehrveranstaltung abschließt, ob es eine Zwischenprüfung gibt und welche Anforderungen sie stellt und wie die Bedingungen für das Abschlussexamen sind.

Die ZSB gibt auch Informationen über Einführungsveranstaltungen für Erstsemester.

Die zweite wichtige Beratungsstelle an der Hochschule ist die *Fachstudienberatung*.

Während die Studienberatung allgemeine und übergreifende Informationen zum Studium an der jeweiligen Hochschule gibt, hat die Fachstudienberatung die Aufgabe, spezielle Fragen zu einem Fach oder zu einer Fächergruppe zu beantworten. Die Fachstudienberater, die zumeist Hochschullehrer sind, helfen bei der Erstellung eines Studienplans, der Wahl der Lehrveranstaltungen und informieren über den Ablauf von Einzel- und Abschlussprüfungen.

Die Adressen der Fachstudienberater stehen im Vorlesungsverzeichnis, können bei der Zentralen Studienberatungsstelle erfragt werden oder sind auf der Homepage der Hochschule zu finden.

Bei den Fächern sind zuweilen *Tutoren* zu finden, Studierende, die den Studienanfängern bei der Erstellung des Stundenplans und bei der Orientierung in den ersten Wochen des Studiums behilflich sind.

Auch seitens der bereits Studierenden wird Hilfe angeboten. Bei der *studentischen Beratung* unterscheidet man zwischen der Ebene des Faches (Fachschaften) und der Ebene der gesamten Student/inn/enschaft (Studentenparlament, Allgemeiner Studentenausschuss, abgekürzt AStA). Die Studierenden, die ja vor dem Studium die gleichen Probleme mit der richtigen Studienwahl hatten, sind gerne bereit, die künftigen Mitstudenten (auch Kommilitonen genannt) mit Rat und Tat zu unterstützen. Sie helfen bei der Zimmersuche und bei der Erstellung des Stundenplans und organisieren Einführungsveranstaltungen zum Kennenlernen.

Eine weitere Einrichtung der Hochschule ist das *Studentenwerk*. Es ist für alle sozialen Belange der Studierenden zuständig, wie Unterkunft (Studentenwohnheimplätze, Vermittlung von Zimmern auf dem freien Wohnungsmarkt) und Verpflegung (Mensen, Cafeterien), oder für Studierende mit Kindern.

Eine spezielle Einrichtung ist das *Amt für Ausbildungsförderung*, häufig auch *BAföG-Amt* genannt. Dort sind Informationen über die Studienfinanzierung erhältlich, und dort wird auch der Antrag auf Ausbildungsförderung (BAföG) gestellt. Die Adressen der Studentenwerke finden Sie ab S. 350.

Das *Studentensekretariat* der Hochschule ist zuständig für alle Fragen der Bewerbung, Zulassung, Einschreibung (Immatrikulation), Ausschreibung (Exmatrikulation), Fachwechsel, Ortswechsel, Beurlaubung und für die wichtigen Studentenausweise.

Für Behinderte gibt es an jeder Hochschule *Behindertenbeauftragte*, die in allen Fragen des behindertengerechten Studiums helfen. Ihre Adressen stehen im Vorlesungsverzeichnis der Hochschule, auf deren Homepage und in *Studien- und Berufswahl*.

Weitere Einrichtungen der Hochschule sind die *Psychosoziale Beratungsstelle*, die Hilfe bei persönlichen oder studienbedingten Problemen anbietet, und das *Akademische Auslandsamt*, das u. a. über Studienmöglichkeiten im Ausland informiert und Stipendien für Auslandsaufenthalte vergibt, wofür Studienanfänger aber noch nicht in Frage kommen.

Es sollten auch unbedingt die Datenbanken mit den angebotenen Studiengängen in Deutschland für die Recherche genutzt werden. Unter *www.studienwahl.de* und *www.hochschulkompass.de* finden sich neben den Datenbanken auch viele andere nützliche Tipps rund ums Studium.

Viele wertvolle Artikel zur Studien- und Berufswahl enthält das Magazin *abi*, das nicht nur an den Schulen und Hochschulen ausliegt, sondern auch über *www.abi.de* einsehbar ist. Hier kann auch in älteren Ausgaben nach studiengangsbezogenen Informationen gesucht werden.

Hat man eine oder mehrere Hochschulen ins Auge gefasst, sollte man über die Homepages der Hochschulen so viel wie möglich über den anvisierten Studiengang in Erfahrung bringen. Studien- und Prüfungsordnungen, Modulhandbücher und das Vorlesungsverzeichnis stehen an vielen Hochschulen im Netz, sodass man sich eine Anforderung dieser Unterlagen über die Studienberatung sparen kann. Die Homepages der Hochschulen finden Sie ab S. 56.

Viele Hochschulen präsentieren sich auch auf Bildungsmessen oder Abiturientenmessen. Wer sich dort beraten lassen möchte bzw. schriftliche Materialien erhalten will, der sollte sich über *www.einstieg.com*, *www.startschuss-abi.de* und *www.azubitage.de* die Orte und Termine der Veranstaltungen heraussuchen.

Nachdem Sie nun erfahren haben, welche Informationsmöglichkeiten es gibt und woher man die Informationen bekommt, stellt sich natürlich die Frage, in welcher Reihenfolge und zu welchem Zeitpunkt sich Studienbewerber welche Informationen beschaffen sollten. Doch zuvor noch zwei Dinge, die für die Studienwahl wichtig sind.

Nicht überall gefällt's: Die Wahl des Studienortes

Es ist nicht nur wichtig, für welches Fach/welche Fächer und für welchen Studiengang man sich entscheidet, sondern auch für welchen Studienort. Wenn wir vom Fall zulassungsbeschränkter Studienfächer absehen, haben wir auch bei der Entscheidung des richtigen Studienortes die Qual der Wahl.

Die Wichtigkeit dieser Entscheidung wird immer noch unterschätzt, obwohl es inzwischen hinreichend bekannt ist, dass z. B. die Studienbedingungen von Ort zu Ort sehr unterschiedlich sein können – und damit auch die Erfolgsaussichten.

Nicht immer hat man jedoch die Möglichkeit und Zeit, alle Hochschulorte, die das Wunschfach anbieten, selbst genau unter die Lupe zu nehmen. Deshalb braucht man einige Anhaltspunkte, wie man den geeigneten Hochschulort herausfinden kann.

Drei Kriterien sollte man bei der Wahl des Hochschulortes berücksichtigen: fachliche, hochschulbezogene und ortsspezifische Kriterien.

Fachliche Kriterien sind:

- Umfang des Lehrangebotes im jeweiligen Fach,
- Kombinations- oder Nebenfachmöglichkeiten,
- Schwerpunkte des Faches,
- Ausrichtung des Faches,

- Relation zwischen Lehrenden und Lernenden,
- Umfang der Fachbibliothek und der anderen wissenschaftlichen Einrichtungen,
- Anforderungen in Bezug auf Einzel- und Abschlussprüfungen,
- Qualifikation und Ruf der Hochschullehrer.

Hochschulbezogene Kriterien können sein:

- Größe und Ruf der Hochschule,
- Umfang der wissenschaftlichen Einrichtungen,
- Anzahl der Studierenden,
- Betreuungseinrichtungen für Studierende,
- Art und Umfang der studentischen Einrichtungen,
- Höhe der Mensa- und Cafeteriakosten,
- Zahl der studentischen Wohnheimplätze,
- kulturelle Angebote der Hochschule.

Mögliche ortsspezifische Kriterien bei der Entscheidung können sein:

- Größe und Lage der Stadt,
- Höhe der Mieten am Hochschulort,
- Lebenshaltungskosten in der Region,
- Möglichkeiten zum gelegentlichen Jobben,
- Mentalität der Menschen am Hochschulort,
- Freizeitmöglichkeiten und Kulturangebote,
- Verkehrsanbindung und Nahverkehrspreise,
- Entfernung der Hochschule von der Stadt.

Wo kann man sich hierüber informieren? Die fachlichen und hochschulbezogenen Fragen kann man mit Hilfe der Zentralen Studienberatungsstellen der Hochschulen klären, die ortsspezifischen entweder über die Homepage oder über die Informationsämter der Städte. Unabhängig von diesen Recherchemöglichkeiten sollen einige generelle Anmerkungen nicht fehlen.

Bei den Universitäten unterscheiden wir zwei Arten, die traditionellen alten und die neuen Universitäten. Dies ist an und für sich nichts Besonderes, ist aber für die Studienatmosphäre und für die Örtlichkeiten von Bedeutung. Die alten Universitäten befinden sich im Innenstadtbereich; die einzelnen Einrichtungen (Hauptgebäude, Seminare, Institute, Bibliotheken, Mensen, studentische Einrichtungen) sind aber häufig über die ganze Stadt verstreut, sodass lange An- und Abfahrtswege von einem Gebäude zum anderen die Regel sind.

Die neueren Universitäten, häufig sogenannte Campus-Universitäten, befinden sich als geschlossener Komplex am Rande oder außerhalb der Stadt. Alle Einrichtungen einschließlich vieler Wohnheime befinden sich an einem Ort. Bei diesen Universitäten erspart man sich lange An- und Abfahrtswege. Auf der anderen Seite vermisst man aber zuweilen das studentische Leben in der Stadt mit seinen vielfältigen Angeboten.

Wer alles gerne an einem Platz hat, sich durch das studentische Leben nicht allzu sehr vom Studium ablenken lassen möchte und auch keine prinzipiellen Einwände gegen moderne Architektur hat, wird sich an einer Campus-Universität schnell wohlfühlen.

Wer jedoch sein Studium in alten Gemäuern aufnehmen möchte und bereit ist, längere Wege in Kauf zu nehmen, wird die bessere Studienatmosphäre eher an einer der alten Universitäten finden.

Die Wahl des Hochschulortes ist ebenso wie die Wahl des Studienfaches nicht endgültig. So wie es die Möglichkeit gibt, das Studienfach zu wechseln, gibt es die Möglichkeit des Hochschulwechsels. Der Wechsel von einer Hochschule zur anderen ist in den Bachelorstudiengängen und durch das Studieren in Modulen (s. hierzu S. 110 f.) jedoch schwieriger geworden. Am einfachsten gestaltet sich der Wechsel nach dem abgeschlossenen Bachelorstudium.

In einigen wenigen Fächern ist ein Wechsel überhaupt nicht möglich, weil es Zulassungsbeschränkungen in höheren Semestern gibt. In solch einem Fall versucht man einen Tauschpartner zu finden, der exakt den umgekehrten Wechsel machen will. Da dies gar nicht so selten ist, gibt es hierfür sogar Studienplatztauschbörsen.

Mal oben, mal unten: Hochschul-Rankings

Mit dem Ruf der Hochschule ist es wie mit dem privaten Ruf: Vieles ist subjektive Einschätzung oder Gerücht. Hochschulen sind nämlich nur schwer miteinander vergleichbar. Wenn überhaupt, dann nur in einzelnen Fächern oder in bestimmten Bereichen, z. B. hinsichtlich der Forschungsleistungen oder der Betreuung der Studierenden.

Es gibt mittlerweile eine Menge Befragungen über den Ruf der Hochschule oder einzelner Fächer, im Fachdeutsch spricht man von *Ranking;* allerdings gibt es in Deutschland kein anerkanntes und unumstrittenes System, um die Qualität einer Hochschule klar zu ermitteln.

Rankings basieren – dies sollte man wissen, um ihren Wert einschätzen zu können – auf drei Systemen:

1. Man befragt Studierende, wie sie die Qualität ihrer Ausbildung einschätzen.
2. Man befragt andere Personen, was sie von einer bestimmten Hochschule oder einem Fach dort halten. Die Befragten sind bevorzugt Professoren, Personalchefs und Manager.
3. Oder man bewertet Hochschulen und Fächer nach Kriterien, wie viele Studierende auf wie vielen Studienplätzen studieren, wie das Zahlenverhältnis Studierende und Dozenten ist, wie viel die Professoren veröffentlicht haben, nach wie viel Semestern der Abschluss im Durchschnitt geschafft wird, wie viel Geld an der Hochschule etwa für die Forschung zur Verfügung steht und wie viele Hochschullehrer mit Preisen ausgezeichnet wurden.

So ist es kein Zufall, dass, je nachdem, welches System angewendet wurde, die Rankings recht unterschiedliche Ergebnisse bringen. Mal befindet sich eine Hochschule an der Spitze, beim nächsten Mal am unteren Ende. Ähnliches gilt für die Vergleiche der einzelnen Fächer.

Rankings haben noch weitere Schwächen. Sie verfügen manchmal nur über eine schmale Basis an Befragten, die sich zudem nur sehr subjektiv (aus Kenntnis der Verhältnisse lediglich an einer Hochschule oder in einem Fach) äußern können. Wenn man einen Personalchef fragt, welches Fach besonders gut ist und welche Absolventen er bevorzugt einstellt, wird er in aller Regel das Fach und die Hochschule nennen, in dem bzw. wo er studiert hat. Und die Anzahl der Veröffentlichungen von Hochschullehrern sagt meistens nicht viel über die Qualität des Geschriebenen und über die pädagogischen Fähigkeiten aus.

Nichts gegen Rankings, sie sind aber nur eine Orientierung und ein Kriterium unter vielen. Wählen Sie deshalb den Hochschulort auch nach anderen Überlegungen aus. Sehen Sie sich die Verhältnisse vor Ort genau an, und bilden Sie sich Ihre eigene Meinung.

Der Wegweiser zur optimalen Studienwahl

Fassen wir die bisherigen Überlegungen noch einmal kurz zusammen. Sie wissen jetzt,

- welche Möglichkeiten Ihnen Ihre Hochschulreife bietet,
- welche Argumente für und gegen ein Hochschulstudium sprechen und nach welchen Überlegungen Sie sich entscheiden können,
- wie wichtig Begabungen und Interessen bei der Studienwahl sind,
- wie Sie aus der Stärken-Schwächen-Analyse die in Frage kommenden Fächer finden können,

- wie das deutsche Hochschulsystem aufgebaut ist, welche Studienfächer es gibt, womit sie abschließen und welche Voraussetzungen benötigt werden,
- welche grundsätzlichen Überlegungen notwendig sind und welche Rolle die Schulnoten für das Studium spielen,
- welche weiterführenden Informationen es gibt und wie man sie beschaffen kann,
- welche Unterschiede es zwischen dem Universitäts- und dem Fachhochschulstudium gibt,
- wie wichtig auch die Frage des Hochschulortes ist und nach welchen Überlegungen Sie den für Sie richtigen Studienort finden.

Hieraus ergibt sich folgender Wegweiser:

Nachdem Sie jetzt erheblich mehr Informationen zum Studium haben, überlegen Sie sich noch einmal die grundsätzliche Frage, ob das Studium oder eine Berufsausbildung das Richtige für Sie ist. Diese Entscheidung sollte spätestens ein Jahr vor dem Abitur gefallen sein.

Wenn Sie sich gegen (oder erst einmal gegen) ein Studium entschieden haben, möchten wir Ihnen Respekt zu der Entscheidung bekunden, denn es gibt ja auch andere sehr interessante Ausbildungsmöglichkeiten. Dann dürfte Sie das, was jetzt folgt, nicht mehr interessieren. Auch wenn Sie das Buch dann nur halb gelesen haben, hat es Ihnen hoffentlich bei der Entscheidung geholfen. Und möglicherweise brauchen Sie es ja in einigen Jahren noch einmal. Sie erinnern sich bestimmt, dass viele nach der Lehre doch noch Lust aufs Studium bekommen. Zuerst aber kümmern Sie sich darum, einen entsprechenden Ausbildungsplatz zu ergattern. Denken Sie daran: Ausbildungsverträge werden meistens etwa ein Jahr vor Beginn abgeschlossen. Wenden Sie sich an die nächstgelegene Arbeitsagentur oder direkt an einen ausbildenden Betrieb, und recherchieren Sie im Internet.

Wenn Sie sich für ein Hochschulstudium entschieden haben, sollten Sie Folgendes überlegen: Soll ich eher ein wissenschaftliches Studium oder ein Fachhochschulstudium aufnehmen? Welche Fächergruppe oder welche Fächer kommen aufgrund meiner Begabungen, Interessen und persönlichen Vorstellungen, aber auch aufgrund meiner bisherigen Schulleistungen (Selbsteinschätzung ist dabei wichtig) in die engere Auswahl?

Anschließend, das wäre etwa ein Jahr vor dem Abitur, beschaffen Sie sich über diese Fächergruppe Fachstudienführer. Titel können in jeder Buchhandlung erfragt werden.

Wenn sich bei der Lektüre der Eindruck verschärft, dass Sie auf dem Weg zur richtigen Entscheidung sind, schauen Sie in *Studien- und Berufswahl* unter den jeweiligen Fächern nach, an welchen Hochschulen man sie studieren kann, oder recherchieren Sie in den Datenbänken der Studiengänge.

Anschließend (auf alle Fälle bevor der Abiturstress anfängt) lesen Sie sich die Websites der Hochschulen, die Sie in die engere Auswahl genommen haben, gründlich durch (Studiengangsbeschreibung, Modulübersicht, Zulassungsbedingungen) und schreiben, wenn noch Informationen fehlen, die Studienberatungsstellen dieser Hochschulen an.

Diese Informationen prüfen Sie kritisch und in aller Ruhe. Lesen Sie noch einmal die Ausführungen im vorigen Kapitel. Anschließend entscheiden Sie sich für ein oder zwei Fächer und für drei bis vier Hochschulen, die somit in die Endauswahl gekommen sind.

Dann vereinbaren Sie (spätestens im Mai oder Juni des Jahres, in dem Sie das Studium beginnen wollen) einen Termin bei der Zentralen Studienberatung und ggf. bei den Fachstudienberatern und lassen sich dort ausführlich beraten. Schauen Sie sich die Hochschule und die Stadt an, und sprechen Sie auch mit Leuten, die dort bereits studieren.

Besorgen Sie sich bei Ihrem Besuch die Studien-/Prüfungsordnungen bzw. die Modulhandbücher der in Frage kommenden Fächer und evtl. das Vorlesungsverzeichnis oder sehen Sie sich diese auf der Homepage der Hochschule an.

Anschließend entscheiden Sie sich in aller Ruhe für Ihr Studienfach, beschaffen sich, soweit noch nicht geschehen, von der Hochschule oder über das Internet das Vorlesungsverzeichnis und recherchieren die Bewerbungs- oder Einschreibungstermine.

Dieser Wegweiser zur richtigen Studienwahl gilt grundsätzlich für alle Fächer. Er hat aber eine Einschränkung für alle Studienfächer, die zulassungsbeschränkt sind.

In diesem Fall genügt es nicht, die Einschreibungstermine zu recherchieren, denn vor der Einschreibung steht erst einmal die Bewerbung um den Studienplatz. Hierzu finden Sie ein eigenes Kapitel mit allen Informationen zu Bewerbung und Zulassung (siehe ab S. 146).

Noch einmal im Überblick: Der optimale Fahrplan ins Studium

Nach der Lektüre von *Studieren, aber was?*	
Anfang Stufe 12/2 (oder bei G8 in 11/2)	• Entscheidung über Berufsausbildung oder Studium
Falls Lehre:	• den passenden Ausbildungsberuf herausfinden und mit der Bewerbung unverzüglich beginnen
Falls Studium:	
Im Laufe von Stufe 13/1 (bzw. bei G8 in 12/1)	• Zielfächer einkreisen • *Studien- und Berufswahl* durcharbeiten • Fachstudienführer besorgen • auf der Homepage von Hochschulen recherchieren und ggf. die Studienberatungen bei fehlenden Informationen anschreiben
April	• Studienberatung(en) aufsuchen, Studien- und Prüfungsordnungen bzw. Modulhandbücher beschaffen, sofern die nicht auf der Homepage der Hochschule zu finden sind • Gespräch mit Studierenden suchen • vor Ort umschauen
Mai/Juni	• Entscheidung für Studienfach treffen • Anspruch auf BAföG prüfen • Wahl des Studienorts treffen
15. Juni bis 15. Juli	• Bewerbung bei der ZVS oder der Hochschule • Bewerbung für einen Studentenwohnheimplatz
August/September	• Zulassungs- oder Ablehnungsbescheid
Anschließend:	• Einschreibung • Vorlesungsverzeichnis beschaffen • Kommentiertes Vorlesungsverzeichnis beschaffen • Fachstudienberater aufsuchen • Stundenplan erstellen • Einführungsveranstaltungen besuchen • sich mit den Örtlichkeiten vertraut machen • ggf. BAföG-Antrag stellen
1. September	• Studienbeginn an den Fachhochschulen (Lehrveranstaltungen beginnen ungefähr zwei Wochen später)
1. Oktober	• Studienbeginn an den Universitäten (Lehrveranstaltungen beginnen ungefähr zwei Wochen später)

Vor dem Studium kommt der Studienplatz

Für Durchblicker: Das System der Studienplatzvergabe

Das System, wie in Deutschland Studienplätze vergeben werden, ist für viele – und nicht nur für Studierende – ein Buch mit sieben Siegeln. Es erscheint so kompliziert, dass man es am liebsten gleich den Spezialisten überlassen will.

In der Tat ist es aber leicht zu verstehen, wenn man die Grundlagen des Systems kennt.

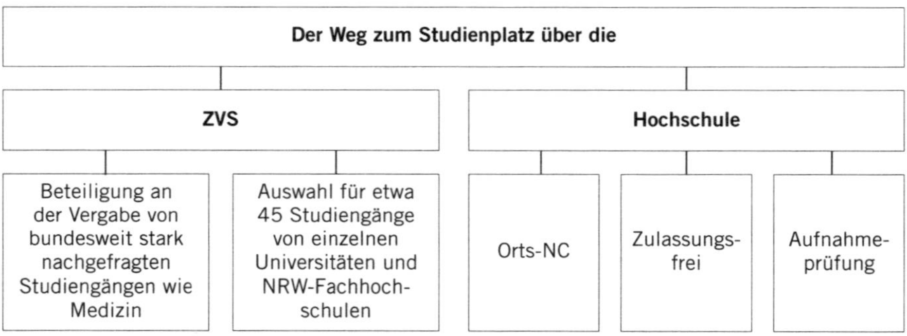

Es gibt in Deutschland zwei Möglichkeiten, einen Studienplatz zu bekommen: von der Hochschule selbst oder von einer zentralen Einrichtung, der sogenannten *Zentralstelle für die Vergabe von Studienplätzen* in Dortmund, kurz *ZVS* genannt. Man kann sich nicht aussuchen, ob man sich den Studienplatz von der ZVS besorgt oder von der Hochschule. Für jedes Studienfach ist genau festgelegt, ob der Weg über die ZVS oder über die Hochschule führt.

Sie werden jetzt fragen, warum Hochschule oder ZVS? Warum nicht nur Hochschule oder nur ZVS? Dahinter steckt ein durchdachtes System, das – obwohl es auf den ersten Blick so erscheinen mag – keineswegs bürokratische Schikane ist. Der Grundgedanke ist, dass es kleine Fächer (wenige Studierende) und große Fächer (viele Studierende) gibt und dass es begehrte und weniger begehrte Studienplätze sowie beliebte und weniger beliebte Hochschulen gibt.

Dies führt zu folgender Situation: *Fach A* ist bundesweit überlaufen, das heißt, es gibt erheblich mehr Bewerberinnen und Bewerber für alle Hochschulen im Fach A, sodass nur ein Teil davon sofort einen Studienplatz bekommen kann. In diesem Fall sprechen wir von einem sogenannten bundesweiten *Numerus clausus*, das heißt, das Fach ist für alle Hochschulen der Bundesrepublik Deutschland zulassungsbeschränkt, und der Weg zum Studienfach führt über das Auswahlverfahren der ZVS. Hierzu gehören zum Beispiel alle medizinischen Studiengänge.

Fach B: Die ZVS ist zusätzlich am Auswahlverfahren für einzelne Studiengänge an Universitäten bundesweit und Fachhochschulen in Nordrhein-Westfalen beteiligt (derzeit etwa 45 Studiengänge). Die Hochschulen haben aus unterschiedlichen Gründen die ZVS mit der Auswahl der Studierenden beauftragt, obwohl sie grundsätzlich das Auswahlverfahren selbst durchführen könnten. Da hier die ZVS eine Dienstleistung für die jeweilige Hochschule erbringt, wird vom *Service-Angebot der ZVS* gesprochen. Derzeit wählt die ZVS für diese Studiengänge nach der Abiturnote und der Wartezeit aus. (Weitere Auswahlkriterien wären prinzipiell möglich, werden aber nicht angewendet.)

Beim *Fach C* ist es wieder anders. Einige Hochschulen haben, weil die Zahl der Studienbewerber die Zahl der Studienplätze an dieser Hochschule überschreitet, Zulassungsbeschränkungen. Andere Hochschulen hingegen haben, weil sie entweder weniger Bewerberinnen und Bewerber haben oder weil die Zahl der Studienplätze in diesem Fach größer ist, keine Probleme mit dem Andrang und können alle Zulassungsanträge berücksichtigen. Dann sprechen wir von zulassungsfreien Studiengängen. Dort, wo es zu viele Bewerbungen gibt, besteht ein sogenannter *Orts-NC*, das heißt, an diesem Hochschulort ist das *Fach C* mit einem lokalen Numerus clausus belegt. In jedem Fall führt der Weg zur Vergabe dieser Studienplätze über die Hochschule.

Am einfachsten ist es beim *Fach D*. Hier haben wir seit Jahren entweder weniger oder jedenfalls nicht mehr Bewerbungen, als Studienplätze an allen Hochschulen vorhanden sind. Deshalb werden auch kein ZVS-Verfahren und kein Orts-NC benötigt. Wenn Sie also wissen, dass Ihr Wunschfach an allen Hochschulen in Deutschland *zulassungsfrei i*st, bedeutet das, dass Sie, wenn Sie über die notwendigen Voraussetzungen (Hochschulreife) verfügen und sich bis zu einem bestimmten Termin bei der Hochschule anmelden, unabhängig von Abiturnote, Wartezeit oder einem umfangreichen Auswahlverfahren einen Studienplatz bereits sicher haben.

Zu *Fach E* zählen Studienfächer, die eine besondere Begabung voraussetzen, die sich weder an der Abiturgesamtnote noch an den Noten einzelner Fächer ablesen lässt. Es handelt sich dabei um Fächer, die eine besondere künstlerische, musische, körperliche oder sprachliche Begabung voraussetzen. Hier findet vor Beginn des Studiums eine entsprechende Aufnahme- oder Eingangsprüfung statt, von deren Bestehen oder Nichtbestehen es abhängt, ob man den Studienplatz erhält. Diese Eignungsprüfung soll aber nicht nur zeigen, dass man überdurchschnittlich talentiert ist, sondern auch, dass theoretische Grundkenntnisse vorhanden sind. Auch hier bewirbt man sich normalerweise direkt bei den Hochschulen.

Im Ausbau ist das bei *Fach F* angewandte System: Hierbei steht vor dem Beginn des Studiums das Bestehen einer Aufnahmeprüfung. Was ist aber der Unterschied zu *Fach E*? Bei *E* leuchtet es ein, dass jemand, der Musik, Kunst oder Sport studieren möchte, hierfür über besondere Begabungen verfügen muss, ohne die das Studium nicht schaffbar ist. Wer nicht zeichnen, keinen Ton melodisch hervorbringen kann oder beim Schulsport immer hinterherlief, ist für ein solches Studium nicht geeignet. Seit einigen Jahren werden aber auch Fächer geprüft, für die auf den ersten Blick keine erkennbare Begabung notwendig ist. Dieses Modell folgt der internationalen Entwicklung. In den meisten Ländern steht zwischen der Hochschulreife und dem Studienbeginn eine Aufnahmeprüfung, egal ob es sich um Archäologie, Mineralogie oder Zentralasienkunde handelt – Fächer, die in Deutschland fast überall noch zulassungsfrei sind. Für immer mehr bislang noch freie Fächer steht künftig auch bei uns eine Aufnahmeprüfung an. Lesen Sie deshalb, wenn Sie demnächst Ihr Studium aufnehmen wollen, die Ausführungen am Ende dieses Kapitels gründlich durch.

Zentraler Verteiler: Bewerbung bei der ZVS

Die Zentralstelle für die Vergabe von Studienplätzen ist eine staatliche Behörde mit Sitz in Dortmund und hat die Aufgabe, einen Teil der Studienplätze in Deutschland zu vergeben.

Die Übersicht zeigt, dass die ZVS für zwei Vergabeverfahren zuständig ist: 1. das Auswahlverfahren für bundesweit besonders stark nachgefragte Fächer und 2. für etwa 45 Studiengänge, bei denen die Hochschulen die ZVS mit der Auswahl (nach Abitur und Wartezeit) beauftragt haben. Man spricht beim zweiten Verfahren vom sogenannten *Service-Angebot der ZVS*.

Konzentrieren wir uns auf das ZVS-Auswahlverfahren für die bundesweit stark nachgefragten Studiengänge:

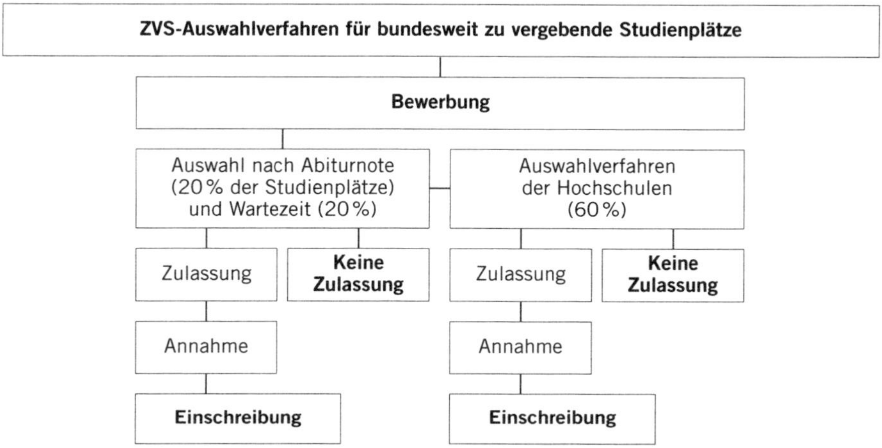

Das Auswahlverfahren der ZVS gilt für diejenigen Fächer, die bundesweit gesehen viele Studienplätze haben, aber eben nicht genug, da es seit langem erheblich mehr Bewerbungen als freie Plätze gibt *(Fach A)*. Damit ist aber noch nicht erklärt, warum wir hierfür die ZVS in Dortmund benötigen. Theoretisch könnten auch die einzelnen Hochschulen auswählen. Das hat praktische Gründe. Stellen Sie sich vor, Sie möchten Humanmedizin, eines der Studienfächer, das an allen deutschen Universitäten zulassungsbeschränkt ist, studieren. Um sich für einen Studienplatz zu bewerben, müssten Sie an alle Universitäten, die dieses Studienfach anbieten, Ihre Unterlagen schicken. Das heißt viele Briefe, viele Kopien und Beglaubigungen usw. Um den künftigen Studierenden diese Vielfachbewerbungen zu ersparen, genügt es, sich bei einer Stelle, nämlich der ZVS, zu bewerben. Hinzu kommt ein weiterer praktischer Grund. Zwischen dem Bewerbungsschluss und den Zulassungsbescheiden liegen nur wenige Wochen. In dieser kurzen Zeit müssten die einzelnen Hochschulen im Falle des Faches Humanmedizin aus tausenden von Bewerbungen 50 oder 100 Personen auswählen. Damit wären sie personell völlig überfordert. Aus diesem Grund nimmt ihnen die ZVS diese Aufgabe ab.

Wie vergibt die ZVS die Studienplätze im Rahmen ihres Auswahlverfahrens? Zuerst einmal wird vorab eine bestimmte Quote (u. a. Ausländer aus Nicht-EU-Ländern, Zweitstudienbewerber, Härtefälle) ausgewählt. Die übrigen Studienplätze werden nach zwei Kriterien vergeben: nach der besten Abiturnote (20 Prozent) und nach der Wartezeit (20 Prozent). Unter Wartezeit ist die Zahl an Halbjahren (Semestern) zu verstehen, die seit dem Abitur/Fachabitur vergangen sind und in denen man noch nicht studiert hat. Was in dieser Zeit seit dem Abitur gemacht wurde, ist für die ZVS unerheblich. Ob Sie Bundeswehr oder Zivildienst abgeleistet, ob Sie eine Lehre begonnen, ob Sie gejobbt haben oder nach dem Abitur erst mal für längere Zeit verreist waren, interessiert die ZVS nicht. Man erhält die Wartezeit rückwirkend. Die ZVS rechnet aufs Abitur zurück und gibt pro Halbjahr ein Semester Wartezeit. Wenn Sie also im Frühjahr 2010 Ihr Abitur gemacht haben und im Herbst 2012 ein Studium aufnehmen möchten, ohne vorher etwas anderes studiert zu haben, ergeben sich vier Semester Wartezeit.

Bei der Vergabe der Studienplätze in der Abiturbestenquote konkurrieren nur die Bewerber/innen aus demselben Bundesland miteinander. Die ZVS teilt die zur Vergabe anstehenden Studienplätze in 16 Landesquoten, sodass Bewerber/innen mit einem bestimmten Abiturdurchschnitt nur mit Bewerber/innen aus demselben Bundesland im Wettbewerb stehen. »Dasselbe Bundesland« bedeutet, dass dort das Abitur bestanden wurde. Dort geboren, aufgewachsen zu sein oder einen Teil der Schulzeit verbracht zu haben, zählt nicht.

Nach welchen Gesichtspunkten erfolgt die Verteilung auf die Studienorte? Bei denjenigen, die zu den 20 Prozent mit der besten Abiturnote zählen, versucht die ZVS, den Ortswunsch zu erfüllen. Maximal sechs Ortswünsche mit einer Präferenz von 1 bis 6 können im ZVS-Antrag genannt werden. Wenn sich für eine Hochschule mehr Bewerber entschieden haben, als Plätze zur Verfügung stehen, entscheidet die ZVS nach der Abiturdurchschnittsnote und bei gleicher Durchschnittsnote nach der Punktzahl des Abiturs. Sind Bewerber/innen in keinem der sechs genannten Orte zum Zuge gekommen, können sie in keinem anderen Ort zugelassen werden und erhalten gar keinen Studienplatz. Über die Wartezeitquote und die Auswahlverfahren der Hochschulen ist dann auch keine Zulassung mehr möglich. Somit kann, wenn eine Zulassung über die Abiturbestenquote wahrscheinlich ist, nur empfohlen werden, in der Ortsrangliste auch ein oder zwei weniger beliebte Hochschulen anzugeben.

Diejenigen, die über die Wartezeit ausgewählt werden, erhalten nach Möglichkeit den von ihnen in der Ortsrangliste an erster Stelle genannten Ort. Sind für einen Ort mehr Bewerber als Plätze vorhanden, erfolgt die Ortsvergabe nach Sozialkriterien. Dabei werden die Studienbewerber einer von fünf Gruppen zugeteilt, wobei Gruppe eins die günstigste und Gruppe fünf die ungünstigste ist.

Zu *Gruppe eins* gehören die Schwerbehinderten, zu *Gruppe zwei* Personen, die am gewünschten Hochschulort verheiratet sind oder Kinder erziehen. Zu *Gruppe drei* zählen diejenigen, die wichtige Gründe für die Wahl ihres bevorzugten Hochschulortes vorgebracht haben, *Gruppe vier* umfasst jene, die im Einzugsbereich der Wunschhochschule wohnen und diesen Ort bevorzugt angegeben haben. *Gruppe fünf* sind die Übrigen.

Die Kriterien für die Gruppen eins, zwei, vier und fünf sind klar, aber was sind objektive Gründe für die Entscheidung für einen bestimmten Hochschulort? Damit ist nicht gemeint, dass der Freund oder die Freundin bereits dort studiert, dass es dort nette Kneipen oder preisgünstige Zimmer gibt oder dass man eine bestimmte Stadt gerne einmal kennenlernen möchte. Auch Argumente, dort gebe es gute Studienbedingungen oder besonders bekannte Professoren, zählen nicht, weil es sich um subjektive Gründe handelt. Vorgebracht werden müssen objektive Gründe. Solche Gründe können sein: Mithilfe im elterlichen Betrieb, Leistungssport am gewünschten Hochschulort, Pflege eines kranken oder gebrechlichen Familienangehörigen, aber auch der Umstand, dass bereits Geschwister auswärts studieren und die Eltern finanziell nicht in der Lage sind, ein weiteres auswärtiges Studium zu bezahlen.

Die Zulassungsbescheide verschickt die ZVS für das Wintersemester Mitte August (Abiturbestenquote/Wartezeitquote) und Anfang und Ende September (Auswahlverfahren der Hochschulen), für das Sommersemester Mitte Februar (Abiturbestenquote/Wartezeitquote) bzw. Anfang und Ende März (Auswahlverfahren der Hochschulen).

Wer eine Ablehnung bekommt, sollte es ein Semester später (falls das gewünschte Studienfach zweimal im Jahr vergeben wird) oder im darauffolgenden Jahr erneut versuchen oder ein anderes Studienfach aufnehmen, was aber für eine neue ZVS-Bewerbung wartezeitschädlich ist. Es gibt aber noch einige kleine Hoffnungsschimmer. Nicht alle, die eine Zulassung erhalten, nehmen den Studienplatz an. Da ohne Annahme (Achtung bei Urlauben in der genannten Zeit) der angebotene Studienplatz verfällt, werden diese Plätze im Oktober bzw. April weitervergeben. Wer nicht zu den glücklichen Nachrückern gehört, hat eine weitere Chance: Auch nicht alle, die den Studienplatz angenommen haben, schreiben sich tatsächlich an der Hochschule ein. Deren Plätze darf nach Ablauf der Einschreibefrist die Hochschule vergeben – normalerweise im Losverfahren. Schreiben Sie deshalb, falls Sie auch im Nachrückverfahren nicht zum Zuge gekommen sind und Sie auf der Homepage der Hochschule lesen, dass ein Losverfahren durchgeführt wird, in einem formlosen Schreiben an die Hochschule, dass Sie sich für einen Studienplatz per Losverfahren offiziell bewerben. Manche Hochschulen haben für das Losverfahren auch einen Vordruck ins Netz gestellt.

Wer besondere gesundheitliche, wirtschaftliche oder familiäre Gründe glaubhaft nachweisen kann (es muss eine »besondere Ausnahmesituation« vorliegen) bzw. früher in dem gleichen Studiengang eine Zulassung hatte, aber aus nicht selbst verschulden Gründen das Studium nicht beginnen konnte, kann einen Sonderantrag auf sofortige Zulassung stellen (sogenannter *Härtefallantrag*).

Wer außergewöhnliche soziale oder familiäre Gründe vorbringen kann, hat die Möglichkeit, einen Antrag auf *Nachteilsausgleich* zu stellen, der im Erfolgsfall die Durchschnittsnote verbessert. Das Gleiche gilt für die Wartezeit. Auch hier kann ein Antrag auf Nachteilsausgleich gestellt werden.

Wie bewirbt man sich für einen Studienplatz im ZVS-Auswahlverfahren? Bewerbungsfristen für das Wintersemester sind entweder der 31. Mai (gilt für sogenannte Alt-Abiturienten, die vor dem 16. Januar desselben Jahres ihr Abitur abgelegt haben) oder der 15. Juli (gilt für sogenannte Neu-Abiturienten, die zwischen dem 16. Januar und dem 15. Juli desselben Jahres ihr Abiturzeugnis erhalten haben).

Die Termine für das Sommersemester sind der 30. November (gilt für Alt-Abiturienten, die vor dem 16. Juli desselben Jahres ihr Abitur erworben haben) und der 15. Januar (Erwerb des Abiturs zwischen dem 16. Juli des Vorjahres bis 15. Januar des Bewerbungsjahres).

Die Bewerbung muss spätestens an diesen Terminen bis 24 Uhr bei der ZVS online eingehen (Ausschlussfrist); die ausgedruckten und unterschriebenen Anträge mit den Anlagen sind auf dem Postweg an die ZVS zu senden. Termine hierfür sind für Anträge zum 31. Mai der 15. Juni und für Anträge zum 15. Juli der 31. Juli. Für das Sommersemester gilt, dass die Unterlagen für Anträge zum 30. November bis zum 15. Dezember vorliegen müssen, für Anträge zum 15. Januar bis zum 31. Januar.

Wenn Sie also in Erfahrung gebracht haben, dass das gewünschte Studienfach im Auswahlverfahren der ZVS vergeben wird, gehen Sie auf die Homepage der ZVS *(www.zvs.de)*, informieren sich dort auch in den zur Verfügung stehenden Downloads und laden sich vor allem das *zvs-info* herunter. Es enthält alle für das nächste Bewerbungssemester aktuellen Informationen; in vielen Berufsinformationszentren, Schulen und Büchereien liegt das jeweilige Heft auch kostenfrei aus.

Wichtig: Informationen zu den Auswahlverfahren der Hochschulen immer der ZVS-Homepage entnehmen, denn diese ist aktueller als das *zvs-info*.

Wer über die Abiturnote oder die Wartezeit keinen Studienplatz erhalten hat, für den bleibt noch die Hoffnung, über die Auswahlverfahren der Hochschulen zugelassen zu werden. Um in diese Auswahlverfahren zu gelangen, ist aber eine vorherige Bewerbung bei der ZVS unbedingt erforderlich, Direktbewerbungen für die Hochschulauswahlverfahren in den ZVS-Fächern sind nicht möglich.

Nach welchen Kriterien werden die übrigen 60 Prozent der ZVS-Fächer in den Auswahlverfahren vergeben? Diese sind von Fach zu Fach und von Hochschule zu Hochschule sehr unterschiedlich. Im *zvs-info* und auf der Homepage der ZVS kann für jede Hochschule das jeweilige Verfahren zum aktuellen Bewerbungssemester in Erfahrung gebracht werden.

Folgende Auswahlverfahren und -kriterien sind dabei möglich:

1. Eine Hochschule führt – weil sie zum Beispiel derzeit keine personellen Kapazitäten hat – kein eigenes Auswahlverfahren durch, sondern beauftragt die ZVS damit, diejenigen mit der besten Abiturnote für sie auszuwählen.
2. Die Hochschule führt ein Auswahlverfahren durch. Kriterien können neben der Abiturnote u. a. die Ortspräferenz im ZVS-Antrag, eine vorherige Berufsausbildung/-tätigkeit, ein Motivationsschreiben, ein Auswahlgespräch mit Hochschulprofessoren, Einzelnoten in ausgewählten Fächern des Abiturs, außerschulische Aktivitäten wie Teilnahme an Wettbewerben und fachspezifische Studierfähigkeitstests sein.
3. Eine Hochschule beauftragt die ZVS mit einer Vorauswahl nach Abiturnote und/oder Ortspräferenz des Bewerbers und führt dann mit dieser Gruppe ein Auswahlverfahren nach den unter 2. genannten Kriterien durch.

Wer auch jetzt wieder leer ausgeht, hat neben der Alternative einer erneuten Bewerbung oder der Wahl eines anderen Studienfaches noch die Möglichkeit einer Studienplatzklage gegen eine oder mehrere Universitäten. Aber wie in jeder Behörde sitzen auch in den Hochschulen erfahrene Juristen, die ein solches Ansinnen zu unterbinden versuchen. Dennoch gelingt es dem einen oder anderen, durch das Schlupfloch »Kapazitätsklage« zum Studium zugelassen zu werden. Wer sich auf diesen Weg einlässt, braucht aber einen guten und noch wichtiger einen seriösen Rechtsbeistand. Gehen Sie nicht auf Offerten ein, gegen eine bestimmte Geldsumme werde Ihr Studienplatz eingeklagt, mit der Zusage, ihn irgendwann zu bekommen. Das sind Tricks, denn irgendwann erhalten Sie jeden Studienplatz, wenn Sie nur lange genug warten, ob mit oder ohne Unterstützung.

Was ist zu tun, wenn Sie einen Studienplatz erhalten haben, aber Ihnen die Hochschule überhaupt nicht gefällt? In diesem Fall gibt es die Möglichkeit, zum ersten oder zu einem höheren Semester einen Tauschpartner zu finden. Diesen suchen Sie entweder per Anzeige oder Aushang, oder Sie nehmen die Dienste von Tauschbörsen in Anspruch.

- Verein zur Förderung studentischer Belange e.V. (VSB)
  Bonner Talweg 33–35
  53113 Bonn
  Tel. 0228 / 214220 (Mo–Fr 10–16 Uhr)
  www.studienplatztausch.de

- RCDS-Bildungs- und Sozialwerk
  Paul-Lincke-Ufer 8 b
  10999 Berlin
  Tel. 030 / 616518-20 (Mo–Fr 9–12 Uhr)
  www.rcds.de (Pfad »Service für Studenten«, dann »Studienplatztausch«)

Weitere Tauschbörsen sind zu finden unter:

- *www.unicum.de* (Studienplatztauschböse der Zeitschrift Unicum)
- *www.studenten-wg.de*
- *www.unitausch.de*

Ortstermin: Bewerbung bei der Hochschule

Für die meisten Fächer wendet man sich nicht an die ZVS, sondern an die jeweilige Hochschule, die dieses Studienfach anbietet. Hier werden die Studienplätze nach drei verschiedenen Systemen vergeben: ohne Zulassungsbeschränkung, nach einem Orts-NC oder durch eine besondere Eignungsprüfung.

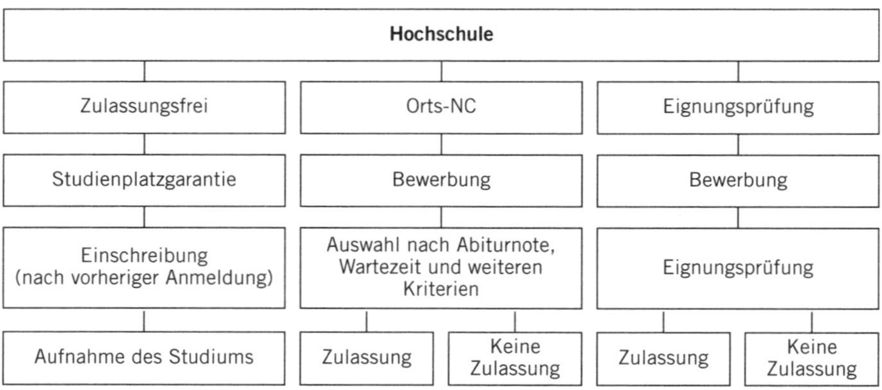

Für die Fächer ohne Zulassungsbeschränkung gilt, dass alle Studienbewerber/innen unabhängig von der Abiturnote, einer Wartezeit oder anderen Auswahlkriterien den Studienplatz am gewünschten Ort erhalten, da genügend Studienplätze vorhanden sind. Man braucht sich unter Vorlage bestimmter Unterlagen nur noch einzuschreiben (s. hierzu ab S. 341). Doch Vorsicht: Die Hochschulen verlangen auch für zulassungsfreie Fächer eine vorherige Anmeldung, die an Termine gebunden ist. Wenn Sie also hören, dass Ihr Fach zulassungsfrei ist, heißt das nicht, dass Sie erst am ersten Tag des Semesters dort erscheinen müssen.

Bei den Fächern mit Orts-NC ist es ähnlich wie beim Auswahlverfahren der ZVS. Es gibt erfahrungsgemäß mehr Bewerber als Studienplätze. Deshalb muss die Hochschule auswählen: nach Abiturnote, Wartezeit oder weiteren Kriterien wie z.B. eine vorherige Berufsausbildung/-tätigkeit, Praktika, Teilnahme an Wettbewerben, Belegung studiengangsrelevanter Schulfächer in der Oberstufe, Noten in studiengangsrelevanten Schulfächern in der Oberstufe, Studierfähigkeitstests, Auswahlgespräch oder Motivationsschreiben. Wenn Sie wissen, dass Ihr Wunschfach an Ihrer Wunschhochschule einen Orts-NC hat, dann heißt das aber nicht, dass dieses Fach automatisch auch an anderen Hochschulen mit einem Orts-NC belegt ist. Häufig gibt es anderswo entweder mehr Studienplätze oder weniger Bewerber/innen. Dann ist das Fach dort zulassungsfrei; und Sie können sich (unter Beachtung der Termine) direkt einschreiben.

Eine Studienplatzvergabe nach besonderer Eignungsprüfung betrifft erst einmal die Studienfächer an den Musik- und Kunsthochschulen sowie die Studiengänge Sport, Journalismus/Publizistik und Übersetzen/Dolmetschen.

Bei der Bewerbung für ein Sportstudium muss man in Form einer Aufnahmeprüfung seine sportlichen Fähigkeiten in mehreren Sportarten (Mannschafts- und Individualsport) unter Beweis stellen.

Für das Studium der Musik ist eine Prüfung vorgeschrieben, die eine entsprechende musikalische Grundbegabung und je nach Studienfach eine entsprechende Stimme, gutes Gehör, theoretische Kenntnisse und/oder die Beherrschung eines Musikinstrumentes nachweist.

Bei den Studienplätzen in freier oder angewandter Kunst haben die meisten Hochschulen ein zweistufiges Auswahlverfahren. Sie erwarten zunächst eine Mappe mit künstlerischen Objekten, die von Professoren des Faches begutachtet werden. Schafft man diese Hürde, wird man zur eigentlichen Aufnahmeprüfung eingeladen. Bei dieser Prüfung werden allgemeine künstlerische Begabungen sowie besondere Fähigkeiten und Kenntnisse im Hinblick auf das spätere Studienfach überprüft. Wer auch diese Hürde genommen hat, erhält entweder direkt die Zulassung oder kommt auf eine Warteliste und kann dann in einigen Semestern beginnen.

Die Auswahl für Studiengänge wie Publizistik oder Journalismus ist wieder anders. Man muss nachweisen, dass die entsprechenden sprachlichen und persönlichen Voraussetzungen vorhanden sind. Ein Beispiel soll dies erläutern. Alle Bewerber erhalten folgende Aufgabe: Sie sollen eine noch lebende, früher sehr berühmte, doch heute unbekannte Person ausfindig machen, befragen und über ihr Leben einen dreiseitigen Artikel schreiben. Dafür haben sie zehn Tage Zeit. Mit solch einer Aufgabe werden alle Fähigkeiten und Fertigkeiten geprüft, die man später in einem journalistischen Beruf benötigt:

- (allgemein) verständlich schreiben,
- unter Zeitdruck arbeiten (Erledigung innerhalb von eineinhalb Wochen),
- recherchieren (herausfinden, wer früher berühmt war und heute unbekannt ist) sowie
- Durchsetzungsvermögen (diese Person zu einem Interview zu bewegen) unter Beweis stellen.

Wichtig ist, dass diejenigen, die ein Studium innerhalb dieses letztgenannten Zulassungssystems direkt nach dem Abitur aufnehmen möchten, sich bereits ein bis eineinhalb Jahre vor dem Abitur mit den in Frage kommenden Hochschulen in Verbindung setzen, da die Vorbereitung auf die Eignungsprüfung viel Zeit in Anspruch nimmt und die Auswahl der Kandidaten sich über einen längeren Zeitraum erstreckt.

Da solche Studienplätze sehr begehrt sind, ist eine Bewerbung bei mehreren Hochschulen zu empfehlen.

Die Bewerbungsfristen für Studienfächer, die von den Hochschulen vergeben werden, sind nicht so genau reglementiert wie bei der ZVS. Die Bewerbungstermine liegen zwischen drei und sechs Monaten vor dem Studienbeginn. Um keinen Termin zu versäumen, sollten Interessierte etwa sechs Monate vor Beginn des beabsichtigten Studiums mit der in Frage kommenden Hochschule Kontakt aufnehmen.

Im Ausbau begriffen: Die Auswahlverfahren der Hochschulen

An immer mehr Hochschulen und in immer mehr Fächern werden Auswahlverfahren eingeführt. Auch wo derzeit bei der Bewerbung an der Hochschule das Fach noch zulassungsfrei ist oder die Auswahl nach Abiturnote oder Wartezeit erfolgt, dürfte in absehbarer Zeit vor dem Studium eine Aufnahmeprüfung stehen. Ziel der Auswahlverfahren ist der freie Wettbewerb der Hochschulen um die begabtesten, besten Studierenden.

Das Abitur wird also in einigen Jahren in vielen Fächern nicht mehr direkt zum Studium berechtigen, sondern zunächst einmal nur zur Bewerbung um eine Aufnahmeprüfung. Den Anfang dieser Entwicklung machte 2005 das geänderte Vergabeverfahren in bundesweit vergebenen ZVS-Studiengängen. Wurde bis dahin noch überwiegend nach Abiturnote und Wartezeit ausgewählt, werden seither nur noch 20 Prozent der Studienplätze nach der Abiturdurchschnittsnote und 20 Prozent nach der Wartezeit vergeben. 60 Prozent der Studienplätze können die Hochschulen in eigenen Verfahren selbst vergeben. In diesem Kontext wurde den Hochschulen die Möglichkeit eingeräumt, auch in weiteren Studiengängen die Auswahl der Studierenden durch eine Hochschulaufnahmeprüfung zu regeln und hierbei neben der Abiturnote weitere Kriterien hinzuzuziehen.

Bei der Etablierung und Ausgestaltung der Auswahlverfahren zeichnet sich bislang keine einheitliche Linie ab. Bei manchen Fächern werden eine vorherige berufspraktische Ausbildung oder einschlägige berufliche Kenntnisse bei der Vergabe der Studienplätze berücksichtigt.

Sehr viel verbreiteter ist die Studienplatzvergabe mit schriftlicher Bewerbung. Hierzu gehören ein Motivationsschreiben sowie Unterlagen über die bisherige schulische Ausbildung und ggf. Praktika und berufliche Kenntnisse. Dabei reicht es üblicherweise aus, wenn man in der Bewerbung seine Motivation für das Studienfach und die Hochschule niederschreibt und überzeugend darlegen kann, warum man der Meinung ist, über die notwendigen Begabungen für dieses Fach zu verfügen, und warum man sich ausgerechnet bei dieser Hochschule bewirbt.

Ein weiteres Modell der Bewerberauswahl ist das Auswahlgespräch, in dem die Studienbewerber die Möglichkeit haben, über ihre Begabung und ihre Motivation für das Studium und die fachlichen Gründe, warum sie dieses Fach an dieser Hochschule studieren wollen, Auskunft zu geben. Auch dem Auswahlgespräch geht üblicherweise eine schriftliche Bewerbung mit Anschreiben und Darlegung der Motivation voraus. Innerhalb des Auswahlgesprächs sind Einzelgespräche und Gruppengespräche möglich. Angewandt werden auch schriftliche Eignungs- und Studierfähigkeitstests, die je nach Hochschule und Fach aus Persönlichkeitstests, Tests der Allgemeinbildung, Tests des logisch-analytischen Denkens oder aus Fragen über Grundkenntnisse (etwa mathematische oder naturwissenschaftliche) für das jeweilige Fach bestehen. Bei den Hochschulauswahltests geht es nicht um Fachkenntnisse für das spätere Studium, sondern um Schlüsselqualifikationen, soziale Kompetenzen oder sprachliche Ausdrucksfähigkeit. Denkbar ist auch ein Dreierpack: schriftliche Bewerbung mit Motivationsschreiben, Eignungstest an der Hochschule und mündliches Auswahlgespräch.

Auf diese Auswahlverfahren sollte man sich sehr gründlich vorbereiten. Auswahltests finden üblicherweise einige Monate vor dem Studienbeginn statt, die Anmeldungen hierfür müssen zum Teil im Vorjahr zu festgesetzten Terminen online erfolgen. Wer in Erfahrung bringen will, wie man sich optimal auf die Auswahlverfahren vorbereiten kann, wird auf folgendes Buch verwiesen:

Dieter Herrmann, Angela Verse-Herrmann, *Erfolgreich bewerben an Hochschulen. So bekommen Sie Ihren Wunschstudienplatz*, 2008. Dieses Buch enthält auch zahlreiche Musterbewerbungen und Tipps für das erfolgreiche Auswahlgespräch.

Die aktuelle Zulassungssituation

Da die Zulassung zum Studium nach verschiedenen Kriterien erfolgt, können sich von Semester zu Semester und von Fach zu Fach die Zulassungsbedingungen ändern. Was heute durch das ZVS-Auswahlverfahren vergeben wird, kann in einem Jahr Orts-NC an den Hochschulen sein und umgekehrt. Ein Fach, das heute noch zulassungsfrei ist, kann in ein oder zwei Jahren, wenn die Zahl der Bewerbungen stark ansteigt, ins ZVS-Auswahlverfahren kommen.

Das *ZVS-Auswahlverfahren* umfasst derzeit (Stand Frühjahr 2010) für die wissenschaftlichen Hochschulen *bundesweit* folgende Fächer:

- Medizin
- Pharmazie
- Tiermedizin
- Zahnmedizin

Im *Service-Angebot der ZVS* werden derzeit für etwa 45 Studiengänge an Universitäten bundesweit und an Fachhochschulen in NRW die Auswahlverfahren durchgeführt. Die einbezogenen Studiengänge können zu jedem Semester aktuell auf der ZVS-Homepage *(www.zvs.de)* eingesehen werden.

Für alle anderen Studienfächer, die hier nicht aufgeführt sind, wendet man sich nicht an die ZVS, sondern an die Hochschulen direkt. Die derzeitige Zulassungssituation für Studienplätze, die von den Hochschulen vergeben werden, kann nur bei den Hochschulen selbst in Erfahrung gebracht werden. Was an der einen Hochschule ein Orts-NC-Fach ist, ist an der anderen Hochschule zulassungsfrei. Ein Fach, das in diesem Semester einen Orts-NC hat, kann im nächsten Semester an derselben Hochschule zulassungsfrei sein und umgekehrt.

Die Fächer, für die eine besondere Eignungs- oder Aufnahmeprüfung erforderlich ist, wurden bereits im letzten Kapitel genannt (s. S. 155).

Im Zusammenhang mit der Bewerbung um einen Studienplatz taucht bei den künftigen Studenten immer wieder die Frage auf, ob sie ihren Wehr- oder Zivildienst vor oder nach dem Studium ableisten sollen. Uns scheint eine vorherige Ableistung sinnvoller, weil die meisten nach dem Studium ins Berufsleben starten und Geld verdienen möchten.

Ein wichtiger Hinweis abschließend: Ab dem Wintersemester 2011/2012 wird es ein Internet-Portal geben, mit dem die Hochschulen online noch nicht besetzte, freie Studienplätze vergeben können. Mehrfachzulassungen und langwierige

Nachrückverfahren sollen damit vermieden werden. Bislang existiert unter *www.freie-studienplaetze.de* eine erste Website für diese Rest-Studienplätze; sie soll jedoch zum Wintersemester 2011/12 ersetzt werden.

Hinweise für ausländische Studienbewerber

Die folgenden Ausführungen sind nur für Studienbewerber ohne deutsche Staatsangehörigkeit von Interesse, die ein Studium in Deutschland aufnehmen möchten.

Grundsätzlich haben Ausländer, Staatenlose und anerkannte Asylberechtigte, soweit sie, wie es im Amtsdeutsch heißt, eine Hochschulzugangsberechtigung haben, das gleiche Recht auf ein Hochschulstudium wie Deutsche.

Doch hochschulrechtlich werden vier Gruppen von Ausländern unterschieden:

1. Ausländer, die ihr Abitur in Deutschland gemacht haben. Sie nennt man Bildungsinländer.
2. Ausländer, die ihr Abitur in einem anderen Land erworben haben und deren Abitur dem deutschen Abitur gleichgestellt ist.
3. Ausländer, die ihr Abitur in einem anderen Land erworben haben und deren Abitur mit dem deutschen Abitur nicht vergleichbar ist.
4. Angehörige von EU-Staaten.

Die unter Punkt 1 genannten Bildungsinländer sind den Deutschen gleichgestellt und unterliegen dem gleichen Zulassungssystem. Je nach Studienfach bewerben sie sich bei der ZVS oder bei der Hochschule. Die Studienplätze werden im Rahmen von Sonderquoten vergeben.

Die Ausländer der Gruppe 2 können, wenn sie über ausreichende Deutschkenntnisse verfügen, ihr Fachstudium sofort aufnehmen. Sie bewerben sich generell bei der Hochschule, unabhängig vom gewünschten Studienfach.

Die Ausländer der Gruppe 3 können nur dann direkt mit ihrem Studium beginnen, wenn sie das gleiche Fach in einem anderen Land wenigstens zwei Jahre mit Erfolg studiert haben. Andernfalls müssen sie zuerst die sogenannte Feststellungsprüfung ablegen, eine Art Abiturprüfung. Zur Vorbereitung auf diese Prüfung besuchen sie ein Jahr ein spezielles Studienkolleg.

Die Angehörigen von EU-Staaten sind, wie die Bildungsinländer, den Deutschen gleichgestellt. Je nach Studienfach bewerben sie sich bei der ZVS oder bei der Hochschule.

Eine Ausnahme gilt aber für alle Ausländer, egal zu welcher Gruppe von Ausländern sie gehören: Sie müssen im Gegensatz zu den deutschen Studierenden nachweisen, dass die Finanzierung für die Dauer des Studiums einschließlich Krankenversicherung sichergestellt ist. Andernfalls erhalten sie keinen Studienplatz. Bewerber aus Ländern, die nicht zur Europäischen Union gehören, müssen darüber hinaus eine Aufenthaltserlaubnis vorweisen. Wer mit einem Touristenvisum einreist, riskiert, zur deutschen Auslandsvertretung im Heimatland zurückgeschickt zu werden.

Der Blick nach vorn: Berufliche Möglichkeiten nach dem Hochschulstudium

In einem Buch über die Studienwahl darf natürlich nicht die Frage fehlen, welche beruflichen Möglichkeiten ein Hochschulstudium eröffnet und welche Perspektiven die jeweiligen Fächer voraussichtlich bieten. Im dritten Kapitel wurde bereits erläutert, welche Berufe die einzelnen Fächergruppen ermöglichen und in welchen Bereichen man ihre Absolventen bevorzugt findet. Mögliche berufliche Tätigkeiten sind jedoch bei jedem akademischen Beruf vielfältig. Zwei Beispiele: Eine/n Ingenieur/in erwartet man vielleicht am ehesten in der Entwicklungsabteilung eines Industrieunternehmens. Aber er oder sie kann genauso gut als Dozent/in an der Hochschule, als Berater/in eines Industrieverbandes, als Lektor/in in einem Verlag für technische Fachbücher, als Mitarbeiter/in in der Entwicklungshilfe, als Journalist/in für eine Fachzeitschrift oder als Mitarbeiter/in eines Abgeordneten arbeiten.

Kunsthistoriker/innen arbeiten zwar bevorzugt in Museen und in Ämtern für Denkmalpflege. Doch auch hier muss man genauer hinschauen. Absolventen dieses Studiums können auch als Studien- und Berufsberater/innen, als Dozent/innen an einer Volkshochschule, als Kunsthändler/innen, als Anbieter/innen von Ausstellungskonzepten, als Inhaber/innen einer Galerie oder einer Buchhandlung oder als Mitarbeiter/innen bei einem Kunstverlag tätig sein.

Neben den sogenannten traditionellen Berufsfeldern ergeben sich demnach für die jeweiligen Studienfächer auch eine ganze Reihe anderer beruflicher Möglichkeiten.

Abiturienten und ihre Eltern stellen im Zusammenhang mit einem Hochschulstudium oft folgende Fragen:

1. Welche Prognosen gibt es im Hinblick auf den künftigen Arbeitsmarkt?
2. Findet man nach einem Hochschulstudium (überhaupt) eine Arbeit?
3. Findet man eine der Ausbildung entsprechende Tätigkeit?
4. Wie ist es um die Verdienstmöglichkeiten bestellt?
5. Welche Studienfächer bieten welche beruflichen Perspektiven?
6. Lohnt sich ein Studium überhaupt?

Welche Prognosen gibt es im Hinblick auf den künftigen Arbeitsmarkt?

Unserer Meinung nach gibt es keine wirklich verlässliche Aussage darüber, welches Studium welche beruflichen Chancen und Verdienstmöglichkeiten bietet. Es gibt verschiedene Prognosen, aber keine zuverlässigen Angaben. Das liegt daran, dass diejenigen, die Prognosen erstellen, heute leben und nicht in die Zukunft sehen können. Außerdem gibt es nicht nur eine Prognose, sondern mehrere Prognosen, die zum Teil voneinander abweichen. Würden sich alle an eine Prognose halten, würde diese sich selbst aufheben und genau das Gegenteil bewirken. Ein Beispiel wird dies sofort verdeutlichen: Alle Schülerinnen und Schüler der Jahrgangsstufe 12 würden dieses Buch lesen, und wir wagten die Prognose, dass auch in den nächsten Jahren wirtschaftswissenschaftliche Studienfächer besonders gefragt sind und ein Studium der sogenannten geisteswissenschaftlichen Fächer den Weg in die Arbeitslosigkeit bedeutet. Daraufhin würden alle Abiturienten VWL und BWL studieren und niemand mehr ein Studium der Anglistik, Germanistik oder Geschichte beginnen. Zuerst einmal würde der gesamte Hochschulbetrieb zusammenbrechen, da er auf solch radikale Änderungen nicht vorbereitet ist. Etwa fünf bis sechs Jahre später würden ca. 70 Prozent aller fertigen Wirtschaftswissenschaftler keine ihrem Studium entsprechende Tätigkeit finden, während Geisteswissenschaftler händeringend gesucht würden. Hinzu käme ein weiterer Effekt. Nach dem Prinzip von Angebot und Nachfrage würden die Gehälter für die Hochschulabsolventen der Wirtschaftsfächer drastisch fallen und die für Geisteswissenschaftler steigen.

Anhand dieses simplen Beispiels sieht man den Mechanismus von Prognosen. Sie dienen der Politik und der Gesellschaft als Hilfe für Entscheidungen. Wenn zum Beispiel mehr Arbeitsplätze für Wirtschaftswissenschaftler erwartet werden, muss man in den nächsten ein bis zwei Jahren mehr entsprechende Studienplätze schaffen. Prognosen sind also keine Hilfe für die persönliche Entscheidung.

Ein früherer Bildungsminister hat vor vielen Jahren einmal über Prognosen sinngemäß gesagt, dass sie eigentlich nur zeigen könnten, was geschieht, wenn sich nichts ändern würde. Dieser Ablauf sei jedoch die am wenigsten wahrscheinliche Möglichkeit, weil auch der Berufs- und Arbeitsmarkt sich in einem raschen Wandel befindet. Deshalb ist die Prognose nur eine Orientierung und zeigt bestimmte Trends auf, nicht mehr, aber auch nicht weniger.

Findet man nach einem Hochschulstudium überhaupt eine Arbeit?

Diese Frage ist einfach zu beantworten. Jedes Hochschulstudium vermittelt Kenntnisse und Qualifikationen, die für den Arbeitsmarkt benötigt werden. Selbst in einem Fach wie Philosophie – weder in der Vergangenheit noch in der Zukunft ein »Renner« auf dem Arbeitsmarkt – lernt man Dinge, die sich beruflich nutzen lassen: Neben dem hohen Allgemeinwissen und Spezialwissen über philosophische Systeme und einzelne Philosophen erwirbt man die Fähigkeiten zu logischem und abstraktem Denken, sich vielfältige Informationen zu beschaffen, einen Text zu strukturieren und zu erstellen, Wissen über philosophische Fragen zu vermitteln und vieles mehr.

Das Studium eröffnet verschiedene berufliche Möglichkeiten und ist, egal welches Fach Sie studieren, nur der erste Schritt ins Berufsleben.

Bislang hat fast jeder, der ein Hochschulstudium abgeschlossen hat, irgendwann eine Arbeit gefunden. Die Frage ist nur, ob es eine Tätigkeit ist, für die alles, was im Studium gelernt wurde, auch benötigt wird, ob man nur einen Teil dessen, was im Studium vermittelt wurde, für den Beruf verwenden kann oder ob man eine berufliche Tätigkeit ausübt, die nichts mit dem Studium zu tun hat. Die erste und die dritte Möglichkeit sind die Ausnahmen. Die meisten Akademiker sind in Berufen tätig, in denen sie einen Teil des im Studium erworbenen Wissens einsetzen können.

Findet man eine der Ausbildung entsprechende Tätigkeit?

Diese Frage ist hingegen schwerer zu beantworten, weil sie von verschiedenen Einflussgrößen abhängig ist, die kaum zu steuern sind: von der Zahl der Studienanfänger und Studierenden im jeweiligen Fach, der Anzahl der künftigen Arbeitsplätze, dem Durchschnittsalter derjenigen, die in dem jeweiligen Beruf tätig sind (Frage des Ersatzbedarfs), den neu zu schaffenden Arbeitsplätzen in diesem Bereich (Neubedarf), der allgemeinen wirtschaftlichen Lage, der technologischen Entwicklung und einigem mehr.

Schon aus dieser Aufzählung wird deutlich, dass es bei diesen vielen Faktoren keine Garantie geben kann, dass alle nach Abschluss ihres Hochschulstudiums eine der Ausbildung entsprechende gut bezahlte Tätigkeit finden. Wenn Sie sich aber für ein Studium entscheiden, das Ihren persönlichen Neigungen und Interessen entspricht, wenn Sie dieses Studium in vernünftiger Zeit schaffen, sich zusätzliche Qualifikationen aneignen und auch offen sind für die Anforderungen des künftigen Arbeitsmarktes, werden Sie mit sehr hoher Wahrscheinlichkeit Ihren Wunschberuf finden.

Wie ist es um die Verdienstmöglichkeiten bestellt?

Hochschulabsolventen verdienen im Durchschnitt etwa 20 bis 40 Prozent mehr als Nichtakademiker. Es gibt aber eine große Spannbreite innerhalb der jeweiligen Berufe. Berufseinsteiger mit Hochschulabschluss bekommen am Anfang je nach vorheriger Ausbildung derzeit etwa 2.000 bis 3.700 Euro brutto im Monat. Wie viel Geld man nach einigen Jahren verdient, hängt dann nicht mehr davon ab, welches Fach studiert wurde, sondern wie gut man die berufliche Praxis bewältigt, welche Leistungen im Berufsleben erbracht werden, wie wirtschaftlich gut oder schlecht es der jeweiligen Branche geht und inwieweit die Bereitschaft vorhanden ist, das vorhandene Wissen zu aktualisieren und zu erweitern.

Eine Information geht bei den Diskussionen um die Verdienstmöglichkeiten für Hochschulabsolventen häufig unter, und zwar die nach dem Lebensverdienst. Wer studiert hat, beginnt erst fünf bis zehn Jahre später als andere mit dem Geldverdienen. Beim Vergleich eines durchschnittlichen Akademikergehalts mit dem Einkommen eines »Nichtakademikers« überholen Hochschulabsolventen erst mit Anfang fünfzig ihre Kollegen, die nicht studiert haben.

Das Wichtigste am Beruf sollte aber nicht das Geld, sondern die Freude an der Arbeit sein. Niemand kann ein Berufsleben, das etwa 35 und mehr Jahre dauert, ohne körperliche oder psychische Probleme ertragen, wenn er einer Arbeit nachgeht, die ihm keinen Spaß macht und die bei noch so guter Bezahlung keine persönliche Zufriedenheit bringt.

Welche Studienfächer bieten welche beruflichen Perspektiven?

Bei aller Vorsicht gegenüber Prognosen lassen sich bestimmte Trends und Entwicklungen für die nächsten Jahre erkennen. Auf dieser Basis werden im letzten Teil dieses Kapitels die Berufe, die von rund 90 Prozent aller Hochschulabsolventen ergriffen werden, im Hinblick auf ihre voraussichtlichen Perspektiven vorgestellt.

Danach werden auch in den nächsten Jahren, über längere Zeiträume betrachtet, die technischen (einschließlich Informatik) sowie naturwissenschaftlichen und medizinischen Fächer die besten Chancen bieten, gefolgt von den wirtschaftswissenschaftlichen Fächern. Im Mittelfeld werden voraussichtlich die Sozialwissenschaften rangieren, im hinteren Bereich die geisteswissenschaftlichen Studiengänge. Doch Vorsicht: Es gibt einzelne technische Fächer, die wenig gefragt sind, während bestimmte Geisteswissenschaften, etwa in der »richtigen« Lehramtskombination, sehr gefragt sein werden.

Lohnt sich ein Studium überhaupt?

Wenn man das Wort »lohnt« ausschließlich auf Geld und Einkommen reduziert, dann lohnt sich ein Studium unter diesem Gesichtspunkt kaum oder nicht in dem Maße, wie Außenstehende vermuten würden, weil der Berufseinstieg bei Akademikern erst viel später erfolgt als bei anderen Ausbildungen.

Wenn man aber »lohnt« weiter fasst und damit auch ideelle und persönliche Aspekte meint, dann ist ein Studium nach wie vor eine sehr nützliche Zukunftsinvestition. Es bietet die Möglichkeit, sich vielfältig zu bilden, die Ausbildung mitzugestalten, sich vielfältiges Wissen anzueignen und die eigene Persönlichkeit zu entwickeln.

Der aktuelle Arbeitsmarkt für Akademiker

Gegenwärtig sind die Einstiegschancen für Hochschulabsolventen, erst einmal unabhängig davon, welches Fach sie studiert haben, eher durchwachsen. Die wirtschaftliche Krise hat auch ihre Auswirkungen auf den Akademikerarbeitsmarkt hinterlassen, die Unternehmen bauen eher Stellen ab, als Neueinstellungen vorzunehmen.

Für diese Entwicklung gibt es neben der Wirtschaftskrise mehrere Gründe: die hohen Produktionskosten in Deutschland, die Schaffung von zu wenig neuen Arbeitsplätzen, die Verlagerung von Arbeitsplätzen ins Ausland, die technologische Entwicklung und der sogenannte demographische Faktor. Der demographische Faktor bedeutet, dass immer mehr alte Menschen jungen Leuten gegenüberstehen, die deren Renten, Pensionen und soziale Sicherungssysteme finanzieren müssen. Die steigende Steuer- und Abgabenlast wirkt konjunkturbremsend.

Vom Ersatzbedarf (ältere Menschen scheiden aus dem Arbeitsleben aus und werden durch jüngere ersetzt) gehen derzeit keine großen Impulse aus. Frei gewordene Stellen werden häufiger gestrichen als neu besetzt.

Die zweite Möglichkeit, einen Einsteigerjob zu bekommen, ist, dass neue Arbeitsplätze geschaffen werden. Dies hängt von den wirtschaftlichen Rahmenbedingungen (boomt die Wirtschaft oder befindet sie sich in einer Rezension) und vom Klima gegenüber Neugründungen von Unternehmen ab. Dieses Klima ist in Deutschland nicht wesentlich besser geworden. Zu wenig Menschen wagen den Weg in die Selbstständigkeit und werden Unternehmer.

Auch die Zahl der Arbeitsplätze, die ins Ausland verlagert werden, um Kosten einzusparen oder um die Rendite zu erhöhen, ist nicht gebremst. Erst wenn die aktuellen Probleme gelöst sind, kann man eine Erhöhung der Gesamtzahl der Arbeitsplätze in Deutschland erwarten.

Wichtige Impulse gehen vom technologischen Fortschritt aus. Und der ist rasant und verändert den Arbeitsmarkt in einem atemberaubenden Tempo. Arbeitsplätze werden von Computer & Co verändert oder wegrationalisiert. Die Anforderungen an die Anwendung von technischem Wissen steigt. Wer über dieses Wissen verfügt, ist gefragt, wer nicht, eben nicht. Anders ausgedrückt: Je höher die fachliche Qualifikation, umso höher ist auch der Anteil an Informations- und Kommunikationstechnologie, um die Arbeit bewältigen zu können. Das Gleiche gilt auch umgekehrt.

Da Sie, die dieses Buch lesen, nicht jetzt, sondern erst in einigen Jahren auf den Arbeitsmarkt kommen, möchten wir den Blick auf den künftigen Arbeitsmarkt lenken und, soweit Tendenzen erkennbar sind, ihn in seinen Grundlinien näher betrachten.

Die künftigen Perspektiven für Hochschulabsolventen

Blicken wir deshalb auf den Zeitraum 2014–2018, in dem die Leser/innen dieses Buches den Arbeitsmarkt betreten werden.

Die Arbeitsmarktchancen in diesem Zeitraum hängen von mehreren Faktoren ab: Davon schwer prognostizierbar sind die allgemeine Konjunkturentwicklung, weltwirtschaftliche Rahmenbedingungen und der technologische Wandel. Besser prognostizierbar sind der Ersatzbedarf an Hochschulabsolventen und die Veränderungen innerhalb des Arbeitsmarktes.

Ersatzbedarf heißt, dass Menschen zwischen 63 und 66 Jahren altersbedingt aus dem Berufsleben ausscheiden und ihre Stelle von einem jüngeren besetzt wird. Das heißt aber nicht, dass der 27-jährige Hochschulabsolvent den 65-jährigen Direktor ersetzt, sondern, dass ein Stühlerücken von oben nach unten stattfindet. Der 65-Jährige wird durch einen 54-Jährigen ersetzt, dessen Stelle wird von einem 47-Jährigen eingenommen und so weiter, bis der 27-Jährige den Job eines 35-Jährigen übernimmt.

Der Ersatzbedarf in den Jahren 2014 bis 2018 wird extrem hoch sein, so hoch wie seit 45 Jahren nicht mehr. Denn in diesen fünf Jahren verlassen die geburtenstarken Jahrgänge der späten 1940er und frühen 1950er Jahre altersbedingt den Arbeitsmarkt. In diesen Jahren wurden mehr als doppelt so viele Kinder geboren wie etwa in den 1980er und 1990er Jahren. Man kann davon ausgehen, dass knapp 20 Prozent der derzeitigen Erwerbstätigen in Rente gehen werden. Hinzu kommt, dass es in den Jahrgängen 1949 bis 1955 höhere Anteile an Akademikern gibt als zuvor. Beides, der Ersatzbedarf allgemein und der Ersatzbedarf an akademisch Ausgebildeten, wird positive Effekte auf den Arbeitsmarkt und auf die Berufschancen für Hochschulabsolventen haben.

Eine zweite positive Entwicklung geht vom Arbeitsmarkt selbst aus. Der Bedarf an Hochschulabsolventen wird sich erhöhen aufgrund der technologischen Entwicklung und der weiter steigenden Anforderungen an die beruflichen Qualifikationen. Arbeitsplätze mit geringen Anforderungen gehen zurück und werden ins Ausland verlagert. Arbeitsplätze mit hohen Anforderungen an Ausbildung und Qualifikation nehmen zu. Immer häufiger bedarf es auch in den nächsten Jahren eines Studiums, um ein hochqualifiziertes Tätigkeitsprofil zu erfüllen.

Zwischen 1980 und 2002 stieg bereits die Zahl von Personen mit Hochschulabschluss um 150 Prozent. Bis 2015 werden weitere ca. 500.000 hinzukommen. Dann wird knapp jeder fünfte Arbeitsplatz von jemandem mit Hochschulabschluss besetzt sein. 1980 war es nur etwa jeder elfte Arbeitsplatz.

Für die geschilderte Entwicklung ist auch die zunehmende Technisierung und Computerisierung verantwortlich. Die Arbeitsabläufe werden immer komplizierter und stellen immer höhere fachliche Anforderungen an die Berufstätigen. Insgesamt wird es zu einem Verdrängungsprinzip kommen. Arbeitsplätze, die eine fundierte Berufsausbildung voraussetzen, verdrängen zunehmend solche, für die man keine höhere Qualifikation benötigt. Gleichzeitig verdrängen die Absolventen von den Hochschulen die Fachkräfte, es findet also eine Verdrängung von oben nach unten statt. Diese Entwicklung ist bereits seit Jahren im Gange und hat zur Folge, dass immer mehr Arbeitsplätze, die früher von Nichtakademikern besetzt waren, von akademisch Ausgebildeten eingenommen werden. Dieser Trend ist übrigens in allen Industriestaaten zu beobachten.

Fazit: Die Hochschulabsolventen der Jahre 2014 bis 2018 werden voraussichtlich gute Berufsperspektiven haben, dafür aber vermutlich noch mehr Steuern und Abgaben zahlen müssen als die jetzt bereits Berufstätigen.

Es bleiben aber noch zwei Fragen offen, die nach dem europäischen und internationalen Arbeitsmarkt und die nach den Qualifikationen für den künftigen Arbeitsmarkt.

Seit Jahren geht die Angst vor dem europäischen Arbeitsmarkt um. Es wird befürchtet, dass jüngere Absolventen aus Frankreich oder England (dort sind die Hochschulabsolventen durchschnittlich etwa zwei Jahre jünger als die deutschen) in großer Zahl auf den deutschen Arbeitsmarkt drängen.

Die anderen Länder haben aber die gleichen Ängste. Franzosen sorgen sich wegen der deutschen Absolventen mit ihren viel besseren Fremdsprachenkenntnissen, die Engländer wegen der gut ausgebildeten deutschen Ingenieure.

Seit dem Wegfall der Binnengrenzen 1991 beschließen erfahrungsgemäß innerhalb aller Länder der EU im Jahr etwas mehr als 27.000 Personen mit Hochschulausbildung, in einem anderen EU-Land zu arbeiten. Das ist angesichts von rund 300 Mio. Arbeitsplätzen in Europa eine verschwindend geringe Zahl. Woran liegt das? Zuerst einmal bilden die Sprachgrenzen noch für Jahrzehnte natürliche Barrieren. Deutschland gehört zu den Ländern, in denen das Erlernen von Fremdsprachen gepflegt und gefördert wird. Aber selbst fünf oder zehn Jahre schulischer Fremdsprachenunterricht reichen kaum aus, um in einem anderen Land eine qualifizierte Berufstätigkeit aufzunehmen.

Hinzu kommt, dass nicht jede Ausbildung die Möglichkeit bietet, in einem anderen europäischen Land zu arbeiten, auch wenn die Gleichwertigkeit der Ausbildung grundsätzlich geregelt ist. Zwei Beispiele: Mit dem deutschen Lehramtsabschluss ist keine automatische Berechtigung verbunden, in einem anderen Land als Lehrer/in an einer staatlichen Schule zu arbeiten. Jeder Staat hat ein eigenes Lehrerausbildungssystem und verlangt von Ausländern/innen entweder eine Zusatzprüfung oder mehrjährige Berufserfahrung als Lehrer/in.

Das Jurastudium in Europa ist immer noch stark auf nationales Recht beschränkt. Das deutsche (und römische) Recht, das englische *common law* oder der *Code Napoléon* in Frankreich sind aber sehr unterschiedliche Rechtssysteme, sodass es alles andere als einfach ist, in einem anderen Rechtssystem als Anwalt zu arbeiten. Der staatliche Justizdienst ist ohnehin auf die eigenen Staatsbürger konzentriert.

Etwas offener ist der internationale Arbeitsmarkt für Wirtschaftswissenschaftler, Ingenieure, Naturwissenschaftler und Informatiker. Aber das sind genau die Absolventen, die auch zu Hause die besseren Berufschancen haben.

Der Arbeitsmarkt wird insgesamt europäischer und internationaler. Doch es wird noch Generationen dauern, bis es einen wirklich grenzenlosen Arbeitsmarkt gibt. Aber von der Europäisierung und Internationalisierung gehen nicht nur Risiken, sondern auch Möglichkeiten aus. Wer eine gute Ausbildung hat, braucht sich vor der Konkurrenz nicht zu fürchten und hat auch in anderen Ländern berufliche Chancen.

Welche Mindestqualifikationen brauche ich für den künftigen Arbeitsmarkt?

Einen Job auf dem Arbeitsmarkt zu finden verlangt mehrere fachliche und persönliche Qualifikationen. Man braucht eine gute Ausbildung, die nicht zu lange dauert, mit einem guten Abschluss, einer Verbindung von Theorie und Praxis, internationale Erfahrungen, eine gute Allgemeinbildung, Beherrschung der Muttersprache, fundierte Kenntnisse in Englisch sowie Kompetenzen in einer weiteren Fremdsprache und schließlich anwendungsbezogene Qualifikationen in den Informations- und Kommunikationstechniken. Hinzu kommen die persönlichen Qualifikationen, die auch Soft Skills genannt werden, wie Fleiß, Ausdauer, Zielstrebigkeit bis hin zur Bereitschaft zum lebenslangen Lernen, womit die Halbwertszeit des Wissens gemeint ist: Früher lag sie bei 100 Prozent. Das, was man einmal erlernt hatte, reichte normalerweise für das Berufsleben aus. Heute beträgt die Halbwertszeit des Wissens nur vier bis fünf Jahre. Nach Abschluss einer Berufsausbildung oder eines Studiums ist nach fünf Jahren das Fachwissen bereits so veraltet, dass es nicht mehr für die Bewältigung des Berufs ausreicht. Deshalb ist es notwendig, bereits vom ersten Tag des Berufslebens an das Wissen zu aktualisieren und neue Entwicklungen aufzugreifen.

Was sich ebenfalls langfristig verändern wird, ist die Art, zu arbeiten. Der Arbeitsplatz im Büro mit Kollegen, Mitarbeitern, PC, Telefon und Fax wird zunehmend verschwinden. Der Computerarbeitsplatz von zu Hause aus wird das Büro nicht ganz überflüssig machen, aber ergänzen. Konferenzschaltungen werden manche Dienstreise überflüssig machen. Die verbundenen Systeme (PC, Telefon, Internet) erlauben Arbeiten auch aus der Entfernung. Diese Entwicklung wird bereits in den nächsten zehn Jahren den Berufsalltag wesentlich bestimmen.

Also nochmals das Fazit: Wer die Studien- und Berufswahl richtig angeht, braucht keine Angst vor dem Arbeitsmarkt 2014 bis 2018 zu haben.

Nicht alles ist gefragt: Perspektiven nach Wirtschaftssektoren und Berufen

Die insgesamt günstige Entwicklung ab 2014 wird sich in den Wirtschaftssektoren unterschiedlich auswirken.

Der primäre Sektor, d.h. Landwirtschaft, Forstwirtschaft, Fischerei, Bergbau usw., wird weniger Arbeitsplätze benötigen, weil Nahrungsmittel in anderen Ländern preisgünstiger hergestellt und Rohstoffe anderswo günstiger eingekauft werden können.

Im sekundären Sektor, also Industrie und Gewerbe, sind die Arbeitsmarktchancen unterschiedlich. Arbeitsplätze mit geringer Technologie nehmen ab und werden auch in den nächsten Jahren ins Ausland verlagert, wo die Kosten für die Produktion von Waren geringer sind. Gleichzeitig werden neue hochwertige Arbeitsplätze geschaffen, etwa bei den Informations- und Kommunikationstechnologien, in der Gen- und Biotechnologie, in der Verfahrenstechnik, in den Nanotechnologien, im Bereich der künstlichen Intelligenz und bei den Werkstoffwissenschaften.

Für den tertiären Sektor, d.h. bei den Dienstleistungen, wird eine leichte Steigerung an neuen Arbeitsplätzen erwartet, vor allem im Bereich der freien und selbstständigen Berufe.

Auch zwischen Staatsdienst, Privatwirtschaft und selbstständigen oder freiberuflichen Tätigkeiten wird es Verschiebungen geben. Im Staatsdienst werden die Arbeitsplätze abnehmen, weil die öffentlichen Kassen leer sind, staatliche Aufgaben privatisiert oder ausgelagert werden und die Belastungen mit Steuern und Abgaben nicht weiter nach oben gesteigert werden können. Die privaten Unternehmen weisen die genannte Doppelentwicklung auf. Arbeitsplätze mit geringen fachlichen Anforderungen sind rückläufig, Arbeitsplätze mit hohem Technologieaufwand und hohen fachlichen Anforderungen werden zunehmen.

Gute Chancen bieten selbstständige und freiberufliche Existenzen, weil immer mehr Betriebe Dienstleistungen, die sie bislang mit eigenem Personal durchgeführt haben, aus Kostengründen von außen einkaufen und weil sich der Übergang von der Industriegesellschaft zur Dienstleistungs- und Informationsgesellschaft vollzieht.

Auch der Arbeitskräftebedarf bei den Berufen, für die ein Hochschulstudium üblich oder Voraussetzung ist, wird sich recht unterschiedlich entwickeln. Einige Berufe werden erheblich mehr Arbeitskräfte benötigen, andere etwa so viel wie derzeit, wiederum andere etwas weniger als bislang. Mit dieser allgemeinen Aussage dürfte Ihnen jedoch nicht gedient sein, Sie wollen es wahrscheinlich etwas genauer wissen.

In den nächsten zehn Jahren werden folgende Bereiche abnehmen: Landwirtschaft, Bergbau, Mineralabbau. Stagnieren oder leicht steigen werden: technische Dienste, leitende Verwaltungsdienste, kaufmännische Dienste. Im Anteil steigend sind: Unternehmensdienste, Dienste von Ärzten, Apothekern und übrige Gesundheitsdienste, Erziehung und Ausbildung. Die größten Steigerungen werden in den Bereichen der Erziehung und Ausbildung, der Unternehmensdienste (Werbeberufe, Organisations- und Wirtschaftsprüfungsberufe), der EDV, der Medienberufe, der technischen Dienste (Ingenieure, Chemiker, Physiker, Mathematiker, Techniker, Biologen), der Gesundheits- und Pflegeberufe und der leitenden Verwaltungsdienste (Abteilungsleiter, Geschäftsführer) zu verzeichnen sein.

Nachfolgend haben wir eine Übersicht zusammengestellt, wie sich voraussichtlich der Arbeitskräftebedarf bei den einzelnen Berufen verändern wird. Doch bevor Sie sich die voraussichtliche Entwicklung genauer anschauen, einige kleine Vorbemerkungen: Auch wir verfügen nicht über hellseherische Begabungen und wissen nicht, wie viele Personen wann für welchen Beruf tatsächlich benötigt werden. Die rasanten Veränderungen auf dem Arbeitsmarkt und die technischen Entwicklungen entziehen sich einer exakten Prognose. Bekannt ist aber in etwa, wie viele Studierende derzeit in den jeweiligen Studienfächern eingeschrieben sind, wie sich in den vergangenen Jahren der Arbeitskräftebedarf in etwa entwickelt hat, welche Altersstrukturen die Berufe aufweisen, wie viel Personen in etwa altersbedingt ausscheiden und welchen Bedarf die Arbeitgeber für die nächsten Jahre haben werden.

Die Übersicht soll aber nicht mehr sein als eine Orientierung für Ihre Studien- und Berufswahl. Machen Sie auf keinen Fall den Fehler, sich den Beruf herauszusuchen, der vermeintlich gute Perspektiven verspricht, der aber ein Studium voraussetzt, für das Sie nicht das notwendige Interesse und die entsprechende Begabung mitbringen.

Studium und Berufsperspektiven

(Voraussichtlicher Arbeitskräftebedarf für Berufe mit Hochschulabschluss ab 2014)

Agrarberufe ↘
Apotheker/in und Pharmakologe/in →
Arbeits- und Berufsberater/in ↗
Architekt/in ↘
Archivar/in und Dokumentar/in ↗
Arzt/Ärztin ↗
Beamter/Beamtin im höheren Dienst ↘
Betriebswirt/in →
Bibliothekar/in ↗
Biowissenschaftler/in ↗
Chemiker/in ↗
Designer/in ↗
Diplomat/in →
Dolmetscher/in/Übersetzer/in →
Entwicklungshelfer/in →
Erwachsenenbildner/in →
Europabeamter/-beamtin →
Forstwirt/in →
Geodät/in →
Geowissenschaftler/in ↗
Gesundheits- und Pflegeberufe ↗
Haushalts- und Ernährungswissenschafler/in ↗
Hochschullehrer/in→
Informatiker/in ↗
Ingenieur/in ↗
Innenarchitekt/in ↘
Journalist/in und Publizist/in ↗
Justitiar/in →
Lehrer/in an allgemein b. Schulen ↘
Lektor/in im Verlagswesen →
Lektor/in als Sprachlehrer/in →
Manager/in →
Mathematiker/in ↗
Notar/in →
Patentanwalt/-anwältin ↑
Physiker/in ↗
Psychologe/in →
Rechtsanwalt/-anwältin ↘
Richter/in →
Sozialarbeiter/in ↗
Sozialpädagoge/in →
Sportlehrer/in (nicht Lehramt) ↗
Staatsanwalt/-anwältin →
Stadt- und Regionalplaner/in →
Statistiker/in →
Steuerberater/in ↗
Theologe/in →
Umweltberufe ↗
Unternehmensberater/in ↗
Volkswirt/in →
Arbeitsmarkt Werbung ↗
Wirtschaftsinformatiker/in ↗
Wirtschaftsingenieur/in ↗
Wirtschaftsprüfer/in ↑
Tierarzt/-ärztin →
Zahnarzt/-ärztin →

↑ = erheblich mehr Bedarf
↗ = mehr Bedarf
→ = in etwa gleich viel Bedarf
↘ = geringerer Bedarf
↓ = erheblich geringerer Bedarf

- Die **Agrarberufe** gehören nicht zu den Rennern auf dem künftigen Arbeitsmarkt, weil Agrarprodukte, von einigen Ausnahmen abgesehen, in anderen Ländern preisgünstiger gewonnen oder hergestellt werden und weil die Landwirtschaft ein abnehmender Wirtschaftsbereich ist. Wer sich dennoch für ein solches Studium entscheidet, sollte sich auf die Bereiche spezialisieren, die eher gefragt sind, wie zum Beispiel ökologische Landwirtschaft oder technische Spezialfächer.

- Bei **Apothekern** und **Pharmakologen** – das sind ausgebildete Pharmazeuten, die in der industriellen Forschung tätig sind – dürfte es keine wesentlichen Veränderungen geben. Einerseits profitieren sie vom Fortschritt in der pharmazeutischen Entwicklung und andererseits auch davon, dass das durchschnittliche Lebensalter der Menschen weiter ansteigt. Durch die Zulassungsbedingungen bleibt die Zahl der Absolventen recht konstant. In dem Maße aber, wie die Kosten im Gesundheitswesen steigen, sinken die Gewinne der Apotheker. Außerdem sind viele Menschen gegenüber Arzneimitteln kritisch eingestellt und vertrauen verstärkt auf Naturpräparate. Die Zahl der Arbeitsplätze wird in etwa konstant bleiben, aber es steht in den nächsten zehn Jahren ein Generationswechsel an.

- **Arbeits- und Berufsberater**, bislang hauptsächlich bei den Arbeitsagenturen und an den Hochschulen anzutreffen, wird es in Zukunft vermehrt auch als Selbstständige geben. Sie werden ihr Auskommen finden, weil der Arbeitsmarkt immer komplizierter wird und die Hilfe von kompetenten Fachleuten benötigt wird. Außerdem ist diese Berufsgruppe recht klein.

- Bei **Architekten** wird sich unterm Strich nicht viel ändern, aber es werden eher weniger als mehr Arbeitsplätze vorhanden sein. Beim Hoch- und Tiefbau, das heißt bei der Planung von Straßen, Fabriken, Häusern, Brücken usw., dürfte der Bedarf eher zurückgehen. Was aber gefragt sein wird, ist Modernisierung der in den letzten Jahrzehnten entstandenen Häuser und Gebäude und umweltgerechtes Bauen. Der Beruf ist allerdings sehr stark abhängig von der jeweiligen Konjunkturlage in der Bauwirtschaft. Diese ändert sich etwa alle fünf bis sieben Jahre.

- **Archivare** und **Dokumentare** wird man in Zukunft eher mehr brauchen, weil die Fülle an Informationen immer größer wird, die mit Hilfe der elektronischen Datenverarbeitung erfasst und an die jeweilige Zielgruppe weitergeleitet wird. Auch privatwirtschaftliche Informations- und Dokumentationsdienste werden auf den Markt drängen.

- Die Beschäftigungssituation von **Medizinern** wird erst einmal durch die Einsparungen im Gesundheitswesen bestimmt, die zur Sparsamkeit zwingen. Jedoch wird der Ersatzbedarf in den nächsten Jahren hoch sein, weil bei vielen niedergelassenen Ärzten, vor allem Hausärzten, die Übergabe der Praxis ansteht. Innerhalb der medizinischen Fachgebiete wird es aber größere Unterschiede geben.
- **Betriebswirtschaftslehre** und **Volkswirtschaftslehre** gehören zu den größten Fächern und haben die höchsten Studentenzahlen in Deutschland. Die Unternehmen können sich ihre Kandidaten aus einer großen Absolventenzahl aussuchen, haben aber einen hohen Bedarf an »passgenauen« Bewerbern. Selbstständige und freiberufliche Tätigkeiten dürften bessere Perspektiven als angestellte Tätigkeiten bieten.
- Hinter **Bibliothekaren** steht ein etwas höherer Bedarf. Das hängt damit zusammen, dass die Zahl der Publikationen steigen wird. Ein (großer) Teil dessen, was bisher in Form eines Buches publiziert wird, wird künftig auf elektronischen Systemen angeboten. Der Bibliothekar der Zukunft wird deswegen kein »Bücherwurm«, sondern immer mehr ein EDV-Spezialist sein.
- **Biowissenschaftler** sind in der Gentechnologie und Biotechnologie und damit auf einem der großen Arbeitsmärkte der Zukunft tätig.
- **Chemie** bestimmt auch in Zukunft unser Leben. Deshalb werden gut ausgebildete Chemiker auch weiter in großer Zahl gebraucht, vor allem auch vor dem Hintergrund weitgehend stagnierender Absolventenzahlen.
- **Designer** wird es eher mehr als weniger geben, weil der Trend zur Individualisierung anhält. Gefragt sind aber nur diejenigen, die gute Ideen haben und sie auch umzusetzen vermögen.
- Der Bedarf an **Diplomaten** ist seit Jahrzehnten in etwa konstant und dürfte es auch in Zukunft bleiben. Internationale Beziehungen sind für jedes Staatswesen wichtig.
- Dass bereits in wenigen Jahren Computer **Dolmetscher** und **Übersetzer** ablösen, bleibt Utopie und ist nicht realistisch. Fachübersetzer haben bessere Karten als Literaturübersetzer. Vor allem Wirtschafts- und technische Fachsprachen dürften gefragt sein.
- **Entwicklungshelfer** sind auch in Zukunft gefragt wegen der Notwendigkeit, Entwicklungsländer beim Aufbau ihrer Wirtschaft und technischen Infrastruktur zu unterstützen. Allerdings sind es selten Dauerarbeitsplätze.

- Der Bedarf für **Erwachsenenbildner** dürfte stagnieren bis leicht ansteigen, weil die Freizeitaktivitäten nicht abnehmen und auch ein Bedarf an erwachsenenbezogener betrieblicher Weiterbildung und an der Bildung im sogenannten dritten Lebensabschnitt vorhanden ist.
- Während die Zahl der nationalen **Beamten** wegen der leeren Staatskasse zurückgehen wird, wird die Zahl der EU-Beamten in etwa gleich bleiben oder evtl. leicht steigen, schon deshalb, weil künftig weitere Kompetenzen nach Europa verlagert werden.
- Der Bedarf an **Forstwirten** ist stagnierend, weil es sich vor allem um Tätigkeiten im öffentlichen Dienst handelt, wo gespart werden muss, und weil die Altersstruktur noch recht jung ist.
- Geodäten sind **Vermessungsingenieure**, entweder im Staatsdienst, in Planungsbüros oder selbstständig tätig. Sie gehören aber zu einer sehr kleinen Berufsgruppe mit etwa gleichbleibendem Bedarf.
- Ein Plus hingegen bei den **Geowissenschaftlern**, die Bodenschätze ausfindig machen, Deponien anlegen oder künstliche Mineralien herstellen. Rohstoffe werden knapp und teurer.
- Der Bedarf im Bereich **Gesundheit und Pflege** an Arbeitsplätzen mit Fachhochschul- oder Hochschulabschluss wird steigen, da durch den medizinischen Fortschritt das Lebensalter steigt und immer mehr alte Menschen versorgt und gepflegt werden müssen.
- Auch gute **Ernährung** wird in Zukunft wichtig sein. Immer mehr Leute essen in Großküchen, wo Haushaltswissenschaftler tätig sind, oder sind ernährungsbewusst und brauchen fachkundigen Rat von Ernährungswissenschaftlern.
- Nachdem in den vergangenen Jahren viele Professoren, das sind **Hochschullehrer**, aus Altersgründen ausgeschieden sind und ihre Stellen neu besetzt wurden, werden in den nächsten Jahren erheblich weniger Professuren neu zur Besetzung anstehen. Mit einer erheblichen Ausweitung der Stellen ist trotz steigender Studentenzahlen nicht zu rechnen.
- Bei gut ausgebildeten **Informatikern** mit nützlichen Zusatzqualifikationen (etwa in BWL) gibt es in den nächsten Jahren einen wieder zunehmenden Bedarf.
- Wer ein **Ingenieurfach** studiert und erfolgreich abschließt, braucht ebenfalls keine Angst vor Arbeitslosigkeit zu haben. Im Gegenteil: Die Firmen werden die nächsten Jahre einen großen Ersatzbedarf an Absolventen haben und ihnen gute Ein- und Aufstiegsmöglichkeiten bieten.

- **Innenarchitekten** sind abhängig von der Konjunktur im Bausektor. Eine Kombination mit Architektur ist weniger anfällig.
- Geschrieben wird in Zukunft eher noch mehr als heute. Deshalb werden begabte **Journalisten und Publizisten** weiter gute Chancen haben. Ob das alles gelesen wird, ist eine andere Frage.
- **Justitiare** sind ausgebildete Juristen und als Mitarbeiter in der staatlichen Verwaltung oder in der Rechtsabteilung von Unternehmen tätig. Die Zahl der Arbeitsplätze wird sich nicht erhöhen, aber auch nicht entscheidend zurückgehen.
- Der Generationswechsel bei den **Lehrern** ist mittlerweile abgeschlossen. Allerdings gibt es zwischen den westlichen und östlichen Bundesländern, bei den Lehrämtern und bei den Fächerkombinationen erhebliche Unterschiede. Die Berufschancen für angehende Lehrer werden sich insgesamt verschlechtern.
- Im **Verlagswesen** sind ähnlich wie beim Bibliothekar massive Veränderungen im Gange. Arbeiten, die von Lektoren bislang im Verlag gemacht wurden, werden mehr von Selbstständigen übernommen werden. Außerdem wird ein Teil der Zeitungen, Zeitschriften und Bücher auch auf elektronischem Weg veröffentlicht werden.
- **Lektoren** nennen sich auch Personen, die vor allem an ausländischen Hochschulen als Sprachlehrer tätig sind. Sie sind eine sehr kleine Berufsgruppe, deren Zahl konstant bleiben dürfte.
- **Manager**, noch vor Jahren der Traumberuf vieler Abiturienten, wird es in Zukunft eher weniger als mehr geben. Die Wirtschaft steht weiterhin im Zeichen einer Konzentration.
- Bei **Mathematikern** wird die Zahl der Arbeitsplätze leicht steigen. Sie sind vielseitig einsetzbar.
- Die Zahl der Notariate ist vom Staat begrenzt. Da **Notare** zu den Juristen mit den besten Examensnoten gehören, dürfte sich an ihren Berufsperspektiven nicht viel ändern.
- **Patentanwälte** sind Ingenieure mit einer zusätzlichen juristischen Ausbildung, die im Auftrag von Unternehmen nach bereits bestehenden Patenten recherchieren, Patentschriften erstellen und Patente anmelden. Sie erfreuen sich weiterhin guter bis sehr guter Arbeitsmarktchancen.

- **Psychologen** werden schon deshalb auch künftig in entsprechender Anzahl benötigt, weil viele Menschen immer weniger in der Lage sind, ihre Probleme zu lösen. Es kommt auf den jeweiligen Studienschwerpunkt an.
- **Rechtsanwälte** gehen weiter mageren Zeiten entgegen. Jura ist ein Fach mit nach wie vor hohen Studentenzahlen. Bis zu 75 Prozent eines Absolventenjahrgangs eröffnet eine Anwaltskanzlei oder sucht dort einen Job. Etliche Anwaltskanzleien können den Inhaber schon jetzt kaum ernähren. Außerdem sind viele Anwälte noch weit vom Rentenalter entfernt.
- Kriminelle wird es in der Zukunft leider auch weiterhin geben, womit das Einkommen von **Richtern** und **Staatsanwälten** gesichert ist. Mehr als die bestehenden Stellen wird es wegen der engen Finanzen des Staates aber nicht geben. Ohne Prädikatsexamen hat man dementsprechend wenig Chancen auf diese Stellen.
- Bei **Sozialarbeitern** und **Sozialpädagogen** klafft eine Spanne zwischen der Notwendigkeit, mehr Personen einzustellen, und der Finanzierung, weil sie vor allem im Staatsdienst und bei konfessionellen Einrichtungen beschäftigt sind, wo das Geld auch künftig knapp sein wird. Die Anzahl der staatlichen Arbeitsplätze wird sich wohl insgesamt nicht verändern, aber ein Arbeitsplatzmehrangebot bei privaten Arbeitgebern zeichnet sich ab.
- **Sport** wird auch in Zukunft einen hohen Stellenwert in der Bevölkerung haben. Diese Aussage gilt gleichermaßen für den Leistungssport wie für den Breitensport.
- **Stadt- und Regionalplaner**, vor allem diejenigen, die sich in ökologischen Themen gut auskennen, werden auch weiterhin berufliche Möglichkeiten haben.
- Für **Statistiker** sieht es nicht schlecht, aber auch nicht rosig aus, weil künftig ein Teil ihrer Arbeit von Computern gemacht wird.
- **Steuerberater** blicken in eine gute Zukunft, weil sie die Einzigen sind, die die Pfade durch den dichten Steuerdschungel kennen.
- Bei den **theologischen Berufen** ist eine Prognose schwer. Religiosität liegt nicht im Trend unserer Zeit. Zu beobachten sind aber neue religiöse Impulse bei jungen Menschen. Geistliche haben insgesamt bessere Chancen als Laientheologen.
- Es gibt keinen Master für Umweltschutz. Wenn von **Umweltberufen** gesprochen wird, meint man Chemiker, die darauf spezialisiert sind, Boden- oder Wasseranalysen zu erstellen, Geographen, die an der Planung von Mülldeponien mitarbeiten, Ingenieure, die umweltschonende Maschinen herstellen

oder Filteranlagen bauen, Wirtschaftswissenschaftler, die Finanzierungskonzepte erarbeiten können, oder Juristen mit dem Schwerpunkt Umweltrecht. Die »grünen Berufe« liegen weiterhin im Trend der Zeit.

- **Unternehmensberater** sind auch künftig ein guter Tipp. Kaum ein Unternehmen kann auf den Rat dieser Spezialisten verzichten. In wirtschaftlich guten Zeiten geht es um Ausweitung und um neue Märkte, in mageren Zeiten um Rationalisierung und ums wirtschaftliche Überleben.
- Auch in den nächsten Jahren wird man genügend Leute in der **Werbung** brauchen mit guten Ideen und der Fähigkeit, sie in Werbespots, auf Plakaten oder online umzusetzen. Allerdings ist Werbung ein hartes Geschäft und ein Job für junge Leute mit einem guten Gespür für Trends.
- **Wirtschaftsingenieure** haben eine Doppelausbildung in Technik und Wirtschaft. Wegen dieser besonderen Qualifikation sind sie seit Jahren auf dem Arbeitsmarkt gefragt. An diesen guten Perspektiven dürfte sich künftig nichts ändern.
- **Wirtschaftsprüfer** sind Wirtschaftswissenschaftler oder Juristen mit mehrjähriger Berufspraxis und einer Zusatzprüfung, die im Auftrag von Unternehmen die Jahresbilanzen erstellen oder prüfen. Die Berufsperspektiven der Wirtschaftsprüfer können als weiterhin sehr günstig eingeschätzt werden.
- Bei den **Tierärzten** und **Zahnärzten** wird es vermutlich keine nennenswerten Veränderungen geben. Haustiere sind beliebt und reparaturbedürftige Zähne nach wie vor recht häufig. Allerdings werden auch den Zahnärzten die Einsparungen im staatlichen Gesundheitssystem zu schaffen machen.

Beliebte und gefragte Studienbereiche

In diesem Kapitel stellen wir Ihnen Studienfächer und Bereiche vor, die bei Abiturienten, Studierenden und zum Teil auch auf dem Arbeitsmarkt der Zukunft besonders gefragt sind. Diese Fächer werden derzeit von über 80 Prozent aller Studierenden an den deutschen Hochschulen belegt. Sie erhalten Informationen darüber, womit sich diese Fächer beschäftigen, wie das Studium aufgebaut ist, welche Fächerkombinationen und Abschlüsse möglich sind, für welche Berufe sie qualifizieren und wie es um die künftigen Berufsperspektiven bestellt ist.

- Agrarwissenschaften
- Architektur/Innenarchitektur
- Biowissenschaften
- Chemie und Lebensmittelchemie
- Geowissenschaften/Geographie
- Germanistik
- Geschichte und Kunstgeschichte
- Gestaltung, Grafik und Design
- Gesundheit und Pflege
- Haushalts- und Ernährungswissenschaften
- Informatik
- Ingenieurstudiengänge
- Lehramt
- Mathematik und Physik
- Medien
- Medizin (Human-, Tier- und Zahnmedizin)
- Ökologie/Umweltwissenschaften
- Pharmazie
- Psychologie
- Rechtswissenschaft
- Sozialwissenschaften
- Werkstoff- und Materialwissenschaften
- Wirtschaftsingenieurwesen
- Wirtschaftswissenschaften
- Internationale Studiengänge

Agrarwissenschaften

Agrarwissenschaften ist der Oberbegriff für Fächer, die sich mit der wirtschaftlichen Nutzung und Pflege des Bodens durch den Anbau von Pflanzen und mit der Tierhaltung beschäftigen. Benachbarte Fächer sind Weinbau, Milch- und Molkereiwirtschaft und Forstwirtschaft, die vor allem von Fachhochschulen angeboten werden.

Studiengänge an den Universitäten heißen meistens Agrarwissenschaften und sind stärker theoretisch ausgerichtet, während das Studium der Landwirtschaft eher technisch orientiert und überwiegend an den Fachhochschulen angeboten wird. Absolventen beider Studiengänge finden berufliche Einsatzmöglichkeiten im lehrenden, beratenden, technischen oder administrativen Bereich. In eine praktische Betätigung als Landwirt führen diese Studiengänge nur selten. Das Studium besteht aus naturwissenschaftlichen, technischen, wirtschafts- und sozialwissenschaftlichen Teilen und ist demnach sehr breit angelegt. Ein wichtiges Teilgebiet ist die Phytomedizin, die sich mit Pflanzenkrankheiten und -schädigungen und hauptsächlich mit deren Verhütung beschäftigt. Wichtig sind auch ökologische Fragen, vor allem im Hinblick auf einen umweltverträglichen Einsatz von Düngemitteln und artgerechte Tierhaltung.

Ausgebildet wird im Bachelor-Master-Studienmodell; statt dem Diplom der Universitäten und dem Diplom (FH) der Fachhochschulen werden jetzt an beiden Hochschultypen der Bachelor und der Master of Science (B.Sc. und M.Sc.) vergeben.

Die Universitäten haben ihre Bachelorstudiengänge auf drei Jahre angelegt; schließt man einen Masterstudiengang an, dauert dieser zwei weitere Jahre. Bachelorstudiengänge an Fachhochschulen haben überwiegend eine Dauer von dreieinhalb Jahren, zuweilen findet man aber auch Bachelorangebote von dreijähriger oder vierjähriger Dauer; vertiefende Masterstudiengänge umfassen dann in der Regel weitere eineinhalb Jahre.

Beim Fachhochschulstudium müssen vor dem Studium oder während der Ausbildung zwischen sechs und zwölf Monate praktische Tätigkeit in der Landwirtschaft abgeleistet werden.

Im Bachelorstudium der Agrarwissenschaften/Landwirtschaft stehen die naturwissenschaftlichen Fächer (Chemie, Biologie), Mathematik einschließlich Statistik, Grundlagen der Wirtschaftswissenschaften, Pflanzenproduktion, Tierzucht, Sozialwissenschaften des Landbaus, Bodenkunde und Landtechnik erst einmal im Vordergrund. Nach dem Basisstudium oder Grundstudium, das drei oder vier Semester umfasst, erfolgt eine kleine Schwerpunktsetzung. Diese kann in den Fachrichtungen Pflanzenwissenschaften/Pflanzenproduktion, Tierwissenschaften/Tierproduktion, in Wirtschafts- oder Sozialwissenschaften des Landbaus oder Agrartechnik erfolgen. An einigen Hochschulen gibt es auch eine mögliche Schwerpunktsetzung auf die Fächer Ökologie/Ressourcenschutz. Zu diesem Studienbereich zählen des Weiteren die Studiengänge Weinbau/Getränketechnologie.

Die beruflichen Perspektiven sind schwer einzuschätzen. Einerseits ist die Relevanz der Landwirtschaft rückläufig, andererseits gewinnt ökologische Landwirtschaft und Regional- und Landschaftsplanung immer mehr an Bedeutung. Absolventen der Fachrichtung Wirtschafts- und Sozialwissenschaften des Landbaus/ Agrarökonomie eröffnen sich auch Einsatzmöglichkeiten in nationalen Entwicklungshilfeorganisationen oder internationalen Organisationen, wobei man für diesen Bereich Fremdsprachenkenntnisse, erste Auslandserfahrungen, etwa durch Praktika, Bereitschaft zur Mobilität und eine kontaktfreudige Persönlichkeit mitbringen sollte.

Agrarwissenschaften an Universitäten

Hochschule	Studiengang	Abschluss
Berlin HU	Agrarwissenschaften	Bachelor of Science
Berlin HU	Horticultural Science	Master of Science
Berlin HU	Integrated Natural Resource Management	Master of Science
Berlin TU	Land- und Gartenbauwissenschaften – Landschaftsgestaltung	Bachelor of Science
Berlin TU	Landschaftsplanung und Landschaftsarchitektur	Bachelor of Science
Berlin TU	Land- und Gartenbauwissenschaften – Landschaftsgestaltung	Master of Education
Berlin TU	Landschaftsarchitektur	Master of Science
Bonn U	Agrarwissenschaften	Bachelor of Science
Bonn U	Agrarwissenschaften	Master of Science
Bonn U	Agricultural Science and Resource Management in the Tropics and Subtropics	Master of Science
Bonn U	Food and Resource Economics	Master of Science
Bonn U	Plant Sciences	Master of Science
Dresden TU	Landschaftsarchitektur	Diplom
Freiburg U	Holz- und Bioenergie	Bachelor of Science
Freiburg U	Naturschutz und Landschaftspflege	Bachelor of Science
Gießen U	Agrarwissenschaften	Bachelor of Science
Gießen U	Agrarökonomie und Betriebsmanagement	Master of Science
Gießen U	Agrobiotechnology	Master of Science
Gießen U	Nutztierwissenschaften	Master of Science
Gießen U	Pflanzenproduktion	Master of Science
Göttingen U	Agrarwissenschaften	Bachelor of Science
Göttingen U	Agrarwissenschaften	Master of Science
Göttingen U	Sustainable International Agriculture	Master of Science
Göttingen U	Tropical and International Agriculture	Master of Science
Greifswald U	Landschaftsökologie und Naturschutz	Bachelor of Science
Halle/Wittenberg U	Agrarwissenschaften	Bachelor of Science
Hannover U	Landschaftsarchitektur und Umweltplanung	Bachelor of Science
Hannover U	Landschaftsarchitektur	Master of Science
Kassel U	Landschaftsarchitektur und Landschaftsplanung	Bachelor of Science
Kassel U	Landschaftsarchitektur und Landschaftsplanung	Master of Science
Kassel/Witzenhausen U	International Food Business and Consumer Studies	Master of Science
Kassel/Witzenhausen U	Sustainable International Agriculture	Master of Science

Kiel U	Agrarökonomie	Diplom
Kiel U	Agrarwissenschaften	Bachelor of Science
Kiel U	Agrarwissenschaften	Master of Science
München/Freising TU	Agrarwissenschaften und Gartenbau-wissenschaften	Bachelor of Science
München/Freising TU	Agrarwissenschaften	Master of Science
München/Straubing TU	Nachwachsende Rohstoffe	Master of Science
Rostock U	Agrarökologie	Bachelor of Science
Rostock U	Agrarökologie	Master of Science
Stuttgart/Hohenheim U	Agrarbiologie	Bachelor of Science
Stuttgart/Hohenheim U	Agrarwissenschaften	Bachelor of Science
Stuttgart/Hohenheim U	Nachwachsende Rohstoffe und Bioenergie	Bachelor of Science
Stuttgart/Hohenheim U	Agrarwissenschaften	Master of Science
Stuttgart/Hohenheim U	Agricultural Economics	Master of Science
Stuttgart/Hohenheim U	Agricultural Sciences in the Tropics and Subtropics	Master of Science
Stuttgart/Hohenheim U	Environmental Protection and Agricultural Food Production	Master of Science

Agrarwissenschaften an Fachhochschulen

Hochschule	**Studiengang**	**Abschluss**
Bernburg/Anhalt FH	Landwirtschaft	Bachelor of Engineering
Bernburg/Anhalt FH	Landwirtschaft-Agrarmanagement	Bachelor of Engineering
Bernburg/Anhalt FH	Food and Agribusiness	Master of Science
Bernburg/Anhalt FH	Landschaftsarchitektur und Umweltplanung	Bachelor of Engineering
Bernburg/Anhalt FH	Landscape Architecture	Master of Arts
Bingen FH	Agrarwirtschaft	Bachelor of Science
Bingen FH	Landwirtschaft und Umwelt	Master of Science
Dresden HTW	Agrarwirtschaft	Bachelor of Science
Eberswalde FH	Ökolandbau und Vermarktung	Bachelor of Science
Erfurt FH	Landschaftsarchitektur	Bachelor of Science
Erfurt FH	Landschaftsarchitektur	Master of Science
Freising/Weihenstephan FH	Agrarmarketing und Agrarmanagement	Bachelor of Engineering
Freising/Weihenstephan FH	Landwirtschaft	Bachelor of Science
Freising/Weihenstephan FH	Landwirtschaftsarchitektur	Bachelor of Science
Fulda HS	International Food Business and Consumer Studies	Master of Science
Kiel/Österrönfeld FH	Landwirtschaft	Bachelor of Science
Köln FH	Technologie- und Ressourcenmanagement in den Tropen und Subtropen	Master of Science
Neubrandenburg HS	Agrarwirtschaft	Bachelor of Science
Neubrandenburg HS	Agrarwirtschaft	Master of Science
Neubrandenburg HS	Landschaftsarchitektur und Umwelt-planung	Bachelor of Science
Neubrandenburg HS	Landschaftsarchitektur und Umwelt-planung	Master of Science

Nürtingen FH	Agrarwirtschaft	Bachelor of Science
Nürtingen FH	Pferdewirtschaft	Bachelor of Science
Nürtingen FH	Agrarwirtschaft	Master of Science
Nürtingen FH	Landschaftsarchitektur	Bachelor of Science
Nürtingen FH	Landscape Architecture	Master of Science
Osnabrück FH	Landwirtschaft	Bachelor of Science
Osnabrück FH	Landschaftsentwicklung	Bachelor of Science
Osnabrück FH	Landschaftsarchitektur und Regionalentwicklung	Master of Science
Osnabrück FH	Produkt- und Qualitätsmanagement in Landwirtschaft und Gartenbau	Master of Science
Rottenburg FH	BioEnergie	Bachelor of Science
Südwestfalen/Soest FH	Agrarwirtschaft	Bachelor of Science
Südwestfalen/Soest FH	Agrarwirtschaft	Master of Science

Architektur/Innenarchitektur

Architekten sind überall dort anzutreffen, wo es um das Planen, Entwerfen und Ausführen von Baumaßnahmen geht. Sie sind entweder selbstständig als Inhaber eines eigenen Architekturbüros oder in einem Büro als angestellter Architekt tätig. Weitere berufliche Einsatzmöglichkeiten bieten sich bei großen Bauunternehmen oder bei staatlichen Baubehörden, wo sie vor allem Koordinierungsaufgaben bei der Zusammenarbeit von Behörden (Bauämter, Ämter für Denkmalpflege) und den Baufirmen übernehmen. Zum Tätigkeitsbereich des Architekten gehört nicht nur die Planung von Neubauten, sondern auch die Renovierung, Modernisierung und Sanierung bestehender Gebäude.

Zukünftige Architekten können zwischen einem Studium an einer Universität, einer Fachhochschule und einer Kunsthochschule wählen. Das Architekturstudium ist an wissenschaftlichen Hochschulen theoretischer und eher grundlagenbezogen, an den Fachhochschulen praxisorientiert angelegt. Das Studium schließt mit einem Bachelor- und einem Mastergrad ab. Unabhängig vom gewählten Hochschultypus müssen Studienanfänger entweder vor dem Studium oder in den ersten Semestern Praktika ableisten. Eine dem Beruf nahestehende Ausbildung vor dem Studium, etwa als Bauzeichner, empfiehlt sich, schon um zu prüfen, ob die Baubranche das richtige Berufsfeld ist. Dieser Beruf ist nichts für allzu empfindliche Naturen.

An Begabungen und fachlichen Qualifikationen werden Interesse an künstlerischer Gestaltung, technisches Verständnis, gutes räumliches Denken und Darstellungsvermögen sowie eine gute mathematisch-naturwissenschaftliche Begabung erwartet. Viele Hochschulen überprüfen die künstlerisch-gestalterischen

Voraussetzungen in einer Aufnahmeprüfung. In der Regel muss eine Mappe mit künstlerischen Exponaten vorgelegt werden, die von Dozenten begutachtet wird. Wenn diese Hürde genommen ist, folgt noch eine künstlerische Prüfung an der Hochschule.

Das Studium besteht aus theoretischen und fachpraktischen Lehrveranstaltungen in Geometrie, Vermessungslehre, Malerei und bildnerischer Gestaltung, Baukonstruktion, Gebäudelehre, Tragwerkskonstruktion, Bauphysik, Bauchemie, Baustofflehre, Kostenplanung, EDV-Anwendung, Baurecht, Stadt- und Kommunalplanung, Architektur- und Kunstgeschichte.

Bachelorstudiengänge an Universitäten umfassen drei Jahre plus ein zweijähriges Masterstudium, an Fachhochschulen sind die Bachelorstudiengänge eher auf dreieinhalb Jahre und Masterstudiengänge auf eineinhalb Jahre angelegt. Für die Aufnahme in die Architektenkammer – und somit für die Eröffnung eines eigenen Büros – ist entweder der Master oder der Abschluss eines vierjährigen Bachelorstudiengangs erforderlich; ein kürzerer Bachelor reicht nicht für die Aufnahme in die Architektenkammer aus. In diesem Fall kann man nur als angestellter Architekt arbeiten.

Auf das Studium folgt eine zwei- bis dreijährige Praxis bei Bauunternehmen oder in Architekturbüros. Anschließend ist die Aufnahme in die Architektenkammer möglich, und es kann die geschützte Berufsbezeichnung »Architekt« geführt werden.

Der Beruf weist einen hohen Anteil an Selbstständigen auf, deren Einkünfte abhängig sind von den Baukosten und der Größe des Projektes sowie dem Umfang der erbrachten Leistungen. Die Gehälter der Angestellten unterliegen der freien Vereinbarung; Berufseinsteiger erhalten im Vergleich zu anderen Akademikern unterdurchschnittliche Gehälter von etwa 2.100 bis 2.400 Euro/Monat brutto. Die Beschäftigungs- und Einstellungschancen sind insgesamt stark von der Baukonjunktur abhängig.

Innenarchitekten gestalten, wie schon der Name sagt, den Innenraum. Als Vollstudiengang wird Innenarchitektur an Kunsthochschulen und Fachhochschulen angeboten, an Universitäten ist es kein eigenständiges Fach, sondern ein Schwerpunkt in Architekturstudiengängen. Ein Bachelorstudiengang dauert an Fachhochschulen in der Regel sieben Semester. Vorausgesetzt werden zum Studienbeginn ein Praktikum von mehrmonatiger Dauer in Innenausbaubetrieben, vor allem in Bau- und Möbeltischlereien, und wie zum Teil auch beim Architekturstudium eine erfolgreich bestandene Aufnahmeprüfung. Neben gestalterischen Fähigkeiten werden von den Studienbewerbern u. a. Wissen über die Beschaffenheit der zu verwendenden Werkstoffe (u. a. Holz, Glas, Keramik, Textilien) und verschiedene künstlerische Darstellungstechniken, vor allem Freihandzeichnen, erwartet.

Die Bewerbung für einen Studienplatz in Innenarchitektur geht an die jeweilige Hochschule. Wegen der künstlerischen Aufnahmeprüfung wird ein erster Kontakt ein Jahr vor dem beabsichtigten Studienbeginn empfohlen.

Beschäftigungsmöglichkeiten finden Innenarchitekten im eigenen Büro oder als Angestellte in einem größeren Büro. Hinzu kommen Tätigkeiten in Einrichtungshäusern, in Werbe- und Fotoateliers sowie im Gaststätten- und Ausstellungsbau. Die Absolventen dürfen die Berufsbezeichnung »Innenarchitekt« dann nach zwei- bis dreijähriger einschlägiger Berufstätigkeit führen.

Zum Weiterlesen: Bund deutscher Architekten (Hrsg.), *Studienführer Architektur und Stadtplanung. Der Wegweiser zum Studium in Deutschland, Österreich, Liechtenstein und der Schweiz*, 2009; zum Studium Innenarchitektur siehe vor allem die Informationen auf der Homepage des Bundes deutscher Innenarchitekten unter *www.bdia.de*.

Architektur/Innenarchitektur an Universitäten und Kunsthochschulen

Studienort	Studiengang	Abschluss
Aachen TH	Architektur	Bachelor of Science
Aachen TH	Architektur	Master of Science
Alfter HS	Architektur	Bachelor of Arts
Alfter HS	Architektur	Master of Arts
Berlin TU	Architektur	Bachelor of Science
Berlin TU	Architektur	Master of Science
Berlin UdK	Architektur	Diplom
Braunschweig TU	Architektur	Bachelor of Science
Cottbus TU	Architektur	Bachelor of Science
Cottbus TU	Architektur	Master of Science
Cottbus TU	Architekturvermittlung	Master of Science
Cottbus TU	Bauen und Erhalten	Master of Science
Darmstadt TU	Architektur	Bachelor of Science
Darmstadt TU	Architektur	Master of Science
Dortmund TU	Architektur und Städtebau	Bachelor of Science
Dortmund TU	Architektur und Städtebau	Master of Science
Dresden TU	Architektur	Diplom
Halle HfKuD	Innenarchitektur	Bachelor of Arts
Halle HfKuD	Furniture and Interior Design	Master of Arts
Halle HfKuD	Interior Architecture	Master of Arts
Hamburg HfBK	Architektur	Bachelor of Arts

Hamburg HfBK	Architektur	Master of Arts
Hamburg HfBK	Resource Efficiency in Architecture and Planning	Master of Science
Hannover U	Architektur	Bachelor of Science
Kaiserslautern TU	Architektur	Diplom
Karlsruhe U	Architektur	Bachelor of Science
Karlsruhe U	Architektur	Master of Science
Kassel U	Architektur	Bachelor of Science
Kassel U	Architektur	Master of Science
Kiel MuthKunst	Interior Design	Bachelor of Arts
Kiel MuthKunst	Raumstrategien	Master of Arts
München AkdBK	Innenarchitektur	Diplom
München TU	Architektur	Bachelor of Arts
München TU	ClimaDesign	Master of Science
Nürnberg AkdBK	Architektur	Master of Architecture
Nürnberg AkdBK	Architektur und Stadtforschung	Master of Arts
Siegen U	Architektur	Bachelor of Science
Siegen U	Architektur – Planen & Bauen im Bestand	Master of Science
Siegen U	Architektur – Städtebau – NRW	Master of Science
Stuttgart AkdBK	Architektur	Bachelor of Arts
Stuttgart AkdBK	Architektur	Master of Arts
Stuttgart U	Architektur und Stadtplanung	Bachelor of Science
Weimar U	Architektur	Bachelor of Science
Weimar U	Architektur	Master of Science
Weimar U	Archineering	Master of Science
Wuppertal U	Architektur	Bachelor of Science
Wuppertal U	Architektur	Master of Science

Architektur/Innenarchitektur an Fachhochschulen

Studienort	**Studiengang**	**Abschluss**
Aachen FH	Architektur	Bachelor of Arts
Anhalt/Dessau FH	Architektur	Bachelor of Arts
Anhalt/Dessau FH	Architektur	Master of Arts
Anhalt/Dessau FH	Nachhaltige Architektur	Master of Arts
Augsburg FH	Architektur	Bachelor of Arts
Augsburg FH	Architektur	Master of Arts
Berlin TFH	Architektur	Bachelor of Arts
Berlin TFH	Architektur	Master of Arts
Biberach FH	Architektur	Bachelor of Arts
Biberach FH	Architektur	Master of Arts
Bielefeld FH	Integrales Bauen	Master
Bielefeld/Minden FH	Architektur	Bachelor of Arts
Bochum FH	Architektur	Bachelor of Arts
Bochum FH	Architektur: Projektentwicklung	Master of Arts
Bremen H	Architektur	Bachelor of Arts

Bremen H	Architektur/Environmental Design	Master of Arts
Buxtehude H	Bauen im Bestand	Bachelor of Engineering
Coburg FH	Architektur	Bachelor of Arts
Coburg FH	Innenarchitektur	Bachelor of Arts
Cottbus H	Architektur	Bachelor of Arts
Cottbus H	Architektur	Master of Arts
Cottbus H	Architektur und Städtebau	Bachelor of Arts
Cottbus H	Klimagerechtes Bauen und Betreiben	Master of Engineering
Darmstadt H	Architektur	Bachelor of Arts
Darmstadt H	Architektur	Master of Arts
Darmstadt H	Innenarchitektur	Bachelor of Arts
Darmstadt H	Innenarchitektur	Master of Arts
Dortmund FH	Architektur	Bachelor of Arts
Dresden HTW	Architektur	Bachelor of Arts
Dresden HTW	Architektur	Master of Arts
Düsseldorf FH	Architecture and Interior Architecture	Bachelor of Arts
Düsseldorf FH	Architecture	Master of Arts
Düsseldorf FH	Interior Architecture	Master of Arts
Erfurt FH	Architektur	Bachelor of Arts
Erfurt FH	Architektur	Master of Arts
Erfurt FH	Landschaftsarchitektur	Master of Engineering
Frankfurt am Main FH	Architektur	Bachelor of Arts
Frankfurt am Main FH	Architektur	Master of Arts
Frankfurt am Main FH	Zukunftssicher Bauen (Sustainable Constructions)	Master of Engineering
Geisenheim H	Landschaftsarchitektur	Bachelor of Engineering
Gießen/Friedberg FH	Architektur	Bachelor of Engineering
Gießen/Friedberg FH	Architektur	Master of Engineering
Hamburg AMD	Raumkonzept und Design	Bachelor of Arts
Hannover FH	Innenarchitektur	Bachelor of Arts
Heidelberg FH	Architektur	Bachelor of Arts
Heidelberg FH	Architektur (Erhaltung und Erneuerung von Gebäuden)	Master of Arts
Hildesheim/Holzmin-den/Göttingen FH	Architektur	Bachelor of Arts
Hildesheim/Holzmin-den/Göttingen FH	Architektur	Master of Arts
Hildesheim/Holzmin-den/Göttingen FH	Planen und Bauen	Master of Engineering
Kaiserslautern FH	Architektur	Bachelor of Arts
Kaiserslautern FH	Architektur	Master of Arts
Kaiserslautern FH	Innenarchitektur	Bachelor of Arts
Kaiserslautern FH	Innenarchitektur	Master of Arts
Karlsruhe FH	Architektur	Bachelor of Arts
Karlsruhe FH	Architektur	Master of Arts
Koblenz FH	Architektur	Bachelor of Arts
Koblenz FH	Architektur	Master of Arts
Köln FH	Architektur	Bachelor of Arts

Köln FH	Architektur	Master of Arts
Konstanz FH	Architektur	Bachelor of Arts
Konstanz FH	Architektur	Master of Arts
Leipzig HTWK	Architektur	Bachelor of Arts
Leipzig HTWK	Architektur	Master of Arts
Lippe/Detmold H	Architektur	Bachelor of Arts
Lippe/Detmold H	Architektur	Master of Arts
Lippe/Detmold H	Innenarchitektur	Bachelor of Arts
Lippe/Detmold H	Innenarchitektur und Raumkunst	Master of Arts
Lübeck FH	Architektur	Bachelor of Arts
Lübeck FH	Architektur	Master of Arts
Mainz FH	Architektur	Bachelor of Arts
Mainz FH	Innenarchitektur – Interior Design	Bachelor of Arts
Mainz FH	Architektur: Integrierte Wohnungsbauentwicklung	Master of Arts
München FH	Architektur	Bachelor of Arts
München FH	Architektur	Master of Arts
Münster FH	Architektur	Bachelor of Arts
Münster FH	Architektur	Master of Arts
Münster FH	Bauen im Bestand	Bachelor of Engineering
Nürnberg FH	Architektur	Bachelor of Arts
Nürnberg FH	Architektur	Master of Arts
Oldenburg/Wilhelmshaven/Elsfleth FH	Architektur	Bachelor of Arts
Oldenburg/Wilhelmshaven/Elsfleth FH	Architektur	Master of Arts
Potsdam FH	Architektur und Städtebau	Bachelor of Arts
Potsdam FH	Architektur und Städtebau	Master of Arts
Potsdam FH	Bauforschung	Master of Science
Regensburg FH	Architektur	Bachelor of Arts
Regensburg FH	Architektur	Master of Arts
Rosenheim FH	Innenarchitektur	Bachelor of Arts
Rosenheim FH	Innenarchitektur	Master of Arts
Saarbrücken HTW	Architektur	Bachelor of Arts
Saarbrücken HTW	Architektur	Master of Arts
Stuttgart HFT	Architektur	Bachelor of Arts
Stuttgart HFT	Architektur	Master of Arts
Stuttgart HFT	Innenarchitektur	Bachelor of Arts
Stuttgart HFT	Interior-Architectural Design	Master of Arts
Trier FH	Architektur	Bachelor of Arts
Trier FH	Architektur	Master of Arts
Trier FH	Innenarchitektur	Bachelor of Arts
Wiesbaden FH	Architektur	Bachelor of Arts
Wiesbaden FH	Architektur – Bauen im Bestand/Revitalisierung	Master of Arts
Wiesbaden FH	Innenarchitektur	Bachelor of Arts
Wiesbaden FH	Innenarchitektur	Master of Arts
Wismar H	Architektur	Bachelor of Arts

Wismar H	Architektur	Master of Arts
Wismar H	Innenarchitektur	Bachelor of Arts
Wismar H	Innenarchitektur	Master of Arts
Wismar H	Architectural Lighting Design	Master of Arts
Wismar H	Bautenschutz	Master of Science
Wismar H	Pflege des Bauerbes	Master of Engineering
Würzburg FH	Architektur	Bachelor of Engineering
Zittau/Görlitz H	Architektur	Bachelor of Science
Zwickau/Reichenbach H	Architektur	Bachelor of Arts
Zwickau/Reichenbach H	Architektur	Master of Arts

Biowissenschaften

Unter dem Begriff Biowissenschaften werden verschiedene selbstständige Studiengänge zusammengefasst: Biologie, Biochemie, Biophysik, Biotechnologie und Bioinformatik. Das Studium ist vorwiegend an Universitäten möglich. Dabei handelt es sich um ein naturwissenschaftliches Studium, das im Bachelor in den ersten Semestern aus Chemie, Physik, Mathematik, Biologie und zum Teil aus Informatik besteht und erst ab dem dritten oder vierten Semester eine Schwerpunktsetzung vorsieht. Die eigentliche Spezialisierung erfolgt in den Masterstudiengängen. Studienabschluss ist der Bachelor und Master of Science (B.Sc. und M.Sc.) bzw. der Bachelor und Master of Engineering (B.Eng. und M.Eng.).

Bachelorstudiengänge sind an Universitäten auf sechs Semester, an Fachhochschulen auf überwiegend sieben Semester angelegt; ein sich anschließender Masterstudiengang an Universitäten dauert noch einmal vier, an Fachhochschulen in der Regel drei weitere Semester.

Die Bewerbung erfolgt direkt bei den Hochschulen, einige haben interne Zulassungsbeschränkungen.

Bei den Biowissenschaften sind Tätigkeiten in den zwei Schlüsseltechnologien Bio- und Gentechnologie von besonderer Bedeutung, da künftig so gut wie jedes neu entwickelte Arzneimittel auf der Basis biotechnischer Verfahren oder gentechnischer Prozesse hergestellt sein dürfte und sich diese Industrien seit Mitte der 90er Jahre in einem permanenten Aufwärtstrend befinden. Bereits mehrere tausend Personen arbeiten in entsprechenden Unternehmen, wobei die Arbeitsplätze nicht eingerechnet sind, an denen biotechnologische Forschung vor der industriellen Nutzung betrieben wird. In Universitätslabors und anderen staatlichen Forschungseinrichtungen sind ebenfalls einige tausend Wissenschaftler/innen mit biotechnologischer Grundlagenforschung beschäftigt oder auf der Suche nach neuen biotechnologischen Anwendungen.

Die Diskussionen um Klonen und Genmanipulationen bei Mensch und Tier versperren den Blick dafür, dass die Biotechnologie sehr viel weiter gefasst ist und ihre Verfahren so neu nicht sind. Seit Jahrtausenden braut der Mensch Bier durch Hefegärung, stellt Essig, Sauerkraut und Buttermilch mit Hilfe von Bakterien her und verwandelt über Schimmelpilze Milch in länger haltbaren Käse. Auch die moderne Biotechnologie nutzt besondere Stoffwechselleistungen von Mikroorganismen für technische Verfahren.

Der Biotechnologie bieten sich bei der Anwendung biologischer Erkenntnisse in technologischen Verfahren und Produkten in Zukunft immer breitere Einsatzmöglichkeiten, z. B. bei der biotechnologischen Herstellung von Arzneimitteln und Impfstoffen, beim Einsatz von Enzymen für die Waschmittelindustrie und für Anwendungen in der Milch-, Zucker- und Textilindustrie, bei der Haltbarmachung von Nahrungsmitteln, beim präventiven Umweltschutz (Biosensoren), bei der Bodensanierung und Abwasserreinigung mit Mikroorganismen, bei der Produktion nachwachsender Rohstoffe und bei der Herstellung biologischer Pflanzenschutzmittel, aber auch in der Energiewirtschaft und der Qualitätskontrolle.

Während die Biotechnologie biochemische Prozesse nutzt, versucht die Gentechnologie Organismen dazu zu bringen, Stoffe zu produzieren, zu denen sie aufgrund ihres Bauplans nicht in der Lage sind, indem ihnen bestimmte Erbanlagen eingepflanzt werden. Folge sind neue Medikamente, Impfstoffe und Enzyme in großer Menge und Reinheit. Durch eine planmäßige Veränderung des Erbgutes können auch Pflanzen resistent gegen Erreger gemacht und Nahrungsmittel in bislang nicht gekannter Güte und Größe erzeugt werden. Gegenüber gentechnisch veränderten Nahrungsmitteln gibt es bei den Verbrauchern noch erhebliche Widerstände. Bei der somatischen Gentherapie, dem Einsatz der Gentechnik am Menschen zur Reparatur von defektem Erbgut, und bei der Bekämpfung von Krankheiten sehen die meisten eher Vor- als Nachteile.

In den Berufsbereich Biotechnologie und Gentechnologie führen mehrere Wege: Ein Studium der Biotechnologie wird von mehreren Universitäten und Fachhochschulen als Vollzeitstudiengang oder innerhalb der Studiengänge Verfahrenstechnik oder Chemieingenieurwesen angeboten. Möglich ist ebenso ein Studium der Biochemie (nur an Universitäten), entweder als eigenständiger Studiengang oder als Schwerpunkt in Biologie oder in Chemie. Auch ein traditionelles Chemie-, Biologie-, Medizin- oder Pharmaziestudium eröffnet Möglichkeiten mit entsprechenden Nebenfächern und Schwerpunkten wie organische Chemie, Molekularbiologie, Biochemie, pharmazeutische Chemie oder Verfahrenstechnik. Der Studiengang Bioinformatik kann entweder als eigenständiger Studiengang oder als Schwerpunkt in Informatikstudiengängen gewählt werden.

Voraussetzungen sind neben einer fundierten mathematisch-naturwissenschaftlichen Begabung – Leistungskurs in Biologie allein reicht nicht aus – technisches Verständnis/Fingergeschick und ein ausgeprägtes Interesse an Wissenschaft und Forschung, da es sich später überwiegend um Tätigkeiten im Labor handelt. Der Biotechnologe ist entweder stärker Naturwissenschaftler oder Ingenieur, muss aber von beiden Seiten etwas verstehen, weil er in Projekten mit Vertretern anderer Fächer eng zusammenarbeitet. Deshalb ist auch Teamorientierung gefragt.

Während der Ausbildung werden Praktika in Forschungsinstituten und in der Industrie empfohlen. Eine Doktorarbeit ist wegen der forschungsintensiven Tätigkeiten sinnvoll und bietet die Möglichkeit, sich auf einem Feld besonders zu qualifizieren. Wichtig sind nach dem Studium Auslandsaufenthalte zur Vertiefung der Methoden und zum Erlernen von neuen Verfahren.

Biowissenschaften an Universitäten

Studienort	Studiengang	Abschluss
Aachen TH	Biologie	Bachelor of Science
Aachen TH	Biologie	Master of Science
Bayreuth U	Biologie	Bachelor of Science
Bayreuth U	Biochemie und Molekulare Biologie	Master of Science
Bayreuth U	Biologisierte Physik	Master of Science
Berlin FU	Biologie	Bachelor of Science
Berlin FU	Neurobiologie und Verhalten/ Neurobiology and Behaviour	Master of Science
Berlin HU	Biologie	Bachelor of Science
Berlin HU	Molekulare Lebenswissenschaft	Master of Science
Berlin HU	Organismische Biologie und Evolution	Master of Science
Bielefeld U	Biologie	Bachelor of Science
Bielefeld U	Genome Based Systems Biology	Master of Science
Bielefeld U	Molecular Cell Biology	Master of Science
Bielefeld U	Systems Biology of Brain and Behaviour	Master of Science
Bochum U	Biologie	Bachelor of Science
Bochum U	Biologie	Master of Science
Bonn U	Biologie	Bachelor of Science
Bonn U	Molekulare Biomedizin	Bachelor of Science
Bonn U	Neurosciences	Master of Science
Bonn U	Organismic Biology, Evolutionary Biology and Palaeobiology (OEP-Biology)	Master of Science
Braunschweig TU	Biologie	Bachelor of Science
Braunschweig TU	Biologie	Master of Science
Bremen JU	Biochemistry and Cell Biology	Bachelor of Science
Bremen JU	Bioinformatics and Computational Biology	Bachelor of Science
Bremen JU	Biology/Neuroscience	Bachelor of Science

Bremen JU	Molecular Life Science (MoLife)	Master of Science
Bremen U	Biochemistry and Molecular Biology	Master of Science
Bremen U	Biologie	Bachelor of Science
Bremen U	International Studies in Aquatic Tropical Ecology ISATEC	Master of Science
Bremen U	Marine Biology	Master of Science
Bremen U	Marine Mikrobiologie (MARMIC)	Master of Science
Bremen U	Neuroscience	Master of Science
Cottbus BTU	Biomedizinische Gerätetechnik	Master of Science
Darmstadt TU	Biologie	Bachelor of Science
Darmstadt TU	Technische Biologie	Master of Science
Dortmund TU	Chemische Biologie	Bachelor of Science
Dortmund TU	Chemische Biologie	Master of Science
Dresden TU	Biologie	Bachelor of Science
Dresden TU	Biologie	Master of Science
Duisburg/Essen U	Biologie	Bachelor of Science
Duisburg/Essen U	Biologie	Master of Science
Duisburg/Essen U	Medizinische Biologie	Master of Science
Duisburg/Essen U	Water Science – Wasser: Chemie, Analytik, Mikrobiologie	Bachelor of Science
Duisburg/Essen U	Water Science	Master of Science
Duisburg/Essen U	Management and Technology of Water and Waste Water	Master of Science
Erlangen/Nürnberg U	Biologie	Bachelor of Science
Erlangen/Nürnberg U	Integrated Life Science – Biologie, Biomathematik, Biophysik	Bachelor of Science
Erlangen/Nürnberg U	Life Science Engineering	Bachelor of Science
Erlangen/Nürnberg U	Molecular Science	Bachelor of Science
Erlangen/Nürnberg U	Molecular Science	Master of Science
Erlangen/Nürnberg U	Zell- und Molekularbiologie	Master of Science
Frankfurt am Main U	Biowissenschaften	Bachelor of Science
Frankfurt am Main U	Interdisciplinary Neuroscience	Master of Science
Freiburg im Breisgau U	Biologie	Bachelor of Science
Freiburg im Breisgau U	Bioinformatik und Systembiologie	Master of Science
Gießen U	Biologie	Bachelor of Science
Gießen U	Biologie	Master of Science
Göttingen U	Biologie	Bachelor of Science
Göttingen U	Biologische Diversität und Ökologie	Bachelor of Science
Göttingen U	Biologische Diversität und Ökologie	Master of Science
Göttingen U	Microbiology and Biochemistry	Master of Science
Göttingen U	Molekulare Biologie	Master of Science
Greifswald U	Biologie	Bachelor of Science
Greifswald U	Biomedical Sciences	Bachelor of Science
Greifswald U	Humanbiologie	Bachelor of Science
Halle-Wittenberg U	Biologie	Bachelor of Science
Hamburg U	Biologie	Bachelor of Science
Hamburg U	Biologie	Master of Science
Hamburg U	Angewandte und Molekulare Botanik	Master of Science

Hamburg U	Marine Ökosystem- und Fischereiwissenschaften	Master of Science
Hamburg U	Molecular Life Science	Bachelor of Science
Hamburg U	Molecular Life Science	Master of Science
Hannover U	Biologie	Bachelor of Science
Hannover U	Biologie der Pflanzen	Master of Science
Hannover U	Life Science	Bachelor of Science
Hannover U	Life Science	Master of Science
Hannover U	Pflanzenbiotechnologie	Bachelor of Science
Hannover U	Pflanzenbiotechnologie	Master of Science
Hannover MedH	Biomedizin	Master of Science
Hannover TierH	Animal Biology and Biomedical Sciences	Master of Science
Heidelberg U	Biowissenschaften	Bachelor of Science
Heidelberg U	Molecular Biosciences	Master of Science
Jena U	Biochemie/Molekularbiologie	Bachelor of Science
Jena U	Biogeowissenschaften	Bachelor of Science
Jena U	Biogeowissenschaften	Master of Science
Jena U	Biologie	Bachelor of Science
Jena U	Biowissenschaften	Bachelor of Science
Jena U	Mikrobiologie	Master of Science
Kaiserslautern U	BioSciences	Master of Science
Kaiserslautern U	Biowissenschaften	Bachelor of Science
Karlsruhe U (TH)	Biologie	Bachelor of Science
Karlsruhe U (TH)	Biologie	Master of Science
Karlsruhe U (TH)	Chemische Biologie	Bachelor of Science
Karlsruhe U (TH)	Chemische Biologie	Master of Science
Kassel U	Biologie	Bachelor of Science
Kassel U	Biologie	Master of Science
Kiel U	Biochemie und Molekularbiologie	Bachelor of Science
Kiel U	Biochemie und Molekularbiologie	Master of Science
Kiel U	Biological Oceanography	Master of Science
Kiel U	Biologie	Bachelor of Science
Kiel U	Biologie	Master of Science
Koblenz-Landau U	Ecological Impact Assessment	Bachelor of Science
Koblenz-Landau U	Ecological Impact Assessment in Freshwater	Master of Science
Köln U	Biologie	Bachelor of Science
Köln U	Biological Sciences	Master of Science
Konstanz U	Biological Science	Bachelor of Science
Konstanz U	Biological Science	Master of Science
Konstanz U	Life Science	Bachelor of Science
Konstanz U	Life Science	Master of Science
Leipzig U	Biologie	Bachelor of Science
Leipzig U	Biologie	Master of Science
Lübeck U	Computational Life Science	Bachelor of Science
Lübeck U	Computational Life Science	Master of Science
Lübeck U	Molecular Life Science	Bachelor of Science
Lübeck U	Molecular Life Science	Master of Science
Magdeburg U	Biosystemtechnik	Bachelor of Science

Magdeburg U	Integrative Neurowissenschaften	Master of Science
Magdeburg U	Molekulare und strukturelle Produktgestaltung	Bachelor of Science
Mainz U	Biologie	Bachelor of Science
Mainz U	Biologie	Master of Science
Mainz U	Biomedizin	Master of Science
Mainz U	Molekulare Biologie	Bachelor of Science
Marburg U	Humanbiologie (Biomedical Science)	Bachelor of Science
Marburg U	Molecular and Cellular Biology	Master of Science
Marburg U	Organismic Biology	Master of Science
München U	Biologie	Bachelor of Science
München U	Evolution, Ecology and Systematics	Master of Science
München U	Neuro-Cognitive Psychology	Bachelor of Science
München U	Neuro-Cognitive Psychology	Master of Science
München/Freising TU	Biologie	Bachelor of Science
München/Freising TU	Biologie	Master of Science
München/Garching TU	Biomedical Computing	Master of Science
Münster U	Biologie	Bachelor of Science
Münster U	Biologie	Master of Science
Münster U	Biowissenschaften	Bachelor of Science
Münster U	Molekulare Biomedizin	Master of Science
Oldenburg U	Biologie	Bachelor of Science
Oldenburg U	Biologie	Master of Science
Oldenburg U	Marine Umweltwissenschaften	Master of Science
Oldenburg U	Microbiology/Mikrobiologie	Master of Science
Osnabrück U	Biologie der Organismen	Bachelor of Science
Osnabrück U	Biologie der Organismen	Master of Science
Osnabrück U	Biologie der Zellen	Bachelor of Science
Osnabrück U	Biologie der Zellen	Master of Science
Potsdam U	Biowissenschaften	Bachelor of Science
Potsdam U	Zelluläre und Molekulare Biologie	Master of Science
Regensburg U	Biologie	Bachelor of Science
Regensburg U	Biologie	Master of Science
Regensburg U	Experimental & Clinical Neurosciences	Master of Science
Rostock U	Aquakultur	Master of Science
Rostock U	Biowissenschaften	Bachelor of Science
Rostock U	Meeresbiologie	Master of Science
Saarbrücken	Biologie	Bachelor of Science
Stuttgart/Hohenheim U	Agrarbiologie	Bachelor of Science
Stuttgart/Hohenheim U	Biologie	Bachelor of Science
Stuttgart U	Technische Biologie	Bachelor of Science
Tübingen U	Biologie	Bachelor of Science
Tübingen U	Zelluläre und Molekulare Neurowissenschaften	Master of Science
Ulm U	Biologie	Bachelor of Science
Ulm U	Biologie	Master of Science
Würzburg U	Biologie	Bachelor of Science
Würzburg U	Biomedizin	Bachelor of Science
Würzburg U	Biomedizin	Master of Science

Zum Weiterlesen: Carsten Roller, *Studienführer Biologie: Biologie, Biochemie, Biotechnologie, Biomedizin,* hrsg. vom Verband Biologie, Biowissenschaften, Biomedizin, 2010 (in Vorbereitung); recherchieren Sie auch auf der Homepage des Verbands Biologie, Biowissenschaften, Biomedizin *(www.vbio.de)*, die viele nützliche Tipps für angehende Biowissenschaftler bietet. Über den Verband kann auch die Broschüre *Perspektiven – Berufsbilder von und für Biologen, Biowissenschaftler und weitere Naturwissenschaftler* bezogen werden. 70 Biowissenschaftler beschreiben darin ihre beruflichen Einsatzfelder.

Chemie und Lebensmittelchemie

Die Chemie erforscht die Eigenschaften, Zusammensetzung und Umwandlung von Stoffen und chemischen Verbindungen. Das Fach wiederum besteht aus verschiedenen Teilgebieten wie anorganische Chemie, organische Chemie, physikalische Chemie, theoretische Chemie, angewandte Chemie, Polymerchemie.

Ein eigenständiges Fach, aber mit der Chemie eng verwandt, ist die Lebensmittelchemie. In diesem Fach lernen die Studierenden vor allem die Nahrungsmittel im Hinblick auf Reinheit und Qualität zu analysieren, Zusatzstoffe zu untersuchen und Bedarfsgegenstände (etwa Verpackungen von Lebensmitteln) auf ihre Verträglichkeit hin zu prüfen. Abgeschlossen wird das Studium der Lebensmittelchemie mit dem Staatsexamen.

Das Fach Chemie ist überwiegend an Universitäten, aber auch an einigen Fachhochschulen vertreten, während Lebensmittelchemie nur von Universitäten angeboten wird. Beim Universitätsstudium stehen die wissenschaftlichen Grundlagen und Methoden der Chemie sowie ihre Anwendungen in der chemischen Industrie im Vordergrund. Das Fachhochschulstudium ist eher technisch ausgerichtet im Hinblick auf Tätigkeiten in der Produktion und Betriebsleitung von Chemieunternehmen.

Die Bewerbung für einen Studienplatz in Chemie erfolgt direkt bei der jeweiligen Universität oder Fachhochschule, nur vereinzelt gibt es örtliche Zulassungsbeschränkungen. Die meisten Studiengänge sind zulassungsfrei.

Die Vorstellung vom eigenbrötlerischen Chemiker, der im Labor allerlei Mixturen zusammenbraut, hat mit der Realität nichts gemein. Chemiker arbeiten im Team und in enger Zusammenarbeit mit anderen Abteilungen wie der Produktion und Qualitätsprüfung.

Die Chemieindustrie, eine der größten Industrien weltweit, arbeitet zunehmend global. Aus diesem Grund müssen angehende Chemiker über sehr gute Fremdsprachenkenntnisse verfügen – zumal auch die Fachliteratur zumeist in englischer Sprache vorliegt – und sollten auch während des Studiums oder während der Doktorarbeit einige Zeit im Ausland geforscht oder gearbeitet haben.

Im Studienbereich Chemie werden statt des früheren Diploms jetzt die Abschlüsse Bachelor und Master of Science (B.Sc. und M.Sc.) vergeben. Die Bachelorstudiengänge an Universitäten sind auf sechs Semester angelegt, das vertiefende Masterstudium auf vier weitere. Chemiestudiengänge an Fachhochschulen, von denen es aber nur wenige gibt, dauern sechs oder (häufiger) sieben Semester. Für ein anschließendes Masterstudium sind hier in der Regel drei weitere Semester zu veranschlagen. Für das Lehramt an Schulen wird ein Bachelor- und Master-of-Education-Studiengang in Chemie belegt.

Die Studienzeit – mindestens fünf Jahre bis zum Masterabschluss – verlängert sich für Chemiker in der Regel um etwa drei weitere Jahre, denn Chemie gilt als das Fach mit dem höchsten Anteil (über 90 Prozent) an Promotionen. Diese können nur an Universitäten durchgeführt werden und bringen den akademischen Grad Dr. rer. nat. Da Unternehmen Wert darauf legen, Absolventen einzustellen, die mit den neuesten wissenschaftlichen Methoden vertraut sind, werden die promovierten Chemiker auch zukünftig weitaus bessere Karten auf dem Arbeitsmarkt haben als ihre nichtpromovierten Kollegen.

Chemie ist ein naturwissenschaftliches Studium und erfordert eine breite Begabung in allen naturwissenschaftlichen Fächern einschließlich Mathematik. Aber die Vorliebe für Naturwissenschaften reicht allein nicht aus. Chemiker sollten auch über eine gewisse Fingerfertigkeit und technisches Verständnis verfügen. Für die langwierigen Versuchsreihen benötigen sie zudem eine Menge Geduld.

Das Einstiegsgehalt junger Chemiker und Lebensmittelchemiker liegt im oberen Drittel. Allerdings erwarten die Unternehmen zusätzliche Qualifikationen in Betriebswirtschaftslehre, das eine oder andere Praktikum, und, was besondere Pluspunkte einbringt, einen Auslandsaufenthalt an einem renommierten Forschungsinstitut.

Chemie und Lebensmittelchemie an Universitäten

Studienort	Studiengang	Abschluss
Aachen TH	Chemie	Bachelor of Science
Aachen TH	Chemie	Master of Science
Aachen TH	Chemieingenieurwesen	Master of Science
Bayreuth U	Biochemie	Bachelor of Science
Bayreuth U	Biochemie und Molekulare Biologie	Master of Science
Bayreuth U	Chemie	Bachelor of Science
Bayreuth U	Polymer- und Kolloidchemie	Bachelor of Science
Bayreuth U	Materialchemie und Katalyse	Master of Science
Bayreuth U	Natur- und Wirkstoffchemie	Master of Science
Berlin FU	Biochemie	Bachelor of Science
Berlin FU	Chemie	Bachelor of Science

Berlin FU	Chemie	Master of Science
Berlin HU	Chemie	Bachelor of Science
Berlin TU	Chemie	Bachelor of Science
Berlin TU	Lebensmittelchemie	Staatsexamen
Bielefeld U	Biochemie	Bachelor of Science
Bielefeld U	Biochemie	Master of Science
Bielefeld U	Chemie	Bachelor of Science
Bielefeld U	Chemie	Master of Science
Bochum U	Biochemie	Bachelor of Science
Bochum U	Biochemie	Master of Science
Bochum U	Chemie	Bachelor of Arts
Bochum U	Chemie	Bachelor of Science
Bochum U	Chemie	Master of Science
Bonn U	Chemie	Bachelor of Science
Bonn U	Lebensmittelchemie	Staatsexamen
Braunschweig TU	Bio- und Chemieingenieurwesen	Bachelor of Science
Braunschweig TU	Chemie	Bachelor of Science
Braunschweig TU	Chemie	Master of Science
Braunschweig TU	Lebensmittelchemie	Staatsexamen
Bremen JU	Biochemical Engineering	Bachelor of Science
Bremen JU	Biochemistry and Cell Biology	Bachelor of Science
Bremen JU	Chemistry	Bachelor of Science
Bremen U	Chemie	Bachelor of Science
Bremen U	Biochemistry and Molecular Biology	Master of Science
Bremen U	Materialwissenschaftliche Mineralogie, Chemie und Physik	Master of Science
Chemnitz TU	Chemie	Bachelor of Science
Chemnitz TU	Chemie	Master of Science
Clausthal-Zellerfeld TU	Chemie	Bachelor of Science
Clausthal-Zellerfeld TU	Chemie	Master of Science
Clausthal-Zellerfeld TU	Verfahrenstechnik/Chemieingenieurwesen	Bachelor of Science
Clausthal-Zellerfeld TU	Verfahrenstechnik/Chemieingenieurwesen	Master of Science
Darmstadt TU	Chemie	Bachelor of Science
Darmstadt TU	Chemie	Master of Science
Dortmund TU	Chemical Engineering	Master of Science
Dortmund TU	Chemie	Bachelor of Science
Dortmund TU	Chemie	Master of Science
Dortmund TU	Chemieingenieurwesen	Bachelor of Science
Dortmund TU	Chemieingenieurwesen	Master of Science
Dortmund TU	Chemische Biologie	Bachelor of Science
Dortmund TU	Chemische Biologie	Master of Science
Dresden TU	Chemie	Bachelor of Science
Dresden TU	Chemie	Master of Science
Dresden TU	Chemieingenieurwesen	Diplom
Dresden TU	Lebensmittelchemie	Diplom/Staatsexamen
Düsseldorf U	Biochemie	Bachelor of Science
Düsseldorf U	Biochemie	Master of Science

Düsseldorf U	Chemie	Bachelor of Science
Düsseldorf U	Chemie	Master of Science
Düsseldorf U	Wirtschaftschemie	Bachelor of Science
Erlangen/Nürnberg U	Chemie	Bachelor of Science
Erlangen/Nürnberg U	Chemie	Master of Science
Erlangen/Nürnberg U	Chemie- und Bioingenieurwesen	Bachelor of Science
Erlangen/Nürnberg U	Chemie- und Bioingenieurwesen	Master of Science
Erlangen/Nürnberg U	Lebensmittelchemie	Staatsexamen
Essen/Duisburg U	Chemie	Bachelor of Science
Essen/Duisburg U	Chemie	Master of Science
Frankfurt am Main U	Biochemie	Diplom
Frankfurt am Main U	Chemie	Bachelor of Science
Frankfurt am Main U	Chemie	Master of Science
Freiberg TUBergAk	Chemie	Bachelor of Science
Freiburg U	Chemie	Bachelor of Science
Freiburg U	Pharmazeutische Wissenschaften	Bachelor of Science
Gießen U	Chemie	Bachelor of Science
Gießen U	Chemie	Master of Science
Gießen U	Lebensmittelchemie	Bachelor of Science
Göttingen U	Chemie	Bachelor of Science
Göttingen U	Chemie	Master of Science
Göttingen U	Microbiology and Biochemistry	Master of Science
Greifswald U	Biochemie	Bachelor of Science
Halle U	Biochemie	Bachelor of Science
Halle U	Chemie	Bachelor of Science
Halle U	Chemie	Master of Science
Halle U	Lebensmittelchemie	Staatsexamen
Hamburg U	Chemie	Bachelor of Science
Hamburg U	Chemie	Master of Science
Hamburg U	Chemotechnik	Bachelor of Science
Hamburg U	Lebensmittelchemie	Staatsexamen
Hannover U	Analytik	Master of Science
Hannover U	Biochemie	Bachelor of Science
Hannover U	Biochemie	Master of Science
Hannover U	Chemie	Bachelor of Science
Hannover U	Material- und Nanochemie	Master of Science
Hannover U	Wirk- und Naturstoffchemie	Master of Science
Hannover MH	Biochemie	Master of Science
Heidelberg U	Chemie	Bachelor of Science
Heidelberg U	Chemie	Master of Science
Ilmenau TU	Chemie	Bachelor of Science
Jena U	Biochemie/Molekularbiologie	Bachelor of Science
Jena U	Chemie	Diplom
Jena U	Chemie/Umweltchemie	Diplom
Kaiserslautern TU	Chemie	Diplom
Kaiserslautern TU	Lebensmittelchemie	Diplom/Staatsexamen
Kaiserslautern TU	Toxikologie	Master of Science

Kaiserslautern TU	Wirtschaftschemie	Diplom
Karlsruhe TH	Chemie	Bachelor of Science
Karlsruhe TH	Chemie	Master of Science
Karlsruhe TH	Chemieingenieurwesen	Master of Science
Karlsruhe TH	Chemieingenieurwesen und Verfahrenstechnik	Bachelor of Science
Karlsruhe TH	Chemische Biologie	Bachelor of Science
Karlsruhe TH	Chemische Biologie	Master of Science
Karlsruhe TH	Lebensmittelchemie	Staatsexamen
Karlsruhe TH	Toxikologie	Master of Science
Kiel U	Biochemie und Molekularbiologie	Bachelor of Science
Kiel U	Biochemie und Molekularbiologie	Master of Science
Kiel U	Chemie	Bachelor of Science
Kiel U	Wirtschaftschemie	Bachelor of Science
Köln U	Chemie	Bachelor of Science
Köln U	Chemie	Master of Science
Konstanz U	Chemie	Bachelor of Science
Konstanz U	Chemie	Master of Science
Landau U	Ecotoxicology	Master of Science
Leipzig U	Biochemie	Bachelor of Science
Leipzig U	Biochemie	Master of Science
Leipzig U	Chemie	Bachelor of Science
Leipzig U	Chemie	Master of Science
Leipzig U	Advanced Spectroscopy in Chemistry	Master of Science
Leipzig U	Structural Chemistry and Spectroscopy	Master of Science
Magdeburg U	Chemical and Process Engineering	Master of Science
Mainz U	Biomedizinische Chemie	Diplom
Mainz U	Chemie	Diplom
Marburg U	Chemie	Bachelor of Science
Marburg U	Chemie	Master of Science
München U	Chemie und Biochemie	Bachelor of Science
München U	Biochemie	Master of Science
München U	Geomaterialien und Geochemie	Master of Science
München TU	Baustoffe, Bauchemie und Instandsetzung	Master of Science
München-Garching TU	Biochemie	Bachelor of Science
München-Garching TU	Biochemie	Master of Science
München-Garching TU	Chemie	Bachelor of Science
München-Garching TU	Chemie	Master of Science
München-Garching TU	Chemieingenieurwesen	Bachelor of Science
München-Garching TU	Chemieingenieurwesen	Master of Science
München-Garching TU	Lebensmittelchemie	Staatsexamen
Münster U	Chemie	Bachelor of Science
Münster U	Chemie	Master of Science
Münster U	Lebensmittelchemie	Bachelor of Science
Münster U	Lebensmittelchemie	Master of Science
Münster U	Wirtschaftschemie	Master of Science
Oldenburg U	Chemie	Bachelor of Science
Oldenburg U	Chemie	Master of Science

Paderborn U	Chemie	Bachelor of Science
Paderborn U	Chemie	Master of Science
Potsdam U	Biochemie	Master of Science
Potsdam U	Chemie	Bachelor of Science
Potsdam U	Chemie	Master of Science
Regensburg U	Biochemie	Bachelor of Science
Regensburg U	Biochemie	Master of Science
Regensburg U	Chemie	Bachelor of Science
Regensburg U	Chemie	Master of Science
Regensburg U	Medicinal Chemistry	Master of Science
Rostock U	Chemie	Bachelor of Science
Saarbrücken U	Chemie	Bachelor of Science
Saarbrücken U	Chemie	Master of Science
Siegen U	Chemie	Bachelor of Science
Siegen U	Chemie	Master of Science
Stuttgart U	Chemie	Bachelor of Science
Stuttgart U	Chemie	Bachelor of Science
Stuttgart U	Lebensmittelchemie	Staatsexamen
Stuttgart/Hohenheim U	Lebensmittelchemie	Staatsexamen
Tübingen U	Biochemie	Bachelor of Science
Tübingen U	Chemie	Bachelor of Science
Ulm U	Biochemie	Bachelor of Science
Ulm U	Biochemie	Master of Science
Ulm U	Chemie	Bachelor of Science
Ulm U	Chemie	Master of Science
Ulm U	Pharmazeutische Biotechnologie	Master of Science
Ulm U	Wirtschaftschemie	Bachelor of Science
Ulm U	Wirtschaftschemie	Master of Science
Wuppertal U	Chemie	Bachelor of Science
Wuppertal U	Chemie	Master of Science
Wuppertal U	Lebensmittelchemie	Staatsexamen
Würzburg U	Biochemie	Bachelor of Science
Würzburg U	Chemie	Bachelor of Science
Würzburg U	Lebensmittelchemie	Bachelor of Science

Chemie an Fachhochschulen

Hochschule	Studiengang	Abschluss
Aachen/Jülich FH	Angewandte Chemie	Bachelor of Science
Aachen/Jülich FH	Applied Chemistry	Bachelor of Science
Aalen HTW	Chemie	Bachelor of Science
Aalen HTW	Analytische und Bioanalytische Chemie	Master of Science
Berlin TFH	Pharma- und Chemietechnik	Bachelor of Engineering
Berlin TFH	Pharma- und Chemietechnik	Master of Science
Biberach H	Pharmazeutische Biotechnologie	Bachelor of Science
Biberach H	Pharmazeutische Biotechnologie	Master of Science

Bonn/Rheinbach FH	Chemie mit Materialwissenschaften	Bachelor of Science
Coburg FH	Analytical Instruments, Measurement- and Sensor-Technology	Master of Engineering
Darmstadt H	Chemische Technologie	Bachelor of Engineering
Dresden HTW	Chemieingenieurwesen	Bachelor of Science
Dresden HTW	Chemieingenieurwesen	Master of Science
Dresden HTW	Umweltmonitoring/Umweltanalyse	Bachelor of Science
Emden/Leer FH	Chemietechnik/Umwelttechnik	Bachelor of Science
Esslingen H	Chemieingenieurwesen/Farbe und Lack	Bachelor of Science
Frankfurt am Main	Biopharmaceutical Science	Bachelor of Science
Frankfurt am Main	Chemical Engineering (Chemieingenieurwesen)	Bachelor of Science
Furtwangen/Villingen-Schwenningen H	Molekulare und Technische Medizin	Bachelor of Science
Gelsenkirchen/Recklinghausen FH	Chemie	Bachelor of Science
Idstein FH Fresenius	Angewandte Chemie	Bachelor of Science
Idstein FH Fresenius	Wirtschaftschemie	Bachelor of Science
Idstein FH Fresenius	Bio- and Pharmaceutical Analysis	Master of Science
Isny FH	Chemie	Bachelor of Science
Isny FH	Pharmazeutische Chemie	Bachelor of Science
Jena U	Pharma-Biotechnologie	Master of Science
Lausitz/Senftenberg FH	Chemieingenieurwesen	Bachelor of Engineering
Lausitz/Senftenberg FH	Naturstoffchemie	Master of Science
Leverkusen FH	Technische Chemie	Bachelor of Science
Lübeck FH	Chemie- und Umwelttechnik	Bachelor of Science
Lübeck FH	Technische Biochemie	Master of Science
Mannheim H	Biologische Chemie	Bachelor of Science
Mannheim H	Chemische Technik	Bachelor of Science
Mannheim H	Chemieingenieurwesen	Master of Science
Merseburg FH	Chemie- und Umwelttechnik	Bachelor of Engineering
Merseburg FH	Chemie- und Umweltingenieurwesen	Master of Engineering
München FH	Chemische Technik	Bachelor of Engineering
Münster FH	Chemietechnik	Bachelor of Science
Münster/Steinfurt FH	Chemical Engineering	Bachelor of Science
Münster/Steinfurt FH	Chemical Engineering	Master of Science
Münster/Steinfurt FH	Chemietechnik	Bachelor of Science
Münster/Steinfurt FH	Wirtschaftsingenieurwesen – Chemietechnik	Bachelor of Science
Münster/Steinfurt FH	Wirtschaftsingenieurwesen – Chemietechnik	Master of Science
Niederrhein-Krefeld H	Chemieingenieurwesen	Bachelor of Engineering
Niederrhein-Krefeld H	Chemieingenieurwesen	Master of Engineering
Niederrhein-Krefeld H	Chemistry and Biotechnology	Bachelor of Science
Niederrhein-Krefeld H	Angewandte Chemie	Master of Science
Nürnberg FH	Angewandte Chemie	Bachelor of Engineering
Nürnberg FH	Angewandte Chemie	Master of Science
Nürnberg FH	Chemieingenieurwesen und Verfahrenstechnik	Master of Engineering
Regensburg FH	Sensorik und Analytik	Bachelor of Science

Reutlingen H	Angewandte Chemie	Bachelor of Science
Reutlingen H	Angewandte Chemie	Master of Science
Zittau-Görlitz H	Chemie	Bachelor
Zwickau H	Chemieingenieurwesen	Diplom (FH)

Zum Weiterlesen: *Chemie studieren. Voraussetzungen, Studium, Spezialgebiete, Berufsbilder, Perspektiven, Praktische Informationen,* hrsg. von der Gesellschaft Deutscher Chemiker (GDCh), 2009 (kann von der Homepage der Gesellschaft Deutscher Chemiker *www.gdch.de/bub/studium.htm* heruntergeladen oder unter der E-Mail-Anschrift *ab@gdch.de* auf dem Postweg angefordert werden). Vielfältige Informationen zum Studium sind auch unter *www.chemie-im-fokus.de* erhältlich.

Für Lebensmittelchemie kann zusätzlich bei der Gesellschaft Deutscher Chemiker unter *r.kiessling@gdch.de* ein Info-Blatt angefordert werden.

Geowissenschaften/Geographie

Unter dem Begriff Geowissenschaften sind mehrere Studiengänge zusammengefasst, die sich im weitesten Sinne mit der Erforschung der Erde und der Nutzung ihrer Rohstoffe beschäftigen. Geologen einschließlich Ingenieurgeologen befassen sich mit der Entwicklung und dem Aufbau der festen Erdkruste. Sie sind an der Suche nach Rohstoffen, etwa bei der Erdöl- und Erdgasgewinnung, bei der Durchführung von Bohrungen sowie bei Bodenuntersuchungen und Standortbestimmungen für Großbauwerke wie Staudämme oder Kraftwerke beteiligt.

Mineralogen sind Gesteinskundler für Kristalle einschließlich Halb- und Edelsteine und für petrologische Rohstoffe wie zum Beispiel Erdöl. Paläontologen sind überwiegend in wissenschaftlichen Funktionen tätig und erforschen das Erdalter und das frühe Leben auf der Erde. Geophysiker beschäftigen sich mit der Physik der Erde und ihrem Magnetfeld und mit den Einwirkungen aus dem Weltraum.

Während das Studium der Geologie und der genannten Einzeldisziplinen stark technisch-naturwissenschaftlich ausgerichtet ist, befindet sich das sehr beliebte Fach Geographie, in der Schule Erdkunde genannt, zwischen Naturwissenschaften und Kulturwissenschaft. Die Geographie ist die Wissenschaft von der Erdoberfläche, ihrer Beschaffenheit und ihrer Bedeutung für Wirtschaft und Menschen. Aus diesem Grund sind Geographen seltener in wissenschaftlichen Berufen tätig, sondern eher als Lehrer an allgemeinbildenden Schulen, in Schulbuchverlagen, in der Kartographie (Kartenherstellung), im Fremdenverkehr und im Umweltschutz. Im Gegensatz zu den Geowissenschaftlern haben sie aber abgesehen vom Schuldienst kein fest umrissenes Berufsfeld.

Geowissenschaftler, um einige Beispiele zu nennen, die Bohrungen nach Erdgas oder Erdöl leiten, Rohstoffe im Meer ausfindig machen, neue Kohle- oder Erzvorkommen suchen, in der technischen Entwicklungshilfe arbeiten, Standortbestimmungen für ein Kraftwerk vornehmen, eine Mülldeponie anlegen oder sich um Entsorgung kümmern, neue Baustoffe oder künstliche Kristalle für die elektrotechnische Industrie entwerfen, stehen in Konkurrenz zu anderen Ingenieuren und Naturwissenschaftlern. Wer Geologie studieren möchte, hat die Möglichkeit, zwischen dem gleichnamigen Studiengang oder einem Studium der Mineralogie, Geophysik, Meteorologie oder der Ozeanographie zu wählen. Das Studium der Geographie bietet die Möglichkeit, sich im Laufe der Ausbildung auf folgende Gebiete zu spezialisieren: Physische Geographie, Klimatologie, Biogeographie, Kulturgeographie, Kartographie oder (nicht überall möglich) Umweltschutz und Landes-, Regional- und Stadtentwicklung. Das Studium der geowissenschaftlichen oder geographischen Studiengänge schließt nach sechs Semestern mit dem Bachelor of Science bzw. dem Bachelor of Arts ab. Ein vertiefendes Masterstudium nach dem Bachelor ist auf vier Semester angelegt. Nach dem Master besteht die Möglichkeit einer anschließenden Promotion. Studienplätze werden nur von Universitäten angeboten und von den jeweiligen Hochschulen direkt vergeben. Ausnahme: An Fachhochschulen werden Geoinformatik-Studiengänge angeboten.

Der aktuelle und auch künftige Arbeitsmarkt für Geowissenschaftler ist angespannt, aber nicht schlecht. Das Studium der Geowissenschaften bietet wegen seiner breiten Einsatzfelder auch die Möglichkeit, in anderen Ländern oder in international tätigen Unternehmen arbeiten zu können. Das Studium sollte breit angelegt sein, aber sich nicht ausschließlich auf wissenschaftliche Theorie, sondern auch auf entsprechende Schwerpunkte für eine industrielle Anwendung hin orientieren. Frühzeitiger Kontakt zum Beruf etwa durch Praktika ist ebenso wichtig wie gute Fremdsprachenkenntnisse. Zusätzliche BWL-Kenntnisse erhöhen die Attraktivität der Bewerber.

Als zukunftsträchtiger Berufsbereich gilt die Umweltplanung und -sanierung sowie die Rekultivierung von Lagerstätten.

Geowissenschaften an Universitäten

Hochschule	Studiengang	Abschluss
Aachen TH	Angewandte Geographie	Bachelor of Science
Aachen TH	Angewandte Geographie	Master of Science
Aachen TH	Angewandte Geowissenschaften	Bachelor of Science
Aachen TH	Angewandte Geowissenschaften	Master of Science
Aachen TH	Geographie	Bachelor of Arts
Aachen TH	Georessourcenmanagement	Bachelor of Science
Aachen TH	Georessourcenmanagement	Master of Science

Aachen TH	Wirtschaftsgeographie	Master of Science
Augsburg U	Geographie	Bachelor of Arts
Augsburg U	Geographie	Bachelor of Science
Bamberg U	Geographie	Bachelor of Arts
Bayreuth U	Geographie	Bachelor of Science
Bayreuth U	Geographische Entwicklungsforschung Afrikas	Bachelor of Arts
Bayreuth U	Geographische Entwicklungsforschung Afrikas	Master of Arts
Bayreuth U	Geoökologie	Bachelor of Science
Bayreuth U	Geoökologie	Master of Science
Bayreuth U	Experimental Geosciences	Master of Science
Berlin FU	Geographische Wissenschaften	Bachelor of Science
Berlin FU	Geologische Wissenschaften	Bachelor of Science
Berlin FU	Geologische Wissenschaften	Master of Science
Berlin FU	Meteorologie	Bachelor of Science
Berlin FU	Meteorologie	Master of Science
Berlin HU	Geographie	Bachelor of Science/ Bachelor of Arts
Berlin FU	Geographie	Master of Science
Berlin FU	Geographie der Großstadt – Humangeographie	Master of Arts
Berlin FU	Geographie der Großstadt – Umwelt und Natur in metropolitanen Räumen	Master of Arts
Berlin TU	Geotechnologie	Bachelor of Science
Berlin TU	Geotechnologie	Master of Science
Berlin TU	Geodesy and Geoinformation Science	Master of Science
Bochum U	Geographie	Bachelor of Arts
Bochum U	Geographie	Bachelor of Science
Bochum U	Geographie	Master of Science
Bochum U	Geowissenschaften	Bachelor of Science
Bochum U	Geowissenschaften	Master of Science
Bonn U	Geodäsie und Geoinformation	Bachelor of Science
Bonn U	Geodäsie und Geoinformation	Master of Science
Bonn U	Geographie	Bachelor of Arts
Bonn U	Geographie	Bachelor of Science
Bonn U	Geowissenschaften	Bachelor of Science
Bonn U	Meteorologie	Bachelor of Science
Braunschweig TU	Geoökologie	Bachelor of Science
Braunschweig TU	Geoökologie/Environmental Sciences	Master of Science
Bremen JU	Earth and Space Sciences	Bachelor of Science
Bremen U	Geographie	Bachelor of Arts
Bremen U	Geographie	Bachelor of Science/ Bachelor of Arts
Bremen U	Geowissenschaften	Bachelor of Science
Bremen U	Geowissenschaften	Master of Science
Bremen U	Marine Geosciences	Master of Science
Bremen U	Materialwissenschaftliche Mineralogie, Chemie und Physik	Master of Science
Clausthal-Zellerfeld TU	Energie und Rohstoffe	Bachelor of Science
Clausthal-Zellerfeld TU	Energie- und Rohstoffversorgungstechnik	Master of Science

Clausthal-Zellerfeld TU	Geoenvironmental Engineering (Geoumwelttechnik)	Bachelor of Science
Clausthal-Zellerfeld TU	Geoenvironmental Engineering (Geoumwelttechnik)	Master of Science
Clausthal- Zellerfeld TU	Petroleum Engineering	Master of Science
Cottbus BTU	Energieträger aus Biomasse und Abfällen	Master of Science
Darmstadt TU	Angewandte Geowissenschaften	Bachelor of Science
Darmstadt TU	Bauingenieurwesen und Geodäsie	Bachelor of Science
Darmstadt TU	Geodäsie und Geoinformation	Master of Science
Darmstadt TU	Tropical Hydrogeology, Engineering Geology and Environmental Management	Master of Science
Dresden TU	Geodäsie und Geoinformation	Bachelor of Science
Dresden TU	Geographie	Bachelor of Arts
Dresden TU	Hydrologie	Bachelor of Science
Dresden TU	Kartographie und Geomedientechnik	Bachelor of Science
Eichstätt-Ingolstadt U	Geographie	Bachelor of Science
Erlangen-Nürnberg U	Geowissenschaften	Bachelor of Science
Erlangen-Nürnberg U	Kulturgeographie	Bachelor of Arts
Erlangen-Nürnberg U	Physische Geographie	Bachelor of Science
Frankfurt am Main U	Geographie	Bachelor of Arts
Frankfurt am Main U	Geographie	Bachelor of Science
Frankfurt am Main U	Meteorologie	Bachelor of Science
Frankfurt am Main U	Geowissenschaften	Bachelor of Science
Frankfurt am Main U	Geowissenschaften	Master of Science
Frankfurt am Main U	Physische Geographie	Master of Science
Frankfurt am Main U	Geographien der Globalisierung – Märkte und Metropolen	Master of Arts
Freiberg TUBergAk	Geoinformatik und Geophysik	Bachelor of Science
Freiberg TUBergAk	Geoinformatik	Master of Science
Freiberg TUBergAk	Geologie/Mineralogie	Bachelor of Science
Freiberg TUBergAk	Geoökologie	Bachelor of Science
Freiberg TUBergAk	Geowissenschaften	Master of Science
Freiberg TUBergAk	Geotechnik und Bergbau	Diplom
Freiberg TUBergAk	Markscheidewesen und Geodäsie	Diplom
Freiburg U	Geographie	Bachelor of Science
Freiburg U	Geowissenschaften	Bachelor of Science
Freiburg U	Meteorologie und Klimatologie	Bachelor of Science
Freiburg U	Umwelthydrologie	Bachelor of Science
Freiburg U	Geographie des Globalen Wandels	Master of Science
Freiburg U	Geologie	Master of Science
Freiburg U	Hydrologie	Master of Science
Gießen U	Geographie	Bachelor of Science
Göttingen U	Geographie	Bachelor of Science
Göttingen U	Geowissenschaften	Bachelor of Science
Göttingen U	Geowissenschaften	Master of Science
Göttingen U	Hydrologie und Umweltgeowissenschaften	Master of Science
Greifswald U	Geographie	Bachelor of Science
Greifswald U	Geologie	Bachelor of Science

Greifswald U	Geosciences and Environment	Master of Science
Halle-Wittenberg U	Angewandte Geowissenschaften	Bachelor of Science
Halle-Wittenberg U	Angewandte Geowissenschaften	Master of Science
Halle-Wittenberg U	Geographie	Bachelor of Science
Hamburg HCU	Geomatik	Bachelor of Science
Hamburg HCU	Geomatik	Master of Science
Hamburg HCU	Hydrography	Master of Science
Hamburg U	Geographie	Bachelor of Science
Hamburg U	Geographie: Global Transformations and Environmental Change	Master of Science
Hamburg U	Geophysik/Ozeanographie	Bachelor of Science
Hamburg U	Geophysik	Master of Science
Hamburg U	Physikalische Ozeanographie	Master of Science
Hamburg U	Geowissenschaften	Bachelor of Science
Hamburg U	Geowissenschaften	Master of Science
Hamburg U	Meteorologie	Bachelor of Science
Hamburg U	Meteorologie	Master of Science
Hamburg U	Integrated Climate System Sciences	Master of Science
Hannover U	Geodäsie und Geoinformatik	Bachelor of Science
Hannover U	Geodäsie und Geoinformatik	Master of Science
Hannover U	Geographie	Bachelor of Arts
Hannover U	Geographie	Bachelor of Science
Hannover U	Geowissenschaften	Bachelor of Science
Hannover U	Geowissenschaften	Master of Science
Hannover U	Meteorologie	Bachelor of Science
Hannover U	Meteorologie	Master of Science
Heidelberg U	Grundlagen der Geographie	Bachelor of Science
Heidelberg U	Geographie	Bachelor of Science
Heidelberg U	Geowissenschaften	Bachelor of Science
Heidelberg U	Geowissenschaften	Master of Science
Jena U	Biogeowissenschaften	Bachelor of Science
Jena U	Biogeowissenschaften	Master of Science
Jena U	Geographie (Humangeographie)	Bachelor of Arts
Jena U	Geographie	Bachelor of Science
Jena U	Geographie	Master of Science
Jena U	Geologie	Bachelor of Arts
Jena U	Geoinformatik	Master of Science
Jena U	Geowissenschaften	Diplom
Karlsruhe TH	Angewandte Geowissenschaften	Bachelor of Science
Karlsruhe TH	Angewandte Geowissenschaften	Master of Science
Karlsruhe TH	Geodäsie und Geoinformatik	Bachelor of Science
Karlsruhe TH	Geodäsie und Geoinformatik	Master of Science
Karlsruhe TH	Geoökologie	Bachelor of Science
Karlsruhe TH	Geoökologie	Master of Science
Karlsruhe TH	Geophysik	Bachelor of Science
Karlsruhe TH	Geophysik	Master of Science

Karlsruhe TH	Meteorologie	Bachelor of Science
Karlsruhe TH	Meteorologie	Master of Science
Kiel U	Physik des Erdsystems: Meteorologie, Ozeanographie, Geophysik	Bachelor of Science
Kiel U	Climate Physics: Meteorology and Physical Oceanography	Master of Science
Kiel U	Geographie	Bachelor of Science
Kiel U	Geophysik	Master of Science
Kiel U	Geowissenschaften	Bachelor of Science
Kiel U	Geowissenschaften	Master of Science
Kiel U	Marine Geosciences	Master of Science
Kiel U	Umweltgeographie und -management	Master of Science
Köln U	Geographie	Bachelor of Arts
Köln U	Geographie	Bachelor of Science
Köln U	Geophysik und Meteorologie	Bachelor of Science
Köln U	Geowissenschaften	Bachelor of Science
Köln U	Physik der Erde und der Atmosphäre	Master of Science
Leipzig U	Geographie	Bachelor of Science
Leipzig U	Geowissenschaften: Umweltdynamik und Georisiken	Master of Science
Leipzig U	Meteorologie	Bachelor of Science
Leipzig U	Meteorologie	Master of Science
Leipzig U	Mineralogie und Materialwissenschaft	Master of Science
Leipzig U	Physische Geographie/Geoökologie	Master of Science
Leipzig U	Wirtschafts- und Sozialgeographie	Master of Science
Mainz U	Geographie	Bachelor of Science
Mainz U	Geographie	Master of Science
Mainz U	Geowissenschaften	Bachelor of Science
Mainz U	Geowissenschaften	Master of Science
Mainz U	Meteorologie	Bachelor of Science
Mainz U	Meteorologie	Master of Science
Marburg U	Geographie	Bachelor of Science
Marburg U	Geoarchäologie	Master of Science
München U	Geowissenschaften	Bachelor of Science
München U	Geographie	Bachelor of Science
München U	Geologische Wissenschaften	Master of Science
München U	Geomaterialien und Geochemie	Master of Science
München U	Geophysics	Master of Science
München U	Ingenieur- und Hydrogeologie	Master of Science
München TU	Geowissenschaften	Bachelor of Science
München TU	Geodäsie und Geoinformation	Bachelor of Science
München TU	Geodäsie und Geoinformation	Master of Science
München TU	Ingenieur- und Hydrogeologie	Master of Science
Münster U	Geographie	Bachelor of Science
Münster U	Geoinformatik	Bachelor of Science
Münster U	Geoinformatics	Master of Science
Münster U	Geophysik	Bachelor of Science

Münster U	Geophysik	Master of Science
Münster U	Geospatial Technologies	Master of Science
Münster U	Geowissenschaften	Bachelor of Science
Münster U	Geowissenschaften	Master of Science
Münster U	Humangeographie	Master of Science
Osnabrück U	Geoinformatik	Bachelor of Science
Osnabrück U	Geoinformatik	Master of Science
Osnabrück U	Wirtschafts- und Sozialgeographie	Master of Arts
Passau U	Geographie: Kultur, Umwelt und Tourismus	Master of Arts
Potsdam U	Geoökologie	Bachelor of Science
Potsdam U	Geowissenschaften	Bachelor of Science
Potsdam U	International Field Geosciences	Bachelor of Science
Potsdam U	Geoinformation und Visualisierung	Master of Science
Stuttgart/Hohenheim U	Nachwachsende Rohstoffe und Bioenergie	Bachelor of Science
Stuttgart U	Geodäsie und Geoinformatik	Bachelor of Science
Stuttgart U	GEOENGINE – Geomatics Engineering	Master of Science
Trier U	Angewandte Geographie	Bachelor of Science
Trier U	Angewandte Geoinformatik	Bachelor of Science
Trier U	Umwelt-Geowissenschaften	Bachelor of Science
Trier U	Geoarchäologie	Bachelor of Arts
Trier U	Geoarchäologie	Master of Science
Trier U	Geographie	Bachelor of Education
Trier U	Geoinformatik	Master of Science
Trier U	Prozessdynamik an der Erdoberfläche	Master of Science
Tübingen U	Geographie	Bachelor of Science
Tübingen U	Geoökologie/Ökosystemmanagement	Bachelor of Science
Tübingen U	Geoökologie/Ökosystemmanagement	Master of Science
Tübingen U	Geowissenschaft	Bachelor of Science
Tübingen U	Geowissenschaft	Master of Science
Tübingen U	Applied Environmental Geoscience (AEG)	Master of Science
Würzburg U	Geographie	Bachelor of Science

Geowissenschaften an Fachhochschulen

Hochschule	Studiengang	Abschluss
Berlin TH	Geoinformation	Bachelor of Engineering
Berlin TH	Geoinformation	Master of Science
Berlin TH	Kartographie und Geomedien	Bachelor of Engineering
Berlin TH	Vermessungswesen und Geomatik	Bachelor of Engineering
Berlin TH	Geodatenerfassung und -visualisierung	Master of Science
Berlin HTW	Geo- und Feldarchäologie	Master of Science
Bochum FH	Geoinformatik	Bachelor of Engineering
Bochum FH	Vermessung	Bachelor of Engineering
Bochum TFH	Geotechnik und Angewandte Geologie	Bachelor of Engineering
Bochum TFH	Vermessung und Liegenschaftsmanagement	Bachelor of Engineering
Dessau FH	Geoinformatik	Bachelor of Engineering

Dessau FH	Geoinformatik	Master of Engineering
Dessau FH	Vermessungswesen	Bachelor of Engineering
Dresden HTW	Geoinformation/Kartographie	Bachelor of Engineering
Dresden HTW	Geoinformation/Vermessungswesen	Bachelor of Engineering
Dresden HTW	Geoinformation und Management	Master of Engineering
Dresden HTW	Vermessungswesen	Diplom (FH)
Karlsruhe H	Geoinformationsmanagement	Bachelor of Science
Karlsruhe H	Kartographie und Geomatik	Bachelor of Science
Karlsruhe H	Vermessung und Geomatik	Bachelor of Science
Karlsruhe H	Geomatics	Master of Science
Karlsruhe H	Geomatik	Master of Science
Köln FH	Technologie- und Ressourcenmanagement in den Tropen und Subtropen	Master of Science
Mainz FH	Geoinformatik und Vermessung	Bachelor of Science
Mainz FH	Geoinformatik und Vermessung	Master of Science
München FH	Geoinformatik und Satellitenpositionierung	Bachelor of Engineering
München FH	Geotelematik und Navigation	Bachelor of Engineering
München FH	Kartographie und Geomedientechnik	Bachelor of Engineering
Neubrandenburg H	Vermessungswesen	Bachelor of Engineering
Neubrandenburg H	Geoinformatik	Bachelor of Engineering
Neubrandenburg H	Geoinformatik und Geodäsie	Master of Engineering
Oldenburg/Elsfleth/ Wilhelmshaven FH	Angewandte Geodäsie	Bachelor of Science
Oldenburg/Elsfleth/ Wilhelmshaven FH	Geoinformatik	Bachelor of Science
Oldenburg/Elsfleth/ Wilhelmshaven FH	Wirtschaftsingenieurwesen/Geoinformation	Bachelor of Engineering
Oldenburg/Elsfleth/ Wilhelmshaven FH	Geodäsie und Geoinformatik	Master of Science
Stuttgart H	Vermessung und Geoinformatik	Bachelor of Engineering
Stuttgart H	Vermessung	Master of Engineering
Stuttgart H	Photogrammetry and Geoinformatics	Master of Science
Würzburg/Schweinfurt FH	Vermessung und Geoinformatik	Diplom (FH)

Germanistik

Germanistik, die Wissenschaft von der deutschen Sprache und Literatur, gehört zu den zahlenmäßig größten Fächern und erfreut sich großer Beliebtheit. Die Studienanfänger haben bisweilen eine falsche Vorstellung von den Inhalten und Zielen des Germanistikstudiums und glauben, man könne sich in dem Fach die Sporen für eine schriftstellerische Laufbahn verdienen oder zumindest sein Deutsch in Wort und Schrift verbessern. Doch hiermit hat das Germanistikstudium wenig zu tun. Germanistik ist die wissenschaftliche Beschäftigung mit dem Deutschen als Literatur- und Umgangssprache. Die Studierenden beschäftigen sich mit Sprachtheorie, Sprachanalyse, Grammatik, mit den Gattungen der deutschen Literatur und ihren wichtigsten Vertretern. Es können Studiengänge gewählt werden, die sprachwissenschaftlich oder literaturwissenschaftlich oder auf eine Epoche der deutschen Sprache ausgerichtet sind. Das Fach umfasst die Entwicklung der deutschen Sprache von den Anfängen schriftlicher Zeugnisse im 8. und 9. Jahrhundert n. Chr. bis zur Gegenwartssprache, weswegen auch die Vorstufen des Neuhochdeutschen, das Mittelhochdeutsche und das Althochdeutsche, erlernt werden müssen. Die gegenwärtige Sprache und Literatur ist aber nur ein (häufig kleiner) Bereich des Studiums.

Für ein Germanistikstudium wird neben dem notwendigen Faktenwissen ein Interesse an Lesen und an Sprache und die Fähigkeit zur Analyse und Interpretation von Texten vorausgesetzt. Wer bereits im Deutschunterricht Mühe hatte, die Gedanken der Sprachgrößen zu erahnen, und nie so richtig verstand, was an einem Gedicht interessant sein kann, sollte Abstand vom Studienfach Germanistik nehmen.

Germanistik wird im Bachelor normalerweise nicht als Einzelfach studiert, sondern in Kombination mit einem anderen Fach. Üblicherweise stehen hierfür die anderen sprach- und kulturwissenschaftlichen Fächer zur Auswahl. Eine Verbindung mit einem historischen Fach ist schon deshalb sinnvoll, weil Literatur ohne den jeweiligen historischen Kontext kaum verständlich ist und zu Fehldeutungen verleitet.

Die Bachelorstudiengänge schließen mit dem Bachelor of Arts (B.A.) ab, auf den ggf. ein vertiefendes Masterstudium folgt. Für das Lehramtsfach Deutsch gibt es eigene Bachelor- und Master-of-Education-Studiengänge (B.Ed. und M.Ed.). Im Falle des Lehramtsstudiums heißt das Fach auch nicht mehr Germanistik, sondern Deutsch, ist aber inhaltlich im Wesentlichen gleich, außer dass man zusätzlich noch pädagogische Veranstaltungen besucht, erste Hilfestellung bekommt, wie man das Fach Deutsch an der Schule unterrichtet (Fachdidaktik) und Schulpraktika im Rahmen des Studiums absolviert.

In den Bachelorstudiengängen studiert man das Fach entweder ohne ein zusätzliches Fach (sogenannter Ein-Fach-Bachelor), in Kombination mit einem zweiten gleichwertigen Fach (Zwei-Fach-Bachelor) oder in Kombination mit einem vom Leistungsumfang »kleinen« Fach (Bachelor-Hauptfach und Bachelor-Nebenfach). Das Lehramtsfach Deutsch wird mit einem oder zwei weiteren Lehramtsfächern verbunden. Nach dem Master besteht für gute und hervorragende Absolventen die Möglichkeit, eine Doktorarbeit anzufertigen, für die zwei bis drei Jahre veranschlagt werden müssen.

Germanistik ist wie die anderen Geisteswissenschaften (abgesehen vom Lehramtsstudium) kein Fach, in dem auf bestimmte Berufe hin ausgebildet wird.

Trotz der eingangs gemachten Einschränkung, dass das Germanistikstudium keine Ausbildung für künftige Schriftsteller ist, streben die Absolventen häufig in die Medien und ins Verlagswesen. Weitere Tätigkeitsbereiche sind Erwachsenenbildung und Bibliotheken. Diese Aufzählung macht deutlich, dass Germanistik keine breiten beruflichen Möglichkeiten bietet, sondern sich auf einige Bereiche konzentriert. Deshalb sind zusätzliche Qualifikationen wie EDV, Wirtschaft, Fremdsprachen und praktische Berufserfahrungen zum Beispiel durch Praktika während des Studiums von besonderer Wichtigkeit. Das gilt ebenso für eine berufliche Ausbildung vor dem Studienbeginn, etwa als Medienkaufmann/-frau oder Buchhändler/in. Mit Germanistik allein kann man sich in der Regel die Briefmarken für die Bewerbung sparen.

Germanistik an Universitäten

Hochschule	Studiengang	Abschluss
Aachen TH	Germanistische und Allgemeine Literaturwissenschaft	Bachelor of Arts
Aachen TH	Germanistische und Allgemeine Literaturwissenschaft	Master of Arts
Augsburg U	Deutsch als Zweit- und Fremdsprache und interkulturelle Kommunikation	Bachelor of Arts
Augsburg U	Germanistik	Bachelor of Arts
Bamberg U	Germanistik	Bachelor of Arts
Bamberg U	Germanistik: Literaturwissenschaft und Literaturvermittlung	Bachelor of Arts
Bamberg U	Germanistik: Literaturwissenschaft und Literaturvermittlung	Master of Arts
Bamberg U	Germanistik: Sprachwissenschaft	Master of Arts
Bamberg U	Interdisziplinäre Mittelalterstudien/ Medieval Studies	Bachelor of Arts
Bamberg U	Interdisziplinäre Mittelalterstudien/ Medieval Studies	Master of Arts
Bayreuth U	Germanistik	Bachelor of Arts
Bayreuth U	Interkulturelle Germanistik	Master of Arts
Berlin FU	Deutsche Philologie	Bachelor of Arts
Berlin FU	Deutsch als Fremdsprache: Kulturvermittlung	Master of Arts
Berlin FU	Deutschsprachige Literatur	Master of Arts
Berlin HU	Germanistische Linguistik	Bachelor of Arts
Berlin HU	Deutsche Literatur	Bachelor of Arts
Berlin HU	Deutsche Literatur	Master of Arts
Berlin HU	Deutsch als Fremdsprache	Master of Arts
Bielefeld U	Deutsch als Fremdsprache	Bachelor of Arts
Bielefeld U	Deutsch als Fremdsprache und Germanistik	Master of Arts
Bielefeld U	Germanistik	Bachelor of Arts
Bochum U	Germanistik	Bachelor of Arts
Bochum U	Germanistik	Master of Arts

Bonn U	Deutsch als Zweit- und Fremdsprache	Bachelor of Arts
Bonn U	Germanistik, vergleichende Literatur- und Kulturwissenschaft	Bachelor of Arts
Bonn U	Germanistik	Master of Arts
Braunschweig TU	Germanistik	Bachelor of Arts
Bremen U	Germanistik/Deutsch	Bachelor of Arts
Bremen U	Germanistik	Master of Arts
Chemnitz TU	Germanistik	Bachelor of Arts
Chemnitz TU	Germanistik	Master of Arts
Darmstadt TU	Germanistik	Bachelor of Arts
Darmstadt TU	Germanistik	Master of Arts
Dortmund U	Germanistik	Bachelor of Arts
Dresden TU	German Studies/Culture and Communication	Master of Arts
Dresden TU	Germanistik: Literatur- und Kulturwissenschaft	Master of Arts
Dresden TU	Germanistik: Sprach- und Kulturwissenschaft	Master of Arts
Duisburg-Essen U	Germanistik: Sprache, Literatur, Kultur und Kommunikation	Bachelor of Arts
Duisburg-Essen U	Germanistik: Literatur und Medienpraxis	Master of Arts
Duisburg-Essen U	Germanistik: Sprache und Kultur	Master of Arts
Düsseldorf U	Germanistik	Bachelor of Arts
Düsseldorf U	Germanistik	Master of Arts
Eichstätt-Ingolstadt U	Germanistik	Bachelor of Arts
Eichstätt-Ingolstadt U	Deutsch als Fremdsprache/Didaktik des Deutschen als Zweitsprache	Master of Arts
Erfurt U	Germanistik	Baccalaureus Artium
Erlangen-Nürnberg U	Deutsch	Bachelor of Arts
Erlangen-Nürnberg U	Germanistik	Bachelor of Arts
Erlangen-Nürnberg U	Indogermanistik und Indoiranistik	Bachelor of Arts
Flensburg U	Germanistik	Bachelor of Arts
Frankfurt am Main U	Germanistik	Magister Artium
Freiburg U	Ältere deutsche Literatur und Sprache	Bachelor of Arts
Freiburg U	Deutsch als Fremdsprache	Bachelor of Arts
Freiburg U	Sprachwissenschaft des Deutschen	Bachelor of Arts
Freiburg U	Deutsche Sprach- und Literaturwissenschaft	Bachelor of Arts
Freiburg U	Neuere Deutsche Literatur	Bachelor of Arts
Freiburg U	Neuere Deutsche Literatur, Kultur, Medien	Master of Arts
Freiburg U	Deutsche Literatur	Master of Arts
Freiburg U	Fremdsprache Deutsch/Interkulturelle Germanistik	Master of Arts
Freiburg U	Indogermanistik	Master of Arts
Freiburg U	Variation und Wandel in der deutschen Sprache	Master of Arts
Freiburg PH	Deutsch als Fremd- und Zweitsprache	Master of Arts
Gießen U	Deutsch als Fremdsprache	Master of Arts
Gießen U	Germanistik – Schwerpunkt Sprache oder Literatur	Bachelor of Arts
Gießen U	Germanistische Linguistik	Master of Arts
Gießen U	Germanistische Literaturwissenschaft	Master of Arts
Gießen U	Deutsch als Fremdsprache	Master of Arts

Göttingen U	Allgemeine Sprachwissenschaft – Indogermanische Sprachwissenschaft	Bachelor of Arts
Göttingen U	Deutsche Philologie	Bachelor of Arts
Göttingen U	Deutsche Philologie	Master of Arts
Göttingen U	Interkulturelle Germanistik/Deutsch als Fremdsprache	Master of Arts
Göttingen U	Interkulturelle Germanistik Deutschland – China	Master of Arts
Greifswald U	Deutsch als Fremdsprache	Bachelor of Arts
Greifswald U	Germanistik	Bachelor of Arts
Greifswald U	Germanistische Literaturwissenschaft	Master of Arts
Greifswald U	Intercultural Linguistics: Germanische Gegenwartssprachen	Master of Arts
Greifswald U	Niederdeutsch	Master of Arts
Greifswald U	Sprache und Kommunikation	Master of Arts
Halle-Wittenberg U	Deutsche Sprache und Literatur	Bachelor of Arts
Halle-Wittenberg U	Deutsche Sprache und Literatur	Master of Arts
Halle-Wittenberg U	Deutsch als Fremdsprache	Master of Arts
Halle-Wittenberg U	Deutsche Literatur und Kultur	Master of Arts
Hamburg U	Deutsch	Bachelor of Arts
Hamburg U	Deutsche Sprache und Literatur	Bachelor of Arts
Hamburg U	Deutschsprachige Literaturen	Master of Arts
Hamburg U	Germanistische Linguistik	Master of Arts
Hannover U	Germanistik (Deutsch)	Bachelor of Arts
Hannover U	Deutsche Literaturwissenschaft	Master of Arts
Heidelberg U	Deutsch als Fremdsprachenphilologie	Bachelor of Arts
Heidelberg U	Deutsche Philologie	Bachelor of Arts
Heidelberg U	Germanistik im Kulturvergleich	Bachelor of Arts
Heidelberg U	Germanistik im Kulturvergleich	Master of Arts
Heidelberg U	Germanistik	Master of Arts
Hildesheim U	Deutsch	Bachelor of Arts
Jena U	Deutsch als Fremd- und Zweitsprache	Bachelor of Arts
Jena U	Germanistik	Bachelor of Arts
Jena U	Germanistische Literaturwissenschaft	Bachelor of Arts
Jena U	Germanistische Sprachwissenschaft	Bachelor of Arts
Jena U	Germanistische Sprachwissenschaft	Master of Arts
Jena U	Deutsche Klassik im Europäischen Kontext	Master of Arts
Jena U	Auslandsgermanistik/DaF	Master of Arts
Jena U	Indogermanistik	Bachelor of Arts
Jena U	Indogermanistik	Master of Arts
Karlsruhe TH	Germanistik	Bachelor of Arts
Karlsruhe TH	Germanistik	Master of Arts
Kassel U	Deutsch als Fremd- und Zweitsprache	Master of Arts
Kassel U	Germanistik	Bachelor of Arts
Kassel U	Germanistische Literaturwissenschaft	Master of Arts
Kassel U	Germanistische Sprach-, Kultur- und Literaturwissenschaft	Master of Arts
Kassel U	Germanistische Sprachwissenschaft	Master of Arts

Kiel	Deutsch	Bachelor of Arts
Kiel	Deutsch	Master of Arts
Köln U	Antike Sprachen und Kulturen – Historisch-Vergleichende Sprachwissenschaft	Bachelor of Arts
Köln U	Antike Sprachen und Kulturen – Historisch-Vergleichende Sprachwissenschaft	Master of Arts
Köln U	Deutsche Sprache und Literatur	Bachelor of Arts
Köln U	Deutsche Sprache und Literatur	Master of Arts
Konstanz U	Deutsche Literatur	Bachelor of Arts
Konstanz U	Deutsche Literatur	Master of Arts
Konstanz U	Germanistische Sprachwissenschaft	Master of Arts
Leipzig U	Deutsch	Bachelor of Arts
Leipzig U	Deutsch als Fremdsprache	Bachelor of Arts
Leipzig U	Deutsch als Fremdsprache	Master of Arts
Leipzig U	Deutsch als Fremdsprache im arabisch-deutschen Kontext	Master of Arts
Leipzig U	Deutsch als Fremdsprache: Estudios contrastivos de lengua, literatura y cultura alemanas	Master of Arts
Leipzig U	Germanistik	Bachelor of Arts
Leipzig U	Germanistik	Master of Arts
Lüneburg U	Deutsch	Bachelor of Arts
Magdeburg U	Kulturwissenschaften – Deutsch als Fremdsprache	Bachelor of Arts
Magdeburg U	Kulturwissenschaften – Germanistik	Bachelor of Arts
Magdeburg U	Germanistik: Kultur, Transfer und Intermedialität	Master of Arts
Mainz U	Germanistik	Bachelor of Arts
Mainz U	Deutsch als Fremdsprache	Master of Arts
Mannheim U	Germanistik	Bachelor of Arts
Mannheim U	Kultur und Wirtschaft: Germanistik	Bachelor of Arts
Mannheim U	Kultur und Wirtschaft: Germanistik	Master of Arts
Mannheim U	Sprache und Kommunikation	Master of Arts
Marburg U	Deutsche Sprache und Literatur (Germanistik)	Bachelor of Arts
Marburg U	Historische Sprach-, Text- und Kulturwissenschaften	Bachelor of Arts
Marburg U	Sprache und Kommunikation	Bachelor of Arts
Marburg U	Deutsch als Fremdsprache	Master of Arts
Marburg U	Deutsche Literatur	Master of Arts
Marburg U	Germanistische Linguistik	Master of Arts
München U	Germanistik	Bachelor of Arts
München U	Allgemeine und Indogermanische Sprachwissenschaft	Bachelor of Arts
München U	Deutsch als Fremdsprache	Bachelor of Arts
Münster U	Germanistik	Bachelor of Arts
Münster U	Germanistik	Master of Arts
Münster U	Indogermanische Sprachwissenschaft	Master of Arts
Oldenburg U	Germanistik	Bachelor of Arts
Oldenburg U	Germanistik	Master of Arts
Oldenburg U	Deutsch als Fremdsprache	Master of Arts

Osnabrück U	Germanistik/Deutsch	Bachelor of Arts
Osnabrück U	Germanistik	Master of Arts
Paderborn U	Deutschsprachige Literaturen	Bachelor of Arts
Paderborn U	Germanistische Sprachwissenschaft	Bachelor of Arts
Paderborn U	Germanistische Literaturwissenschaft	Master of Arts
Passau U	Sprache und Text	Bachelor of Arts
Passau U	Text- und Kultursemiotik	Master of Arts
Potsdam U	Germanistik	Bachelor of Arts
Potsdam U	Germanistik	Master of Arts
Regensburg U	Deutsche Philologie	Bachelor of Arts
Regensburg U	Germanistik	Master of Arts
Rostock U	Germanistik	Bachelor of Arts
Rostock U	Germanistik	Magister (Master)
Saarbrücken U	Germanistik	Bachelor of Arts
Saarbrücken U	Literatur-, Kultur- und Sprachgeschichte des deutschsprachigen Raumes	Master of Arts
Saarbrücken U	Allemand	Licence, Master
Siegen U	Sprache und Kommunikation	Bachelor of Arts
Siegen U	Sprachwissenschaften: Deutsch, Englisch, Romanische Sprachen	Master of Arts
Stuttgart U	Germanistik	Bachelor of Arts
Stuttgart U	Germanistik – Literaturwissenschaft	Master of Arts
Trier U	Deutsch als Fremdsprache	Bachelor of Arts
Trier U	Germanistik	Bachelor of Arts
Trier U	Germanistik	Master of Arts
Tübingen U	Germanistik	Bachelor of Arts
Tübingen U	Deutsche Literaturgeschichte	Master of Arts
Tübingen U	German Linguistics – Theorie und Empirie	Master of Arts
Vechta U	Germanistik	Bachelor (2-Fach)
Wuppertal U	Germanistik	Bachelor of Arts
Würzburg U	Germanistik	Bachelor of Arts
Würzburg U	Vergleichende Indogermanische Sprachwissenschaft	Bachelor of Arts
Würzburg U	Vergleichende Indogermanische Sprachwissenschaft	Master of Arts

Geschichte und Kunstgeschichte

Geschichte und Kunstgeschichte gehören bei Abiturienten zu den beliebtesten Studienfächern. Während das Fach Geschichte bei Schülerinnen und Schülern gleichermaßen beliebt ist, ist Kunstgeschichte eine Frauendomäne. Mancherorts sind vier Fünftel der Studierenden weiblichen Geschlechts. Die Beliebtheit des Faches Geschichte ist umso bemerkenswerter, da abgesehen vom Lehramt an staatlichen Schulen (Geschichte plus ein weiteres Schulfach sowie zusätzlich Erziehungswissenschaft, Fachdidaktik, Schulpraktika) das Studium nicht auf fest umrissene Berufe hin ausbildet. Wer Architektur studiert, möchte später Architekt werden, wer Zahnmedizin studiert, Zahnarzt. Eine ähnlich feste Orientierung haben angehende Historiker und Historikerinnen nicht. Sie streben traditionell in den staatlichen Archivdienst, in die Medien oder auch ins Verlagswesen, in Museen, in die Wissenschaft oder die Erwachsenenbildung. Die gleichen Berufsziele haben auch die künftigen Kunsthistoriker/innen im Blick. Außerdem gibt es einen Bereich, der gewissermaßen für Kunsthistoriker/innen reserviert ist – die Denkmalpflege.

Geschichte und Kunstgeschichte gehören zu den Studiengängen, die eine große Vielfalt an Nebenfächern und Möglichkeiten der Schwerpunktsetzung bieten. In Bachelorstudiengängen können Geschichte und Kunstgeschichte in Kombination mit einem gleichwertigen Hauptfach (Zwei-Fach-Bachelor) studiert werden, oder man verbindet sein »großes Studienfach« mit einem vom Leistungsaufwand her »kleineren Fach« (hier spricht man auch vom Bachelor-Hauptfach und Bachelor-Nebenfach).

Die Auswahl an Kombinationsfächern ist groß; Präferenzen gibt es wenige, außer dass man bei der Wahl des Bachelor-Zweit- oder -Nebenfaches auch berufliche Perspektiven nicht ganz außer Acht lassen sollte. Wer beispielsweise das Geschichtsstudium mit Betriebswirtschaftslehre kombiniert – sofern diese Kombination an der gewählten Hochschule möglich und die notwendige Begabung vorhanden ist –, hat später sicherlich bessere Karten für den Arbeitsmarkt als ein anderer mit der Fächerkombination Geschichte plus Philosophie oder Archäologie. Aber auch solche Verbindungen sind kein Ausschlussgrund für Berufsfähigkeit.

Für das Studium sind Sprachkenntnisse von besonderer Wichtigkeit. Für das Verständnis der Antike oder des Mittelalters ist es unerlässlich, lateinische Originaltexte lesen und (noch wichtiger) auch übersetzen zu können. Fehlende Lateinkenntnisse müssen in recht arbeitsaufwendigen Schnell- und Intensivkursen studienbegleitend nachgeholt werden. Gute Englisch- und Französischkenntnisse müssen ebenso nachgewiesen werden.

Die großen Bereiche im Studium der Kunstgeschichte sind Malerei, Bildhauerei, Architektur und – an einigen Hochschulen – das Kunsthandwerk. Das Studium ist entweder auf deutsche oder europäische Geschichte/Kunstgeschichte ausgerichtet. Wer über diesen nationalen oder europäischen Tellerrand hinausblicken möchte, sollte eine außereuropäische Philologie (Japanologie, Sinologie, Afrikanologie o. Ä.) als Bachelor-Zweit- bzw. -Nebenfach wählen.

Das Fach Kunstgeschichte wird mit einem Bachelor- und anschließenden Mastergrad (Bachelor und Master of Arts, B.A. und M.A.) abgeschlossen.

Das Geschichtsstudium lässt einem die Wahl zwischen Bachelor-of-Arts- und Master-of-Arts-Studiengängen, die auf eine Epoche oder auf einen Teilbereich der Geschichte (etwa Wirtschaftsgeschichte) ausgerichtet sind, und Bachelor- und Master-of-Education-Studiengängen (B.Ed. und M.Ed.), die ins Lehramt führen.

Etwa zehn bis fünfzehn Prozent der Absolventen promovieren anschließend zum Dr. phil. Der Doktortitel ist für die meisten Berufe, in denen Historiker/innen und Kunsthistoriker/innen tätig sind, kein Muss. Bei Tätigkeiten im Archivdienst, in Museen und Denkmalpflegeämtern ist die Promotion jedoch entweder Voraussetzung oder zumindest erwünscht.

Die künftigen beruflichen Perspektiven sind nur schwer einschätzbar. Der Staat als Hauptarbeitgeber muss überall sparen. Deshalb sollten auch freiberufliche oder selbstständige Tätigkeiten (Journalismus, Kunsthandel, Dozent/in in der Erwachsenenbildung, Ausstellungsmanagement o. Ä.) mit in die beruflichen Überlegungen einbezogen werden.

Die Studienplätze werden direkt von den Hochschulen vergeben. In Geschichte sind die meisten Studienplätze zulassungsfrei, in Kunstgeschichte gibt es an einigen Universitäten einen örtlichen Numerus clausus.

Geschichte und Kunstgeschichte an Universitäten und Kunsthochschulen

Hochschule	Studiengang	Abschluss
Aachen TH	Geschichte	Bachelor of Arts
Aachen TH	Geschichte	Master of Arts
Aachen TH	Volkswirtschaftslehre und Wirtschaftsgeschichte/ Economics and Economic Studies in History	Bachelor of Arts
Augsburg U	Kunst- und Kulturgeschichte	Bachelor of Arts
Augsburg U	Europäische Kulturgeschichte	Bachelor of Arts
Augsburg U	Europäische Kulturgeschichte	Master of Arts
Augsburg U	Geschichte	Bachelor of Arts
Augsburg U	Historische Kunst- und Bilddiskurse	Magister/Master
Bamberg U	Kulturgutsicherung	Bachelor of Arts
Bamberg U	Kunstgeschichte	Bachelor of Arts
Bamberg U	Geschichte	Bachelor of Arts
Bamberg U	Geschichte	Master of Arts
Bamberg U	Islamische Kunstgeschichte und Archäologie	Master of Arts
Bayreuth U	Europäische Geschichte	Bachelor of Arts
Bayreuth U	Mitteleuropa und angelsächsische Welt 1300–2000	Master of Arts
Berlin FU	Geschichte	Bachelor of Arts
Berlin FU	Kunstgeschichte – Schwerpunkt Allgemeine Kunstgeschichte	Bachelor of Arts
Berlin FU	Kunstgeschichte – Schwerpunkt Kunstgeschichte Südasiens	Bachelor of Arts
Berlin FU	Kunstgeschichte – Schwerpunkt Ostasiatische Kunstgeschichte	Bachelor of Arts
Berlin FU	Geschichtswissenschaft	Master of Arts
Berlin FU	Kunstgeschichte im globalen Kontext mit dem Studienschwerpunkt Europa und Amerika	Master of Arts
Berlin FU	Kunstgeschichte im globalen Kontext mit dem Studienschwerpunkt Ostasien	Master of Arts

Berlin FU	Kunstgeschichte im globalen Kontext mit dem Studienschwerpunkt Südasien	Master of Arts
Berlin FU	Public History	Master of Arts
Berlin HU	Archäologie und Kulturwissenschaft	Bachelor of Arts
Berlin HU	Geschichte	Bachelor of Arts
Berlin HU	Geschichte	Master of Arts
Berlin HU	Kunst- und Bildgeschichte	Bachelor of Arts
Berlin HU	Kunst- und Bildgeschichte	Master of Arts
Berlin TU	Kultur und Technik	Bachelor of Arts
Berlin TU	Geschichte und Kultur der Wissenschaft und Technik	Master of Arts
Bielefeld U	Geschichtswissenschaft	Bachelor of Arts
Bielefeld U	Geschichtswissenschaft	Master of Arts
Bielefeld U	History, Philosophy and Sociology of Science	Master of Arts
Bochum U	Geschichte	Bachelor of Arts
Bochum U	Geschichte	Master of Arts
Bochum U	Kunstgeschichte	Bachelor of Arts
Bochum U	Kunstgeschichte	Master of Arts
Bochum U	Medieval and Renaissance Studies	Master of Arts
Bochum U	Ur- und Frühgeschichte	Master of Arts
Bonn U	Geschichte	Bachelor of Arts
Bonn U	Geschichte	Master of Arts
Bonn U	Kunstgeschichte	Bachelor of Arts
Bonn U	Kunstgeschichte	Master of Arts
Bonn U	Frühgeschichtliche Archäologie Europas	Master of Arts
Bonn U	Religionen und Kunst in den Kulturen Asiens	Master of Arts
Braunschweig TU	Geschichte	Bachelor of Arts
Bremen JU	International Politics and History	Bachelor of Arts
Bremen JU	Modern Global History	Master of Arts
Bremen U	Geschichte	Bachelor of Arts
Bremen U	Geschichte	Master of Arts
Bremen U	Modern Global History	Master of Arts
Chemnitz TU	Europäische Geschichte	Bachelor of Arts
Chemnitz TU	Europäische Geschichte	Master of Arts
Cottbus BTU	Kultur und Technik	Bachelor of Arts
Cottbus BTU	Kultur und Technik	Master of Arts
Darmstadt TU	Geschichte	Bachelor of Arts
Darmstadt TU	Geschichte der Moderne	Bachelor of Arts
Darmstadt TU	Geschichte – Umwelt – Stadt	Master of Arts
Dresden TU	Geschichte	Bachelor of Arts
Dresden TU	Geschichte	Master of Arts
Dresden TU	Kunstgeschichte	Bachelor of Arts
Dresden TU	Kunstgeschichte	Master of Arts
Dresden TU	Antike Kulturen	Master of Arts
Düsseldorf U	Antike Kultur	Bachelor of Arts
Düsseldorf U	Geschichte	Bachelor of Arts
Düsseldorf U	Geschichte	Master of Arts

Düsseldorf U	Kunstgeschichte	Bachelor of Arts
Düsseldorf U	Kunstgeschichte	Master of Arts
Eichstätt-Ingolstadt U	Geschichte	Bachelor of Arts
Eichstätt-Ingolstadt U	Geschichtswissenschaften: Zeiten, Räume, Kulturen	Bachelor of Arts
Eichstätt-Ingolstadt U	Historische Kunst- und Bilddiskurse	Master of Arts
Eichstätt-Ingolstadt U	Kulturtransformationen Antike	Master of Arts
Erfurt U	Geschichtswissenschaft	Baccalaureus Artium
Erfurt U	Geschichtswissenschaft	Magister (Master)
Erlangen-Nürnberg U	Geschichte	Bachelor of Arts
Erlangen-Nürnberg U	Kunstgeschichte	Bachelor of Arts
Essen-Duisburg U	Geschichte	Bachelor of Arts
Essen-Duisburg U	Geschichte	Master of Arts
Flensburg U	Geschichte	Bachelor of Arts
Frankfurt (Oder) EUV	Europäische Kulturgeschichte	Master of Arts
Frankfurt (Oder) EUV	Kultur und Geschichte Mittel- und Osteuropas	Master of Arts
Frankfurt am Main U	Archäologie und Geschichte der römischen Provinzen	Magister Artium
Frankfurt am Main U	Archäologische Kulturgeschichte des Vorderen Orients	Magister Artium
Frankfurt am Main U	Geschichte	Magister Artium
Frankfurt am Main U	Kunstgeschichte	Magister Artium
Frankfurt am Main U	Geschichte und Philosophie der Wissenschaften	Magister Artium
Frankfurt am Main U	Hilfswissenschaften der Altertumskunde	Magister Artium
Frankfurt am Main U	Vor- und Frühgeschichte	Magister Artium
Freiburg U	Geschichte	Bachelor of Arts
Freiburg U	Geschichte	Master of Arts
Freiburg U	Kunstgeschichte	Bachelor of Arts
Freiburg U	Kunstgeschichte	Master of Arts
Freiburg U	Neuere und Neueste Geschichte	Bachelor of Arts
Freiburg U	Neuere Deutsche Literatur	Bachelor of Arts
Freiburg U	Classical Cultures	Master of Arts
Freiburg U	Mittelalter- und Renaissance-Studien	Master of Arts
Gießen U	Fachjournalistik Geschichte	Bachelor of Arts
Gießen U	Geschichte	Bachelor of Arts
Gießen U	Kultur der Antike	Baccalaureus Artium
Gießen U	Kunstgeschichte	Bachelor of Arts
Gießen U	Historische und gegenwärtige Bildkulturen: Klassische Archäologie und Kunstgeschichte	Master of Arts
Gießen U	Osteuropäische Geschichte	Bachelor of Arts
Göttingen U	Geschichte	Bachelor of Arts
Göttingen U	Geschichte	Master of Arts
Göttingen U	Antike Kulturen	Bachelor of Arts
Göttingen U	Antike Kulturen – Geschichte des Altertums	Master of Arts
Göttingen U	Christliche Archäologie und Byzantinische Kunstgeschichte	Master of Arts
Göttingen U	Kunstgeschichte	Bachelor of Arts
Göttingen U	Kunstgeschichte	Master of Arts

Göttingen U	Ur- und Frühgeschichte	Bachelor of Arts
Göttingen U	Ur- und Frühgeschichte	Master of Arts
Göttingen U	Wirtschafts- und Sozialgeschichte	Bachelor of Arts
Göttingen U	Wirtschafts- und Sozialgeschichte	Master of Arts
Göttingen U	Mittelalter- und Renaissance-Studien	Master of Arts
Göttingen U	Osteuropäische Geschichte	Master of Arts
Greifswald U	Geschichte	Bachelor of Arts
Greifswald U	Geschichtswissenschaft	Master of Arts
Greifswald U	Kunstgeschichte	Bachelor of Arts
Greifswald U	Kunstgeschichte	Master of Arts
Hagen FernU	Kulturwissenschaften mit Fachschwerpunkt Geschichte, Literaturwissenschaft, Philosophie	Bachelor of Arts
Hagen FernU	Europäische Moderne. Geschichte und Literatur	Master of Arts
Halle-Wittenberg U	Archäologie und Kunstgeschichte des vorislamischen Orients	Bachelor of Arts
Halle-Wittenberg U	Archäologie und Kunstgeschichte des vorislamischen Orients	Master of Arts
Halle-Wittenberg U	Geschichte	Bachelor of Arts
Halle-Wittenberg U	Geschichte	Master of Arts
Halle-Wittenberg U	Kunstgeschichte	Bachelor of Arts
Halle-Wittenberg U	Kunstgeschichte und Archäologien Europas	Master of Arts
Halle-Wittenberg U	Alte Geschichte	Master of Arts
Hamburg UBw	Geschichtswissenschaft	Bachelor of Arts
Hamburg UBw	Geschichtswissenschaft	Master of Arts
Hamburg U	Geschichte	Bachelor of Arts
Hamburg U	Geschichte	Master of Arts
Hamburg U	Kunstgeschichte	Bachelor of Arts
Hamburg U	Mittelalter-Studien	Bachelor of Arts
Hamburg U	Vor- und frühgeschichtliche Archäologie	Bachelor of Arts
Hannover U	Geschichte	Bachelor of Arts
Hannover U	Geschichte	Master of Arts
Heidelberg U	Alte Geschichte	Bachelor of Arts
Heidelberg U	Alte Geschichte	Master of Arts
Heidelberg U	Byzantinische Archäologie und Kunstgeschichte	Bachelor of Arts
Heidelberg U	Byzantinische Archäologie und Kunstgeschichte	Master of Arts
Heidelberg U	Europäische Kunstgeschichte	Bachelor of Arts
Heidelberg U	Europäische Kunstgeschichte	Master of Arts
Heidelberg U	Geschichte	Bachelor of Arts
Heidelberg U	Geschichte	Master of Arts
Heidelberg U	Historische Grundwissenschaften	Bachelor of Arts
Heidelberg U	Mittlere und Neuere Geschichte	Bachelor of Arts
Heidelberg U	Internationaler Master-Studiengang Kunstgeschichte und Museologie	Master of Arts
Heidelberg U	Kunstgeschichte Ostasiens	Bachelor of Arts
Heidelberg U	Kunstgeschichte Ostasiens	Master of Arts
Heidelberg U	Ur- und Frühgeschichte	Bachelor of Arts
Heidelberg U	Ur- und Frühgeschichte	Master of Arts

Heidelberg U	Mittelalter-Studien	Master of Arts
Heidelberg U	Geschichtswissenschaften	Master of Arts
Heidelberg U	Global History	Master of Arts
Hildesheim U	Geschichte	Bachelor of Arts
Jena U	Alte Geschichte	Bachelor of Arts
Jena U	Geschichte	Bachelor of Arts
Jena U	Geschichte der Naturwissenschaften	Bachelor of Arts
Jena U	Kunstgeschichte und Bildwissenschaft	Bachelor of Arts
Jena U	Wirtschafts- und Sozialgeschichte	Bachelor of Arts
Jena U	Ur- und Frühgeschichte	Bachelor of Arts
Jena U	Ur- und Frühgeschichte	Master of Arts
Jena U	Antike und Christentum	Master of Arts
Jena U	Kunstgeschichte und Bildwissenschaft	Master of Arts
Jena U	Mittelalter-Studien	Master of Arts
Jena U	Neuere Geschichte mit Schwerpunkt Aufklärung	Master of Arts
Jena U	Geschichte und Politik des 20. Jahrhunderts	Master of Arts
Karlsruhe TH	Europäische Kultur- und Ideengeschichte	Bachelor of Arts
Karlsruhe TH	Europäische Kultur- und Ideengeschichte	Master of Arts
Karlsruhe TH	Kunstgeschichte	Bachelor of Arts
Karlsruhe TH	Kunstgeschichte	Master of Arts
Kassel U	Geschichte	Bachelor of Arts
Kassel U	Geschichte	Master of Arts
Kassel U	Geschichte (Westeuropa)	Master of Arts
Kiel U	Europäische Ethnologie/Volkskunde	Bachelor of Arts
Kiel U	Europäische Ethnologie/Volkskunde	Master of Arts
Kiel U	Geschichte	Bachelor of Arts
Kiel U	Geschichte	Master of Arts
Kiel U	Kunstgeschichte	Bachelor of Arts
Kiel U	Kunstgeschichte	Master of Arts
Koblenz-Landau U	Kulturwissenschaft	Bachelor of Arts
Koblenz-Landau U	Kulturwissenschaft	Master of Arts
Köln U	Antike Sprachen und Kulturen – Alte Geschichte	Bachelor of Arts
Köln U	Antike Sprachen und Kulturen – Alte Geschichte	Master of Arts
Köln U	Antike Sprachen und Kulturen – Archäologie	Bachelor of Arts
Köln U	Antike Sprachen und Kulturen – Archäologie	Master of Arts
Köln U	Antike Sprachen und Kulturen – Archäologie der römischen Provinzen	Master of Arts
Köln U	Antike Sprachen und Kulturen – Byzantinistik	Master of Arts
Köln U	Antike Sprachen und Kulturen – Klassische Archäologie	Master of Arts
Köln U	Antike Sprachen und Kulturen – Klassische Literaturwissenschaft	Bachelor of Arts
Köln U	Antike Sprachen und Kulturen – Papyrologie, Epigraphik und Numismatik der Antike	Master of Arts
Köln U	European Multimedia Arts and Cultural Heritage Studies	Master of Arts
Köln U	Geschichte	Bachelor of Arts
Köln U	Geschichte	Master of Arts

Köln U	Mittelalter-Studien	Master of Arts
Köln U	Kunstgeschichte	Bachelor of Arts
Köln U	Kunstgeschichte	Master of Arts
Köln U	Ur- und Frühgeschichte	Bachelor of Arts
Köln U	Ur- und Frühgeschichte	Master of Arts
Konstanz U	Geschichte	Bachelor of Arts
Konstanz U	Geschichte	Master of Arts
Leipzig U	Geschichte	Bachelor of Arts
Leipzig U	Kunstgeschichte	Bachelor of Arts
Leipzig U	Kunstgeschichte	Master of Arts
Leipzig U	Klassische Antike. Geschichte und Literatur	Master of Arts
Leipzig U	Mittlere und Neuere Geschichte	Master of Arts
Ludwigsburg PH	Geschichte	Lehramt an Grund- und Hauptschulen
Magdeburg U	Kulturwissenschaften – Europäische Geschichte	Bachelor of Arts
Mainz U	Geschichte	Bachelor of Arts
Mainz U	Geschichte	Master of Arts
Mainz U	Kulturanthropologie	Bachelor of Arts
Mainz U	Kulturanthropologie	Master of Arts
Mainz U	Kunstgeschichte und Archäologie	Bachelor of Arts
Mainz U	Kunstgeschichte	Bachelor of Arts
Mainz U	Kunstgeschichte	Master of Arts
Mannheim U	Geschichte	Master of Arts
Mannheim U	Geschichte: Kultur, Gesellschaft, Wirtschaft	Bachelor of Arts
Mannheim U	Kultur und Wirtschaft: Geschichte	Bachelor of Arts
Mannheim U	Kultur und Wirtschaft: Geschichte	Master of Arts
Marburg U	Die Antike in Europa	Bachelor of Arts
Marburg U	Europäische Ethnologie/Kulturwissenschaft	Master of Arts
Marburg U	Europäische Literaturen	Bachelor of Arts
Marburg U	Geschichte	Bachelor of Arts
Marburg U	Geschichte	Master of Arts
Marburg U	Historische Sprach-, Text- und Kulturwissenschaften	Bachelor of Arts
Marburg U	Kunstgeschichte	Bachelor of Arts
Marburg U	Kunstgeschichte	Master of Arts
München U	Geschichte	Bachelor of Arts
Münster U	Antike Kulturen	Bachelor of Arts
Münster U	Kunstgeschichte	Bachelor of Arts
Münster U	Geschichte	Bachelor of Arts
Münster U	Geschichte	Master of Arts
Münster U	Classical Cultures	Master of Arts
Münster U	Interdisziplinäre Mittelalterstudien	Master of Arts
Münster U	Ur- und Frühgeschichte	Master of Arts
Oldenburg U	Geschichte	Bachelor of Arts
Oldenburg U	Europäische Geschichte	Master of Arts
Osnabrück U	Geschichte	Bachelor of Arts
Osnabrück U	Geschichte	Master of Arts

Osnabrück U	Kunstgeschichte/-wissenschaft	Bachelor of Arts
Osnabrück U	Kunstgeschichte	Master of Arts
Osnabrück U	Renaissance- und Reformationsstudien	Master of Arts
Paderborn U	Geschichte	Bachelor of Arts
Paderborn U	Geschichte	Master of Arts
Paderborn U	Kulturerbe	Master of Arts
Passau U	Geschichte	Master of Arts
Passau U	Historische Kulturwissenschaften	Bakkalaureat
Potsdam U	Geschichte	Bachelor
Potsdam U	Militärgeschichte/Militärsoziologie	Master of Arts
Potsdam U	Modern History/Geschichte der Moderne	Master of Arts
Regensburg U	Geschichte	Bachelor of Arts
Regensburg U	Vor- und Frühgeschichte	Bachelor of Arts
Regensburg U	Kunstgeschichte	Bachelor of Arts
Regensburg U	Kunstgeschichte	Master of Arts
Regensburg U	Kulturgeschichtliche Mittelalterstudien	Master of Arts
Regensburg U	Wissenschaftsgeschichte	Bachelor of Arts
Regensburg U	Wissenschaftsgeschichte	Master of Arts
Rostock U	Geschichte	Bachelor of Arts
Rostock U	Geschichte	Magister (Master)
Saarbrücken U	Kulturwissenschaften, Historisch orientierte	Bachelor of Arts
Saarbrücken U	Quellenkundliche Grundwissenschaften	Bachelor of Arts
Saarbrücken U	Geschichtswissenschaften	Bachelor of Arts
Saarbrücken U	Geschichtswissenschaften in europäischer Perspektive	Master of Arts
Siegen U	History/Geschichte	Bachelor of Arts
Siegen U	History/Geschichte	Master of Arts
Stuttgart U	Geschichte	Bachelor of Arts
Stuttgart U	Geschichte	Lehramt an Gymnasien
Stuttgart U	Geschichte	Master of Arts
Stuttgart U	Geschichte der Naturwissenschaft und Technik	Bachelor of Arts
Stuttgart U	Kunstgeschichte	Bachelor of Arts
Stuttgart U	Kunstgeschichte	Master of Arts
Trier U	Antike Welt: Archäologie, Sprachen und Kulturen	Bachelor of Arts
Trier U	Geschichte	Bachelor of Arts
Trier U	Geschichte	Master of Arts
Trier U	Kunstgeschichte	Bachelor of Arts
Trier U	Kunstgeschichte	Master of Arts
Tübingen U	Geschichtswissenschaft	Bachelor of Arts
Tübingen U	Kunstgeschichte	Bachelor of Arts
Tübingen U	Kunstgeschichte	Master of Arts
Tübingen U	Paläoanthropologie	Bachelor of Arts
Tübingen U	Ur- und frühgeschichtliche Archäologie und Archäologie des Mittelalters	Bachelor of Arts
Tübingen U	Ur- und Frühgeschichtliche Archäologie	Master of Arts

Tübingen U	Historische Hilfswissenschaften	Master of Arts
Tübingen U	Alte Geschichte	Master of Arts
Tübingen U	Mittelalterliche Geschichte	Master of Arts
Tübingen U	Neuere und Neueste Geschichte	Master of Arts
Vechta U	Geschichte	Bachelor of Arts
Wuppertal U	Geschichte	Bachelor of Arts
Wuppertal U	Geschichte	Master of Arts
Würzburg U	Alte Welt	Bachelor of Arts
Würzburg U	Geschichte	Bachelor of Arts
Würzburg U	Kunstgeschichte	Bachelor of Arts
Würzburg U	Vor- und frühgeschichtliche Archäologie	Bachelor of Arts

Gestaltung, Grafik und Design

Studiengänge im Bereich Gestaltung und Design gehören bei Schülern und Schülerinnen mit dem Berufsziel Werbung zu den besonders gefragten Fächern. Aber nur ein Teil von ihnen kann den Wunsch realisieren, weil vor dem Studium massive Hürden aufgebaut sind. Wer nicht das Abschlusszeugnis einer Fachoberschule für Gestaltung vorlegen kann, muss eine Mappe mit künstlerischen Exponaten einreichen und bei erfolgreicher Begutachtung zusätzlich eine künstlerische Aufnahmeprüfung bestehen, die im Fachdeutsch Prüfung zur Feststellung künstlerisch-gestaltender Begabung heißt; selbst wenn diese Hürde genommen ist, muss man u. U. noch ein oder zwei Jahre Wartezeit in Kauf nehmen. Daneben werden teilweise vor Studienaufnahme noch einschlägige Praktika von unterschiedlicher Dauer vorausgesetzt.

Gestaltung/Design umfasst im Wesentlichen zwei Studiengänge: Industrial Design (Produktdesign) und Kommunikationsdesign (Visuelle Kommunikation). Industrial Designer streben in die Konsum- und Investitionsgüterindustrie, wo Produkte nach technisch-funktionalen werbewirksamen oder ästhetischen Gesichtspunkten gestaltet oder verschönert werden. Kommunikationsdesign ist vor allem Gestaltung von Kommunikationsmitteln, beispielsweise von Zeitungen, Zeitschriften, Werbebroschüren und Werbeplakaten. Kommunikationsdesigner arbeiten überwiegend in der Werbung.

Wer ein gestalterisches Fach studieren möchte, findet zahlreiche Angebote an fast allen Kunsthochschulen und an einer Reihe von Fachhochschulen. Allerdings sollten sich Interessenten vorab über die Inhalte und Schwerpunkte des Studiums genau informieren, weil es sehr unterschiedliche Schwerpunkte gibt. Nur einige Beispiele: Industriedesign, Modedesign, Produktdesign, Angewandte Grafik, Freie Keramik, Textildesign, Theaterausstattung, Bühnenbild, Druckgrafik, Buchkunst, Schmuck, Grafikdesign-Informatik, Produktdesign, Glasgestaltung und vieles mehr.

Die früheren Diplomstudiengänge wurden fast komplett umgestellt: Für Bachelorstudiengänge müssen an Kunsthochschulen jetzt sechs Semester (plus vier Semester Masterstudium), an Fachhochschulen eher sieben Semester (plus drei Semester Masterstudium) eingeplant werden. In den ersten Semestern werden die gestalterischen Grundlagen, die künstlerischen Darstellungstechniken, die Herstellung von Modellen und Konstruktionen sowie die naturwissenschaftlichen Grundlagen, gesellschaftlichen Bezüge und historischen Aspekte (z. B. Kunstgeschichte, Geschichte der Mode) vermittelt. Eine Schwerpunktsetzung erfolgt dann in den letzten zwei oder drei Semestern des Bachelors oder im Masterstudium.

Die Berufsperspektiven sind, wie bei anderen künstlerischen oder musischen Studien, stark abhängig von der Fähigkeit, Ideen zu entwickeln und sie in Produkte oder Dienstleistungen umzusetzen. Die Branche lebt geradezu von immer neuen und kürzeren Trends und Modeerscheinungen. Ein ideales Betätigungsfeld also für junge Leute mit Ideen und Gestaltungswillen.

Gestaltung, Grafik und Design an Universitäten und Kunsthochschulen

Hochschule	Studiengang	Abschluss
Berlin-Weißensee KHB	Modedesign	Bachelor of Arts
Berlin-Weißensee KHB	Produktdesign	Bachelor of Arts
Berlin-Weißensee KHB	Textil- und Flächen-Design	Bachelor of Arts
Berlin-Weißensee KHB	Visuelle Kommunikation	Bachelor of Arts
Berlin UdK	Design	Bachelor of Arts
Berlin UdK	Visuelle Kommunikation	Bachelor of Arts
Braunschweig HBK	Industrial Design	Bachelor of Arts
Braunschweig HBK	Kommunikationsdesign	Bachelor of Arts
Braunschweig HBK	Transportation Design	Master of Arts
Bremen HfK	Integriertes Design	Bachelor of Arts
Bremen HfK	Digitale Medien/Mediengestaltung	Bachelor of Arts
Bremen HfK	Digitale Medien/Mediengestaltung	Master of Arts
Bremen JU	Global Visual Communication	Master of Arts
Essen H	Industrial Design	Bachelor of Arts
Essen H	Industrial Design	Master of Arts
Essen H	Kommunikationsdesign	Bachelor of Arts
Essen H	Kommunikationsdesign	Master of Arts
Halle HfKuD	Industriedesign	Bachelor of Arts
Halle HfKuD	Kommunikationsdesign	Bachelor of Arts
Halle HfKuD	Mode-Design	Bachelor of Arts
Halle HfKuD	Conceptual Fashion Design	Master of Arts
Halle HfKuD	Conceptual Textile Design	Master of Arts
Halle HfKuD	Design Studies	Master of Arts
Halle HfKuD	Industrial Design	Master of Arts
Halle HfKuD	Multimedia Design	Master of Arts

Halle HfKuD	Product Design and Applied Art	Master of Arts
Karlsruhe HfGest	Ausstellungsdesign und Szenografie	Diplom
Karlsruhe HfGest	Kommunikationsdesign	Diplom
Karlsruhe HfGest	Medienkunst	Diplom
Karlsruhe HfGest	Produkt-Design	Diplom
Kassel U	Produkt-Design	Diplom
Kassel U	Visuelle Kommunikation	Künstlerische Abschlussprüfung
Kiel H	Industrie-Design	Bachelor of Arts
Kiel H	Industrie-Design	Master of Arts
Kiel H	Kommunikations-Design	Bachelor of Arts
Kiel H	Kommunikations-Design	Master of Arts
Leipzig HfGuB	Buchkunst/Grafik-Design	Diplom
Leipzig HfGuB	Medienkunst	Diplom
München U	Kunst und Multimedia	Bachelor of Arts
München TU	Industrial Design	Master of Science
Münster HfBK	Grafik	Akademiebrief (Diplom)
Nürnberg AkdBK	Grafik-Design/Visuelle Kommunikation	Diplom
Offenbach HfGes	Produktgestaltung	Diplom
Offenbach HfGes	Visuelle Kommunikation	Diplom
Paderborn U	Mode-Textil-Design	Bachelor of Arts
Saarbrücken HBK	Kommunikationsdesign	Diplom/Bachelor/ Master
Saarbrücken HBK	Media Art and Design	Diplom/Bachelor/ Master
Saarbrücken HBK	Produktdesign	Diplom/Bachelor/ Master
Stuttgart AkdBK	Industrial Design	Diplom
Stuttgart AkdBK	Kommunikations-Design	Diplom
Stuttgart AkdBK	Textilgestaltung	Diplom
Weimar U	Mediengestaltung	Bachelor of Fine Arts
Weimar U	Mediengestaltung	Master of Fine Arts
Weimar U	Produkt-Design	Bachelor of Fine Arts
Weimar U	Visuelle Kommunikation	Bachelor of Fine Arts
Wuppertal U	Mediendesign/Designtechnik	Bachelor of Arts
Wuppertal U	Industrial Design	Bachelor of Arts
Wuppertal U	Kommunikationsdesign	Bachelor of Arts

Gestaltung, Grafik und Design an Fachhochschulen

Hochschule	**Studiengang**	**Abschluss**
Aachen FH	Communication & Multimediadesign	Bachelor of Science
Aachen FH	Kommunikationsdesign	Bachelor of Arts
Aachen FH	Produktdesign	Bachelor of Arts
Anhalt-Dessau H	Design	Bachelor of Arts

Anhalt-Dessau H	Integrated Design	Master of Arts
Augsburg FH	Kommunikations-Design	Bachelor of Arts
Augsburg FH	Design- und Kommunikationsstrategie	Master of Arts
Augsburg FH	Energieeffizientes Design	Master of Engineering
Berlin BTK	Kommunikationsdesign	Bachelor of Arts
Berlin KDH	Kommunikationsdesign	Bachelor of Arts
Berlin KDH	Marketingkommunikation	Master of Arts
Berlin KDH	Creative Direction	Master of Arts
Berlin FH	Interaction Design	Bachelor of Arts
Berlin FH	Lighting-Design	Bachelor of Arts
Berlin FH	Set-Design	Bachelor of Arts
Berlin HdpK	Mediendesign	Bachelor of Arts
Berlin HMKW	Grafikdesign und Visuelle Kommunikation	Bachelor of Arts
Berlin FHTW	Kommunikationsdesign	Bachelor of Arts
Berlin FHTW	Interaction Design/Game Design	Bachelor of Arts
Berlin FHTW	Game Development & Creation	Master of Arts
Berlin FHTW	Modedesign	Bachelor of Arts
Berlin FHTW	Modedesign	Master of Arts
Berlin MDH	Gamedesign	Bachelor of Arts
Berlin MDH	Mediadesign	Bachelor of Arts
Berlin MDH	Modedesign	Bachelor of Arts
Bielefeld FH	Medieninformatik und Gestaltung	Bachelor of Arts/ Bachelor of Science
Bielefeld FH	Gestaltung	Bachelor of Arts
Bielefeld FH	Gestaltung	Master of Arts
Bielefeld FHM	Kommunikationsdesign & Werbung	Bachelor of Arts
Braunschweig/Wolfen-büttel/Salzgitter H	Medien-Design	Bachelor of Arts
Coburg H	Integriertes Produktdesign	Bachelor of Arts
Coburg H	Design	Master of Arts
Darmstadt H	Industriedesign	Diplom (FH)
Darmstadt H	Kommunikationsdesign	Diplom (FH)
Dortmund FH	Design Medien Kommunikation	Bachelor of Arts
Dresden HTW	Produktgestaltung	Bachelor of Arts
Düsseldorf FH	Produktentwicklung und Produktion	Bachelor of Engineering
Düsseldorf FH	Applied Art and Design	Bachelor of Arts
Düsseldorf FH	Applied Art and Design	Master of Arts
Düsseldorf FH	Kommunikationsdesign	Bachelor of Arts
Düsseldorf FH	Kommunikationsdesign	Master of Arts
Düsseldorf HDI	Gamedesign	Bachelor of Arts
Düsseldorf HDI	Gamedesign	Master of Arts
Düsseldorf HDI	Mediadesign	Bachelor of Arts
Düsseldorf HDI	Modedesign	Bachelor of Arts
Emden-Leer FH	Maschinenbau und Design	Bachelor of Engineering
Esslingen H	Design and Development in Automotive and Mechanical Engineering	Master of Engineering
Furtwangen-Tuttlingen H	Industrial Systems Design	Bachelor of Science

Hamburg AkMD	Mode- und Designmanagement	Bachelor of Arts
Hamburg AkMD	Mode-Design	Bachelor of Arts
Hamburg AkMD	Raumkonzept und Design	Bachelor of Arts
Hamburg HAW	Illustration	Bachelor of Arts
Hamburg HAW	Kommunikationsdesign	Bachelor of Arts
Hamburg HAW	Textil-, Mode- und Kostümdesign	Bachelor of Arts
Hannover FH	Kommunikationsdesign	Bachelor of Arts
Hannover FH	Modedesign	Bachelor of Arts
Hannover FH	Produkt-Design	Bachelor of Arts
Hannover FH	Szenografie und Kostüm	Bachelor of Arts
Hannover FH	Design und Medien	Master of Arts
Hildesheim/Holzminden/ Göttingen FH	Gestaltung	Bachelor of Arts
Hildesheim/Holzminden/ Göttingen FH	Gestaltung	Master of Arts
Hof-Münchberg FH	Mediendesign	Bachelor of Arts
Hof-Münchberg FH	Textil-Design	Bachelor of Arts
Kaiserslautern FH	Virtual Design	Bachelor of Arts
Koblenz FH	Product Development and Design	Bachelor of Engineering
Köln FHM	Kommunikationsdesign & Werbung	Bachelor of Arts
Köln FH	European Studies in Design	Bachelor of Arts
Köln FH	European Studies in Design	Master of Arts
Köln FH	Integrated Design	Bachelor of Arts
Köln FH	Integrated Design	Master of Arts
Köln-Rhein FH	Medien-Design	Bachelor of Arts
Köln-Gummersbach FH	Produktdesign und Prozessentwicklung	Master of Science
Konstanz H	Kommunikationsdesign	Bachelor of Arts
Konstanz H	Kommunikationsdesign	Master of Arts
Magdeburg-Stendal H	Industrial Design	Bachelor of Arts
Magdeburg-Stendal H	Interaction Design	Master of Arts
Mainz FH	Kommunikationsdesign	Bachelor of Arts
Mannheim H	Kommunikationsdesign	Bachelor of Arts
Mannheim H	Kommunikationsdesign	Master of Arts
München HM	Design	Bachelor of Arts
München MHMK	Medien und Design	Master of Arts
München FHfDI	Mediadesign	Bachelor of Arts
München FHfDI	Gamedesign	Bachelor of Arts
München FHfDI	Gamedesign	Master of Arts
Münster FH	Design	Bachelor of Arts
Niederrhein-Krefeld H	Design	Bachelor of Arts
Niederrhein-Mönchen-gladbach H	Design-Ingenieur	Bachelor of Science
Nürnberg FH	Design	Bachelor of Arts
Offenburg H	Medien, Gestaltung & Produktion	Bachelor of Arts
Osnabrück FH	Industrial Design	Bachelor of Arts
Pforzheim H	Visuelle Kommunikation	Bachelor of Arts
Pforzheim H	Industrial Design	Bachelor of Arts

Pforzheim H	Mode	Bachelor of Arts
Pforzheim H	Schmuck und Objekte der Alltagskultur	Bachelor of Arts
Pforzheim H	Transportation Design	Bachelor of Arts
Pforzheim H	Transportation Design	Master of Arts
Pforzheim H	Creative Direction	Master of Arts
Potsdam FH	Interfacedesign	Bachelor of Arts
Potsdam FH	Interfacedesign	Master of Arts
Potsdam FH	Kommunikationsdesign	Bachelor of Arts
Potsdam FH	Produktdesign	Bachelor of Arts
Potsdam FH	Design	Master of Arts
Reutlingen HTW	Textildesign – Modedesign	Bachelor of Arts
Reutlingen HTW	Transportation Interior Design	Bachelor of Arts
Reutlingen HTW	Design	Master of Arts
Braunschweig/Wolfenbüttel/Salzgitter H	Medien-Design	Bachelor of Arts
Schwäbisch Gmünd H	Produktgestaltung	Bachelor of Arts
Schwäbisch Gmünd H	Kommunikationsgestaltung	Bachelor of Arts
Schwäbisch Gmünd H	Product Planning and Design	Master of Arts
Schwäbisch Gmünd H	Communication Planning and Design	Master of Arts
Schwäbisch Hall FH	Mediendesign	Bachelor of Arts
Stuttgart HdM	Informationsdesign	Bachelor of Arts
Stuttgart HdM	Packaging, Design and Marketing	Master of Science
Stuttgart MerzAk	Kommunikationsdesign	Bachelor of Arts
Südwestfalen-Soest FH	Design- und Projektmanagement	Bachelor of Arts
Trier FH	Intermediales Design	Bachelor of Arts
Trier FH	Kommunikationsdesign	Bachelor of Arts
Trier FH	Modedesign	Bachelor of Arts
Trier/Idar-Oberstein FH	Edelstein- und Schmuckdesign	Master of Arts
Wiesbaden FH	Kommunikationsdesign	Bachelor of Arts
Wiesbaden FH	Media & Design Management	Master of Arts
Wismar H	Design	Diplom (FH)
Wismar H	Kommunikationsdesign und Medien	Diplom (FH)
Würzburg/Schweinfurt FH	Kommunikations-Design	Bachelor of Arts
Zwickau-Schneeberg H	Gestaltung	Bachelor of Arts

Zum Weiterlesen: Rita Carlsen, Annette Sommerfeld, Arnd Rüskamp, *Mythos Mappe 2. 50 Designstudenten präsentieren ihre erfolgreichen Bewerbungsmappen*, 2008.

Gesundheit und Pflege

Gesundheits- und Pflegeberufe liegen im Trend. Der Gesundheitsmarkt ist einer der größten Wirtschaftsbereiche in Deutschland – mit weiterhin günstigen Entwicklungspotenzialen und mit steigenden Beschäftigungsmöglichkeiten. Auch künftig werden gut ausgebildete Ärzte, Techniker und Pflegepersonal benötigt. Darüber hinaus erwarten Fachleute mehrere hunderttausend neue Stellen und neue, auch für Abiturienten attraktive Berufe, vor allem in drei Bereichen: in der Pflege, im Gesundheitsmanagement und in der Medizintechnik.

Menschen werden bekanntlich immer älter. Alte Menschen müssen medizinisch versorgt, gepflegt und betreut werden. Gleichzeitig steigt der medizinisch-technische Fortschritt. Die knappen Kassen zwingen aber zu Kostenbewusstsein und zum Sparen. Dabei wird versucht, durch wirtschaftliches Handeln viel Geld einzusparen, ohne dass dadurch die Leistungen eingeschränkt werden müssen. Dies bedingt aber ein modernes Finanz- und Personalmanagement sowie eine gute Aus- und Weiterbildung des Personals.

Das Studienangebot umfasst Studiengänge wie Pflegemanagement/Health Care Mangement oder Pflegepädagogik und für alle wirtschaftlich ausgerichteten Berufszweige Gesundheitsmanagement/-ökonomie. In den letzten Jahren ist auch die Hochschulausbildung in Gesundheitsberufen ausgebaut worden, die vorher allein an Berufsfachschulen möglich war. Eine Ausbildung in Physiotherapie, Ergotherapie, Logopädie, Hebammenwissenschaft und für medizinische Assistentenberufe ist jetzt an vielen Fachhochschulen möglich, wobei auch viele duale Studienmöglichkeiten eingerichtet wurden: Hier werden Ausbildungen an einer Berufsfachschule mit einer Fachhochschulausbildung parallel absolviert.

Arbeitgeber für die Gesundheits- und Pflegespezialisten sind nicht nur Krankenhäuser und Pflegeeinrichtungen, sondern auch Krankenkassen und andere Träger der Gesundheitsverwaltung, Fachschulen, die Gesundheitsindustrie und Berufsverbände.

Die Gesundheitseinrichtungen sind ohne medizinische Hochtechnologie und elektronische Informationssysteme nicht mehr denkbar. Für Diagnostik, Behandlung und Überwachung von Patienten müssen technische Geräte nicht nur eingerichtet und gewartet werden. Häufig sind sie EDV-gesteuert. Der Computer wird auch bei der medizinischen Diagnostik, der Behandlung und der Informationsrecherche eingesetzt. Hierfür werden vermehrt Spezialisten mit Hochschulausbildung benötigt. Einige Hochschulen bieten Ingenieurstudiengänge für Biomedizinische Technik oder für Medizintechnik an. Mehrere Fachhochschulen bilden auch Ingenieure für Technisches Gesundheitswesen oder für Krankenhausbetriebstechnik aus, die für die gesamten technischen Anlagen im Krankenhaus – nicht nur die medizinischen – verantwortlich sind.

Ein weiteres interessantes Studienangebot sind Medizininformatik-Studiengänge: Diese Informatiker sind entweder direkt im medizinischen Bereich (Labordatenverarbeitung, Intensivüberwachung, Blutbankführung) oder im kaufmännisch-organisatorischen Bereich (Rechnungswesen, Beschaffung, Bettenverwaltung) tätig.

Abiturienten, die am Berufsbereich Gesundheit und Pflege interessiert sind, sollten sich aber nicht nur auf die Hochschulausbildungen konzentrieren. Es gibt eine Reihe von technischen Berufen, Pflegeberufen, Assistentenberufen, therapeutischen Berufen und Schönheitsberufen, die auch über eine betriebliche Ausbildung oder eine Fachschulausbildung erlernt werden können. Zahntechniker oder Logopäde sind nur zwei Beispiele für attraktive Gesundheitsberufe.

Gesundheits- und Pflegewissenschaften an Universitäten

Hochschule	Studiengang	Abschluss
Bayreuth U	Gesundheitsökonomie	Bachelor of Science
Berlin SHB	Public Healthcare and Casemanagement	Bachelor of Arts
Bielefeld U	Gesundheitswissenschaften	Bachelor of Science
Bielefeld U	Health Communication	Bachelor of Science
Bielefeld U	Public Health	Master of Science
Bremen U	Public Health/Gesundheitswissenschaften	Bachelor of Arts
Bremen U	Public Health/Pflegewissenschaften	Master of Arts
Dresden DIU	Management für Gesundheitsfachberufe	Bachelor of Science
Dresden DIU	Physiotherapie	Bachelor of Science
Dresden DIU	Physiotherapie	Master of Science
Erlangen-Nürnberg U	Medical Process Management	Master of Science
Erlangen-Nürnberg U	Physical Activity & Health	Master of Arts
Essen-Duisburg U	Betriebswirtschaftslehre – Gesundheitsökonomie und Management im Gesundheitswesen	Master of Science
Essen-Duisburg U	Medizin-Management	Master of Science
Flensburg U	Prävention und Gesundheitsförderung	Master of Arts
Freiburg PH	Gesundheitspädagogik	Bachelor of Arts
Friedensau ThH	Sozial- und Gesundheitsmanagement	Master of Arts
Greifswald U	Health Care Management	Master of Science
Halle U	Gesundheits- und Pflegewissenschaften	Bachelor of Science
Halle U	Gesundheits- und Pflegewissenschaften	Master of Science
Hamburg U	Gesundheitswissenschaften	Bachelor of Science
Heidelberg PH	Gesundheitsförderung/Health Promotion	Bachelor of Arts
Heidelberg U	Medical Education	Master of Science
Kassel U	Pädagogik für Pflege- und Gesundheitsberufe	Master of Arts
Köln DSHS	Rehabilitation und Gesundheitsmanagement	Master of Arts
Köln U	Gesundheitsökonomie	Bachelor of Science

Köln U	Gesundheitsökonomie	Master of Science
Köln U	Medizinökonomie	Master of Science
Marburg U	Physiotherapie	Master of Science
Paderborn U	Sport und Gesundheit	Master of Arts
Schwäbisch Gmünd PH	Gesundheitsförderung	Bachelor of Arts
Stuttgart-Hohenheim U	Health Care and Public Management	Master of Science

Gesundheits- und Pflegewissenschaften an Fachhochschulen

Hochschule	**Studiengang**	**Abschluss**
Aalen HTW	Gesundheitsmanagement	Bachelor of Arts
Bad Sooden-Allendorf FH	Medizinalfachberufe	Bachelor of Arts
Bad Tölz FH	Betriebswirtschaftslehre mit Branchenfokus Gesundheitsmanagement	Bachelor of Arts
München-Benediktbeuern KathFH	Management von Sozial- und Gesundheitsbetrieben	Master of Arts
Berlin ASFH	Gesundheits- und Pflegemanagement	Bachelor of Science
Berlin ASFH	Physiotherapie und Ergotherapie	Bachelor of Science
Berlin BBWH	Wirtschaftswissenschaften – Gesundheitsmanagement	Bachelor of Arts
Berlin IBH	Gesundheitswissenschaften	Bachelor of Science
Bielefeld FH	Pflege und Gesundheit	Bachelor of Science
Bielefeld FH	Anleitung und Mentoring in den Gesundheitsberufen	Bachelor of Arts
Bielefeld FH	Berufspädagogik Pflege und Gesundheit	Master of Arts
Bielefeld FHdD	Management im Sozial- und Gesundheitswesen	Bachelor of Arts
Bielefeld FHdD	Mentoring im Sozial- und Gesundheitswesen	Bachelor of Arts
Bielefeld FHM	Gesundheitswirtschaft	Bachelor of Arts
Bochum-Lippe EvFH	Management in sozialwirtschaftlichen und diakonischen Organisationen	Master of Arts
Bochum H	Physiotherapie	Bachelor of Science
Braunschweig/Wolfenbüttel/Wolfsburg FH	Controlling und Informationstechnologie in der Gesundheitswirtschaft	Bachelor of Arts
Braunschweig/Wolfenbüttel/Wolfsburg FH	Management im Gesundheitswesen	Bachelor of Arts
Bremen H	Pflege- und Gesundheitsmanagement	Bachelor of Arts
Buxtehude H	Physiotherapie	Bachelor of Arts
Coburg-Hohenfels H	Physiotherapie	Bachelor of Science
Darmstadt EvFH	Pflege und Gesundheitsförderung	Bachelor of Arts
Dresden EvH	Pflegewissenschaft/Pflegemanagement	Bachelor of Arts
Emden-Leer FH	Logopädie/Physiotherapie	Bachelor of Science
Emden-Leer FH	Public Health	Master
Freiburg KathFHS	Management im Gesundheitswesen (Pflege und Therapie)	Bachelor of Arts
Freiburg KathFHS	Physiotherapie	Bachelor of Arts
Fulda H	Gesundheitsförderung	Bachelor of Science

Fulda H	Gesundheitsmanagement	Bachelor of Science
Fulda H	Physiotherapie	Bachelor of Science
Fulda H	Physiotherapie	Master of Science
Fulda H	Public Health	Master of Science
Fulda H	Public Health Nutrition	Master of Science
Fulda H	Pädagogik für Pflege- und Gesundheitsberufe	Master of Arts
Gießen-Friedberg FH	Krankenhaustechnik-Management	Bachelor of Science
Güstrow BC	Management im Gesundheitstourismus	Bachelor of Arts
Hamburg FernH	Gesundheits- und Sozialmanagement	Bachelor of Arts
Hamburg FernH	Health Care Studies	Bachelor of Science
Hamburg H	Gesundheitsökonomie	Bachelor of Arts
Hamburg HAW	Health Sciences	Master of Science
Hannover FH	Management und Bildungswissenschaften für Pflege- und Gesundheitsberufe	Master of Arts
Hildesheim/Holzminden/Göttingen FH	Gesundheitsfachberufe – Ergotherapie, Logopädie, Physiotherapie	Bachelor of Science
Hildesheim/Holzminden/Göttingen FH	Gesundheitsfachberufe – Ergotherapie, Logopädie, Physiotherapie	Master of Science
Idstein FHFresen	Gesundheitsökonomie	Bachelor of Arts
Idstein FHFresen	Physiotherapie	Bachelor of Science
Idstein FHFresen	Therapiewissenschaft	Master of Science
Idstein FHFresen	International Pharmacoeconomics and Health Economics	Master of Science
Jena FH	Pflegewissenschaft/Pflegemanagement	Master of Science
Kiel FH	Physiotherapie	Bachelor of Science
Koblenz/Remagen FH	Betriebswirtschaft – Gesundheits- und Sozialwirtschaft	Bachelor of Arts
Köln FHM	Gesundheitswirtschaft	Bachelor of Arts
Köln HFresen	Gesundheitsökonomie	Bachelor of Arts
Köln KathH	Lehrer/innen Pflege und Gesundheit	Master of Arts
Köln FH	Medizin-Ökonomie	Bachelor of Science
Lausitz/Senftenberg H	Physiotherapie	Bachelor of Science
Lübeck FH	Betriebswirtschaftslehre – Gesundheitswirtschaft	Bachelor of Science
Ludwigshafen FH	Gesundheitsökonomie im Praxisverbund (GiP)	Bachelor of Science
Magdeburg-Stendal H	Angewandte Gesundheitswissenschaften	Bachelor of Science
Magdeburg-Stendal H	Gesundheitsförderung/-management	Bachelor of Arts
Mainz KathFH	Gesundheit und Pflege	Bachelor of Science
Mainz KathFH	Gesundheits- und Pflegemanagement	Master of Arts
Mainz KathFH	Gesundheits- und Pflegepädagogik	Master of Arts
Mittweida H	Gesundheitsmanagement	Bachelor of Arts
München HFresen	Gesundheitsökonomie	Bachelor of Arts
München KathFH	Management von Sozial- und Gesundheitsbetrieben	Master of Arts
München-Benediktbeuern KathFH	Management von Sozial- und Gesundheitsbetrieben	Master of Arts
Münster FH	Berufspädagogik im Gesundheitswesen/ Berufliche Fachrichtung Pflege	Bachelor of Arts

Münster FH	Gesundheit	Bachelor of Science
Münster FH	Pädagogik in Gesundheitsberufen	Bachelor of Arts
Münster FH	Pflege und Gesundheitsmanagement	Bachelor of Arts
Münster FH	Therapie- und Gesundheitsmanagement	Bachelor of Science
Münster FH	Bildung im Gesundheitswesen	Master of Arts
Münster FH	Education of Health Professionals	Master of Arts
Neu-Ulm H	Informationsmanagement im Gesundheitswesen	Bachelor of Science
Neubrandenburg H	Gesundheitswissenschaften	Bachelor of Science
Neubrandenburg H	Gesundheitswissenschaften	Master of Science
Neubrandenburg H	Pflegewissenschaft/Pflegemanagement	Bachelor of Science
Neubrandenburg H	Pflegewissenschaft/Pflegemanagement	Master of Science
Neubrandenburg H	Management im Sozial- und Gesundheitswesen	Master of Arts
Niederrhein/Krefeld H	Health Care Management	Bachelor of Science
Niederrhein/Krefeld H	Health Care Management	Master of Science
Niederrhein-Mönchengladbach H	Health Care Management	Bachelor of Science
Nordhausen FH	Gesundheits- und Sozialwesen/ Health and Social Services	Bachelor of Arts
Nürtingen H	Gesundheits- und Tourismusmanagement	Bachelor of Arts
Osnabrück FH	Betriebswirtschaft im Gesundheitswesen	Bachelor of Arts
Osnabrück FH	Ergotherapie, Logopädie, Physiotherapie	Bachelor of Science
Osnabrück FH	Management im Gesundheitswesen	Master of Arts
Ravensburg-Weingarten FH	Gesundheitsförderung	Master of Arts
Ravensburg-Weingarten FH	Management im Sozial- und Gesundheitswesen	Master of Business Administration
Riedlingen SRHFernH	Gesundheits- und Sozialwirtschaft	Bachelor of Arts
Rostock BC	Physiotherapie	Bachelor of Science
Saarbrücken H	Gesundheitsmanagement	Bachelor of Arts
Saarbrücken H	Gesundheitsmanagement	Master of Arts
Saarbrücken HTW	Management und Expertise im Pflege- und Gesundheitswesen	Bachelor of Arts
Ulm H	Informationsmanagement im Gesundheitswesen	Bachelor of Science
Wismar H	Betriebswirtschaftslehre – Gesundheitswesen	Diplom (FH)
Würzburg-Schweinfurt FH	Pflege- und Gesundheitsmanagement	Bachelor of Arts
Zittau H	Management im Gesundheitswesen	Bachelor of Arts
Zwickau H	Gesundheitsmanagement	Bachelor of Science

Medizintechnik an Universitäten

Hochschule	Studiengang	Abschluss
Aachen TH	Biomedical Engineering	Master of Science
Berlin Steinbeis-H	Cardiovascular Perfusion	Bachelor of Science
Cottbus TU	Biomedizinische Gerätetechnik	Master of Science
Erlangen-Nürnberg U	Medizintechnik	Bachelor of Science

Halle-Wittenberg U	Biomedical Engineering	Master of Engineering
Hamburg-Harburg TU	Mediziningenieurwesen	Master of Science
Hannover U	Biomedizintechnik	Master of Science
Lübeck U	Medizinische Ingenieurwissenschaft	Bachelor of Science
Magdeburg U	Medizinische Systeme	Master of Science
München TU	Medizintechnik	Bachelor of Science
München TU	Medizintechnik	Master of Science

Medizintechnik an Fachhochschulen

Hochschule	Studiengang	Abschluss
Aachen FH	Biomedical Engineering	Bachelor of Engineering
Aachen FH	Biomedical Engineering	Master of Engineering
Albstadt-Sigmaringen H	Biomedical Engineering	Master of Science
Amberg-Weiden H	Medizintechnik	Bachelor of Engineering
Anhalt FH	Biomedical Engineering	Master of Engineering
Bremerhaven H	Medizintechnik	Bachelor of Science
Bremerhaven H	Medizintechnik	Master of Science
Furtwangen H	Industrial MedTec	Bachelor of Science
Furtwangen H	Medical Engineering	Bachelor of Science
Furtwangen H	Molekulare und Technische Medizin	Bachelor of Science
Gelsenkirchen FH	Mikrotechnik und Medizintechnik	Bachelor of Science
Gelsenkirchen FH	Mikrotechnik und Medizintechnik	Master of Science
Gießen-Friedberg FH	KrankenhausTechnik-Management	Bachelor of Science
Hamburg H	Medizintechnik/Biomedical Engineering	Bachelor of Science
Hamburg H	Medizintechnik/Biomedical Engineering	Master of Science
Hamm FH	Dentaltechnologie	Bachelor of Science
Jena FH	Medizintechnik	Bachelor of Engineering
Jena FH	Medizintechnik	Master of Science
Jena FH	Scientific Instrumentation	Bachelor of Science
Kaiserslautern FH	Medizinische Informatik	Bachelor of Science
Koblenz FH	Medizintechnik und sportmedizinische Technik	Bachelor of Science
Lausitz H (Senftenberg)	Medizinische Technik	Bachelor of Engineering
Lübeck FH	Biomedical Engineering	Master of Engineering
Lübeck FH	Biomedizintechnik	Bachelor of Science
Mannheim H	Medizintechnik	Bachelor of Science
Osnabrück FH	Dentaltechnologie und Metallurgie	Bachelor of Science
Stralsund FH	Medizininformatik und Biomedizintechnik	Bachelor of Science
Südwestfalen FH (Hagen/Lüdenscheid)	Medizintechnik	Bachelor of Engineering
Ulm H	Medizintechnik	Bachelor of Engineering
Ulm H	Medizintechnik	Master of Engineering
Wilhelmshaven FH (Oldenburg)	Medizintechnik	Bachelor of Engineering
Wilhelmshaven FH (Oldenburg)	Assistive Technologien	Bachelor of Engineering

Haushalts- und Ernährungswissenschaften

Mit den physiologischen, wirtschaftlichen und technologischen Grundlagen einer ausgewogenen Ernährung als Voraussetzung von Gesundheit und Leistungsfähigkeit beschäftigt sich das Fach Ernährungswissenschaften, das von mehreren Universitäten und Fachhochschulen entweder als eigenes Studienfach oder in Kombination mit Haushaltswissenschaften (dann spricht man von Oekotrophologie) angeboten wird.

Unter Haushaltswissenschaften versteht man technische, wirtschaftliche und soziale Fragen bei der Führung von großen Haushalten, wie zum Beispiel Kantinen, Mensen, Alten- und Pflegeheimen, Anstalten oder Gefängnissen.

Haushalts- und Ernährungswissenschaften ist ein beliebtes Fach bei Frauen mit einer breiten Ausbildung in Naturwissenschaften, Technik, Organisation, Wirtschaft und Sozialwissenschaften. Entsprechend dieser Breite werden Vorlesungen, Übungen, Seminare, aber auch fachpraktische Veranstaltungen in Grundfächern wie Mathematik und Statistik, Physik, Chemie, Lebensmittelchemie, Biologie und Biochemie, in Hygiene und Soziologie und vor allem in den Wirtschaftswissenschaften besucht. Im fortgeschrittenen Bachelorstudium oder im Masterstudium erfolgt eine Schwerpunktbildung entweder in Haushaltswissenschaft oder in Ernährungswissenschaft.

Bachelorstudiengänge an Universitäten sind auf sechs Semester plus ggf. ein anschließendes viersemestriges Masterstudium angelegt, an Fachhochschulen sind häufiger siebensemestrige Bachelorstudiengänge und dreisemestrige Masterstudiengänge zu finden. Häufig sehen die Studiengänge eine mehrmonatige praktische Tätigkeit in Großhaushalten oder in Unternehmen der Ernährungswirtschaft vor.

Das Studium bietet nicht nur breite Ausbildungsmöglichkeiten, sondern auch breite Einsatzmöglichkeiten in der Industrie, bei den genannten Einrichtungen oder in der beruflichen Aus- und Weiterbildung. Es gibt auch eigene Studiengänge für das Lehramt an berufsbildenen Schulen.

Für das Studium der Haushalts- und Ernährungswissenschaften an wissenschaftlichen Hochschulen/Universitäten und an Fachhochschulen bewirbt man sich direkt bei der Hochschule.

Haushalts- und Ernährungswissenschaften an Universitäten

Hochschule	Studiengang	Abschluss
Bonn U	Ernährungs- und Lebensmittelwissenschaften	Bachelor of Science
Bonn U	Ernährungs- und Lebensmittelwissenschaften	Master of Science
Flensburg U	Gesundheit und Ernährung	Bachelor of Arts
Gießen U	Berufliche und betriebliche Bildung – Landwirtschaftliche, hauswirtschaftliche und nahrungsgewerbliche Fachrichtung	Bachelor of Arts
Gießen U	Ökotrophologie	Bachelor of Science
Gießen U	Ernährungswissenschaften	Bachelor of Science
Gießen U	Ernährungswissenschaften	Master of Science
Gießen U	Ernährungsökonomie	Master of Science
Gießen U	Haushalts- und Dienstleistungswissenschaften	Master of Science
Halle/Wittenberg U	Ernährungswissenschaften	Bachelor of Science
Hamburg U	Ernährungs- und Haushaltswissenschaft	Bachelor of Science
Hannover U	Technical Education – Lebensmittelwissenschaft	Bachelor of Science
Hannover U	Technical Education – Ökotrophologie	Bachelor of Science
Kiel U	Ökotrophologie	Bachelor of Science
Kiel U	Ökotrophologie	Master of Science
München/Freising TU	Ernährungswissenschaft	Bachelor of Science
München/Freising TU	Ernährungswissenschaft	Master of Science
Potsdam U	Ernährungswissenschaft	Bachelor of Science
Potsdam U	Ernährungswissenschaft	Master of Science
Stuttgart/Hohenheim U	Ernährungswissenschaft	Bachelor of Science
Stuttgart/Hohenheim U	Lebensmittelwissenschaft und Biotechnologie	Bachelor of Science

Haushalts- und Ernährungswissenschaften an Fachhochschulen

Hochschule	Studiengang	Abschluss
Anhalt/Bernburg H	Ökotrophologie	Bachelor of Science
Anhalt/Bernburg H	Ökotrophologie	Master of Science
Fulda H	Oecotrophologie	Bachelor of Science
Fulda H	Public Health Nutrition	Master of Science
Hamburg HAW	Ökotrophologie	Bachelor of Science
Niederrhein/Mönchengladbach H	Oecotrophologie	Bachelor of Science
Niederrhein/Mönchengladbach H	Ernährungs- und Lebensmittelwissenschaften	Master of Science
Münster FH	Oecotrophologie	Bachelor of Science
Münster FH	Ernährungs- und Hauswirtschaftswissenschaft	Bachelor of Science
Münster FH	Nachhaltige Dienstleistungs- und Ernährungswirtschaft	Master of Science
Osnabrück FH	Ökotrophologie	Bachelor of Science
Rheine MH	Clinical nutrition/Ernährungsmanagement	Bachelor of Science
Weihenstephan/Triesdorf FH	Ernährung und Versorgungsmanagement	Bachelor of Science
Weihenstephan/Triesdorf FH	Lebensmittelmanagement	Bachelor of Science

Informatikstudiengänge

Informatik ist die noch recht junge Wissenschaft von der systematischen Informationsverarbeitung mit Hilfe von Computern. Aufgabe der Informatik ist es, komplexe Systeme der Informationsverarbeitung in Wissenschaft, Technik, Wirtschaft und Gesellschaft zu erstellen und ihre Beherrschbarkeit zu sichern. Ob Auto, Telefon, Fabrikanlage oder die multimediale Kommunikationstechnik – die Informatik ist in alle Lebensbereiche eingedrungen.

Wer Informatik studieren möchte, steht vor einer Fülle von Angeboten und Möglichkeiten. Die meisten Universitäten, Technischen Universitäten und Fachhochschulen bieten das Fach mit allerdings unterschiedlichen Schwerpunkten und Nebenfächern an.

Im Studium, das mit einem Bachelor und Master of Science (B.Sc. und M.Sc.) abschließt, wird ein breites Wissen in allen Teilgebieten der Informatik (theoretische, praktische, technische und angewandte Informatik), in Mathematik, Physik, Rechtswissenschaft und Wirtschaftswissenschaft vermittelt.

Einige Universitäten und Fachhochschulen haben kombinierte Studiengänge mit starken Informatikanteilen eingerichtet. Die *Wirtschaftsinformatik* kümmert sich um Analyse und Steuerung betrieblicher, organisatorischer und gesamtwirtschaftlicher Vorgänge und bezieht wesentliche Teile der Wirtschaftswissenschaften, vor allem der Betriebswirtschaftslehre ein. Die *Ingenieurinformatik* fokussiert sich auf Entwicklung und Einsatz von Informatikmethoden und -hilfsmitteln in der Gesamtheit der Ingenieurwissenschaften. Sie wird als eigenständiger Studiengang angeboten oder in Verbindung mit Elektrotechnik, Bauingenieurwesen oder Maschinenbau. *Medizininformatik* ist die Anwendung der Informatik in der Medizin, um Erkenntnisse über Diagnostik, Therapie und Prävention zu systematisieren und aufzubereiten.

Voraussetzung für das Studium der Informatik sind eine gute mathematisch-naturwissenschaftliche Begabung, technisches Geschick, die Fähigkeit, komplexe Probleme anhand von Modellen und Algorithmen zu lösen, zügig und systematisch arbeiten zu können, hohe Konzentrationsfähigkeit und Selbstdisziplin, Verständnis für wirtschaftliche Fragen und die Bereitschaft, das Wissen auf dem neuesten Stand zu halten. Unentbehrliche Voraussetzung für das Informatikstudium sind auch gute Englischkenntnisse.

Arbeitgeber erwarten die Beherrschung von mindestens zwei Programmiersprachen, Zusatzkenntnisse in Ökonomie, Praxiserfahrung (durch verschiedene Praktika), Fremdsprachenkenntnisse, soziale Kompetenz und Teamfähigkeit, ferner hohe Belastbarkeit und eine permanente Bereitschaft zur Weiterbildung, weil kaum ein Arbeitsbereich so schnell technischen Veränderungen unterliegt wie die elektronische Informationsverarbeitung, das gilt gleichermaßen für Hardware, Software und Systemtechniken.

Informatik an Universitäten

Hochschule	Studiengang	Abschluss
Aachen TH	Computational Engineering Science	Bachelor of Science
Aachen TH	Elektrotechnik, Informationstechnik und Technische Informatik	Bachelor of Science
Aachen TH	Informatik	Bachelor of Science
Aachen TH	Informatik	Master of Science
Aachen TH	Media Informatics	Master of Science
Aachen TH	Software Systems Engineering	Master of Science
Aachen TH	Communications Engineering	Master of Science
Augsburg U	Wirtschaftsinformatik	Bachelor of Science
Augsburg U	Informationsorientierte Betriebswirtschaftslehre	Bachelor of Science
Augsburg U	Informationsorientierte Volkswirtschaftslehre	Bachelor of Science
Augsburg U	Informatik	Bachelor of Science
Augsburg U	Informatik	Master of Science
Augsburg U	Informatik und Multimedia	Bachelor of Science
Augsburg U	Informatik und Multimedia	Master of Science
Augsburg U	Informatik und Informationswirtschaft	Master of Science
Augsburg U	Software Engineering	Master of Science
Bamberg U	Angewandte Informatik (Applied Computer Science)	Bachelor of Science
Bamberg U	Angewandte Informatik (Applied Computer Science)	Master of Science
Bamberg U	Wirtschaftsinformatik (Information Systems)	Bachelor of Science
Bamberg U	Wirtschaftsinformatik (Information Systems)	Master of Science
Bamberg U	Wirtschaftspädagogik mit Schwerpunkt Wirtschaftsinformatik	Master of Science
Bayreuth U	Angewandte Informatik	Bachelor of Science
Bayreuth U	Angewandte Informatik	Master of Science
Berlin FU	Bioinformatik	Bachelor of Science
Berlin FU	Bioinformatik	Master of Science
Berlin FU	Informatik	Bachelor of Science
Berlin FU	Informatik	Master of Science
Berlin FU	Scientific Computing	Master of Science
Berlin HU	Informatik	Bachelor of Science
Berlin HU	Wirtschaftsinformatik	Master of Science
Berlin TU	Informatik	Bachelor of Science
Berlin TU	Technische Informatik	Bachelor of Science
Berlin TU	Technische Informatik	Master of Science
Berlin TU	Informatik	Master of Science
Berlin TU	Scientific Computing	Master of Science
Bielefeld U	Bioinformatik und Genomforschung	Bachelor of Science
Bielefeld U	Bioinformatik und Genomforschung	Master of Science
Bielefeld U	Informatik	Bachelor of Science
Bielefeld U	Kognitive Informatik	Bachelor of Science
Bielefeld U	Medieninformatik und Gestaltung	Bachelor of Science

Bielefeld U	Naturwissenschaftliche Informatik	Bachelor of Science
Bielefeld U	Naturwissenschaftliche Informatik	Master of Science
Bochum U	Angewandte Informatik	Bachelor of Science
Bochum U	Angewandte Informatik	Master of Science
Bochum U	Computational Engineering	Master of Science
Bochum U	IT-Sicherheit/Netze und Systeme	Master of Science
Bonn U	Informatik	Bachelor of Science
Bonn U	Life Science Informatics	Master of Science
Bonn U	Computer Science	Master of Science
Braunschweig TU	Informatik	Bachelor of Science
Braunschweig TU	Informatik	Master of Science
Braunschweig TU	Wirtschaftsinformatik	Bachelor of Science
Braunschweig TU	Wirtschaftsinformatik	Master of Science
Braunschweig TU	Computational Science in Engineering	Master of Science
Bremen JU	Bioinformatics and Computational Biology	Bachelor of Science
Bremen JU	Computer Science	Bachelor of Science
Bremen JU	Electrical Engineering and Computer Science	Bachelor of Science
Bremen U	Gewerblich-Technische Wissenschaften: Elektrotechnik – Informatik	Bachelor of Science
Bremen U	Informatik	Bachelor of Science
Bremen U	Informatik	Master of Science
Bremen U	Systems Engineering	Bachelor of Science
Bremen U	Systems Engineering	Master of Science
Bremen U	Communication and Information Technology	Master of Science
Chemnitz TU	Angewandte Informatik	Bachelor of Science
Chemnitz TU	Wirtschaftsinformatik	Bachelor of Science
Chemnitz TU	Computational Science	Bachelor of Science
Chemnitz TU	Systems Engineering	Bachelor/Master/ Diplom
Chemnitz TU	Informatik	Bachelor of Science
Chemnitz TU	Informatik	Master of Science
Chemnitz TU	Automotive Software Engineering	Master of Science
Chemnitz TU	Computational Science	Master of Science
Chemnitz TU	Data & Web Engineering	Master of Science
Chemnitz TU	Digital Manufacturing	Master of Science
Clausthal-Zellerfeld TU	Informatik/Wirtschaftsinformatik	Bachelor of Science
Clausthal-Zellerfeld TU	Technische Informatik/Informationstechnik	Bachelor of Science
Clausthal-Zellerfeld TU	Informatik	Master of Science
Clausthal-Zellerfeld TU	Wirtschaftsinformatik	Master of Science
Cottbus BTU	Informatik	Bachelor of Science
Cottbus BTU	Informatik	Master of Science
Darmstadt TU	Mathematics with Computer Science	Bachelor of Science
Darmstadt TU	Computational Engineering	Bachelor of Science
Darmstadt TU	Computational Engineering	Master of Science
Darmstadt TU	Informatik	Bachelor of Science
Darmstadt TU	Informatik	Master of Science

Darmstadt TU	Wirtschaftsinformatik	Bachelor of Science
Darmstadt TU	Wirtschaftsinformatik	Master of Science
Darmstadt TU	Autonome Systeme	Master of Science
Darmstadt TU	Distributed Software Systems	Master of Science
Darmstadt TU	Internet and Web Technology	Master of Science
Dortmund TU	Angewandte Informatik	Bachelor of Science
Dortmund TU	Angewandte Informatik	Master of Science
Dortmund TU	Datenanalyse und Datenmanagement	Bachelor of Science
Dortmund TU	Informatik	Bachelor of Science
Dortmund TU	Informatik	Master of Science
Dresden TU	Geodäsie und Geoinformation	Bachelor of Science
Dresden TU	Informatik	Bachelor of Science
Dresden TU	Medieninformatik	Bachelor of Science
Dresden TU	Wirtschaftsinformatik	Bachelor of Science
Dresden TU	Wirtschaftsinformatik	Master of Science
Duisburg-Essen U	Angewandte Informatik, Schwerpunkt Ingenieur- oder Medieninformatik	Bachelor of Science
Duisburg-Essen U	Angewandte Informatik, Schwerpunkt Ingenieur- oder Medieninformatik	Master of Science
Duisburg-Essen U	Computer Engineering (ISE)	Bachelor of Science
Duisburg-Essen U	Computer Engineering (ISE)	Master of Science
Duisburg-Essen U	Computer Science and Communications Engineering (ISE)	Bachelor of Science
Duisburg-Essen U	Computer Science and Communications Engineering (ISE)	Master of Science
Duisburg-Essen U	Computational Mechanics	Master of Science
Düsseldorf U	Informatik	Bachelor of Science
Düsseldorf U	Informatik	Master of Science
Erlangen-Nürnberg U	Computational Engineering	Bachelor of Science
Erlangen-Nürnberg U	Elektrotechnik, Elektronik und Informations-technik	Bachelor of Science
Erlangen-Nürnberg U	Wirtschaftsinformatik	Bachelor of Science
Essen-Duisburg U	Angewandte Informatik – Systems Engineering	Bachelor of Science
Essen-Duisburg U	Angewandte Informatik – Systems Engineering	Master of Science
Essen-Duisburg U	Wirtschaftsinformatik	Bachelor of Science
Essen-Duisburg U	Wirtschaftsinformatik	Master of Science
Essen-Duisburg U	Computational Mechanics	Master of Science
Frankfurt am Main U	Bioinformatik	Bachelor of Science
Frankfurt am Main U	Informatik	Bachelor of Science
Frankfurt am Main U	Informatik	Master of Science
Freiberg TUBergAk	Angewandte Informatik	Bachelor of Science
Freiberg TUBergAk	Engineering & Computing	Bachelor of Science
Freiberg TUBergAk	Geoinformatik und Geophysik	Bachelor of Science
Freiberg TUBergAk	Network Computing	Bachelor of Science
Freiberg TUBergAk	Network Computing	Master of Science
Freiberg TUBergAk	Geoinformatik	Master of Science
Freiburg U	Embedded Systems Engineering	Bachelor of Science
Freiburg U	Informatik	Bachelor of Science

Freiburg U	Informatik	Master of Science
Freiburg U	Angewandte Informatik	Master of Science
Freiburg U	Bioinformatik und Systembiologie	Master of Science
Göttingen U	Angewandte Informatik	Bachelor of Science
Göttingen U	Angewandte Informatik	Master of Science
Göttingen U	Wirtschaftsinformatik	Bachelor of Science
Göttingen U	Wirtschaftsinformatik	Master of Science
Greifswald U	Mathematik mit Informatik	Bachelor of Science
Hagen FernU	Wirtschaftsinformatik	Bachelor of Science
Hagen FernU	Informatik	Bachelor of Science
Hagen FernU	Informatik	Master of Science
Hagen FernU	Computer Science	Master of Science
Halle U	Wirtschaftsinformatik, Grundlagen (Fundamentals Business Information Systems)	Bachelor of Science
Halle U	Wirtschaftsinformatik, Kernfach (Core Subject Business Information Systems)	Bachelor of Science
Halle U	Bioinformatik	Bachelor of Science
Halle U	Informatik	Bachelor of Science
Halle U	Informatik	Master of Science
Halle U	Wirtschaftsinformatik	Bachelor of Science
Halle U	Wirtschaftsinformatik	Master of Science
Hamburg TU	Computational Informatics	Bachelor of Science
Hamburg TU	Computational Informatics	Master of Science
Hamburg TU	Informatik – Ingenieurwesen	Bachelor of Science
Hamburg TU	Informatik – Ingenieurwesen	Master of Science
Hamburg TU	Information and Media Technologies	Master of Science
Hamburg TU	Joint Masters in Communication and Information Technologies	Master of Science
Hamburg U	Berufliche Informatik	Bachelor of Science
Hamburg U	Software-System-Entwicklung	Bachelor of Science
Hamburg U	Computing in Science	Bachelor of Science
Hamburg U	Informatik	Bachelor of Science
Hamburg U	Informatik	Master of Science
Hamburg U	Bioinformatik	Master of Science
Hamburg U	Wirtschaftsinformatik	Bachelor of Science
Hamburg U	Wirtschaftsinformatik	Master of Science
Hannover U	Computergestützte Ingenieurwissenschaften	Bachelor of Science
Hannover U	Computergestützte Ingenieurwissenschaften	Master of Science
Hannover U	Geodäsie und Geoinformatik	Bachelor of Science
Hannover U	Geodäsie und Geoinformatik	Master of Science
Hannover U	Informatik	Bachelor of Science
Hannover U	Informatik	Master of Science
Heidelberg U	Angewandte Informatik	Bachelor of Science
Heidelberg U	Medizinische Informatik	Bachelor of Science
Heidelberg U	Medizinische Informatik	Master of Science
Heidelberg U	Anwendungsorientierte Informatik	Master of Science

Heidelberg U	Scientific Computing	Master of Science
Hildesheim U	Internationales Informationsmanagement	Bachelor of Arts
Hildesheim U	Informationsmanagement und Informations-technologie	Bachelor of Science
Hildesheim U	Informationsmanagement und Informations-technologie	Master of Science
Hildesheim U	Wirtschaftsinformatik	Bachelor of Science
Hildesheim U	Wirtschaftsinformatik	Master of Science
Ilmenau TU	Informatik	Bachelor of Science
Ilmenau TU	Informatik	Master of Science
Ilmenau TU	Ingenieurinformatik	Bachelor of Science
Ilmenau TU	Ingenieurinformatik	Master of Science
Ilmenau TU	Wirtschaftsinformatik	Bachelor of Science
Ilmenau TU	Wirtschaftsinformatik	Master of Science
Ilmenau TU	Communications and Signal Processing	Master of Science
Jena U	Angewandte Informatik	Bachelor of Science
Jena U	Bioinformatik	Bachelor of Science
Jena U	Informatik	Bachelor of Arts
Jena U	Informatik	Bachelor of Science
Jena U	Geoinformatik	Master of Science
Kaiserslautern TU	Angewandte Informatik	Bachelor of Science
Kaiserslautern TU	Angewandte Informatik	Master of Science
Kaiserslautern TU	Maschinenbau mit angewandter Informatik	Bachelor of Science
Kaiserslautern TU	Verfahrenstechnik mit angewandter Informatik	Bachelor of Science
Kaiserslautern TU	Informatik	Bachelor of Science
Kaiserslautern TU	Informatik	Master of Science
Kaiserslautern TU	Computational Engineering	Master of Science
Karlsruhe U	Geodäsie und Geoinformatik	Bachelor of Science
Karlsruhe U	Geodäsie und Geoinformatik	Master of Science
Karlsruhe U	Informatik	Bachelor of Science
Karlsruhe U	Informatik	Master of Science
Kassel U	Informatik	Bachelor of Science
Kassel U	Informatik	Master of Science
Kiel U	Wirtschaftsinformatik	Bachelor of Science
Kiel U	Informatik	Bachelor of Science
Kiel U	Informatik	Master of Science
Koblenz-Landau U	Computervisualistik	Bachelor of Science
Koblenz-Landau U	Computervisualistik	Master of Science
Koblenz-Landau U	Informatik	Bachelor of Science
Koblenz-Landau U	Informatik	Master of Science
Koblenz-Landau U	Informationsmanagement	Bachelor of Science
Koblenz-Landau U	Informationsmanagement	Master of Science
Koblenz-Landau U	Wirtschaftsinformatik	Master of Science
Köln U	Wirtschaftsinformatik	Bachelor of Science
Köln U	Information Systems	Master of Science
Konstanz U	Informatik	Bachelor of Arts
Konstanz U	Information Engineering (Informatik)	Bachelor of Science

Konstanz U	Information Engineering (Informatik)	Master of Science
Leipzig U	Informatik	Bachelor of Science
Leipzig U	Informatik	Master of Science
Leipzig U	Wirtschaftsinformatik	Bachelor of Science
Leipzig U	Wirtschaftsinformatik	Master of Science
Lübeck U	Computational Life Science	Bachelor of Science
Lübeck U	Computational Life Science	Master of Science
Lübeck U	Informatik	Bachelor of Science
Lübeck U	Informatik	Master of Science
Lüneburg U	Wirtschaftsinformatik	Bachelor of Science
Lüneburg U	Angewandte Informatik	Bachelor of Science
Lüneburg U	Digitale Medien/Kulturinformatik	Bachelor of Science
Lüneburg U	Informatik	Bachelor of Science
Magdeburg U	Computervisualistik	Bachelor of Science
Magdeburg U	Computervisualistik	Master of Science
Magdeburg U	Informatik	Bachelor
Magdeburg U	Informatik	Bachelor of Science
Magdeburg U	Informatik	Master of Science
Magdeburg U	Ingenieurinformatik	Bachelor of Science
Magdeburg U	Ingenieurinformatik	Master of Science
Magdeburg U	Wirtschaftsinformatik	Bachelor of Science
Magdeburg U	Wirtschaftsinformatik	Master of Science
Mainz U	Informatik	Bachelor of Science
Mainz U	Mathematik mit Schwerpunkt Informatik	Master of Science
Mainz U	Computational Sciences – Rechnergestützte Naturwissenschaften	Master of Science
Mannheim U	Wirtschaftsinformatik	Bachelor of Science
Mannheim U	Wirtschaftsinformatik	Master of Science
Marburg U	Informatik	Bachelor of Science
Marburg U	Informatik	Master of Science
München U	Medieninformatik	Bachelor of Science
München U	Informatik	Bachelor of Science
München U	Bioinformatik	Bachelor of Science
München U	Bioinformatik	Master of Science
München TU	Geodäsie und Geoinformation	Master of Science
München TU	Computational Mechanics	Master of Science
München TU	Computational Science and Engineering	Master of Science
München TU	Software Engineering	Master of Science
München/Garching TU	Bioinformatik	Bachelor of Science
München/Garching TU	Bioinformatik	Master of Science
München/Garching TU	Informatik	Bachelor of Science
München/Garching TU	Informatik	Master of Science
München/Garching TU	Wirtschaftsinformatik	Bachelor of Science
München/Garching TU	Wirtschaftsinformatik	Master of Science
München/Garching TU	Automotive Software Engineering	Master of Science
München/Garching TU	Biomedical Computing	Master of Science
München/Garching TU	Computational Science and Engineering	Master of Science

München-Neubiberg UniBW	Technische Informatik und Kommunikationstechnik	Bachelor of Engineering
München-Neubiberg UniBW	Informatik	Bachelor of Science
München-Neubiberg UniBW	Informatik	Master of Science
München-Neubiberg UniBW	Wirtschaftsinformatik	Bachelor of Science
München-Neubiberg UniBW	Wirtschaftsinformatik	Master of Science
München-Neubiberg UniBW	Computer Aided Engineering	Master of Engineering
Münster U	Geoinformatics	Master of Science
Münster U	Geoinformatik	Bachelor of Science
Münster U	Informatik	Bachelor of Science
Münster U	Information Systems	Master of Science
Münster U	Wirtschaftsinformatik	Bachelor of Science
Nürnberg-Erlangen U	International Information Systems (IIS)	Master of Science
Oldenburg U	Informatik	Bachelor of Science
Oldenburg U	Informatik	Master of Science
Oldenburg U	Umweltmodellierung	Master of Science
Oldenburg U	Eingebettete Systeme und Mikrorobotik	Master of Science
Oldenburg U	Wirtschaftsinformatik	Bachelor of Science
Oldenburg U	Wirtschaftsinformatik	Master of Science
Osnabrück U	Geoinformatik	Bachelor of Science
Osnabrück U	Geoinformatik	Master of Science
Osnabrück U	Informatik	Bachelor of Science
Osnabrück U	Informatik	Master of Science
Osnabrück U	Physik mit Informatik	Bachelor of Science
Osnabrück U	Physik mit Informatik	Master of Science
Osnabrück U	Wirtschaftsinformatik/Information Systems	Bachelor of Science
Osnabrück U	Wirtschaftsinformatik/Information Systems	Master of Science
Paderborn U	Informatik	Bachelor of Science
Paderborn U	Informatik	Master of Science
Paderborn U	Ingenieurinformatik (Elektrotechnik)	Bachelor of Science
Paderborn U	Ingenieurinformatik (Elektrotechnik)	Master of Science
Paderborn U	Ingenieurinformatik (Maschinenbau)	Bachelor of Science
Paderborn U	Ingenieurinformatik (Maschinenbau)	Master of Science
Paderborn U	Wirtschaftsinformatik	Bachelor of Science
Paderborn U	Wirtschaftsinformatik	Master of Science
Passau U	Internet Computing	Bachelor of Science
Passau U	Wirtschaftsinformatik (Business Computing)	Bachelor of Science
Passau U	Informatik	Bachelor of Science
Passau U	Informatik	Master of Science
Potsdam U	Wirtschaftsinformatik	Bachelor of Science
Potsdam U	Informatik	Bachelor of Science
Potsdam U	Informatik	Master of Science
Potsdam U	IT-Systems Engineering	Bachelor of Science

Potsdam U	IT-Systems Engineering	Master of Science
Potsdam U	Bioinformatik	Master of Science
Potsdam U	Geoinformation und Visualisierung	Master of Science
Regensburg U	Wirtschaftsinformatik	Bachelor of Science
Regensburg U	Wirtschaftsinformatik	Master of Science
Rostock U	Informatik	Bachelor of Science
Rostock U	Informatik	Master of Science
Rostock U	Informationstechnik/Technische Informatik	Bachelor of Science
Rostock U	Informationstechnik/Technische Informatik	Master of Science
Rostock U	Wirtschaftsinformatik	Bachelor of Science
Rostock U	Wirtschaftsinformatik	Master of Science
Rostock U	Computational Engineering	Master of Science
Saarbrücken U	Bioinformatik	Bachelor of Science
Saarbrücken U	Bioinformatik	Master of Science
Saarbrücken U	Computer- und Kommunikationstechnik	Bachelor of Science
Saarbrücken U	Computer- und Kommunikationstechnik	Master of Science
Saarbrücken U	Informatik	Bachelor of Science
Saarbrücken U	Informatik	Master of Science
Saarbrücken U	Wirtschaftsinformatik	Bachelor of Science
Saarbrücken U	Wirtschaftsinformatik	Master of Science
Saarbrücken U	Computational Engineering of Technical Systems (COMET)	Master of Science
Siegen U	Informatik	Bachelor of Science
Siegen U	Technische Informatik	Master of Science
Siegen U	Wirtschaftsinformatik	Bachelor of Science
Siegen U	Wirtschaftsinformatik	Master of Science
Siegen U	Medieninformatik	Master of Science
Siegen U	Allgemeine Informatik	Master of Science
Siegen U	Bildinformatik	Master of Science
Stuttgart-Hohenheim U	Wirtschaftsinformatik	Bachelor of Science
Stuttgart-Hohenheim U	Wirtschaftsinformatik	Master of Science
Stuttgart U	Geodäsie und Geoinformatik	Bachelor of Science
Stuttgart U	Softwaretechnik	Bachelor of Science
Stuttgart U	Informatik	Bachelor of Science
Stuttgart U	Information Technology (INFOTECH)	Master of Science
Stuttgart U	Wirtschaftsinformatik	Bachelor of Science
Stuttgart U	Wirtschaftsinformatik	Master of Science
Trier U	Angewandte Geoinformatik	Bachelor of Science
Trier U	Geoinformatik	Master of Science
Trier U	Informatik	Bachelor of Science
Trier U	Informatik	Master of Science
Trier U	Wirtschaftsinformatik	Bachelor of Science
Trier U	Wirtschaftsinformatik	Master of Science
Tübingen U	Medieninformatik	Bachelor of Science
Tübingen U	Bioinformatik	Bachelor of Science
Tübingen U	Bioinformatik	Master of Science
Tübingen U	Informatik	Bachelor of Science

Tübingen U	Informatik	Master of Science
Ulm U	Informatik	Bachelor of Science
Ulm U	Informatik	Master of Science
Ulm U	Medieninformatik	Bachelor of Science
Ulm U	Medieninformatik	Master of Science
Weimar U	Informatik	Bachelor of Science
Weimar U	Mediensysteme (Medieninformatik)	Bachelor of Science
Weimar U	Mediensysteme (Medieninformatik)	Master of Science
Wuppertal U	Computer Simulation in Science	Master of Science
Würzburg U	Informatik	Bachelor of Science
Würzburg U	Luft- und Raumfahrtinformatik	Bachelor of Science
Würzburg U	Mensch-Computer Systeme	Bachelor of Science
Würzburg U	Wirtschaftsinformatik	Bachelor of Science
Würzburg U	Wirtschaftsinformatik	Master of Science

Informatik an Fachhochschulen

Hochschule	Studiengang	Abschluss
Aachen FH	Informatik	Bachelor of Science
Aachen FH	Scientific Programming	Bachelor of Science
Aachen/Jülich FH	Scientific Programming	Bachelor of Science
Aalen HTW	Informatik	Bachelor of Science
Aalen HTW	Medieninformatik	Bachelor of Science
Aalen HTW	Software Engineering	Bachelor of Science
Aalen HTW	Wirtschaftsinformatik	Bachelor of Science
Aalen HTW	Computer Controlled Systems	Master of Science
Albstadt/Sigmaringen H	Kommunikations- und Softwaretechnik	Bachelor of Engineering
Albstadt/Sigmaringen H	Wirtschaftsinformatik	Bachelor of Science
Albstadt/Sigmaringen H	Wirtschaftsinformatik	Master of Science
Albstadt/Sigmaringen H	Systems Engineering	Master of Engineering
Amberg-Weiden H	Angewandte Informatik	Bachelor of Engineering
Amberg-Weiden H	Industrial Information Technology	Master of Engineering
Anhalt/Köthen FH	Angewandte Informatik	Bachelor of Science
Anhalt/Köthen FH	Computer Science in Engineering	Master of Science
Anhalt/Köthen FH	Softwarelokalisierung	Bachelor of Science
Anhalt/Köthen FH	Softwarelokalisierung	Master of Science
Ansbach FH	Wirtschaftsinformatik	Bachelor of Arts
Augsburg HAW	Technische Informatik	Bachelor of Engineering
Augsburg HAW	Wirtschaftsinformatik	Bachelor of Science
Augsburg HAW	Informatik	Bachelor of Science
Augsburg HAW	Informatik	Master of Science
Bergisch Gladbach FHDW	Information Science for Business	Bachelor of Science
Berlin BeuthTH	Technische Informatik	Bachelor of Engineering
Berlin BeuthTH	Wirtschaftsinformatik	Bachelor of Science
Berlin BeuthTH	Medieninformatik	Bachelor of Science

Berlin BeuthTH	Medieninformatik	Master of Science
Berlin BeuthTH	Medieninformatik online	Bachelor of Science
Berlin BeuthTH	Medieninformatik online	Master of Science
Berlin BeuthTH	Embedded Systems (Technische Informatik)	Master of Engineering
Berlin FOM	Wirtschaftsinformatik	Bachelor of Science
Berlin FOM	Wirtschaftsinformatik – Web-Engineering	Bachelor of Science
Berlin HTW	Angewandte Informatik	Bachelor of Science
Berlin HTW	Angewandte Informatik	Master of Science
Berlin HTW	Betriebliche Umweltinformatik	Bachelor of Science
Berlin HTW	Betriebliche Umweltinformatik	Master of Science
Berlin HTW	Computer Engineering	Bachelor of Engineering
Berlin HTW	Informatik und Wirtschaft (Frauenstudiengang)	Bachelor of Science
Berlin HTW	Internationaler Studiengang Medieninformatik	Bachelor of Science
Berlin HTW	Internationaler Studiengang Medieninformatik	Master of Science
Berlin HTW	Wirtschaftsinformatik	Bachelor of Science
Berlin HTW	Wirtschaftsinformatik	Master of Science
Berlin HWR	Informatik	Bachelor of Science
Berlin HWR	Verwaltungsinformatik	Bachelor of Arts
Berlin HWR	Wirtschaftsinformatik	Bachelor of Science
Bielefeld FH	Medieninformatik und Gestaltung	Bachelor of Arts/ Bachelor of Science
Bielefeld FH	Wirtschaftsinformatik	Bachelor of Science
Bielefeld FHDW	Wirtschaftsinformatik	Bachelor of Science
Bingen FH	Bioinformatik	Bachelor of Science
Bingen FH	Informatik	Bachelor of Science
Bingen FH	Informationssysteme	Master of Science
Bochum FH	Geoinformatik	Bachelor of Engineering
Bochum FH	Informatik	Bachelor of Science
Bochum FH	IT-Automotive	Master of Science
Bochum FH	Kooperative Ingenieurausbildung (KIA) Informatik	Bachelor of Science
Bochum FH	Wirtschaftsinformatik	Bachelor of Science
Bonn/Rheinbach FH	Wirtschaftsinformatik	Bachelor of Science
Bonn/Sankt Augustin FH	Wirtschaftsinformatik	Bachelor of Science
Bonn/Sankt Augustin FH	Informatik	Bachelor of Science
Bonn/Sankt Augustin FH	Informatik	Master of Science
Brandenburg FH	Applied Computer Science	Bachelor of Science
Brandenburg FH	Informatik	Bachelor of Science
Brandenburg FH	Informatik	Master of Science
Brandenburg FH	Medieninformatik	Bachelor of Science
Brandenburg FH	Medieninformatik	Master of Science
Brandenburg FH	Medizininformatik	Bachelor of Science
Brandenburg FH	Wirtschaftsinformatik	Bachelor of Science
Brandenburg FH	Wirtschaftsinformatik – Information Process Management	Master of Science

Braunschweig/Wolfenbüttel FH	Informatik	Bachelor of Science
Braunschweig/Wolfenbüttel FH	Informatik	Master of Science
Braunschweig/Wolfenbüttel FH	Informatik im Praxisverbund	Bachelor of Science
Braunschweig/Wolfenbüttel FH	Medieninformatik	Bachelor of Science
Braunschweig/Wolfenbüttel FH	Technische Informatik	Bachelor of Science
Braunschweig/Wolfenbüttel FH	Wirtschaftsinformatik	Bachelor of Science
Braunschweig/Wolfsburg FH	Fahrzeuginformatik und -elektronik	Bachelor of Engineering
Braunschweig/Wolfsburg FH	Fahrzeuginformatik und -elektronik im Praxisverbund	Bachelor of Engineering
Braunschweig/Wolfsburg FH	Wirtschaftsinformatik	Bachelor of Science
Braunschweig/Wolfenbüttel/Salzgitter FH	Computersimulation im Ingenieurwesen	Bachelor of Science
Bremen H	Frauenstudiengang Informatik	Bachelor of Science
Bremen H	Informatik	Bachelor of Science
Bremen H	Medieninformatik	Bachelor of Science
Bremen H	Technische Informatik (Angewandte Informatik, Automatisierungstechnik)	Bachelor of Science
Bremen FOM	Wirtschaftsinformatik	Bachelor of Science
Bremen FOM	Wirtschaftsinformatik – Web-Engineering	Bachelor of Science
Bremerhaven H	Informatik	Bachelor of Science
Bremerhaven H	Informatik	Master of Science
Bremerhaven H	Medieninformatik	Bachelor of Science
Bremerhaven H	Wirtschaftsinformatik	Bachelor of Science
Brühl EUFH	Wirtschaftsinformatik	Bachelor of Science
Coburg H	Informatik	Bachelor of Science
Cottbus FH	Computational Mechanics	Master of Science
Darmstadt H	Informatik	Bachelor of Science
Darmstadt H	Informatik	Master of Science
Darmstadt/Dieburg H	Kooperatives Studium Informatik (KoSI)	Bachelor of Science
Darmstadt/Pfungstadt FernH	Angewandte Informatik	Bachelor of Science
Darmstadt/Pfungstadt FernH	Informatik	Bachelor of Science
Darmstadt/Pfungstadt FernH	Technische Informatik	Bachelor of Engineering
Darmstadt/Pfungstadt FernH	Medieninformatik	Master of Science
Darmstadt/Pfungstadt FernH	Wirtschaftsinformatik	Master of Science
Deggendorf FH	Angewandte Informatik/Infotronik	Bachelor of Engineering
Deggendorf FH	Wirtschaftsinformatik	Bachelor of Science
Deggendorf FH	Wirtschaftsinformatik	Master of Science

Dessau FH	Geoinformatik	Bachelor of Engineering
Dessau FH	Geoinformatik	Master of Engineering
Dortmund FH	Informatik	Bachelor of Science
Dortmund FH	Informatik	Master of Science
Dortmund FH	Medizinische Informatik	Bachelor of Science
Dortmund FH	Medizinische Informatik	Master of Science
Dortmund FH	Web- und Medieninformatik	Bachelor of Science
Dortmund FH	Wirtschaftsinformatik	Bachelor of Science
Dortmund FH	Wirtschaftsinformatik	Master of Science
Dortmund FH	Wirtschaftsinformatik (Verbundstudiengang)	Bachelor of Science
Dortmund FH	Wirtschaftsinformatik (Verbundstudiengang)	Master of Science
Dortmund FOM	Wirtschaftsinformatik	Bachelor of Science
Dortmund FOM	Wirtschaftsinformatik – Web-Engineering	Bachelor of Science
Dresden HTW	Informatik	Bachelor of Science
Dresden HTW	Medieninformatik	Bachelor of Science
Dresden HTW	Wirtschaftsinformatik	Bachelor of Science
Duisburg FOM	Wirtschaftsinformatik	Bachelor of Science
Duisburg FOM	Wirtschaftsinformatik – Web-Engineering	Bachelor of Science
Düsseldorf FH	Medieninformatik	Bachelor of Science
Düsseldorf FH	Virtuelle Realität	Master of Science
Düsseldorf FOM	Wirtschaftsinformatik	Bachelor of Science
Düsseldorf FOM	Wirtschaftsinformatik – Web-Engineering	Bachelor of Science
Elmshorn FH	Wirtschaftsinformatik	Bachelor of Science
Emden/Leer FH	Biotechnologie/Bioinformatik	Bachelor of Science
Emden/Leer FH	Informatik	Bachelor of Science
Emden/Leer FH	Medieninformatik	Bachelor of Science
Emden/Leer FH	Medieninformatik	Master of Science
Emden/Leer FH	Industrial Informatics	Master of Engineering
Erfurt FH	Verkehrsinformatik	Bachelor of Science
Erfurt FH	Angewandte Informatik	Bachelor of Science
Erfurt FH	Angewandte Informatik	Master of Science
Essen FOM	Wirtschaftsinformatik	Bachelor of Science
Essen FOM	Wirtschaftsinformatik – Web-Engineering	Bachelor of Science
Esslingen H	Softwaretechnik und Medieninformatik	Bachelor of Engineering
Esslingen H	Technische Informatik	Bachelor of Engineering
Flensburg FH	Angewandte Informatik	Bachelor of Science
Flensburg FH	Wirtschaftsinformatik	Bachelor of Science
Frankfurt am Main FH	Informatik	Bachelor of Science
Frankfurt am Main FH	Ingenieur-Informatik	Bachelor of Engineering
Frankfurt am Main FH	Wirtschaftsinformatik	Bachelor of Science
Frankfurt am Main FOM	Wirtschaftsinformatik	Bachelor of Science
Frankfurt am Main FOM	Wirtschaftsinformatik – Web-Engineering	Bachelor of Science
Frankfurt am Main H	Business Information Management (Wirtschaftsinformatik)	Bachelor of Science
Friedberg/Gießen FH	Technische Informatik	Bachelor of Science
Friedberg/Gießen FH	Medieninformatik	Bachelor of Science

Friedberg/Gießen FH	Medieninformatik	Master of Science
Friedberg/Gießen FH	Wirtschaftsinformatik	Bachelor of Science
Friedberg/Gießen FH	Wirtschaftsinformatik	Master of Science
Fulda H	Angewandte Informatik (Applied Computer Science)	Bachelor of Science
Fulda H	Angewandte Informatik (Applied Computer Science)	Master of Science
Fulda H	Wirtschaftsinformatik	Bachelor of Science
Furtwangen H	Allgemeine Informatik	Bachelor of Science
Furtwangen H	Computer Engineering	Bachelor of Science
Furtwangen H	Computer Networking	Bachelor of Science
Furtwangen H	Medieninformatik	Bachelor of Science
Furtwangen H	Wirtschaftsinformatik	Bachelor of Science
Furtwangen H	WirtschaftsNetze	Bachelor of Science
Furtwangen H	Advanced Computer Science	Master of Science
Furtwangen H	Computer Science in Media	Master of Science
Gelsenkirchen FH	Informatik Betriebswirtschaft	Bachelor of Arts
Gelsenkirchen FH	IT and Financial Services	Bachelor of Arts
Gelsenkirchen FH	Medieninformatik	Bachelor of Science
Gelsenkirchen FH	Angewandte Informatik	Bachelor of Science
Gelsenkirchen FH	Angewandte Informatik	Master of Science
Gelsenkirchen/ Bocholt FH	Wirtschaftsinformatik	Bachelor of Science
Gießen-Friedberg FH	Ingenieur-Informatik	Bachelor of Science
Gießen-Friedberg FH	Medizinische Informatik	Bachelor of Science
Gießen-Friedberg FH	Bioinformatik	Bachelor of Science
Gießen-Friedberg FH	Informatik	Bachelor of Science
Gießen-Friedberg FH	Informatik	Master of Science
Göppingen/Esslingen H	Wirtschaftsinformatik	Bachelor of Engineering
Görlitz/Zittau H	Informatik	Bachelor of Science
Görlitz/Zittau H	Informatik	Master of Science
Göttingen FH	Business Information Systems (Wirtschaftsinformatik)	Bachelor of Science
Göttingen FH	Business Information Systems (Wirtschaftsinformatik)	Master of Science
Hamburg HAW	Angewandte Informatik	Bachelor of Science
Hamburg HAW	Technische Informatik	Bachelor of Science
Hamburg HAW	European Computer Science	Bachelor of Science
Hamburg HAW	Informatik	Master of Science
Hamburg FOM	Wirtschaftsinformatik	Bachelor of Science
Hamburg FOM	Wirtschaftsinformatik – Web-Engineering	Bachelor of Science
Hannover FHDW	Informatik	Bachelor of Science
Hannover FHDW	Wirtschaftsinformatik	Bachelor of Science
Hannover FH	Angewandte Informatik	Bachelor of Science
Hannover FH	Angewandte Informatik	Master of Science
Hannover FH	Technische Datenverarbeitung im Maschinenbau	Bachelor of Engineering

Hannover FH	Wirtschaftsinformatik	Bachelor of Science
Harz/Wernigerode H	Informatik	Bachelor of Science
Harz/Wernigerode H	Medieninformatik	Bachelor of Science
Harz/Wernigerode H	Wirtschaftsinformatik	Bachelor of Science
Harz/Wernigerode H	Informatik/Mobile Systeme	Master of Science
Heidelberg SRH	Wirtschaftsinformatik	Bachelor of Science
Heidelberg SRH	Informatik	Bachelor of Science
Heidelberg SRH	Informatik	Master of Science
Heidelberg SRH	Angewandte Informatik	Master of Science
Heilbronn H	Medizinische Informatik	Bachelor of Science
Heilbronn H	Software Engineering	Bachelor of Science
Heilbronn H	Software Engineering & Management	Master of Science
Hof FH	Angewandte Informatik	Bachelor of Science
Hof FH	Medieninformatik	Bachelor of Science
Hof FH	Wirtschaftsinformatik	Bachelor of Science
Hof FH	Industrial Information Technology	Master of Engineering
Hof FH	Internet – Web Science	Master of Science
Ingolstadt HAW	Informatik	Bachelor of Science
Ingolstadt HAW	Informatik	Master of Science
Iserlohn FH	Angewandte Informatik	Bachelor of Science
Iserlohn FH	Automotive	Bachelor of Engineering
Isny FH	Informatik	Bachelor of Science
Jena FH	Technische Informatik	Bachelor of Engineering
Kaiserslautern FH	Ingenieurinformatik	Bachelor of Engineering
Kaiserslautern/ Zweibrücken FH	Angewandte Informatik	Bachelor of Science
Kaiserslautern/ Zweibrücken FH	Medieninformatik	Bachelor of Science
Kaiserslautern/ Zweibrücken FH	Medizintechnische Informatik	Bachelor of Science
Kaiserslautern/ Zweibrücken FH	Wirtschaftsinformatik	Bachelor of Science
Kaiserslautern/ Zweibrücken FH	Informatik	Master of Science
Karlsruhe H	Informatik	Bachelor of Science
Karlsruhe H	Informatik	Master of Science
Karlsruhe H	Wirtschaftsinformatik	Bachelor of Science
Karlsruhe H	Wirtschaftsinformatik	Master of Science
Kempten FH	Informatik	Bachelor of Science
Kempten FH	Wirtschaftsinformatik	Bachelor of Science
Kempten FH	Angewandte Informatik	Master of Science
Kiel FH	Wirtschaftsinformatik	Bachelor of Arts
Kiel FH	Wirtschaftsinformatik	Master of Arts
Köln FH	Technische Informatik (Information Engineering)	Bachelor of Science
Köln FH	Technische Informatik (Information Engineering)	Master of Science
Köln FOM	Wirtschaftsinformatik	Bachelor of Science
Köln FOM	Wirtschaftsinformatik – Web-Engineering	Bachelor of Science

Köln RheinFH	Wirtschaftsinformatik	Bachelor of Arts
Köln/Gummersbach FH	Allgemeine Informatik	Bachelor of Science
Köln/Gummersbach FH	Technische Informatik	Bachelor of Science
Köln/Gummersbach FH	Medieninformatik	Bachelor of Science
Köln/Gummersbach FH	Medieninformatik	Master of Science
Köln/Gummersbach FH	Wirtschaftsinformatik	Bachelor of Science
Köln/Gummersbach FH	Wirtschaftsinformatik (Verbundstudiengang)	Bachelor of Science
Köln/Gummersbach FH	Wirtschaftsinformatik (Verbundstudiengang)	Master of Science
Köln/Gummersbach FH	Automation & IT	Master of Engineering
Köln/Gummersbach FH	Informatik	Master of Science
Konstanz H	Software-Engineering	Bachelor of Science
Konstanz H	Technische Informatik	Bachelor of Science
Konstanz H	Wirtschaftsinformatik	Bachelor of Science
Konstanz H	Business Information Technology (BIT)	Master of Science
Konstanz H	Informatik	Master of Science
Landshut FH	Automobilinformatik	Bachelor of Science
Landshut FH	Wirtschaftsinformatik	Bachelor of Science
Landshut FH	Informatik	Bachelor of Science
Landshut FH	Informatik	Master of Science
Landshut FH	Systems Engineering	Master of Engineering
Leipzig AkadFH	Wirtschaftsinformatik	Bachelor of Science
Leipzig AkadFH	Wirtschaftsinformatik	Master of Science
Leipzig HFT	Telekommunikationsinformatik	Bachelor of Engineering
Leipzig HFT	Wirtschaftsinformatik	Bachelor of Science
Leipzig FOM	Wirtschaftsinformatik	Bachelor of Science
Leipzig FOM	Wirtschaftsinformatik – Web-Engineering	Bachelor of Science
Leipzig HTWK	Informatik	Bachelor of Science
Leipzig HTWK	Informatik	Master of Science
Leipzig HTWK	Medieninformatik	Bachelor of Science
Leipzig HTWK	Medieninformatik	Master of Science
Lippe/Höxter FH	Angewandte Informatik – Umweltinformatik	Bachelor of Science
Lippe/Lemgo FH	Technische Informatik	Bachelor of Science
Lübeck FH	Informatik/Softwaretechnik	Bachelor of Science
Lübeck FH	Informationstechnologie und Gestaltung	Bachelor of Science
Lübeck FH	Medieninformatik	Bachelor of Science
Lübeck FH	Medieninformatik	Master of Science
Ludwigshafen FH	Wirtschaftsinformatik	Bachelor of Science
Ludwigshafen FH	Business and International Programs (BIP) – International Business Administration and Information Technology (IBAIT)	Bachelor of Science
Ludwigshafen FH	Information Management & Consulting	Master of Science
Mainz FH	Wirtschaftsinformatik	Bachelor of Science
Mainz FH	Geoinformatik und Vermessung	Bachelor of Science
Mainz FH	Geoinformatik und Vermessung	Master of Science
Mannheim H	Informatik	Bachelor of Science
Mannheim H	Informatik	Master of Science
Mannheim H	Medizinische Informatik	Bachelor of Science

Mannheim H	Technische Informatik	Bachelor of Science
Mannheim H	Unternehmens- und Wirtschaftsinformatik	Bachelor of Science
Marl FOM	Wirtschaftsinformatik	Bachelor of Science
Marl FOM	Wirtschaftsinformatik – Web-Engineering	Bachelor of Science
Merseburg FH	Angewandte Informatik	Bachelor of Science
Merseburg FH	Informatik und Kommunikationssysteme	Master of Engineering
Mittweida H	Wirtschaftsinformatik	Bachelor of Science
Mittweida H	Biotechnologie/Bioinformatik	Bachelor of Science
Mittweida H	Eingebettete Systeme	Bachelor of Science
Mittweida H	Informatik	Bachelor of Science
Mittweida H	Informatik	Master of Science
Mönchengladbach H	Information Systems	Bachelor of Science
Mönchengladbach H	Information Systems	Master of Science
München FH	Scientific Computing	Bachelor of Science
München FH	Geoinformatik und Satellitenpositionierung	Bachelor of Engineering
München FH	Geotelematik und Navigation	Bachelor of Engineering
München FH	Informatik	Bachelor of Science
München FH	Informatik	Master of Science
München FH	Wirtschaftsinformatik	Bachelor of Science
München FH	Wirtschaftsinformatik	Master of Science
München FH	Scientific Computing	Bachelor of Science
München FOM	Wirtschaftsinformatik	Bachelor of Science
München FOM	Wirtschaftsinformatik – Web-Engineering	Bachelor of Science
München FOM	IT Management	Master of Arts
Münster FH	Informatik/Technische Informatik	Bachelor of Science
Münster FH	Wirtschaftsinformatik	Bachelor of Science
Münster/Steinfurt FH	Angewandte Informatik	Bachelor of Science
Münster/Steinfurt FH	Informatik/Technische Informatik	Bachelor of Science
Münster/Steinfurt FH	Maschinenbauinformatik	Bachelor of Engineering
Neu-Ulm FH	Wirtschaftsinformatik	Bachelor of Science
Neubrandenburg H	Geoinformatik	Bachelor of Engineering
Neubrandenburg H	Geoinformatik und Geodäsie	Master of Engineering
Neuss FOM	Wirtschaftsinformatik	Bachelor of Science
Neuss FOM	Wirtschaftsinformatik – Web-Engineering	Bachelor of Science
Niederrhein/Krefeld H	Informatik	Bachelor of Science
Niederrhein/Krefeld H	Informatik	Master of Science
Nordhausen FH	Technische Informatik	Bachelor of Engineering
Nordhausen FH	Systems Engineering	Master of Engineering
Nürnberg FH	Medieninformatik	Bachelor of Science
Nürnberg FH	Verfahrenstechnik und Prozessinformatik	Bachelor of Engineering
Nürnberg FH	Informatik	Bachelor of Science
Nürnberg FH	Informatik	Master of Science
Nürnberg FH	Wirtschaftsinformatik	Bachelor of Science
Nürnberg FH	Wirtschaftsinformatik	Master of Science
Nürnberg FH	Systems Engineering	Master of Engineering
Nürnberg FOM	Wirtschaftsinformatik	Bachelor of Science

Nürnberg FOM	Wirtschaftsinformatik – Web-Engineering	Bachelor of Science
Offenburg H	Angewandte Informatik	Bachelor of Science
Offenburg H	Informatik/Wirtschaft Plus	Bachelor of Science
Oldenburg/Elsfleth/ Wilhelmshaven FH	Geoinformatik	Bachelor of Science
Oldenburg/Elsfleth/ Wilhelmshaven FH	Geodäsie und Geoinformatik	Master of Science
Osnabrück FH	Europäisches Informatik-Studium	Bachelor of Science
Osnabrück FH	Medieninformatik	Bachelor of Science
Osnabrück FH	Technische Informatik	Bachelor of Science
Osnabrück/Lingen/ Ems FH	Wirtschaftsinformatik	Bachelor of Science
Paderborn FHDW	Angewandte Informatik	Bachelor of Science
Pforzheim H	Betriebswirtschaft/Wirtschaftsinformatik	Bachelor of Science
Pforzheim H	Technische Informatik	Bachelor of Engineering
Pforzheim H	Embedded Systems	Master of Science
Pforzheim H	Informations Systems	Master of Science
Pinneberg AkadFH	Wirtschaftsinformatik	Bachelor of Science
Pinneberg AkadFH	Wirtschaftsinformatik	Master of Science
Ravensburg/ Weingarten FH	Wirtschaftsinformatik und eBusiness	Bachelor of Science
Ravensburg/ Weingarten FH	Angewandte Informatik	Bachelor of Science
Ravensburg/ Weingarten FH	Informatik	Master of Science
Ravensburg/ Weingarten FH	Wirtschaftsinformatik	Master of Science
Regensburg FH	Informatik	Bachelor of Science
Regensburg FH	Informatik	Master of Science
Regensburg FH	Medizinische Informatik	Bachelor of Science
Regensburg FH	Technische Informatik	Bachelor of Science
Regensburg FH	Wirtschaftsinformatik	Bachelor of Science
Reutlingen H	Medien- und Kommunikationsinformatik	Bachelor of Science
Reutlingen H	Medien- und Kommunikationsinformatik	Master of Science
Reutlingen H	Wirtschaftsinformatik	Bachelor of Science
Reutlingen H	Wirtschaftsinformatik	Master of Science
Rosenheim H	Wirtschaftsinformatik	Bachelor of Science
Rosenheim H	Informatik	Bachelor of Science
Rosenheim H	Informatik	Master of Science
Saarbrücken HTW	Informatik/Génie informatique	Bachelor of Science/ Licence
Saarbrücken HTW	Informatik/Génie informatique	Master of Science
Saarbrücken HTW	Kommunikationsinformatik	Bachelor of Science
Saarbrücken HTW	Kommunikationsinformatik	Master of Science
Saarbrücken HTW	Praktische Informatik	Bachelor of Science
Saarbrücken HTW	Praktische Informatik	Master of Science
Schmalkalden HAW	Informatik	Bachelor of Science
Schmalkalden HAW	Wirtschaftsinformatik	Bachelor of Science

Senftenberg H	Informatik	Bachelor of Science
Senftenberg H	Informatik	Master of Science
Siegen FOM	Wirtschaftsinformatik	Bachelor of Science
Siegen FOM	Wirtschaftsinformatik – Web-Engineering	Bachelor of Science
Stralsund FH	Angewandte Informatik – Informations- und Kommunikationstechnik	Bachelor of Science
Stralsund FH	Angewandte Informatik – Software-entwicklung und Medieninformatik	Bachelor of Science
Stralsund FH	Medizininformatik und Biomedizintechnik	Bachelor of Science
Stralsund FH	Medizininformatik	Master of Science
Stralsund FH	Informatik	Master of Science
Stralsund FH	Wirtschaftsinformatik	Bachelor of Science
Stralsund FH	Wirtschaftsinformatik	Master of Science
Stuttgart AkadFH	Wirtschaftsinformatik	Bachelor of Science
Stuttgart AkadFH	Wirtschaftsinformatik	Master of Science
Stuttgart HdM	Medieninformatik	Bachelor of Science
Stuttgart HdM	Wirtschaftsinformatik	Bachelor of Science
Stuttgart HdM	Computer Science and Media	Master of Science
Stuttgart FOM	Wirtschaftsinformatik	Bachelor of Science
Stuttgart FOM	Wirtschaftsinformatik – Web-Engineering	Bachelor of Science
Stuttgart H	Informatik	Bachelor of Science
Stuttgart H	Vermessung und Geoinformatik	Bachelor of Engineering
Stuttgart H	Wirtschaftsinformatik	Bachelor of Science
Stuttgart H	Photogrammetry and Geoinformatics	Master of Science
Stuttgart H	Software Technology	Master of Science
Südwestfalen/Hagen FH	Technische Informatik (TI)	Bachelor of Engineering
Südwestfalen/Hagen FH	Wirtschaftsinformatik	Bachelor of Science
Südwestfalen/Soest FH	Business Administration with Informatics	Bachelor of Arts
Trier FH	Informatik	Bachelor of Science
Trier FH	Informatik	Master of Science
Trier FH	Wirtschaftsinformatik	Bachelor of Science
Trier FH	Wirtschaftsinformatik – Informations-management	Master of Science
Trier-Birkenfeld FH	Angewandte Informatik	Bachelor of Science
Trier-Birkenfeld FH	Angewandte Informatik	Master of Science
Trier-Birkenfeld FH	Medieninformatik	Bachelor of Science
Trier-Birkenfeld FH	Medieninformatik	Master of Science
Ulm H	Technische Informatik	Bachelor of Science
Ulm H	Wirtschaftsinformatik	Bachelor of Science
Ulm H	Medizinische Dokumentation und Informatik	Bachelor of Science
Ulm H	Systems Engineering und Management	Master of Engineering
Ulm H	Informationssysteme	Master of Science
Vechta FHWT	Betriebswirtschaft/Wirtschaftsinformatik	Bachelor of Science
Wedel FH	Informatik	Bachelor of Science
Wedel FH	Informatik	Master of Science
Wedel FH	Medieninformatik	Bachelor of Science

Wedel FH	Technische Informatik	Bachelor of Science
Wedel FH	Wirtschaftsinformatik	Bachelor of Science
Weihenstephan/ Freising FH	Bioprozessinformatik	Bachelor of Science
Wiesbaden FH	Allgemeine Informatik	Bachelor of Science
Wiesbaden FH	Medieninformatik	Bachelor of Science
Wiesbaden FH	Informatik	Master of Science
Wildau TH	Biosystemtechnik/Bioinformatik	Bachelor of Science
Wildau TH	Biosystemtechnik/Bioinformatik	Master of Science
Wildau TH	Wirtschaftsinformatik	Bachelor of Science
Wildau TH	Wirtschaftsinformatik	Master of Science
Wilhelmshaven/Oldenburg/Elsfleth FH	Maschinenbau-Informatik	Bachelor of Engineering
Wilhelmshaven/Oldenburg/Elsfleth FH	Wirtschaftsinformatik	Bachelor of Science
Wismar H	Wirtschaftsinformatik	Bachelor of Science
Wismar H	Wirtschaftsinformatik	Master of Science
Worms FH	Informatik	Bachelor of Science
Worms FH	Kommunikationsinformatik	Bachelor of Science
Worms FH	Wirtschaftsinformatik	Bachelor of Science
Worms FH	Wirtschaftsinformatik	Master of Science
Würzburg/Schweinfurt FH	Informatik	Bachelor of Engineering
Würzburg/Schweinfurt FH	Wirtschaftsinformatik	Bachelor of Science
Würzburg/Schweinfurt FH	Vermessung und Geoinformatik	Diplom (FH)
Würzburg/Schweinfurt FH	Ingenieurinformatik	Diplom (FH)
Zittau/Görlitz H	Computational Mechanics	Master of Science
Zwickau H	Informatik	Bachelor of Science
Zwickau H	Informatik	Master of Science

Ingenieurstudiengänge

Gut qualifzierte Ingenieurabsolventen erwartet auch in den nächsten Jahren ein sehr gutes Arbeitsplatzangebot. Dabei hat der Ingenieurnachwuchs nicht nur sehr gute, sondern vor allem auch breite Einstiegsmöglichkeiten, was vorwiegend für Elektro- und Informationsingenieure und Maschinenbauer gilt, weniger für Bergbau- und Hütteningenieure, Bauingenieure und Vermessungsingenieure. Äußerst günstig sind auch die Perspektiven für spezialisierte Studiengänge wie Medizintechnik und die Studiengänge im Bereich der Versorgungs- und Entsorgungstechnik.

Wer ein ingenieurwissenschaftliches Fach studieren möchte, hat die Wahl zwischen rund 30 verschiedenen Fächern und einer großen Anzahl von Schwerpunkten und auch zwischen einem Universitäts- und einem Fachhochschulstudium (zu den einzelnen Fächern siehe S. 94 f.). Studiert wird im Bachelor-/Masterstudienmodell; an Universitäten sind die Studiengänge auf drei Jahre (sechs Semester) angelegt, mit daran anschließenden zweijährigen (viersemestrigen) Masterstudiengängen. An Fachhochschulen werden zumeist dreieinhalbjährige Bachelorstudiengänge angeboten, aber es gibt hier auch Studiengänge, die drei oder vier Jahre umfassen. Der Master dauert in der Regel drei Semester.

Das Bachelorstudium besteht in den ersten Semestern aus den technischen Teilgebieten und aus Mathematik. Erst im vorletzten und letzten Bachelorsemester erfolgt eine Schwerpunktsetzung. Die Vertiefung und Spezialisierung ist den Masterstudiengängen vorbehalten. Das Studium schließt mit einem Bachelor und einem Master of Engineering (B.Eng. und M.Eng.) ab. Für gute Berufsperspektiven ist der Masterabschluss unverzichtbar.

Für jedes der Ingenieurfächer ist ein Interesse und eine Begabung für die Naturwissenschaften und für die (angewandte) Mathematik unerlässlich, ferner Vorkenntnisse in Informatik, gutes Deutsch und flüssiges Englisch. Spaß an der Technik und naturwissenschaftliche Neigung sind die wichtigsten Motivationen für das nicht eben leichte Ingenieurstudium.

Als wichtige Qualifikationen für künftige Ingenieure sind gute Noten, Fremdsprachen, Praxissemester, Fachwissen plus betriebswirtschaftliche Kenntnisse, die Bereitschaft zur Weiterbildung und zur Arbeit im Team gefragt. Das Studium bietet auch gute Möglichkeiten, im europäischen und außereuropäischen Ausland tätig zu werden.

Fazit: Wer für ein Ingenieurstudium geeignet ist und auch das notwendige Durchhaltevermögen für dieses arbeitsintensive Studium mitbringt, trifft auch zukünftig auf sehr gute berufliche Möglichkeiten.

Lehramt

In Deutschland sind derzeit über 800.000 Lehrerinnen und Lehrer an staatlichen Schulen tätig. Unterschieden werden allgemeinbildende Lehrämter (Grundschule, Hauptschule, Realschule, Gymnasium, Höhere Handelsschule), berufsbildende Schulen (verschiedene Arten von Berufsschulen) und Sonderschulen. Das Lehramtsstudium ist an Universitäten, Pädagogischen Hochschulen (nur in Baden-Württemberg), an Kunst- und Musikhochschulen (Kunst, Musik) sowie an der Sporthochschule Köln (Lehramt Sport) möglich. Ausgebildet wird in Bachelor-of-Education- und Master-of-Education-Studiengängen (B.Ed. und M.Ed.).

Auf den Master, der als 1. Staatsexamen anerkannt wird, folgt eine rund zweijährige Zusatzausbildung an Schulen (Referendariat), die wiederum mit einer Prüfung (2. Staatsexamen) abschließt. Jedes Lehramt schreibt das Studium von mehreren Schulfächern (meistens zwei oder drei) sowie zusätzliche Veranstaltungen in Pädagogik, die sogenannte Fachdidaktik, und mehrere Schulpraktika vor.

Bei der Wahl der Studienfächer und der Schulform muss gut überlegt werden, wo man in fünf bis sieben Jahren auf gute Einstellungschancen treffen könnte. Gute berufliche Möglichkeiten dürften auch zukünftig die berufsbildenden Schulen bieten. Hier verbessern sich die Einstiegschancen vor allem dann, wenn entweder zwei berufsbezogene Fächer oder ein berufsbezogenes mit einem breit angelegten allgemeinbildenden Fach (z.B. Mathematik, Englisch, Deutsch u.Ä.) gewählt wurden. Auch die Perspektiven für Sonderschulen sind günstig, allerdings mit Unterschieden je nach Bundesland. Auch dürften generell technische und naturwissenschaftliche Lehramtsfächer mehr gefragt sein als allgemeinbildende Lehramtsfächer.

Interessenten für ein Lehramtsstudium sollten die Materialien der jeweiligen Kultusministerien zum Lehrerbedarf durcharbeiten, um sich über die zukünftigen Perspektiven im jeweiligen Bundesland zu informieren. Die Kultusministerien haben ihre Erwartungen zum künftigen Lehrerbedarf in der Regel auf ihrer Homepage eingestellt.

Mathematik und Physik

Um Missverständnissen vorzubeugen: Mathematik und Physik sind zwei verschiedene Studienfächer. Sie stellen jedoch ähnliche Voraussetzungen ans Studium, sind in den ersten Semestern ähnlich aufgebaut und erschließen den Absolventen vergleichbare Berufstätigkeiten, weshalb es sinnvoll ist, beide in einem Kapitel abzuhandeln. Physik und Mathematik haben weitere Gemeinsamkeiten: Das Studium wird überwiegend von Universitäten und nur von wenigen Fachhochschulen angeboten. Die Studiendauer für beide Fächer beträgt etwa fünf bis sechs Jahre. Beide Studiengänge schließen mit einem Bachelor- und Mastergrad (Bachelor und Master of Science, B.Sc. und M.Sc.) ab. Ein Bachelorstudiengang an Universitäten ist dabei auf drei Jahre angelegt, ein darauf folgender Master auf weitere zwei Jahre. Wer Lehrer für Mathematik und Physik werden möchte, studiert in eigenen Bachelor- und Master-of-Education-Studiengängen (B.Ed. und M.Ed.).

Physiker und Mathematiker sind in der überwiegenden Mehrzahl als Lehrer im staatlichen Schuldienst tätig, im Bereich Forschung und Entwicklung, wo sie physikalische und technische Geräte entwickeln und überwachen, oder dort, wo neue technische Verfahren umgesetzt werden müssen. Während Physiker mehr in der Grundlagenforschung tätig sind, trifft man Mathematiker eher da, wo es um die Bewältigung und Strukturierung von Zahlen oder um Entscheidungen geht, für die Planberechnungen und Risikoabschätzungen notwendig sind. Der größte Arbeitgeber der Mathematiker ist die Versicherungswirtschaft, wo sie entweder in eigenen mathematischen Abteilungen oder in der Datenverarbeitung tätig sind.

Auch Physiker bedienen sich moderner EDV-Technik. Deshalb gibt es eine Menge beruflicher Tätigkeiten, um die Mathematiker und Physiker miteinander konkurrieren. Mitkonkurrenten um die Jobs sind aber auch häufig Informatiker und Ingenieure. Das gilt vor allem für Tätigkeiten in der Datenverarbeitung.

Wer sich auf ein Physik- oder Mathematikstudium einlässt, weiß bereits von der Schule um die notwendigen Voraussetzungen. Spaß an physikalischen Versuchen oder an der Auflösung mathematischer Formeln reicht aber als Voraussetzung für ein erfolgreiches Studium nicht aus. Beide Fächer erfordern eine hohe Begabung zum abstrakten Denken, Interesse an den benachbarten Naturwissenschaften und die Bereitschaft zu einem arbeitsintensiven Studium. Das Physikstudium verlangt außerdem viel Ausdauer bei den langen Versuchsreihen, technisches Geschick und Fingerfertigkeit. Für beide Fächer sind gute Englischkenntnisse wichtig, da Englisch die Wissenschaftssprache für diese Fächer ist.

Wer die Modulhandbücher miteinander vergleicht, findet in den ersten Semestern viele Gemeinsamkeiten: Erlernen physikalischer, mathematischer und chemischer Grundkenntnisse und Methoden, Statistik, Mechanik und Informatik. Mit Beginn des Vertiefungsstudiums (ab dem 3. oder 4. Semester des Bachelors und vor allem im Masterstudium) überwiegen dann die Besonderheiten des jeweiligen Faches.

Die Berufschancen für junge Mathematiker und Physiker sind nach wie vor recht günstig. Allerdings stellen die Unternehmen höhere Anforderungen als in der Vergangenheit. Gefragt ist ein breites, forschungsintensives Studium, aber keine Beschränkung nur auf Forschung und Tüftelei. Frühzeitiger Bezug zur beruflichen Praxis zum Beispiel durch Praktika, zusätzliche Kenntnisse in BWL und Informatik oder ein Forschungsaufenthalt an einem renommierten ausländischen Institut stellen wichtige Zusatzqualifikationen dar.

Eine Doktorarbeit, wofür zwei bis drei Jahre eingerechnet werden müssen, ist für die meisten beruflichen Einsatzbereiche keine Pflicht. Während ein Doktor für Tätigkeiten in Forschung und Entwicklung als notwendig erachtet wird – geradezu ideal ist es, wenn in der Doktorarbeit ein konkretes Forschungsthema mit betrieblicher Relevanz bearbeitet wird –, ist ein Doktor für Arbeiten in Planung, Produktion, Vertrieb und Kundenbetreuung durchaus sinnvoll, aber nicht zwingend notwendig. Eine Promotion im Lehramtsfach ist allenfalls dem Selbstwertgefühl förderlich, spielt aber für die beruflichen Perspektiven keine Rolle.

An Fachhochschulen endet das Studium der Physikalischen Technik in einem Bachelorstudiengang nach durchschnittlich sieben Semestern. Für vertiefende Masterstudiengänge müssen drei weitere Semester einkalkuliert werden. Gleiches gilt für Mathematik bzw. für Wirtschaftsmathematik an Fachhochschulen.

Mathematik an Universitäten

Hochschule	Studiengang	Abschluss
Aachen TH	Mathematik	Bachelor of Science
Aachen TH	Mathematik	Master of Science
Augsburg U	Mathematik	Bachelor of Science
Augsburg U	Wirtschaftsmathematik	Bachelor of Science
Augsburg U	Wirtschaftsmathematik	Master of Science
Bayreuth U	Mathematik	Bachelor of Science
Bayreuth U	Mathematik	Master of Science
Bayreuth U	Technomathematik	Bachelor of Science
Bayreuth U	Technomathematik	Master of Science
Bayreuth U	Wirtschaftsmathematik	Bachelor of Science
Bayreuth U	Wirtschaftsmathematik	Master of Science
Berlin FU	Mathematik	Bachelor of Science
Berlin FU	Mathematik	Master of Science
Berlin HU	Mathematik	Diplom
Berlin TU	Mathematik	Bachelor of Science
Berlin TU	Mathematik	Master of Science
Berlin TU	Technomathematik	Bachelor of Science
Berlin TU	Technomathematik	Master of Science
Berlin TU	Wirtschaftsmathematik	Bachelor of Science
Berlin TU	Wirtschaftsmathematik	Master of Science
Bielefeld U	Mathematik	Bachelor of Science
Bielefeld U	Mathematik	Master of Science
Bielefeld U	Wirtschaftsmathematik	Bachelor of Science
Bielefeld U	Wirtschaftsmathematik	Master of Science
Bochum U	Mathematik	Bachelor of Science
Bochum U	Mathematik	Master of Science
Bonn U	Mathematik	Bachelor of Science
Bonn U	Mathematics	Master of Science
Braunschweig TU	Finanz- und Wirtschaftsmathematik	Bachelor of Science
Braunschweig TU	Finanz- und Wirtschaftsmathematik	Master of Science
Braunschweig TU	Mathematik	Bachelor of Science
Braunschweig TU	Mathematik	Master of Science
Bremen JU	Mathematics	Bachelor of Science
Bremen JU	Applied and Computational Mathematics	Bachelor of Science
Bremen JU	Mathematical Sciences	Master of Science
Bremen U	Mathematik	Bachelor of Science
Bremen U	Technomathematik	Bachelor of Science
Chemnitz TU	Finanzmathematik	Bachelor of Science
Chemnitz TU	Mathematik	Bachelor of Science
Chemnitz TU	Mathematik	Master of Science
Clausthal-Zellerfeld TU	Angewandte Mathematik	Bachelor of Science
Clausthal-Zellerfeld TU	Angewandte Mathematik	Master of Science
Cottbus BTU	Mathematik	Bachelor of Science
Cottbus BTU	Wirtschaftsmathematik	Bachelor of Science

Cottbus BTU	Angewandte Mathematik	Master of Science
Darmstadt TU	Mathematics with Computer Science	Bachelor of Science
Darmstadt TU	Mathematics with Economics	Bachelor of Science
Darmstadt TU	Mathematik bilingual	Bachelor of Science
Darmstadt TU	Mathematik	Bachelor of Science
Darmstadt TU	Mathematik	Master of Science
Darmstadt TU	Mathematik mit Anwendungsfach	Master of Science
Darmstadt TU	Wirtschaftsmathematik	Bachelor of Science
Darmstadt TU	Wirtschaftsmathematik	Master of Science
Dortmund TU	Mathematik	Bachelor of Science
Dortmund TU	Mathematik	Master of Science
Dortmund TU	Technomathematik	Bachelor of Science
Dortmund TU	Technomathematik	Master of Science
Dortmund TU	Wirtschaftsmathematik	Bachelor of Science
Dortmund TU	Wirtschaftsmathematik	Master of Science
Dresden TU	Mathematik	Diplom
Duisburg-Essen U	Mathematik	Bachelor of Science
Duisburg-Essen U	Mathematik	Master of Science
Duisburg-Essen U	Technomathematik	Bachelor of Science
Duisburg-Essen U	Technomathematik	Master of Science
Duisburg-Essen U	Wirtschaftsmathematik	Bachelor of Science
Duisburg-Essen U	Wirtschaftsmathematik	Master of Science
Düsseldorf U	Mathematik und Anwendungsgebiete	Bachelor of Science
Düsseldorf U	Mathematik und Anwendungsgebiete	Master of Science
Eichstätt-Ingolstadt U	Mathematik	Bachelor of Science
Eichstätt-Ingolstadt U	Wirtschaftsmathematik	Bachelor of Science
Erlangen-Nürnberg U	Mathematik	Bachelor of Science
Erlangen-Nürnberg U	Technomathematik	Bachelor of Science
Erlangen-Nürnberg U	Wirtschaftsmathematik	Bachelor of Science
Essen-Duisburg U	Mathematik	Bachelor of Science
Frankfurt am Main U	Mathematik	Bachelor of Science
Frankfurt am Main U	Mathematik	Master of Science
Freiberg TU BergAk	Angewandte Mathematik	Diplom
Freiberg TU BergAk	Wirtschaftsmathematik	Bachelor of Science
Freiberg TU BergAk	Wirtschaftsmathematik	Master of Science
Freiburg U	Mathematik	Bachelor of Science
München/Garching TU	Mathematik	Bachelor of Science
München/Garching TU	Mathematik	Master of Science
München/Garching TU	Mathematical Finance and Actuarial Science	Master of Science
München/Garching TU	Mathematics in Bioscience	Master of Science
München/Garching TU	Mathematics in Operations Research	Master of Science
München/Garching TU	Mathematics in Science and Engineering	Master of Science
Gießen U	Mathematik	Bachelor of Science
Gießen U	Mathematik	Master of Science
Gießen U	Mathematik in der Praxis	Master of Science
Göttingen U	Mathematik	Bachelor of Science
Göttingen U	Mathematik	Master of Science

Göttingen U	Wirtschaftsmathematik	Master of Science
Greifswald U	Biomathematik	Bachelor of Science
Greifswald U	Mathematik mit Informatik	Bachelor of Science
Greifswald U	Mathematik	Master of Science
Hagen FernU	Mathematik	Bachelor of Science
Hagen FernU	Mathematik	Master of Science
Hagen FernU	Mathematik – Methoden und Modelle	Master of Science
Halle U	Mathematik mit Anwendungsfach	Bachelor of Science
Halle U	Mathematik mit Anwendungsfach	Master of Science
Halle U	Wirtschaftsmathematik	Bachelor of Science
Halle U	Wirtschaftsmathematik	Master of Science
Hamburg U	Mathematik	Bachelor of Science
Hamburg U	Mathematik	Master of Science
Hamburg U	Mathematische Physik	Master of Science
Hamburg U	Technomathematik	Master of Science
Hamburg U	Wirtschaftsmathematik	Bachelor of Science
Hamburg U	Wirtschaftsmathematik	Master of Science
Hannover U	Mathematik	Bachelor of Science
Heidelberg U	Mathematik	Bachelor of Science
Heidelberg U	Mathematik	Master of Science
Ilmenau TU	Mathematik	Bachelor of Science
Ilmenau TU	Mathematik und Wirtschaftsmathematik	Master of Science
Jena U	Mathematik	Bachelor of Science
Jena U	Wirtschaftsmathematik	Bachelor of Science
Kaiserslautern TU	Mathematik	Bachelor of Science
Kaiserslautern TU	Mathematik	Master of Science
Kaiserslautern TU	Mathematics international	Master of Science
Kaiserslautern TU	Technomathematik	Master of Science
Kaiserslautern TU	Wirtschaftsmathematik	Master of Science
Karlsruhe U	Mathematik	Bachelor of Science
Karlsruhe U	Mathematik	Master of Science
Karlsruhe U	Technomathematik	Bachelor of Science
Karlsruhe U	Technomathematik	Master of Science
Karlsruhe U	Wirtschaftsmathematik	Bachelor of Science
Karlsruhe U	Wirtschaftsmathematik	Master of Science
Kassel U	Mathematik	Bachelor of Science
Kassel U	Mathematik	Master of Science
Kiel U	Mathematik	Bachelor of Science
Kiel U	Mathematik	Master of Science
Kiel U	Finanzmathematik	Master of Science
Köln U	Mathematik	Bachelor of Science
Köln U	Wirtschaftsmathematik	Bachelor of Science
Konstanz U	Mathematische Finanzökonomie	Bachelor of Science
Konstanz U	Mathematik	Bachelor of Science
Konstanz U	Mathematik	Master of Science
Leipzig U	Mathematik	Bachelor of Science
Leipzig U	Wirtschaftsmathematik	Diplom

Magdeburg U	Computermathematik	Master of Science
Magdeburg U	Mathematik	Bachelor of Science
Mainz U	Mathematik	Bachelor of Science
Mainz U	Mathematik	Master of Science
Mainz U	Mathematik mit Schwerpunkt Informatik	Master of Science
Mannheim U	Wirtschaftsmathematik	Bachelor of Science
Marburg U	Mathematik mit Anwendungsfach	Bachelor of Science
Marburg U	Mathematik mit Anwendungsfach	Master of Science
Marburg U	Wirtschaftsmathematik	Bachelor of Science
Marburg U	Wirtschaftsmathematik	Master of Science
München U	Mathematik	Bachelor of Science
München U	Mathematik	Master of Science
München U	Theoretische und mathematisierte Physik	Master of Science
Münster U	Mathematik	Bachelor of Science
Oldenburg U	Mathematik	Bachelor of Science
Oldenburg U	Mathematik	Master of Science
Osnabrück U	Mathematik/Informatik	Bachelor of Science
Osnabrück U	Mathematik mit Anwendungsfach	Master of Science
Osnabrück U	Kognitive Mathematik	Master of Science
Paderborn U	Mathematik	Bachelor of Science
Paderborn U	Mathematik	Master of Science
Paderborn U	Technomathematik	Bachelor of Science
Paderborn U	Technomathematik	Master of Science
Potsdam U	Mathematik	Bachelor of Science
Potsdam U	Mathematik	Master of Science
Regensburg U	Mathematik	Bachelor of Science
Rostock U	Mathematik	Bachelor of Science
Rostock U	Mathematik/Technomathematik	Master of Science
Rostock U	Wirtschaftsmathematik	Master of Science
Saarbrücken U	Mathematik	Bachelor of Science
Saarbrücken U	Mathematische Grundlagenforschung	Master of Science
Saarbrücken U	Angewandte Mathematik	Master of Science
Siegen U	Mathematik	Bachelor of Science
Siegen U	Mathematik	Master of Science
Stuttgart U	Mathematik	Bachelor of Science
Trier U	Angewandte Mathematik	Bachelor of Science
Trier U	Angewandte Mathematik	Master of Science
Trier U	Wirtschaftsmathematik	Bachelor of Science
Trier U	Wirtschaftsmathematik	Master of Science
Tübingen U	Mathematik	Bachelor of Science
Tübingen U	Mathematik	Master of Science
Ulm U	Mathematische Biometrie	Bachelor of Science
Ulm U	Mathematik	Bachelor of Science
Ulm U	Mathematik	Master of Science
Ulm U	Wirtschaftsmathematik	Bachelor of Science
Ulm U	Wirtschaftsmathematik	Master of Science
Weimar U	Mathematik	Bachelor of Science

Wuppertal U	Wirtschaftsmathematik (Business Mathematics)	Bachelor of Science
Wuppertal U	Mathematik	Bachelor of Science
Wuppertal U	Mathematik	Master of Science
Würzburg U	Wirtschaftsmathematik	Bachelor of Science
Würzburg U	Computational Mathematics	Bachelor of Science
Würzburg U	Mathematik	Bachelor of Science

Mathematik an Fachhochschulen

Hochschule	Studiengang	Abschluss
Aachen FH	Technomathematik	Master of Science
Berlin TFH	Mathematik	Bachelor of Science
Berlin TFH	Mathematik – Computational Engineering	Master of Science
Berlin FHTW	Wirtschaftsmathematik	Bachelor of Science
Bielefeld FH	Angewandte Mathematik	Bachelor of Science
Darmstadt FH	Angewandte Mathematik	Bachelor of Science
Darmstadt FH	Mathematik für Finanzen, Versicherungen und Management (Business Mathematics)	Master of Science
Flensburg FH	Angewandte Mathematik	Bachelor of Science
Gießen/Friedberg FH	Wirtschaftsmathematik	Bachelor of Science
Gießen/Friedberg FH	Mathematik für Finanzen, Versicherungen und Management	Master of Science
Hamburg HAW	Berechnung und Simulation mechanischer Systeme	Master of Engineering
Koblenz/Remagen FH	Biomathematik	Bachelor of Science
Koblenz/Remagen FH	Wirtschaftsmathematik	Bachelor of Science
Koblenz/Remagen FH	Mathematics in Finance and Life Science	Master of Science
Leipzig HTWK	Angewandte Mathematik	Bachelor of Science
Leipzig HTWK	Angewandte Mathematik	Master of Science
Mittweida H	Angewandte Mathematik	Bachelor of Science
Mittweida H	Diskrete und Computerorientierte Mathematik	Master of Science
München FH	Angewandte Stochastik	Master of Science
Regensburg FH	Mathematik	Bachelor of Science
Regensburg FH	Mathematik	Master of Science
Stuttgart HFT	Mathematik	Bachelor of Science
Stuttgart HFT	Mathematik	Master of Science
Wiesbaden FH	Angewandte Mathematik	Bachelor of Science
Zittau/Görlitz H	Biomathematik	Bachelor of Science
Zittau/Görlitz H	Wirtschaftsmathematik	Bachelor of Science

Physik an Universitäten

Hochschule	Studiengang	Abschluss
Aachen TH	Physik	Bachelor of Science
Aachen TH	Physik	Master of Science
Augsburg U	Physik	Bachelor of Science

Augsburg U	Physik	Master of Science
Bayreuth U	Physik	Bachelor of Science
Bayreuth U	Physik	Master of Science
Bayreuth U	Biologisierte Physik	Master of Science
Berlin FU	Physik	Bachelor of Science
Berlin FU	Physics	Master of Science
Berlin HU	Biophysik	Bachelor of Science
Berlin HU	Biophysik	Master of Science
Berlin HU	Physik	Bachelor of Science
Berlin HU	Physik	Master of Science
Berlin TU	Physik	Bachelor of Science
Berlin TU	Physik	Master of Science
Berlin TU	Physikalische Ingenieurwissenschaft	Bachelor of Science
Berlin TU	Physikalische Ingenieurwissenschaft	Master of Science
Bielefeld U	Biophysik	Bachelor of Science
Bielefeld U	Biophysik	Master of Science
Bielefeld U	Physik	Bachelor of Science
Bielefeld U	Physik	Master of Science
Bochum U	Physik	Bachelor of Science
Bochum U	Physik	Master of Science
Bonn U	Physik	Bachelor of Science
Bonn U	Physik	Master of Science
Bonn U	Astrophysik	Master of Science
Braunschweig TU	Physik	Bachelor of Science
Braunschweig TU	Physik	Master of Science
Bremen JU	Physics	Bachelor of Science
Bremen JU	Astroparticle Physics	Master of Science
Bremen U	Physik	Bachelor of Science
Bremen U	Physik	Master of Science
Chemnitz TU	Physik	Bachelor of Science
Chemnitz TU	Physik	Master of Scienc
Clausthal-Zellerfeld TU	Physikalische Technologien	Master of Science
Cottbus BTU	Physik	Bachelor of Science
Cottbus BTU	Physik	Master of Science
Darmstadt TU	Physik	Bachelor of Science
Darmstadt TU	Physik	Master of Science
Darmstadt TU	Technische Physik	Master of Science
Dortmund TU	Physik	Bachelor of Science
Dortmund TU	Physik	Master of Science
Dresden TU	Physik	Bachelor of Science
Dresden TU	Nanobiophysics	Master of Science
Duisburg-Essen U	NanoEngineering	Bachelor of Science
Duisburg-Essen U	NanoEngineering	Master of Science
Duisburg-Essen U	Physik	Bachelor of Science
Duisburg-Essen U	Physik	Master of Science
Düsseldorf U	Medizinische Physik	Bachelor of Science
Düsseldorf U	Medizinische Physik	Master of Science

Düsseldorf U	Physik	Bachelor of Scienc
Düsseldorf U	Physik	Master of Science
Erlangen-Nürnberg U	Integrated Life Science – Biologie, Biomathematik, Biophysik	Bachelor of Science
Erlangen-Nürnberg U	Materialphysik	Bachelor of Science
Frankfurt am Main U	Biophysik	Bachelor of Science
Frankfurt am Main U	Biophysik	Master of Science
Frankfurt am Main U	Physik	Bachelor of Science
Frankfurt am Main U	Physik	Master of Science
Frankfurt am Main U	Physik der Informationstechnologie	Bachelor of Science
Frankfurt am Main U	Physik der Informationstechnologie	Master of Science
Freiburg TUBergAk	Physik	Bachelor of Science
Gießen U	Physik	Bachelor of Science
Gießen U	Physik	Master of Science
Göttingen U	Physik	Bachelor of Science
Göttingen U	Physik	Master of Science
Greifswald U	Physik	Bachelor of Science
Greifswald U	Physik	Master of Science
Halle U	Medizinische Physik	Bachelor of Science
Halle U	Physik	Bachelor of Science
Hamburg U	Physik	Bachelor of Science
Hamburg U	Physik	Master of Science
Hamburg U	Mathematische Physik	Master of Science
Hannover U	Physik	Bachelor of Science
Hannover U	Physik	Master of Science
Hannover U	Technische Physik	Master of Science
Heidelberg U	Physik	Bachelor of Science
Heidelberg U	Physik	Master of Science
Heidelberg U	Medical Physics with Distinction in Radiotherapy and Biomedical Optics	Master of Science
Ilmenau TU	Physik	Bachelor of Science
Ilmenau TU	Technische Physik	Bachelor of Science
Ilmenau TU	Technische Physik	Master of Science
Jena U	Physik	Bachelor of Science
Kaiserslautern TU	Biophysik	Diplom
Kaiserslautern TU	Physik	Diplom
Karlsruhe U	Physik	Bachelor of Science
Karlsruhe U	Physik	Master of Science
Kassel U	Physik	Bachelor of Science
Kassel U	Physik	Master of Science
Kiel U	Physik	Bachelor of Science
Kiel U	Physik	Master of Science
Köln U	Physik	Bachelor of Science
Köln U	Physik	Master of Science
Konstanz U	Physik	Bachelor of Science
Konstanz U	Physik	Master of Science
Leipzig U	International Physics Studies Program	Bachelor of Science

Leipzig U	International Physics Studies Program	Master of Science
Leipzig U	Physik	Bachelor of Science
Leipzig U	Physik	Master of Science
Magdeburg U	Physik	Diplom
Mainz U	Physik	Bachelor of Science
Mainz U	Physik	Master of Science
Marburg U	Physik mit Schwerpunkten Allgemeine Physik, Materialwissenschaft, Informatik, Biologie	Bachelor of Science
Marburg U	Physik	Master of Science
München U	Experimentalphysik	Bachelor of Science
München U	Physik	Bachelor of Science
München U	Physik Plus	Bachelor of Science
München U	Theoretische Physik	Bachelor of Science
München U	Theoretische und mathematisierte Physik	Master of Science
München U	Astrophysik	Master of Science
München/Garching TU	Physik	Bachelor of Science
München/Garching TU	Engineering Physics	Master of Science
Münster U	Physik	Bachelor of Science
Münster U	Physik	Master of Science
Oldenburg U	Engineering Physics	Bachelor of Engineering
Oldenburg U	Engineering Physics	Master of Science
Oldenburg U	Physik	Bachelor of Science
Oldenburg U	Physik	Master of Science
Osnabrück U	Physik	Bachelor of Science
Osnabrück U	Physik	Master of Science
Osnabrück U	Physik mit Informatik	Bachelor of Science
Osnabrück U	Physik mit Informatik	Master of Science
Paderborn U	Physik	Bachelor of Science
Paderborn U	Physik	Master of Science
Potsdam U	Physik	Bachelor of Science
Regensburg U	Computational Physics	Bachelor of Science
Regensburg U	Physik	Bachelor of Science
Rostock U	Physik	Bachelor of Science
Rostock U	Physik	Master of Science
Saarbrücken U	Biophysik	Bachelor of Science
Saarbrücken U	Mikrotechnologie und Nanostrukturen	Bachelor of Science
Saarbrücken U	Mikrotechnologie und Nanostrukturen	Master of Science
Saarbrücken U	Physik	Bachelor of Science
Saarbrücken U	Physik	Master of Science
Siegen U	Physik	Bachelor of Science
Siegen U	Physik	Master of Science
Stuttgart U	Physik	Bachelor of Science
Stuttgart U	Physics	Master of Science
Tübingen U	Physik	Bachelor of Science
Tübingen U	Physik	Master of Science
Ulm U	Physik	Bachelor of Science
Ulm U	Physik	Master of Science

Ulm U	Wirtschaftsphysik	Bachelor of Science
Ulm U	Wirtschaftsphysik	Master of Science
Weimar U	Bauphysik	Master of Science
Wuppertal U	Physik	Bachelor of Science
Wuppertal U	Physik	Master of Science
Würzburg U	Physik	Bachelor of Science
Würzburg U	Physik	Master of Science
Würzburg U	FOKUS Physik	Master of Science
Würzburg U	FOKUS Physik – Nanostrukturtechnik	Master of Science

Physik an Fachhochschulen

Hochschule	**Studiengang**	**Abschluss**
Aachen/Jülich FH	Physical Engineering	Bachelor of Engineering
Aachen/Jülich FH	Physikingenieurwesen	Bachelor of Engineering
Berlin HfT	Physikalische Technik/Medizinphysik	Bachelor of Engineering
Berlin HfT	Physikalische Technik/Medizinphysik	Master of Engineering
Bremen H	Bionik	Bachelor of Science
Bremen H	Imaging Physics	Bachelor of Science
Coburg HAW	Physikalische Technik	Diplom (FH)
Emden/Leer FH	Engineering Physics	Bachelor of Engineering
Emden/Leer FH	Engineering Physics	Master of Science
Gießen/Friedberg FH	Physikalische Technik	Bachelor of Science
Gießen/Friedberg FH	Medizinische Physik	Master of Science
Göttingen FH	Physikalische Technologien	Bachelor of Science
Isny FH	Physik-Ingenieurwesen (Optical Engineering und Nanotechnologien)	Bachelor of Science
Jena FH	Physikalische Technik	Bachelor of Science
Koblenz/Remagen FH	Applied Physics	Master of Science
Lübeck FH	Physikalische Technik	Bachelor of Science
Merseburg FH	Mechatronik/Industrie- und Physiktechnik	Bachelor of Engineering
Merseburg FH	Mechatronik/Industrie- und Physiktechnik	Master of Engineering
Mittweida H	Physikalische Technik	Bachelor of Science
Mittweida H	Physikalische Technik	Master of Science
München HAW	Physikalische Technik	Bachelor of Science
Münster/Steinfurt FH	Physikalische Technik	Bachelor of Science
Rüsselsheim RheinH	Physikalische Technik	Bachelor of Science
Rüsselsheim RheinH	Angewandte Physik	Master of Science
Stuttgart HfT	Bauphysik	Bachelor of Engineering
Trier/Birkenfeld FH	Physikingenieurwesen	Bachelor of Engineering
Weingarten-Ravensburg H	Physikalische Technik	Bachelor of Science
Wildau TH	Ingenieurwesen/Physikalische Technik	Bachelor of Engineering
Zwickau H	Physikalische Technologien	Bachelor of Engineering

Zum Weiterlesen: Max Rauner, Stefan Jorda, *Big Business und Big Bang. Berufs- und Studienführer Physik*, 2008; »Infos zum Physikstudium« auf der Homepage der Deutschen Physikalischen Gesellschaft (*www.dpg-physik.de*, unter »Service«).

Medien

Die Medienbranche gehört zu den Berufsbereichen, in die Abiturienten bevorzugt streben, vor allem Studierende der sprach- und literaturwissenschaftlichen Fächer. Die Unterscheidung dieser Fächergruppe ist wichtig, da die Ausbildung unterschiedlich ist. Man unterscheidet grundsätzlich zwischen *Printmedien* (Zeitungen, Zeitschriften und im weitesten Sinne auch Verlage) – also überall, wo Informationen auf dem Medium Papier weitergegeben werden – und den *audiovisuellen Medien* (wie Rundfunk, Fernsehen, Film, Video, CD-ROM und Internet).

In den Bereich der Printmedien führen vier Wege:

1. Die Ausbildung an einer Journalistenschule. Da aber pro Schule nur etwa 10 bis 20 Plätze im Jahr zur Verfügung stehen und es sehr viele Bewerber/innen gibt, ist es sehr schwer, an einen solchen Ausbildungsplatz zu gelangen. Zu den Auswahlkriterien zählen u. a. die Abiturnote und eine interne Aufnahmeprüfung. Die engagierte Mitarbeit an der Schülerzeitung oder eigene Beiträge in einer lokalen Zeitung bringen zusätzlich Pluspunkte.
2. Ein Volontariat nach dem Abitur. Als Volontär bei einer Zeitung/Zeitschrift angenommen zu werden kann ebenfalls recht schwierig werden, da Tageszeitungen oft eher Bewerber mit Hochschulabschluss vorziehen, die zudem oft schon erste praktische Erfahrungen (Praktika o. Ä.) vorweisen können. Aus diesem Grund ist es oft sinnvoller, sich vielschichtig umzusehen und z. B. bei einem Verband, der auch Medienarbeit betreibt, anzuklopfen. Die Volontärsausbildung dauert meist zwei Jahre. Man durchläuft dabei alle zur Verfügung stehenden Abteilungen eines Unternehmens.
3. Das Studium von medienorientierten Fächern wie Journalistik, Publizistik, Medienwissenschaft u. a., welches an vielen Universitäten und einigen wenigen Fachhochschulen angeboten wird. Das Studium schließt mit einem Bachelorabschluss nach drei Jahren ab, ggf. sind zwei weitere Jahre für den Mastergrad zu veranschlagen. Ein medienorientiertes Studienfach verbindet theoretisches Wissen (Medientheorie, Gesellschaftswissenschaften, Kommunikationswissenschaften) mit fachpraktischen Kenntnissen (z. B. wie wird eine Zeitung hergestellt, wie sollte das Layout aufgebaut sein?). Eine Aufnahmeprüfung vor der Einschreibung ist inzwischen fast überall obligatorisch. Auf S. 155 ist ein Beispiel hierfür genannt.

4. Die Ausbildung, die von den meisten Medienspezialisten durchlaufen wird, ist die Kombination aus einem fachbezogenen Studium und einem anschließenden Volontariat. Welches Studienfach dabei gewählt wird, hängt von den eigenen Interessen und Begabungen ab und natürlich auch davon, welche Tätigkeit im Bereich des Journalismus später angestrebt wird. Denn obwohl man während der Ausbildung alle Ressorts einer Zeitung (Lokales, Innenpolitik, Außenpolitik, Kultur, Sport u. a.) kennenlernt, ist man später meist nur in einer Sparte tätig. Sinnvolle Studiengänge sind deshalb u. a. Wirtschaftswissenschaften (VWL, BWL), Politikwissenschaft, Germanistik, Philosophie, Geschichte, Musikwissenschaft, Kunstgeschichte. Genauso gut können sich aber auch Fächer wie Archäologie, Theologie, Theaterwissenschaften oder Psychologie anbieten. Wer eine spätere Tätigkeit als Auslandskorrespondent anstrebt, benötigt fundierte Fremdsprachenkenntnisse in Englisch und einer weiteren Sprache. Für den, der diesen Weg wählt, ist es besonders wichtig, schon während des Studiums enge Tuchfühlung zu den Medien aufzubauen und auch zu halten, etwa als freier Mitarbeiter oder durch Praktika bei (mehreren) Zeitungen. Denn diese suchen sich ihre späteren Volontäre gerne aus dem Mitarbeiter- und Praktikantenkreis aus. Keine noch so gute Examensnote kann diese fachpraktischen Erfahrungen aufwiegen. Wer erst nach dem Studium die ersten Gehversuche im Journalismus unternimmt, hat schlechte Karten. Kleiner Geheimtipp: Einige Begabtenförderungswerke (s. S. 329 f.), die Stipendien für das Studium vergeben, haben Sonderprogramme für angehende Journalisten.

Kommen wir nun zu den audiovisuellen Medien. Hier ist entweder ein Studium an einer Hochschule für Film und Fernsehen (etwa Ludwigsburg, München, Potsdam) möglich oder ein Studium der Fächer Mediendesign oder Kommunikationsdesign, die an einer Reihe von Fachhochschulen und einigen Kunsthochschulen in Deutschland angeboten werden. Auch hier müssen in einer Eingangsprüfung recht hohe Hürden genommen werden, um die Aufnahme zu erreichen. Notwendige Begabungen für Bewerber sind natürlich künstlerisches Talent, Kreativität und Affinität in technischen Arbeitsweisen. Bei den Printmedien zählt vor allem die Fähigkeit, seine Informationen und Gedanken in verständlichem Deutsch zu Papier bringen zu können, die Geduld, gründlich zu arbeiten und seriös zu recherchieren, Beharrlichkeit und Kommunikationsfreudigkeit, aber auch die Fähigkeit, unter Druck arbeiten zu können.

Medien an Universitäten und Kunsthochschulen

Hochschule	Studiengang	Abschluss
Augsburg U	Medien und Kommunikation	Bachelor of Arts
Augsburg U	Medien und Kommunikation	Master of Arts
Bayreuth U	Theater und Medien	Bachelor of Arts
Bayreuth U	Literatur und Medien	Master of Arts
Bayreuth U	Medienkultur und Medienwirtschaft	Master of Arts
Berlin FU	Filmwissenschaft	Bachelor of Arts
Berlin FU	Filmwissenschaft	Master of Arts
Berlin FU	Medien und Politische Kommunikation	Master of Arts
Berlin FU	Communication and Journalism	Master of Arts
Berlin HU	Musik und Medien	Bachelor of Arts
Berlin HU	Medienwissenschaften	Master of Arts
Berlin TU	Medienkommunikation und -technologie	Master of Arts
Berlin UdK	Kunst und Medien	Abschlussprüfung
Bielefeld U	Interdisziplinäre Medienwissenschaften	Master of Arts/ Master of Science
Bochum U	Medienwissenschaft	Bachelor of Arts
Bochum U	Medienwissenschaft	Master of Arts
Bonn U	Medienkommunikation	Bachelor of Arts
Bonn U	Medienwissenschaft	Master of Arts
Braunschweig HBK	Medienwissenschaften	Bachelor of Arts
Braunschweig HBK	Medienwissenschaften	Master of Arts
Braunschweig U	Medienwissenschaften	Bachelor of Arts
Braunschweig U	Medientechnik und Kommunikation	Master of Arts
Bremen HfK	Digitale Medien/Mediengestaltung	Bachelor of Arts
Bremen HfK	Digitale Medien/Mediengestaltung	Master of Arts
Bremen JU	Global Visual Communication	Master of Arts
Bremen U	Digitale Medien	Bachelor of Science
Bremen U	Digitale Medien	Master of Science
Bremen U	Medienkultur	Master of Arts
Chemnitz TU	Media Production	Bachelor of Science
Chemnitz TU	Media Production	Master of Science
Chemnitz TU	Medienkommunikation	Bachelor of Arts
Chemnitz TU	Medienkommunikation	Master of Arts
Cottbus BTU	Informations- und Medientechnik	Bachelor of Science
Cottbus BTU	Informations- und Medientechnik	Master of Science
Dresden TU	Medienforschung/Medienpraxis	Bachelor of Arts
Dresden TU	Angewandte Medienforschung	Masterof Arts
Duisburg/Essen U	Angewandte Kognitions- und Medienwissenschaft	Bachelor of Science
Duisburg/Essen U	Angewandte Kognitions- und Medienwissenschaft	Master of Science
Duisburg/Essen U	Educational Media	Master of Arts
Düsseldorf U	Kommunikations- und Medienwissenschaft	Bachelor of Arts
Düsseldorf U	Medien- und Kulturwissenschaft	Bachelor of Arts
Düsseldorf U	Medienkulturanalyse	Master of Arts
Erfurt U	Kinder- und Jugendmedien	Master of Arts

Erlangen/Nürnberg U	Theater- und Medienwissenschaft	Bachelor of Arts
Erlangen/Nürnberg U	Medien – Ethik – Religion	Master of Arts
Flensburg U	Kultur – Sprache – Medien	Master of Arts
Frankfurt (Oder) U	Medien – Kommunikation – Kultur	Master of Arts
Frankfurt am Main U	Theater-, Film- und Medienwissenschaft	Magister
Frankfurt am Main U	Theater-, Musiktheater- und Tanzkritik	Master of Arts
Freiburg U	Neuere Deutsche Literatur, Kultur, Medien	Master of Arts
Hagen FernU	Bildung und Medien: eEducation	Master of Arts
Halle-Wittenberg U	Medien- und Kommunikationswissenschaften	Bachelor of Arts
Halle-Wittenberg U	MultiMedia & Autorschaft	Master of Arts
Hamburg HfM	Kultur- und Medienmanagement	Bachelor of Arts
Hamburg HfM	Kultur- und Medienmanagement	Master of Arts
Hamburg TU	Information and Media Technologies	Bachelor of Science
Hamburg TU	Medientechnik	Bachelor of Science
Hamburg U	Medien- und Kommunikationswissenschaft	Bachelor of Arts
Hamburg U	Medientechnik	Bachelor of Science
Hamburg U	Medienwissenschaft	Master of Arts
Hannover HfM	Medienmanagement	Bachelor of Arts
Hannover HfM	Medienmanagement	Master of Arts
Hannover HfM	Medien und Musik	Master of Arts
Heidelberg PH	E-Learning und Medienbildung	Master of Arts
Hildesheim U	Philosophie – Künste – Medien	Bachelor of Arts
Hildesheim U	Philosophie der Künste und Medien	Master of Arts
Ilmenau TU	Angewandte Medienwissenschaft	Bachelor of Arts
Ilmenau TU	Medientechnologie	Bachelor of Science
Ilmenau TU	Medientechnologie	Master of Science
Ilmenau TU	Medienwirtschaft	Bachelor of Science
Ilmenau TU	Medienwirtschaft	Master of Science
Ilmenau TU	Medien- und Kommunikationsforschung/ Media and Communication Research	Master of Arts
Jena U	Öffentliche Kommunikation	Master of Arts
Karlsruhe HfGest	Medienkunst	Diplom
Karlsruhe HfM	Musikjournalismus für Rundfunk und Multimedia	Bachelor of Arts
Karlsruhe HfM	Musikjournalismus für Rundfunk und Multimedia	Master of Arts
Köln DSHS	Sport, Medien- und Kommunikationsforschung	Master of Arts
Köln KuHMedien	Audiovisuelle Medien	Diplom
Köln U	Medienwissenschaft	Bachelor of Arts
Köln U	Medienwissenschaft	Master of Arts
Konstanz U	Literatur – Kunst – Medien	Bachelor of Arts
Konstanz U	Literatur – Kunst – Medien	Master of Arts
Leipzig HfGuB	Medienkunst	Diplom
Leipzig U	Kommunikations- und Medienwissenschaft	Bachelor of Arts
Leipzig U	Kommunikations- und Medienwissenschaft	Master of Arts
Leipzig U	Hörfunk	Master of Arts
Ludwigsburg FilmAk	Film und Medien	Diplom
Ludwigsburg PH	Kultur- und Medienbildung	Bachelor of Arts
Magdeburg U	Medienbildung: Visuelle Kultur und Kommunikation	Bachelor of Arts

Magdeburg U	Medienbildung: Visuelle Kultur und Kommunikation	Master of Arts
Mainz U	Filmwissenschaft	Bachelor of Arts
Mainz U	Filmwissenschaft	Master of Arts
Mainz U	Medienmanagement	Master of Arts
Mainz U	Medienrecht	Master of Laws
Mannheim U	Medien- und Kommunikationswissenschaft	Bachelor of Arts
Mannheim U	Medien- und Kommunikationswissenschaft	Master of Arts
Marburg U	Medienwissenschaft	Bachelor of Arts
Marburg U	Kunst, Musik und Medien: Organisation und Vermittlung	Bachelor of Arts
Marburg U	Medien und kulturelle Praxis: Geschichte, Ästhetik, Theorie	Master of Arts
München HFF	Dokumentarfilm und Fernsehpublizistik	Diplom
München HFF	Film und Fernsehspiel	Diplom
München HFF	Produktion und Medienwirtschaft	Diplom
München U	Kunst und Multimedia	Bachelor of Arts
München U	Medieninformatik	Bachelor of Science
Münster HfBK	Film/Video/Neue Medien	Akademiebrief (Diplom)
Münster U	Musikpraxis und neue Medien	Bachelor of Arts
Oldenburg U	Kunst und Medien	Bachelor of Arts
Oldenburg U	Kunst- und Medienwissenschaft	Master of Arts
Oldenburg U	Integrated Media	Master of Arts
Paderborn U	Medienwissenschaft	Bachelor of Arts
Paderborn U	Populäre Musik und Medien	Bachelor of Arts
Paderborn U	Populäre Musik und Medien	Master of Arts
Paderborn U	Mediale Kulturen	Master of Arts
Passau U	Medien und Kommunikation	Bachelor of Arts
Passau U	Medien und Kommunikation	Master of Arts
Passau U	Sprache und Text	Bachelor of Arts
Potsdam/Babelsberg HFF	Film- und Fernsehproduktion	Diplom
Potsdam/Babelsberg HFF	Film- und Fernsehregie	Diplom
Potsdam/Babelsberg HFF	Medienwissenschaft – Analyse, Ästhetik, Publikum	Master of Arts
Potsdam U	Europäische Medienwissenschaft	Bachelor of Arts
Potsdam U	Europäische Medienwissenschaft	Master of Arts
Regensburg U	Medienwissenschaft	Bachelor of Arts
Regensburg U	Allgemeine und Vergleichende Medienwissenschaft	Master of Arts
Siegen U	Medienwissenschaft	Bachelor of Arts
Siegen U	Literatur, Kultur, Medien	Bachelor of Arts
Siegen U	Literaturwissenschaften: Literatur, Kultur, Medien	Master of Arts
Siegen U	Medien und Gesellschaft	Master of Arts
Siegen U	Medienkultur	Master of Arts
Trier U	Medien, Kommunikation, Gesellschaft	Bachelor of Arts
Trier U	Medien- und Kultursoziologie	Master of Arts

Trier U	Medienwissenschaft	Master of Arts
Tübingen U	Medienwissenschaft	Bachelor of Arts
Tübingen U	Medienwissenschaft	Master of Arts
Ulm U	Medieninformatik	Bachelor of Science
Weimar U	Europäische Medienkultur	Bachelor of Arts
Weimar U	European Film and Media Studies	Master of Arts
Weimar U	Mediengestaltung	Bachelor of Fine Arts
Weimar U	Mediengestaltung	Master of Fine Arts
Weimar U	Medienkultur	Bachelor of Arts
Weimar U	Medienkultur	Master of Arts
Weimar U	Medienmanagement	Master of Arts
Weingarten PH	Medien- und Bildungsmanagement	Bachelor of Arts
Wuppertal U	Mediendesign/Designtechnik	Bachelor of Arts
Wuppertal U	Druck- und Medientechnologie	Bachelor of Science
Wuppertal U	Druck- und Medientechnologie	Master of Science
Würzburg U	Medienphilologie	Bachelor of Arts

Medien an Fachhochschulen

Hochschule	Studiengang	Abschluss
Aachen FH	Communication & Multimediadesign	Bachelor of Science
Amberg-Weiden FH	Medienproduktion und Medientechnik	Bachelor of Engineering
Amberg-Weiden FH	Medienproduktion und Medientechnik	Master of Engineering
Anhalt/Köthen FH	Medientechnik	Bachelor of Engineering
Ansbach FH	Multimedia und Kommunikation	Bachelor of Arts
Augsburg FH	Interaktive Medien	Bachelor of Arts
Augsburg FH	Interaktive Mediensysteme	Master of Arts
Bad Sooden-Allendorf FH	Medienwirtschaft und Medienmanagement	Bachelor of Arts
Berlin BBW H	Wirtschaftsingenieurwissenschaften – Medientechnik und Medienmanagement	Bachelor of Science
Berlin Beuth TH	Audiovisuelle Medien	Bachelor of Arts
Berlin Beuth TH	Druck- und Medientechnik	Bachelor of Engineering
Berlin Beuth TH	Druck- und Medientechnik	Master of Engineering
Berlin MHMK	Digitale Medienproduktion	Bachelor of Arts
Berlin MHMK	Medienmanagement	Bachelor of Arts
Berlin HDI	Digital Film Design – Animation/VFX	Bachelor of Arts
Berlin HDI	Mediadesign	Bachelor of Arts
Berlin HDI	Medienmanagement	Bachelor of Arts
Berlin HDI	Medienmanagement	Master of Arts
Bielefeld FHM	Medienkommunikation & Journalismus	Bachelor of Arts
Bielefeld FHM	Medienwirtschaft	Bachelor of Arts
Braunschweig/Wolfenbüttel/Salzgitter FH	Medien-Design	Bachelor of Arts
Braunschweig/Wolfenbüttel/Salzgitter FH	Medien-Management	Bachelor of Arts
Bremen H	Digitale Medien	Bachelor of Science

Bremen H	Digitale Medien	Master of Science
Bremerhaven H	Digitale Medien	Bachelor of Science
Bremerhaven H	Digitale Medien	Master of Science
Calw H	Medien- und Kommunikationsmanagement	Bachelor of Arts
Darmstadt H	Digital Media	Bachelor of Arts
Darmstadt H	Media Direction	Master of Arts
Darmstadt-Dieburg H	Online-Journalismus	Bachelor of Arts
Deggendorf H	Medientechnik	Bachelor of Engineering
Deggendorf H	Medientechnik und -produktion	Master of Engineering
Dortmund FH	Design Medien Kommunikation	Bachelor of Arts
Düsseldorf EBC	Media & Communication Management	Bachelor of Arts
Düsseldorf FH	Medientechnik	Bachelor of Engineering
Düsseldorf FH	Kommunikations- und Multimediamanagement	Bachelor of Arts
Düsseldorf FH	Kommunikations-, Multimedia- und Marktmanagement	Master of Arts
Düsseldorf FH	Kultur, Ästhetik und Medien	Master of Arts
Düsseldorf HDI	Mediadesign	Bachelor of Arts
Düsseldorf HDI	Medienmanagement	Bachelor of Arts
Düsseldorf HDI	Medienmanagement	Master of Arts
Emden/Leer FH	Medientechnik	Bachelor of Engineering
Erding Myfham FH	Betriebswirtschaftslehre mit Branchenfokus Medienmanagement	Bachelor of Arts
Fulda H	Digitale Medien	Bachelor of Science
Furtwangen H	Medienkonzeption	Bachelor of Science
Furtwangen H	OnlineMedien	Bachelor of Science
Furtwangen H	Computer Science in Media	Master of Science
Hamburg FresenH	Medien- und Kommunikationsmanagement	Bachelor of Arts
Hamburg HAW	Media Systems	Bachelor of Science
Hamburg HAW	Medien und Information	Bachelor of Arts
Hamburg HAW	Medientechnik	Bachelor of Science
Hamburg HSBA	Media Management	Bachelor of Arts
Hamburg MHMK	Medienmanagement	Bachelor of Arts
Hof/Münchberg FH	Mediendesign	Bachelor of Arts
Idstein FresenH	Medien- und Kommunikationsmanagement	Bachelor of Arts
Iserlohn BiTS	Communication & Media Management	Bachelor of Science
Jena FH	Kommunikations- und Medientechnik	Bachelor of Engineering
Kiel FH	Multimedia Production	Bachelor of Arts
Kiel FH	Multimedia Production	Master of Arts
Köln FHM	Medienkommunikation & Journalismus	Bachelor of Arts
Köln FHM	Medienwirtschaft	Bachelor of Arts
Köln FH	Medientechnik	Bachelor of Engineering
Köln FH	Markt- und Medienforschung	Master of Science
Köln FH	Media and Imaging Technology	Master of Engineering
Köln FH	Medienrecht und Medienwirtschaft	Master of Laws
Köln FresenH	Medien- und Kommunikationsmanagement	Bachelor of Arts
Köln FresenH	Angewandte Medienwirtschaft	Bachelor of Arts
Köln FresenH	Media Management & Entrepreneurship	Master of Arts

Köln FresenH	Medienwirtschaft	Diplom (FH)
Köln MHMK	Digitale Medienproduktion	Bachelor of Arts
Köln MHMK	Film und Fernsehen	Bachelor of Arts
Köln MHMK	Medienmanagement	Bachelor of Arts
Köln RheinFH	Medien-Design	Bachelor of Arts
Köln RheinFH	Medienwirtschaft	Bachelor of Arts
Leipzig AkadFH	International Business Communication	Bachelor of Arts
Leipzig HTW	Medientechnik	Bachelor of Engineering
Lippe/Lemgo FH	Medienproduktion	Bachelor of Arts
Lippe/Lemgo FH	Media Production	Master of Arts
Magdeburg-Stendal FH	Journalistik/Medienmanagement	Bachelor of Arts
Mainz FH	Zeitbasierte Medien	Bachelor of Arts
Mainz FH	Zeitbasierte Medien	Master of Arts
Merseburg FH	Kultur- und Medienpädagogik	Bachelor of Arts
Merseburg FH	Angewandte Medien- und Kulturwissenschaft	Master of Arts
Mittweida H	Angewandte Medienwirtschaft	Bachelor of Arts
Mittweida H	Film und Fernsehen	Bachelor of Arts
Mittweida H	Medienmanagement	Bachelor of Arts
Mittweida H	Medientechnik	Bachelor of Engineering
Mittweida H	Multimediatechnik	Bachelor of Engineering
München FresenH	Medien- und Kommunikationsmanagement	Bachelor of Arts
München HAW	Druck- und Medientechnik	Bachelor of Engineering
München MHMK	Digitale Medienproduktion	Bachelor of Arts
München MHMK	Film und Fernsehen	Bachelor of Arts
München MHMK	Medienmanagement	Bachelor of Arts
München MHMK	Medien und Design	Master of Arts
München MHMK	Medien- und Kommunikationsmanagement	Master of Arts
München Mediadesign FH	Mediadesign	Bachelor of Arts
München Mediadesign FH	Medienmanagement	Bachelor of Arts
München Mediadesign FH	Medienmanagement	Master of Arts
Nürnberg FH	Media Engineering	Bachelor of Engineering
Offenburg H	Medien, Gestaltung & Produktion	Bachelor of Arts
Offenburg H	Medientechnik/Wirtschaft Plus	Bachelor of Engineering
Offenburg H	Medien und Informationswesen	Bachelor of Science
Offenburg H	Medien und Kommunikation	Master of Science
Offenburg H	Communication and Media Engineering (CME)	Master of Science
Rüsselsheim H	Medientechnik	Bachelor of Engineering
Rüsselsheim H	Media & Communications Technology	Master of Engineering
Schmalkalden HAW	Multimedia-Marketing	Bachelor of Science
Schmalkalden HAW	Media Processing and Interactive Services	Master of Science
Schwäbisch Gmünd HGest	Kommunikationsgestaltung	Bachelor of Arts
Schwäbisch Hall FHGest	Mediendesign	Bachelor of Arts
Stuttgart HdM	Audiovisuelle Medien	Bachelor of Engineering

Stuttgart HdM	Druck- und Medientechnologie	Bachelor of Engineering
Stuttgart HdM	Mediapublishing	Bachelor of Science
Stuttgart HdM	Medienwirtschaft	Bachelor of Arts
Stuttgart HdM	Mobile Medien	Bachelor of Science
Stuttgart HdM	Print-Media Management	Bachelor of Science
Stuttgart HdM	Print and Publishing	Master of Science
Stuttgart HdM	Computer Science and Media	Master of Science
Stuttgart HdM	Elektronische Medien	Master of Arts
Stuttgart MHMK	Digitale Medienproduktion	Bachelor of Arts
Stuttgart MHMK	Medienmanagement	Bachelor of Arts
Trier FH	Digitale Medien und Spiele	Bachelor of Science
Ulm H	Digital Media	Bachelor of Arts
Wiesbaden FH	Media Management	Bachelor of Arts
Wiesbaden FH	Media & Design Management	Master of Arts
Wilhelmshaven/ Oldenburg/Elsfleth FH	Medienwirtschaft und Journalismus	Bachelor of Arts
Wismar H	Multimediatechnik	Bachelor of Engineering
Wismar H	Kommunikationsdesign und Medien	Diplom (FH)
Würzburg/Schweinfurt FH	Medienmanagement	Bachelor of Arts

Zum Weiterlesen: Gabriele Goderbauer-Marchner, *Journalist werden!*, 2009; Walter von la Roche, *Einführung in den praktischen Journalismus. Mit genauer Beschreibung aller Ausbildungswege in Deutschland, Österreich und der Schweiz,* 2008.

Medizin (Humanmedizin, Veterinärmedizin, Zahnmedizin)

Medizin ist die Wissenschaft von den Ursachen, der Heilung und Vorbeugung von Krankheiten. Je nach Ausbildung sind Mediziner zuständig für Menschen (Humanmedizin), Tiere (Veterinärmedizin) oder für die Beißwerkzeuge des Menschen (Zahnmedizin).

Wer den Arztberuf ergreifen will, sollte folgende Bedingungen erfüllen: Interesse an und Begabung für Naturwissenschaften, hohe körperliche und psychische Belastbarkeit und die Bereitschaft, auch mehr als 40 Stunden pro Woche zu arbeiten. Der Arztberuf gehört zu den verantwortungsvollsten Berufen – aber auch zu denen mit der längsten Ausbildungsdauer.

Das Studium besteht aus einem dreimonatigen Krankenhauspflegedienst und einer Ausbildung in erster Hilfe *vor* dem Studium, aus einem vorklinischen Studienabschnitt (Dauer: etwa zwei Jahre), einer Zwischenprüfung, auch Physikum genannt, und einem dreijährigen klinischen Studium. Während der vorlesungsfreien Zeit nach der ärztlichen Vorprüfung ist eine viermonatige Famulatur (auch im Ausland möglich) obligatorisch. Nach etwa fünfjährigem Studium folgt ein praktisches Jahr, das in einem Krankenhaus abgeleistet wird und in Ausbildungsabschnitte in Innerer Medizin, Chirurgie, Allgemeinmedizin oder einem weiteren klinisch-praktischen Fachgebiet unterteilt ist.

Erst anschließend erfolgt die Approbation, d.h. die Berechtigung, als Arzt zu arbeiten. Nach der Approbation ist eine Weiterbildung zum Arzt für Allgemeinmedizin oder zum Facharzt möglich. Eine Promotion zum Dr. med. ist entweder vor oder nach der Approbation möglich.

Junge Ärzte treffen in Deutschland derzeit auf günstige Arbeitsmarktperspektiven, Gleiches gilt für den europäischen Arbeitsmarkt, wo sie vor allem in Großbritannien, Norwegen und Schweden ihr Auskommen finden.

Dass Medizin ein naturwissenschaftliches Studium ist, merken die Studierenden bereits im Grundstudium in den zahlreichen Vorlesungen und Praktika in Physik, Chemie, Biologie und Biochemie. Die eigentlichen medizinischen Fachgebiete der Krankheitslehre, Grundlagen der klinischen Medizin und die praktische Ausbildung im Krankenhaus (praktisches Jahr) sowie die einzelnen medizinischen Teilgebiete sind erst Bestandteil des zweiten und dritten Studienabschnitts.

Mit der geänderten Approbationsordnung von 2003 kann in den Medizinstudiengängen die bisher traditionelle Gliederung in theoretische und klinische Ausbildung aufgehoben und während des ganzen Studiums Theorie und Praxis miteinander verbunden werden. Praxisbezogener Unterricht am Krankenbett, Vergrößerung der allgemeinmedizinischen Anteile im Studium, Einbeziehung neuer Ausbildungsstoffe wie Schmerztherapie und Palliativmedizin und eine ganzheitliche Sicht auf den Patienten, d.h. die Verbindung von naturwissenschaftlichen Aspekten der Medizin mit dem psychosozialen Bezug, sind hiermit zusammenhängende neue Ausbildungsinhalte. Modellstudiengänge, die schon im ersten Semester Patientenkontakt und das vom Symptom ausgehende Lehren und Lernen in Kleingruppen vorsehen, gibt es etwa an der Charité in Berlin, der privaten Universität Witten/Herdecke, der RWTH Aachen und der Ruhr-Universität Bochum.

Das Studium der Tiermedizin und der Zahnmedizin ist mit einer Dauer von fünf bis fünfeinhalb Jahren erheblich kürzer. In Zahnmedizin folgt dem zweijährigen vorklinischen Studium ein vergleichbar langes klinisches Studium. Etappen zur Approbation als Zahnarzt sind eine naturwissenschaftliche Vorprüfung nach dem 2. Semester, eine zahnärztliche Vorprüfung nach dem 5. Semester und die abschließende zahnärztliche Prüfung. Ergänzt werden sollte das Studium durch praktische Tätigkeiten in zahntechnischen Labors. Der fertige Zahnarzt hat dann die Möglichkeit, eine Doktorarbeit anzufertigen oder eine Weiterbildung z.B. in Kieferorthopädie zu beginnen.

Das Studium der Tiermedizin ist in ein vorklinisches Studium (zwei Jahre), ein klinisches Studium (drei Jahre) und in eine staatliche Prüfung unterteilt. Während des Studiums sind vier Monate praktische Tätigkeiten im Schlachthof, bei einem Tierarzt oder in einer Tierklinik vorgeschrieben. Ein mehrmonatiges Praktikum vor der Studienaufnahme erleichtert die Entscheidung, ob die notwendige Eignung für den Beruf vorhanden ist. Wichtigste Voraussetzung für künftige Tierärzte ist die Liebe zum Tier. Das heißt aber nicht nur, Tiere zu mögen, sondern ihnen auch helfen zu wollen. Ähnlich wie beim Studium der Humanmedizin sind eine fundierte mathematisch-naturwissenschaftliche Begabung und für den späteren Beruf physische Belastbarkeit, Ausdauer, Standfestigkeit, Beobachtungsgabe und eine gute Motorik (sichere Hand) notwendig.

Vom Zahnarzt erwartet man nicht so sehr die Liebe zum Menschen, sondern viel Verständnis und Einfühlungsvermögen, weil viele Patienten, darunter auch die Autoren dieses Studienführers, Angst vorm Zahnarzt haben. Zusätzlich zur notwendigen naturwissenschaftlichen und mathematischen Begabung lässt sich der Beruf nur mit einer enormen Stehfähigkeit und sicherem Hand- und Fingergeschick bewältigen. In kaum einem anderen Beruf muss man derart lange im Stehen und in einer recht ungewöhnlichen Körperhaltung seine Arbeit verrichten.

Der Zugang zum Medizinstudium hat sich seit dem Wintersemester 2005/2006 wesentlich verändert. Die Zentralstelle für die Vergabe von Studienplätzen (ZVS) in Dortmund, über die die Vergabe der Medizinstudienplätze läuft, vergibt nur noch je 20 Prozent der Studienplätze nach der besten Abiturnote und der Wartezeit, die restlichen 60 Prozent können die Hochschulen jetzt in eigenen Auswahlverfahren vergeben. Zu den neuen Auswahlverfahren der Hochschulen s. S. 156 ff.

Zum Weiterlesen: Detlev E. Gagel, Thomas Peters, *Studienführer Medizin. Humanmedizin, Tiermedizin, Zahnmedizin*, 2009.

Ökologie/Umweltwissenschaften

Seit einigen Jahren haben die deutschen Hochschulen durch Schaffung neuer Studiengänge und durch ökologische Schwerpunkte in bestehenden Studiengängen eine Fülle von Studienmöglichkeiten geschaffen, um dem Ziel »Schutz der Umwelt« gerecht zu werden. Um von vornherein Missverständnissen vorzubeugen: Die Liebe zur Umwelt und eine umweltfreundliche Gesinnung reichen als Voraussetzung für ein umweltbezogenes Studium nicht aus. Das Studium ist entweder auf Technischen Umweltschutz, Planerischen Umweltschutz, Naturwissenschaftlichen Umweltschutz oder auf Agrar- und Forstwirtschaftlichen Umweltschutz ausgerichtet. Neben der Bereitschaft, aktiv für die Umwelt einzutreten, gehören je nach Ausrichtung des Studiums eine technische, betriebswirtschaftlich-planerische oder eine naturwissenschaftliche Begabung zur Grundvoraussetzung für ein erfolgreiches Studium. »Abnehmer« dieser Studiengänge sind Unternehmen – kein Betrieb kann es sich heute noch leisten, auf den Rat von Fachleuten zu verzichten oder in dem Ruf zu stehen, nicht umweltfreundlich zu produzieren –, Behörden, die entweder Umweltgesetze oder -bestimmungen erlassen oder kontrollieren, Forschungs- und Entwicklungslabors, die Verfahren zur Luftreinhaltung, Lärmbekämpfung, Abfallbeseitigung und Wasserreinhaltung entwickeln, und schließlich Unternehmensberatungen, die private und staatliche Stellen fachkundig beraten oder Umweltkonzepte entwerfen. In kaum einem Bereich arbeiten die Experten derart eng zusammen wie im Umweltschutz. Politiker erlassen Gesetze und Bestimmungen, die von Behörden umgesetzt und kontrolliert werden, von Unternehmen und Privatpersonen eingehalten werden müssen, von Planungsspezialisten vorbereitet und organisiert werden. Wirtschaftswissenschaftler müssen Finanzierungsmodelle aufstellen und Ingenieure schließlich bei der Produktion darauf achten, dass die Bestimmungen eingehalten werden, und, was sich fürs Image und auf die Verkaufszahlen förderlich auswirkt, neuartige, besonders umweltschonende Verfahren einführen. Das alles wiederum ist nicht möglich ohne Rechtsspezialisten, die die gesetzlichen Vorgaben kennen, und ohne Naturwissenschaftler, die etwas Fundiertes über Grenzwert und Verträglichkeit zu sagen haben. Umweltwissenschaftler sind im Idealfall Experten mit einer naturwissenschaftlichen, wirtschaftswissenschaftlichen oder technischen Ausbildung mit fundierten Kenntnissen in Organisation, Finanzierung und Recht sowie mit der Fähigkeit, Überzeugungsarbeit leisten zu können.

Die Absolventen von Umweltstudiengängen erhalten nach erfolgreichem Studium einen Bachelor- und anschließend einen Mastergrad, und das in recht unterschiedlichen Studiengängen wie etwa Geoökologie, Umwelttechnik, Landeskultur und Umweltschutz, Landschaftsökologie, Verfahrenstechnik, Qualitäts- und Umweltmanagement oder (vor allem an Fachhochschulen) Umwelttechnik mit den verschiedensten Schwerpunkten.

Die Berufschancen für die Umweltexperten hängen künftig davon ab, welche Bedeutung Wirtschaft und Gesellschaft dem Umweltschutz beimessen. Die »grünen Studiengänge« erfreuen sich zumindestens derzeit einer hohen Attraktivität.

Studieninteressenten sollten sich wegen der Vielzahl der verschiedenen Studiengänge, der unterschiedlichen Ausrichtung und der Zulassungsbedingungen direkt mit den folgenden Universitäten und Fachhochschulen in Verbindung setzen.

Für Bachelorstudiengänge sind an Universitäten überwiegend sechs Semester und für das vertiefende Masterstudium weitere vier Semester vorgesehen, an Fachhochschulen für den Bachelor sechs oder (häufiger) sieben Semester (ggf. plus drei oder vier Mastersemester).

Studienbereich Ökologie an Universitäten

Hochschule	Studiengang	Abschluss
Bayreuth U	Geoökologie	Bachelor of Science
Bayreuth U	Geoökologie	Master of Science
Bayreuth U	Biodiversität und Ökologie	Master of Science
Bayreuth U	Global Change Ecology	Master of Science
Bayreuth U	Molekulare Ökologie	Master of Science
Berlin FU	Biodiversität, Evolution und Ökologie/ Biodiversity, Evolution, and Ecology	Master of Science
Berlin TU	Stadtökologie	Master of Science
Bielefeld U	Ecology and Diversity	Master of Science
Braunschweig TU	Geoökologie	Bachelor of Science
Braunschweig TU	Geoökologie/Environmental Sciences	Master of Science
Bremen U	Ecology	Master of Science
Cottbus BTU	Landnutzung und Wasserbewirtschaftung	Bachelor of Science
Cottbus BTU	Landnutzung und Wasserbewirtschaftung	Master of Science
Freiberg TU BergAk	Geoökologie	Bachelor of Science
Freiburg U	Naturschutz und Landschaftspflege	Bachelor of Science
Freiburg U	Waldwirtschaft und Umwelt	Bachelor of Science
Freiburg U	Forest Ecology and Management	Master of Science
Göttingen U	Ökosystemmanagement	Bachelor of Science
Göttingen U	Biologische Diversität und Ökologie	Bachelor of Science
Göttingen U	Biologische Diversität und Ökologie	Master of Science
Göttingen U	Forstwissenschaften und Waldökologie	Bachelor of Science
Göttingen U	Forstwissenschaften und Waldökologie	Master of Science
Göttingen U	Internationaler Naturschutz	Master of Science
Göttingen U	Sustainable Forest and Nature Management	Master of Science
Greifswald U	Landschaftsökologie und Naturschutz	Bachelor of Science
Karlsruhe U	Geoökologie	Bachelor of Science
Karlsruhe U	Geoökologie	Master of Science
Kiel U	Applied Ecology	Master of Science
Koblenz/Landau U	Ecological Impact Assessment	Bachelor of Science
Koblenz/Landau U	Ecological Impact Assessment in Freshwater	Master of Science
Leipzig U	Physische Geographie/Geoökologie	Master
München U	Evolution, Ecology and Systematics	Master of Science
München U	Umweltsysteme und Nachhaltigkeit – Monitoring, Modellierung und Management	Master of Science
München/Freising TU	Umweltplanung und Ingenieurökologie	Master of Science
München/Straubing TU	Nachwachsende Rohstoffe	Master of Science
Münster U	Landschaftsökologie	Bachelor of Science
Münster U	Landschaftsökologie	Master of Science

Oldenburg U	Landschaftsökologie	Master of Science
Potsdam U	Geoökologie	Bachelor of Science
Potsdam U	Ökologie, Evolution und Naturschutz	Master of Science
Rostock U	Agrarökologie	Bachelor of Science
Rostock U	Agrarökologie	Master of Science
Rostock U	Landeskultur und Umweltschutz	Bachelor of Science
Rostock U	Landeskultur und Umweltschutz	Master of Science
Stuttgart/Hohenheim U	Nachwachsende Rohstoffe und Bioenergie	Bachelor of Science
Tübingen U	Geoökologie/Ökosystemmanagement	Bachelor of Science
Tübingen U	Applied Environmental Geoscience (AEG)	Master of Arts
Zittau IntH	Biotechnologie und Angewandte Ökologie	Master of Science

Studienbereich Umweltwissenschaften an Universitäten

Hochschule	Studiengang	Abschluss
Bayreuth U	Umwelt- und Bioingenieurwissenschaft	Diplom
Berlin TU	Umweltplanung	Master of Science
Bielefeld U	Umweltwissenschaften	Bachelor of Science
Darmstadt TU	Umweltingenieurwissenschaften	Bachelor of Science
Darmstadt TU	Umweltingenieurwissenschaften	Master of Science
Frankfurt am Main U	Umweltwissenschaften	Master of Science
Freiburg U	Umwelthydrologie	Bachelor of Science
Freiburg U	Umweltnaturwissenschaften	Bachelor of Science
Freiburg U	Waldwirtschaft und Umwelt	Bachelor of Science
Göttingen U	Hydrologie und Umweltgeowissenschaften	Master of Science
Greifswald U	Umweltwissenschaften	Bachelor of Science
Greifswald U	Geosciences and Environment	Master of Science
Hamburg TU	Joint Masters in Environmental Studies	Master of Science
Hamburg U	Geographie: Global Transformations and Environmental Change	Master of Science
Hannover U	Umweltplanung	Master of Science
Kaiserslautern TU	Umweltplanung und Recht	Master (ab WS 2010/11)
Köln U	Environmental Sciences	Master of Science
Landau/Koblenz U	Umweltwissenschaften	Bachelor of Science
Landau/Koblenz U	Umweltwissenschaften	Master of Science
München U	Umweltsysteme und Nachhaltigkeit – Monitoring, Modellierung und Management	Master of Science
München/Freising TU	Umweltplanung und Ingenieurökologie	Master of Science
Oldenburg U	Umweltwissenschaften	Bachelor of Science
Oldenburg U	Marine Umweltwissenschaften	Master of Science
Stuttgart/Hohenheim U	Environmental Science – Soil, Water and Biodiversity	Master of Science
Trier U	Umwelt-Geowissenschaften	Bachelor of Science
Tübingen U	Umweltnaturwissenschaften	Bachelor of Science
Weimar U	Umweltingenieurwissenschaften	Bachelor of Science
Weimar U	Umweltingenieurwissenschaften	Master of Science

Ökologie und Umweltwissenschaften an Fachhochschulen

Hochschule	Studiengang	Abschluss
Bingen FH	Umweltschutz	Bachelor of Science
Bingen FH	Landwirtschaft und Umwelt	Master of Science
Dresden HTW	Umweltmonitoring/Umweltanalyse	Bachelor of Science
Eberswalde FH	Landschaftsnutzung/Naturschutz	Bachelor of Science
Eberswalde FH	Ökolandbau und Vermarktung	Bachelor of Science
Eberswalde FH	Regionalentwicklung und Naturschutz	Master of Science
Emden/Leer FH	Environmental Technology and Management	Master of Science
Erfurt FH	Forstwirtschaft und Ökosystemmanagement	Bachelor of Engineering
Lippe/Höxter FH	Environmental Sciences	Master of Science
Magdeburg-Stendal H	Ingenieurökologie	Master of Science
Nürtingen/Geislingen H	Umweltschutz	Master of Engineering
Osnabrück FH	Bodennutzung und Bodenschutz	Master of Science
Stuttgart H	Umweltschutz	Master of Engineering
Trier/Birkenfeld FH	Wirtschaftsingenieurwesen/Umweltplanung	Bachelor of Science
Zittau/Görlitz H	Ökologie und Umweltschutz	Bachelor of Science
Zittau/Görlitz H	Biotechnologie und Angewandte Ökologie	Master of Science

Pharmazie

Pharmazie wird definiert als »Wissenschaft von den Arzneimitteln, ihrer Entwicklung, Herstellung, Prüfung auf Identität, ihrer Reinheit und ihrem Gehalt einschließlich der sachgemäßen Zubereitung und Lagerung sowie ihrer Wirkung« (Zitat *Studien- und Berufswahl*). 84 Prozent der mit solchen Aufgaben betrauten Pharmazeuten sind als Apotheker oder Krankenhausapotheker tätig. Die übrigen arbeiten in der Pharmaindustrie, wo sie als sogenannte Pharmakologen tätig sind.

Der erste Eindruck beim Apotheker täuscht. Sie sind keine gut bezahlten Verkäufer von Arzneimitteln, auch wenn sie, im Gegensatz zu früheren Zeiten, ihre Arzneimittel und Rohstoffe nicht mehr selbst herstellen, sondern von der Industrie beziehen. Sie müssen dennoch einen guten Überblick über die pharmazeutische Forschung haben, Kunden über Nebenwirkungen von Arzneimitteln und Neuentwicklungen auf dem Markt fachkundig beraten können und auch in der Lage sein, homöopathische Heilmittel oder Kosmetika selbst herzustellen.

Der Berufsweg zum Apotheker ist nur über ein Studium der Pharmazie an einer Universität möglich. Die rund fünfjährige Ausbildung schließt mit dem Staatsexamen ab. Im Anschluss daran folgt ein praktisches Jahr, in dem sechs Monate in einer Apotheke, die übrigen in einer Krankenhausapotheke, in der Industrie oder einer Wissenschaftseinrichtung abgeleistet werden. Ohne eine naturwissenschaftlich-mathematische Begabung ist der Weg hinter die Apothekertheke nicht möglich. Wer Pharmazie studieren möchte, sollte sich auch ein Chemie- oder Biologiestudium vorstellen können – im ersten Studienabschnitt sind kaum

Unterschiede festzustellen. Erst im Hauptstudium liegen die Schwerpunkte eindeutig auf Pharmazie (pharmazeutische Chemie, pharmazeutische Biologie, Toxikologie u.a.).

Wer Pharmazie studieren möchte, ist gezwungen, den Weg über die Zentralstelle für die Vergabe von Studienplätzen (ZVS) in Dortmund anzutreten. Die Berufsaussichten sind wegen der Sparmaßnahmen im Gesundheitswesen und einer hohen Apothekendichte für Berufsanfänger nicht umwerfend. Der Weg zum Inhaber einer Apotheke ist nur mit entsprechendem Startkapital und nach gründlicher Analyse, wie viele Apotheken es bereits an welchen Stellen gibt, möglich. Wer den Weg in eine Krankenhausapotheke einschlagen will (für Berufsanfänger sehr schwierig), sollte sich in »klinischer Pharmazie« fortbilden. Jungpharmazeuten finden in der Pharmaindustrie etwas bessere Startchancen, besonders dann, wenn sie wissenschaftlich ausgewiesen (eine Doktorarbeit ist keine Bedingung, erleichtert aber den Einstieg) und betriebswirtschaftlich orientiert sind.

Pharmazie an Universitäten

Hochschule	Studiengang	Abschluss
Berlin FU	Pharmazie	Staatsexamen
Bonn U	Pharmazie	Staatsexamen
Braunschweig TU	Pharmazie	Staatsexamen
Düsseldorf U	Pharmazie	Staatsexamen
Erlangen-Nürnberg U	Pharmazie	Staatsexamen
Frankfurt am Main U	Pharmazie	Staatsexamen
Freiburg U	Pharmazeutische Wissenschaften	Bachelor of Science
Freiburg U	Pharmazie	Staatsexamen
Greifswald U	Pharmazie	Staatsexamen
Halle U	Pharmazie	Staatsexamen
Hamburg U	Pharmazie	Staatsexamen
Heidelberg U	Pharmazie	Staatsexamen
Jena U	Pharmazie	Staatsexamen
Kiel U	Pharmazie	Staatsexamen
Leipzig U	Pharmazie	Staatsexamen
Mainz U	Pharmazie	Staatsexamen
Marburg U	Pharmazie	Staatsexamen
München U	Pharmaceutical Sciences	Bachelor of Science
München U	Pharmaceutical Sciences	Master of Science
München U	Pharmazie	Staatsexamen
Münster U	Arzneimittelwissenschaften	Master of Science
Münster U	Pharmazie	Staatsexamen
Regensburg U	Pharmazie	Staatsexamen
Saarbrücken U	Pharmazie	Staatsexamen
Tübingen U	Pharmazie	Staatsexamen
Würzburg U	Pharmazie	Staatsexamen

Pharmazie an Fachhochschulen

Hochschule	Studiengang	Abschluss
Berlin Beuth H	Pharma- und Chemietechnik	Bachelor of Engineering
Berlin Beuth H	Pharma- und Chemietechnik	Master of Science
Biberach H	Pharmazeutische Biotechnologie	Bachelor of Science
Biberach H	Pharmazeutische Biotechnologie	Master of Science
Detmold/Ostwestfalen-Lippe H	Pharmatechnik	Bachelor of Science
Frankfurt am Main Provadis School	Biopharmaceutical Science	Bachelor of Science
Gießen FH	Biotechnologie/Biopharmazeutische Technologie	Bachelor of Science
Gießen FH	Biotechnologie/Biopharmazeutische Technologie	Master of Science
Idstein H Fresenius	Bio- and Pharmaceutical Analysis	Master of Science
Jena FH	Pharma-Biotechnologie	Master of Science
Kaiserslautern/ Pirmasens FH	Applied Life Sciences/Angewandte Bio-, Pharma- und Medizinwissenschaften	Bachelor of Science
Kaiserslautern/ Zweibrücken FH	Applied Life Sciences/Angewandte Bio-, Pharma- und Medizinwissenschaften	Bachelor of Science
Köthen Hochschule Anhalt FH	Pharmatechnik	Bachelor of Engineering
Lemgo/Ostwestfalen-Lippe H	Pharmatechnik	Bachelor of Science
Sigmaringen H	Pharmatechnik	Bachelor of Science

Psychologie

»Psychologie ist die Wissenschaft von den Formen und Gesetzmäßigkeiten des Lebens und Verhaltens des Menschen in Abhängigkeit von den inneren und äußeren Faktoren und deren Deutung« (Zitat *Studien- und Berufswahl*). Diese etwas akademische Formulierung will sagen, dass Psychologen überall dort zu finden sind, wo es um Probleme einzelner Menschen und deren Lösung oder um zwischenmenschliche Konflikte geht. Früher kümmerte sich um diese Dinge die Dorfgemeinschaft oder der Pfarrer, heute sind es eher Psychologen, Pädagogen und Sozialarbeiter. Da Probleme des Einzelnen und gesellschaftliche Probleme zunehmen, gleichzeitig die Fähigkeit, sie selbst zu lösen, zurückgeht, finden Psychologen ein breites Feld von Arbeitsmöglichkeiten, die sich in sechs Felder aufteilen lassen: Klinische Psychologen sind für psychologische Diagnose, Beratung und Behandlung entweder in der eigenen Praxis oder in Kliniken tätig. Schulpsychologen helfen bei Erziehungsproblemen und Verhaltensstörungen von Schülern und bei der Beratung von Eltern und Lehrern. Forensische Psychologen sind im Strafvollzug tätig und betreuen dort Gefangene oder erstellen Gutachten über die Resozialisierungsfähigkeit und über die Wahrscheinlichkeit eines Rückfalls in kriminelle Aktivitäten. Psychologen sind als Arbeits- und Betriebspsychologen in Unternehmen und Verwaltungen tätig, das heißt konkret: bei der Auswahl von Bewerbern, bei der Verbesserung des Betriebsklimas oder auch in der Aus- und Weiterbildung der Mitarbeiter. Verkehrspsychologen betreuen Piloten, prüfen Kraftfahrer auf ihre Eignung und entwickeln Maßnahmen zur Unfallverhütung. Markt- und Kommunikationspsychologen arbeiten in Meinungsforschungsinstituten, bei Werbeagenturen oder bei Wirtschaftsverbänden.

Das wesentliche (und häufig einzige) Arbeitsmittel des Psychologen ist das Gespräch, entweder mit einzelnen Personen oder mit Gruppen von Personen. In Gesprächen versucht der Psychologe, sich einen Überblick über Hintergrund, Ursachen und Auswirkung des Problems zu verschaffen, mit den Beteiligten Lösungskonzepte zu entwickeln und bei der Umsetzung mitzuhelfen.

Der Weg zum Psychologen führt über ein Universitätsstudium, das die meisten Universitäten anbieten. Die Bachelorstudiengänge sind auf drei Jahre angelegt, die vertiefenden Masterstudiengänge auf weitere zwei Jahre. Die Bewerbung erfolgt direkt bei den Universitäten. An Fachhochschulen, die ausschließlich Studiengänge in Wirtschaftspsychologie anbieten, findet man häufig dreieinhalbjährige Bachelorangebote und eineinhalbjährige Masterstudiengänge. Auch hier erfolgt die Bewerbung direkt bei der Fachhochschule.

Psychologiestudium ist nicht gleich Psychologiestudium. Je nach Universität sind die Schwerpunkte sehr unterschiedlich. An einigen Universitäten sind Psychoanalyse und Sozialpsychologie Schwerpunkte des Studiums, anderswo Klinische Psychologie, andernorts Experimentelle Psychologie, wieder woanders Arbeits-, Betriebs- und Organisationspsychologie. Von künftigen Psychologen wird erwartet, dass sie über ein stabiles Innenleben verfügen und belastbar sind, ebenso sozial engagiert und kommunikativ, gleichzeitig zuhören und auf andere Menschen zugehen können und über Realitätssinn verfügen. Wer Psychologie als Therapiestudium für eigene Probleme betreiben möchte, ist im falschen Studienfach. Das Studium vermittelt im Bachelorstudium vor allem Teilgebiete der Psychologie (Allgemeine Psychologie, Entwicklungspsychologie, Persönlichkeitspsychologie, Sozialpsychologie, Klinische Psychologie), gibt eine Einführung in die Methodenlehre des Faches einschließlich Statistik sowie in die Physiologie und die Biologie des Menschen. Hinzu kommen verschiedene empirisch-praktische Lehrveranstaltungen. Die letzten zwei Bachelorsemester und vor allem das Masterstudium bieten die Möglichkeit der Vertiefung und Spezialisierung. Hier erfolgt eine Ausrichtung auf potenzielle spätere Berufsfelder.

Psychologen finden zwar breite Einsatzmöglichkeiten, aber gleichzeitig muss bedacht werden, dass durch die hohe Zahl der Studierenden in den nächsten Jahren weiterhin eine große Anzahl von Absolventen auf den Arbeitsmarkt drängen wird. Aus diesem Grund sind zusätzliche Qualifikationen gefragt. Hierzu gehören vor allem Grundkenntnisse in Wirtschaft, Verwaltung und der Besuch von Weiterbildungsveranstaltungen, die in diesem Beruf eine besondere Rolle spielen. Weiterbildungsmöglichkeiten bieten die Verbände und private Unternehmen. Solche Investitionen sind zwar teuer, aber – wenn die richtigen Angebote ausgewählt werden – lohnend für den Beruf.

Schüler verwechseln häufig Psychologen und Psychiater. Psychiater sind ausgebildete Mediziner mit Facharztausbildung und dürfen Patienten auch medikamentös behandeln. Vor allem in der Klinischen Psychologie arbeiten Psychiater und Psychologen eng zusammen.

Psychologie an Universitäten

Hochschule	Studiengang	Abschluss
Aachen TH	Betriebspädagogik und Wissenspsychologie	Bachelor of Arts
Aachen TH	Psychologie	Bachelor of Science
Aachen TH	Psychologie	Master of Science
Bamberg U	Psychologie	Bachelor of Science
Berlin FU	Psychologie	Bachelor of Science
Berlin HU	Psychologie	Bachelor of Science
Bielefeld U	Psychologie	Bachelor of Science
Bochum U	Wirtschaftspsychologie	Bachelor of Science
Bochum U	Psychologie	Bachelor of Science
Bochum U	Psychologie	Master of Science
Bochum U	Klinische Psychologie	Master of Science
Bonn U	Psychologie	Bachelor of Arts
Bonn U	Psychologie	Bachelor of Science
Braunschweig TU	Psychologie	Bachelor of Science
Braunschweig TU	Psychologie	Master of Science
Bremen JU	Integrated Social and Cognitive Psychology	Bachelor of Arts
Bremen U	Psychologie	Bachelor of Science
Bremen U	Wirtschaftspsychologie	Master of Science
Chemnitz TU	Psychologie	Bachelor of Science
Chemnitz TU	Psychologie	Master of Science
Darmstadt TU	Psychologie	Bachelor of Science
Dortmund TU	Psychologie	Bachelor
Dresden TU	Psychologie	Diplom
Düsseldorf U	Psychologie	Bachelor of Science
Düsseldorf U	Psychologie	Master of Science
Erfurt U	Lehr-, Lern- und Trainingspsychologie	Baccalaureus Artium
Erfurt U	Psychologie	Master of Science
Erlangen-Nürnberg U	Psychologie	Bachelor of Science
Frankfurt am Main U	Psychologie	Bachelor of Science
Freiburg U	Psychologie	Bachelor of Arts

Freiburg U	Psychologie	Bachelor of Science
Gießen U	Psychologie	Bachelor of Science
Göttingen U	Psychologie	Bachelor of Science
Göttingen U	Psychologie	Master of Science
Greifswald U	Psychologie	Diplom
Hagen FernU	Psychologie	Bachelor of Science
Halle U	Psychologie	Bachelor of Science
Halle U	Psychologie	Master of Arts
Halle U	Angewandte Sportpsychologie	Master of Arts
Hamburg U	Psychologie	Bachelor of Science
Hamburg U	Psychologische Psychotherapie	Staatsexamen
Heidelberg U	Psychologie	Bachelor of Science
Hildesheim U	Pädagogische Psychologie	Bachelor of Science
Hildesheim U	Pädagogische Psychologie	Master of Science
Jena U	Psychologie	Bachelor of Arts
Jena U	Psychologie	Bachelor of Science
Kassel U	Psychologie	Bachelor of Science
Kiel U	Psychologie	Diplom
Köln U	Psychologie	Bachelor of Science
Konstanz U	Psychologie	Bachelor of Science
Konstanz U	Psychologie	Master of Science
Landau-Koblenz U	Psychologie	Bachelor of Science
Leipzig U	Psychologie	Bachelor of Science
Leipzig U	Psychologie	Master of Science
Lüneburg U	Wirtschaftspsychologie	Bachelor of Science
Magdeburg U	Psychologie	Bachelor of Science
Magdeburg U	Psychologie	Master of Science
Mainz U	Psychologie	Bachelor of Science
Mannheim U	Psychologie	Bachelor of Science
Marburg U	Psychologie	Diplom
München U	Neuro-Cognitive Psychology	Bachelor of Science
München U	Neuro-Cognitive Psychology	Master of Science
München U	Psychologie	Bachelor of Science
München U	Psychology of Excellence in Business	Magister/Master of Education
Münster U	Psychologie	Bachelor of Science
Osnabrück U	Psychologie	Bachelor of Science
Potsdam U	Psychologie	Bachelor of Science
Potsdam U	Psychologie	Master of Science
Regensburg U	Psychologie	Bachelor of Science
Saarbrücken U	Psychologie	Bachelor of Science
Trier U	Psychologie	Bachelor of Science
Trier U	Psychologie	Master of Science
Tübingen U	Psychologie	Bachelor of Science
Vechta U	Sportpsychologie	Master of Arts
Wuppertal U	Psychologie	Bachelor of Science
Würzburg U	Psychologie	Bachelor of Science

Psychologie an Fachhochschulen

Hochschule	Studiengang	Abschluss
Bielefeld FH	Wirtschaftspsychologie	Bachelor of Science
Braunschweig/Wolfenbüttel FH	Recht, Personalmanagement und -psychologie	Bachelor of Laws
Dortmund ISM	Psychology & Management	Bachelor of Arts
Erding FH	Wirtschaftspsychologie	Bachelor of Arts
Erding FH	Wirtschaftspsychologie	Master of Arts
Frankfurt am Main ISM	Psychology & Management	Bachelor of Arts
Görlitz/Zittau H	Kommunikationspsychologie	Bachelor of Arts
Hamburg EuroFenH	Betriebswirtschaft und Wirtschaftspsychologie	Bachelor of Arts
Hamburg FresenH	Wirtschaftspsychologie	Bachelor of Arts
Hamburg ISM	Psychology & Management	Bachelor of Arts
Hamburg MSH	Angewandte Psychologie	Bachelor of Science
Harz-Wernigerode H	Wirtschaftspsychologie	Bachelor of Science
Heidelberg SRH	Wirtschaftspsychologie	Bachelor of Arts
Heidelberg SRH	Wirtschaftspsychologie	Master of Science
Idstein FresenH	Wirtschaftspsychologie	Bachelor of Arts
Iserlohn BiTS	Business Psychology	Bachelor of Science
Köln FresenH	Wirtschaftspsychologie	Bachelor of Arts
Köln FresenH	Wirtschaftspsychologie	Master of Arts
Köln FH	Wirtschaftspsychologie	Bachelor of Arts
München FresenH	Wirtschaftspsychologie	Bachelor of Arts
München ISM	Psychology & Management	Bachelor of Arts
Osnabrück FH	Wirtschaftspsychologie	Bachelor of Science
Potsdam UMG	Wirtschaftspsychologie	Bachelor of Arts
Riedlingen SRH	Wirtschaftspsychologie	Bachelor of Arts

Rechtswissenschaft

Jura zählt seit vielen Jahren zu den beliebtesten Studienfächern. Obwohl in den letzten Jahren die Zahl der Rechtsanwälte bereits stark angestiegen ist, drängen bis 75 Prozent eines Absolventenjahrgangs weiter in den Anwaltsberuf, was bereits dazu geführt hat, dass die Zahl der Rechtsanwälte 140.000 überschritten hat und ein immer größer werdender Teil kaum das finanzielle Existenzminimum erwirtschaftet. Aus diesem Grund verwundert es nicht, dass es jährlich mehrere hundert Junganwälte gibt, die ihre Zulassung zurückgeben, und viele, die nebenberuflich Taxi fahren oder andere Nebenjobs ausüben.

Erschwerend kommt hinzu, dass der Staat aus finanziellen Gründen keine neuen Planstellen für Richter, Staatsanwälte und Verwaltungsjuristen einrichten kann. Unternehmen bauen Hierarchieebenen ab und überlassen ihre Rechtsangelegenheiten verstärkt Anwaltskanzleien, die auf bestimmte Rechtsthemen spezialisiert sind. Aus diesen Gründen kann davon ausgegangen werden, dass die Zahl derjenigen, die entsprechend ihrer juristischen Ausbildung einen adäquaten Arbeitsplatz finden, zukünftig drastisch abnehmen wird. Ausgenommen hiervon sind die Absolventen mit Prädikatsexamen. Aber nur etwa 10 bis 15 Prozent eines Absolventenjahrganges verfügen über zwei Examina mit der Note »voll befriedigend« oder besser. Da das Juraexamen als schwer gilt und Jura für manche Studierende ein Verlegenheitsstudium ist, beenden rund 40 Prozent ihre akademische Ausbildung oder das 2. Staatsexamen lediglich mit »ausreichend«.

Auf dem künftigen Arbeitsmarkt werden vor allem diejenigen erfolgreich sein, die vom Arbeitsmarkt gefragte (s. weiter unten im Text) Schwerpunkte und Spezialisierungen vorweisen können. Bis 2003 war die Aneignung besonderer Qualifikationen auf die Zeit nach dem Studium beschränkt, denn das Jurastudium war als Einheitsausbildung mit dem Ziel Rechtsgeneralist konzipiert. Nach der Reform der Juristenausbildung können die Hochschulen nach der Zwischenprüfung Schwerpunktbereiche anbieten, die in der Abschlussprüfung ein Gewicht von 30 Prozent erhalten. Deren Wahl wird die beruflichen Wege der Nachwuchsjuristen – neben den Examensnoten – mitbestimmen. War es in der Vergangenheit nicht von großer Bedeutung, wo man studierte, da die Inhalte bundesweit fast identisch waren, müssen Studienanfänger jetzt vorher gründlich recherchieren, welche Schwerpunktbereiche die einzelnen Hochschulen anbieten, und hiervon die Entscheidung für den Studienort abhängig machen.

Auch werden jetzt bereits während des Studiums Zusatzqualifikationen wie Gesprächsführung, Rhetorik und Kommunikationsfähigkeit vermittelt sowie fremdsprachliche rechtswissenschaftliche Veranstaltungen angeboten.

Unternehmen haben großes Interesse an Bewerbern, die über fundierte Wirtschaftskenntnisse verfügen und Kenntnisse in Rechtsgebieten wie Handelsrecht, Wirtschafts- und Steuerrecht, Aktienrecht, Internationales Vertragsrecht, Umweltrecht, Technikrecht sowie Patentrecht nachweisen können.

Besonders gefragt werden die Juristen sein, die über internationale juristische Kompetenz verfügen, da die Globalisierung, die weitere europäische Integration und der technische Fortschritt den Regelungsbedarf erhöhen. Hier sollten als Schwerpunktbereich Europarecht, Internationales Recht oder Rechtsvergleich gewählt werden, oder man sollte sich intensiv mit dem Rechtssystem der angelsächsischen Länder oder dem französischen Recht beschäftigen. Die Universitäten Köln und Potsdam etwa bieten einen deutsch-französischen Studiengang Recht an, der neben dem Staatsexamen auch den Erwerb der entsprechenden französischen Hochschulabschlüsse vorsieht.

Für eine internationalere Ausrichtung des Studiums sind auch Auslandsaufenthalte sinnvoll; davon machen Studierende der Rechtswissenschaft jedoch wegen der Andersartigkeit anderer nationaler Rechtssysteme noch verhältnismäßig wenig Gebrauch. Auch ein Praktikum bei einer europäischen oder internationalen Institution erhöht die Attraktivität am Arbeitsmarkt. Der Deutsche Akademische Austauschdienst (DAAD) in Bonn *(www.daad.de)* hält eine Fülle von Fördermöglichkeiten bereit, die von Sommerkursstipendien über Stipendien für einjährige Auslandsaufenthalte bis hin zu Fachkursstipendien für angehende Rechtswissenschaftler reichen.

Eine Reihe von ausländischen Hochschulen, vor allem in Großbritannien, Frankreich und den USA, bieten Bewerbern mit abgeschlossenem Studium einjährige Zusatzausbildungen an. Besonders gefragt ist der in den angelsächsischen Ländern beliebte Master of Laws (LL.M.), aber auch beispielsweise der Master Degree in Comparative, European oder International Legal Studies. Auch hierfür vergibt der DAAD besondere Graduiertenstipendien.

All diejenigen, die sich mit dem Gedanken angefreundet haben, die Juristerei als Studienfach zu wählen, sollten ihre Fähigkeiten, Interessen und Begabungen im Hinblick auf die Anforderungen des Jurastudiums sehr kritisch prüfen. Das bereitet zugegebenermaßen Schwierigkeiten, weil es an der Schule kein Fach gibt, bei dem sich die Eignung für das Jurastudium ablesen ließe. Generell gilt: Wer gute Leistungen in Deutsch, Mathematik und in Latein hat, scheint für ein Jurastudium geeignet zu sein. Darüber hinaus erfordert Jura wie kein anderes Studium die Fähigkeit, einen konkreten Fall in allgemeine Rechtsprinzipien einordnen zu können und nach einem bestimmten Schema zu recherchieren, welche vergleichbaren Fälle es gibt und wie hierüber entschieden wurde. Zum guten Juristen gehört auch die Fähigkeit, zuhören zu können, überzeugend zu sein in Wort und Schrift und Verschwiegenheit zu bewahren. Wer die Motivation für ein Jurastudium aus spannenden Filmen ableitet, in denen ein rhetorisch brillanter Anwalt mit einer Sherlock-Holmes-reifen Kombinationsbegabung alle Zeugenaussagen auseinandernimmt und mit einem furiosen Plädoyer den zu Unrecht Angeklagten freibekommt, hat falsche Vorstellungen vom Juristenberuf. Juristen haben es bei ihrer alltäglichen Arbeit eher mit banalen Dingen zu tun wie z. B. Nachbarschaftsstreitigkeiten, Kleinkriminalität, Eintreibung von Geldforderungen, Scheidungen, Wasserrechtsbestimmungen oder Lärmbelästigungen.

Noch einige Informationen zum Aufbau des Studiums: Das Studium an der Universität dauert neun bis zehn Semester. Das vor allem in Vorlesungen Gelernte wird durch Klausuren überprüft. Im Hauptstudium stehen mehr Seminare, die mit Hausarbeiten abgeschlossen werden, auf dem Stundenplan. Vor dem Examen wird einige Monate beim (zumeist privaten) Repetitor für die Erste Juristische Prüfung gebüffelt. Jura gehört zu den Fächern mit einer anstrengenden und umfangreichen Abschlussprüfung.

Auch sind an den Universitäten Bachelorstudiengänge mit dem Abschluss Bachelor of Laws (LL.B.) mit einer vorgesehenen Studiendauer von drei Jahren eingerichtet worden; sie führen aber nicht in die klassischen juristischen Berufe, sondern überwiegend als Studiengänge Wirtschaftsrecht in die Rechtsabteilungen von Unternehmen. Studiengänge in Wirtschaftsrecht bieten auch einige Fachhochschulen an.

Mit der Ersten Juristischen Prüfung kann aber noch keiner der traditionellen Rechtsberufe (Richter, Staatsanwalt, Rechtsanwalt, Notar) ergriffen werden. Hierfür bedarf es einer zusätzlichen zweijährigen Ausbildung in Gerichten, Anwaltskanzleien, Finanzbehörden – dem Referendariat. Erst mit dem bestandenen 2. Staatsexamen, mit dem das Referendariat abgeschlossen wird, wird man »Volljurist«.

Juristen, die es nicht zum juristischen Staatsdienst (derzeit sind dort ca. 4 Prozent der Juristen beschäftigt) oder zum Anwaltsberuf (Mitglied, Inhaber oder Mitarbeiter einer Anwaltskanzlei) zieht, haben die Möglichkeit, bei Unternehmen als Wirtschaftsjuristen (ca. 15 Prozent) oder bei Behörden als Verwaltungsjuristen (etwa 6 Prozent eines Absolventenjahrgangs) zu arbeiten.

Innerhalb der Unternehmen sind die meisten Juristen bei Versicherungen und Banken zu finden, also dort, wo die meisten Rechtsfälle anfallen.

Über die Gehälter von Juristen lässt sich nichts Verbindliches aussagen. Sie bewegen sich auf der Höhe des Existenzminimums (vor allem bei Einmann- oder Einfraukanzleien mit wenigen Mandanten) bis hin zu Spitzengehältern in international tätigen Anwaltskanzleien.

Fazit: Die Berufschancen für Juristen gestalten sich in den nächsten Jahren weiter ungünstig. Wer seine Eignung für ein Jurastudium im Hinblick auf die Begabungen und Interessen kritisch überprüft hat und eine Hochschule wählt, die entsprechende europäische und internationale Schwerpunktmöglichkeiten bietet, oder seine Studienschwerpunkte frühzeitig auf interessante wirtschaftsnahe Vertiefungen oder besonders gefragte Rechtsgebiete legt, braucht, wenn er sich auch noch ein Prädikatsexamen oder ein Dreierexamen zutraut, keine Angst vor dem künftigen Arbeitsmarkt zu haben.

Rechtswissenschaft an Universitäten

Hochschule	Studiengang	Abschluss
Augsburg U	Rechts- und Wirtschaftswissenschaften	Bachelor of Arts
Augsburg U	Rechtswissenschaft	Erste Juristische Prüfung
Bayreuth U	Law and Economics	Master of Laws
Bayreuth U	Rechtswissenschaft	Erste Juristische Prüfung
Berlin FU	Rechtswissenschaft	Erste Juristische Prüfung
Berlin HU	Rechtswissenschaft	Erste Juristische Prüfung
Bielefeld U	Rechtswissenschaft	Erste Juristische Prüfung
Bochum U	Rechtswissenschaft	Erste Juristische Prüfung
Bonn U	Rechtswissenschaft	Erste Juristische Prüfung
Bremen U	Comparative and European Law (Hanse Law School)	Bachelor of Laws
Bremen U	Comparative and European Law (Hanse Law School)	Master of Laws
Bremen U	Rechtswissenschaft	Erste Juristische Prüfung
Dresden TU	Law in Context – Recht mit seinen internationalen Bezügen zu Technik, Politik und Wirtschaft	Bachelor of Laws
Düsseldorf U	Rechtswissenschaft	Erste Juristische Prüfung
Erlangen-Nürnberg U	Internationales Wirtschaftsrecht	Diplom
Erlangen-Nürnberg U	Rechtswissenschaft	Erste Juristische Prüfung
Frankfurt (Oder) U	German and Polish Law	Bachelor of Laws
Frankfurt (Oder) U	German and Polish Law	Master of Laws
Frankfurt (Oder) U	Rechtswissenschaft	Erste Juristische Prüfung
Frankfurt am Main U	Rechtswissenschaft	Erste Juristische Prüfung
Freiberg TU	Technikrecht	Master of Laws
Freiburg U	Rechtswissenschaft	Erste Juristische Prüfung
Freiburg U	Rechtswissenschaft	Master of Laws
Gießen U	Rechtswissenschaft	Erste Juristische Prüfung
Göttingen U	Rechtswissenschaft	Erste Juristische Prüfung
Greifswald U	Comparative Law and European Law	Master of Laws
Greifswald U	Rechtswissenschaft	Erste Juristische Prüfung
Greifswald U	Rechtswissenschaft	Bachelor of Laws
Hagen FernU	Rechtswissenschaft	Bachelor of Laws
Hagen FernU	Rechtswissenschaft	Master of Laws
Halle-Wittenberg U	Rechtswissenschaft	Erste Juristische Prüfung
Hamburg BLS	Rechtswissenschaft	Staatsexamen
Hamburg BLS	Rechtswissenschaft	Bachelor of Laws
Hamburg U	Rechtswissenschaft	Erste Juristische Prüfung
Hannover U	Rechtswissenschaften	Erste Juristische Prüfung
Heidelberg U	International Law	Master of Laws
Heidelberg U	Rechtswissenschaft	Erste Juristische Prüfung
Jena U	Rechtswissenschaft	Erste Juristische Prüfung
Kaiserslautern TU	Umweltplanung und Recht	Master (ab WS 2010/11)
Kiel U	Rechtswissenschaft	Erste Juristische Prüfung
Köln U	Rechtswissenschaft	Erste Juristische Prüfung

Köln U	Rechtswissenschaft, deutsch-englisch	Bachelor of Laws
Köln U	Rechtswissenschaft, deutsch-französisch	Bachelor of Laws
Konstanz U	Rechtswissenschaft	Erste Juristische Prüfung
Leipzig U	Europäischer Privatrechtsverkehr	Master of Laws
Leipzig U	Recht der europäischen Integration	Master of Laws
Leipzig U	Rechtswissenschaft	Erste Juristische Prüfung
Lüneburg U	Public Economics, Law and Politics	Master of Arts
Mainz U	Medienrecht	Master of Laws
Mainz U	Rechtswissenschaft	Erste Juristische Prüfung
Mannheim U	Comparative Law	Master
Mannheim U	Unternehmensjurist Universität Mannheim	Bachelor of Laws
Marburg U	Rechtswissenschaft	Erste Juristische Prüfung
München U	Rechtswissenschaft	Erste Juristische Prüfung
Münster U	Economics and Law	Bachelor of Science
Münster U	Politik und Recht	Bachelor of Arts
Münster U	Rechtswissenschaft	Erste Juristische Prüfung
Nürnberg U	Internationales Wirtschaftsrecht	Diplom
Oldenburg U	Comparative and European Law (Hanse Law School)	Bachelor of Laws
Oldenburg U	Comparative and European Law (Hanse Law School)	Master of Laws
Oldenburg U	Wirtschafts- und Rechtswissenschaften	Master of Arts
Osnabrück U	Rechtswissenschaft	Erste Juristische Prüfung
Passau U	Europarecht	Master of Laws
Passau U	Rechtswissenschaft	Erste Juristische Prüfung
Potsdam U	Rechtswissenschaft	Erste Juristische Prüfung
Regensburg U	Rechtswissenschaft	Erste Juristische Prüfung
Rostock U	Internationales Wirtschaftsrecht	Master of International Business Law
Saarbrücken U	Rechtswissenschaft	Erste Juristische Prüfung
Siegen U	Deutsches und Europäisches Wirtschaftsrecht	Bachelor of Laws
Siegen U	Deutsches und Europäisches Wirtschaftsrecht	Master of Laws
Trier U	Rechtswissenschaft	Erste Juristische Prüfung
Tübingen U	Rechtswissenschaft	Erste Juristische Prüfung
Würzburg U	Rechtswissenschaft	Erste Juristische Prüfung

Zum Weiterlesen: Christof Gramm, Heinrich Amadeus Wolf, *Jura – erfolgreich studieren,* 2008.

Sozialwissenschaften

Unter dem Studium der Sozialwissenschaften wird im Allgemeinen das Studium der Soziologie und das Lehramtsstudium Sozialwissenschaft (oft auch Sozialkunde genannt) verstanden.

Soziologie ist die Wissenschaft, die sich mit den Grundlagen, Erscheinungsformen und Entwicklungen des menschlichen Zusammenlebens unter historischen und vor allem gegenwärtigen sozialen Gebilden beschäftigt. Soziologen sind also Gesellschaftswissenschaftler, die von der Annahme ausgehen, dass Menschen und ihr Verhalten maßgeblich von gesellschaftlichen Verhältnissen bestimmt werden. Ihre Ahnherren reichen vom Urvater der Soziologie, Max Weber, über den Radikalsoziologen Karl Marx bis hin zu den Vertretern der sogenannten Frankfurter Schule, die während der nationalsozialistischen Diktatur in die USA emigrierten und von dort aus den Gesellschaftswissenschaften zu internationaler Anerkennung verhalfen.

Die Sozialwissenschaften gehören zu den beliebtesten Studienfächern deutscher Studierender. Entsprechend hoch ist der Andrang an den Hochschulen, und entsprechend schwer fällt die Suche nach einem angemessenen Arbeitsplatz. Während in der Vergangenheit der Staat etwa die Hälfte aller Sozialwissenschaftler aufnahm, suchen sie derzeit vor allem Beschäftigungsverhältnisse in der Wirtschaft und konkurrieren hier mit den Wirtschaftswissenschaftlern. Diesen Trend haben sich zahlreiche Hochschulen zunutze gemacht und bieten kombinierte wirtschaftswissenschaftlich-sozialwissenschaftliche Studiengänge an oder ein sozialwissenschaftliches Schwerpunktstudium, verzahnt mit BWL und VWL. Aus diesem Grunde sollten alle, die sich der Gesellschaftsanalyse oder Gesellschaftsveränderung verschreiben wollen, nur dann Soziologie studieren, wenn sie auch BWL oder VWL etwas abgewinnen können.

Das Angebot der Universitäten an Teilgebieten und Vertiefungsmöglichkeiten ist recht unterschiedlich. Studieninteressenten sollten sich deshalb über das Angebot genau informieren. Diese Frage spielt in den ersten Semestern des Bachelorstudiums keine so wichtige Rolle, weil hier Basiswissen in allgemeiner Soziologie, in den benachbarten Wirtschaftswissenschaften, in der politischen Wissenschaft, Statistik und Methodenlehre (Methoden der empirischen Sozialforschung), in Psychologie, Rechtswissenschaft und in Neuerer Geschichte vermittelt wird. Erst im fünften und sechsten Bachelorsemester und im Masterstudium erfolgt die Schwerpunktbildung in Richtung Wirtschaft, Bildungswesen (vor allem Weiterbildung) und öffentliche Verwaltung.

Im Bachelorstudium ist die Kombination mit einem zweiten gleichwertigen Bachelorfach oder einem vom Leistungsaufwand »kleineren« Fach möglich. Im

Lehramtsstudium, das in Bachelor- und Master-of-Education-Studiengängen (B.Ed. und M.Ed.) absolviert wird, ist die Kombination von mindestens zwei Schulfächern zusammen mit einem erziehungswissenschaftlichen Begleitstudium, Fachdidaktik und Schulpraktika vorgesehen.

Wer Sozialwissenschaften studieren möchte, bewirbt sich direkt bei den Universitäten, die dieses Fach anbieten. Der Übergang von der Schule in die Universität ist recht unproblematisch, weil die meisten Universitäten keine Zulassungsbeschränkungen für diese Studiengänge haben.

Sozialwissenschaften und Soziologie an Universitäten

Hochschule	Studiengang	Abschluss
Aachen TH	Soziologie	Bachelor of Arts
Aachen TH	Soziologie	Master of Arts
Augsburg U	Sozialwissenschaften	Bachelor of Arts
Augsburg U	Sozialwissenschaftliche Konfliktforschung	Master of Arts
Bamberg U	Soziologie	Bachelor of Arts
Bamberg U	Soziologie	Master of Arts
Berlin FU	Soziologie – Europäische Gesellschaften	Master of Arts
Berlin Hertie School of Governance	Master of Public Policy	Master of Public Policy
Berlin HU	Sozialwissenschaften	Bachelor of Arts
Berlin TU	Soziologie technikwissenschaftlicher Richtung	Bachelor of Arts
Berlin TU	Soziologie technikwissenschaftlicher Richtung	Master of Arts
Bielefeld U	History, Philosophy and Sociology of Science	Master of Arts
Bielefeld U	Sozialwissenschaften	Bachelor of Arts
Bielefeld U	Soziologie	Bachelor of Arts
Bielefeld U	Soziologie	Master of Arts
Bochum U	Kultur/Individuum/Gesellschaft (Sozialwissenschaft)	Bachelor of Arts
Bochum U	Sozialwissenschaft	Bachelor of Arts
Bochum U	Sozialwissenschaft	Master of Arts
Braunschweig TU	Integrierte Sozialwissenschaften	Bachelor of Arts
Bremen U	Comparative Politics and Sociology	Master of Arts
Bremen U	Integrated Social Sciences	Bachelor of Arts
Bremen U	International Relations: Global Governance and Social Theory	Master of Arts
Bremen U	Soziologie	Bachelor of Arts
Bremen U	Soziologie und Sozialforschung	Master of Arts
Chemnitz TU	Europa-Studien mit sozialwissenschaftlicher Ausrichtung	Bachelor of Arts
Chemnitz TU	Soziologie	Bachelor of Arts
Chemnitz TU	Soziologie	Master of Arts
Darmstadt TU	Soziologie	Bachelor of Arts
Dresden TU	Soziologie	Bachelor of Arts

Duisburg U	Soziologie	Bachelor of Arts
Duisburg U	Soziologie	Master of Arts
Düsseldorf U	Sozialwissenschaften – gesellschaftlicher Wandel und demokratisches Regieren	Master of Arts
Düsseldorf U	Sozialwissenschaften – Medien, Politik, Gesellschaft	Bachelor of Arts
Düsseldorf U	Soziologie	Bachelor of Arts
Eichstätt KatU	Soziologie	Bachelor of Arts
Erfurt U	Public Policy	Master of Public Policy
Erfurt U	Soziologie	Magister (Master)
Erfurt U	Staatswissenschaften – Sozialwissenschaften	Baccalaureus Artium
Erlangen-Nürnberg U	Soziologie	Bachelor of Arts
Frankfurt (Oder) U	Soziokulturelle Studien	Master of Arts
Frankfurt am Main U	Soziologie	Bachelor of Arts
Freiburg U	Interdisziplinäre Studien, Geistes- und Sozialwissenschaften	Master of Arts
Freiburg U	Social Science	Master of Arts
Freiburg U	Soziologie	Bachelor of Arts
Gießen U	Gesellschaft und Kulturen der Moderne	Master of Arts
Gießen U	Social Sciences	Bachelor of Arts
Gießen U	Soziologie	Bachelor of Arts
Göttingen U	Soziologie	Bachelor of Arts
Göttingen U	Soziologie	Master of Arts
Hagen FernU	Soziologie	Bachelor of Arts
Hagen FernU	Soziologie: Individualisierung und Sozialstruktur	Master of Arts
Halle U	Politikwissenschaft – Soziologie	Bachelor of Arts
Halle U	Soziologie	Bachelor of Arts
Halle U	Soziologie	Master of Arts
Hamburg U	Ökonomische und Soziologische Studien	Master of Arts
Hamburg U	Sozialökonomie	Bachelor of Arts
Hamburg U	Sozialwissenschaften	Bachelor of Arts
Hamburg U	Sozialwissenschaften	Bachelor of Science
Hamburg U	Soziologie	Bachelor of Arts
Hamburg U	Soziologie	Master of Arts
Hannover U	Sozialwissenschaften	Bachelor of Arts
Heidelberg U	Soziologie	Bachelor of Arts
Heidelberg U	Soziologie	Master of Arts
Jena U	Gesellschaftstheorie	Master of Arts
Jena U	Soziologie	Bachelor of Arts
Jena U	Soziologie	Master of Arts
Kaiserslautern TU	Integrative Sozialwissenschaft	Bachelor of Arts
Kassel U	Sozialrecht und Sozialwirtschaft	Master of Laws
Kassel U	Soziologie	Bachelor of Arts
Kassel U	Soziologie	Master of Arts
Kiel U	International vergleichende Soziologie	Master of Arts
Kiel U	Soziologie	Bachelor of Arts
Köln U	Sozialwissenschaften	Bachelor of Science
Köln U	Soziologie und empirische Sozialforschung	Master of Science

Konstanz U	Soziologie	Bachelor of Arts
Konstanz U	Soziologie	Master of Arts
Landau U	Sozialwissenschaften	Bachelor of Arts
Leipzig U	Global Studies	Master of Arts
Leipzig U	Sozialwissenschaften und Philosophie mit Kulturwissenschaften	Bachelor of Arts
Leipzig U	Sozialwissenschaften und Philosophie mit Philosophie	Bachelor of Arts
Leipzig U	Sozialwissenschaften und Philosophie mit Politikwissenschaft	Bachelor of Arts
Leipzig U	Sozialwissenschaften und Philosophie mit Soziologie	Bachelor of Arts
Leipzig U	Soziologie	Master of Arts
Magdeburg U	Kulturwissenschaften – Sozialwissenschaften	Bachelor of Arts
Magdeburg U	Sozialwissenschaften	Bachelor of Arts
Magdeburg U	Sozialwissenschaften	Master of Arts
Mainz U	Soziologie	Bachelor of Arts
Mainz U	Soziologie	Master of Arts
Mannheim U	Soziologie	Bachelor of Arts
Mannheim U	Soziologie	Master of Arts
Marburg U	Sozialwissenschaften	Bachelor of Arts
Marburg U	Soziologie	Master of Arts
München U	Soziologie	Bachelor of Arts
Münster U	Sozialwissenschaften	Bachelor of Arts
Münster U	Soziologie	Bachelor of Arts
Münster U	Soziologie	Master of Arts
München UBw	Staats- und Sozialwissenschaften	Bachelor of Arts
München UBw	Staats- und Sozialwissenschaften	Master of Arts
Nürnberg U	Sozialökonomik	Bachelor of Arts
Nürnberg U	Sozialökonomik	Master of Science
Oldenburg U	Sozialwissenschaften	Bachelor of Arts
Oldenburg U	Sozialwissenschaften	Master of Arts
Osnabrück U	Social Sciences	Bachelor of Arts
Osnabrück U	Social Sciences	Master of Arts
Osnabrück U	Soziologie	Bachelor of Arts
Potsdam U	Soziologie	Bachelor of Arts
Potsdam U	Soziologie	Master of Arts
Rostock U	Sozialwissenschaften	Bachelor of Arts
Rostock U	Soziologie	Bachelor of Arts
Rostock U	Soziologie	Master of Arts
Siegen U	Sozialwissenschaften	Bachelor of Arts
Siegen U	Vergleichende Sozialwissenschaften	Master of Arts
Stuttgart/Hohenheim U	Wirtschaftswissenschaften mit sozialökonomischem Profil	Bachelor of Science
Stuttgart U	Empirische Politik- und Sozialforschung	Master of Arts
Stuttgart U	Empirische Politik- und Sozialforschung (deutsch-französisch)	Master of Arts
Stuttgart U	Sozialwissenschaften	Bachelor of Arts
Stuttgart U	Sozialwissenschaften (deutsch-französisch)	Bachelor of Arts

Stuttgart U	Soziologie	Bachelor of Arts
Trier U	Medien- und Kultursoziologie	Master of Arts
Trier U	Sozialwissenschaften	Bachelor of Science
Trier U	Soziologie	Bachelor of Arts
Trier U	Wirtschaftssoziologie	Master of Arts
Tübingen U	Soziologie	Bachelor of Arts
Tübingen U	Soziologie	Master of Arts
Vechta U	Sozialwissenschaften	Bachelor of Arts
Wuppertal U	Sozialwissenschaften	Bachelor of Arts
Wuppertal U	Soziologie	Bachelor of Arts
Würzburg U	Political and Social Studies	Bachelor of Arts

Werkstoff- und Materialwissenschaften

Unsere Vorfahren lernten, Steine so zu bearbeiten, dass sie Nahrungsmittel damit zerkleinern konnten. Der Faustkeil markiert die Anfänge menschlicher Zivilisation und ist zugleich der Beginn der Werkstoffwissenschaften. Der Steinzeit folgten die Bronzezeit und schließlich die Eisenzeit. Zwischen der Steinzeit und der Bronzezeit gelang es den Menschen, Häuser aus Lehmgeflechten zu errichten, Gefäße aus Ton zu brennen und Edelmetalle zu Schmuck zu verarbeiten.

Die modernen Werkstoff- und Materialwissenschaften beschäftigen sich mit Vertrautem und Neuem. Sie arbeiten mit Metallen und den nichtmetallisch-anorganischen Werkstoffen wie Porzellan, Keramik und Glas und mit organischen Werkstoffen wie Gummi, entwickeln neue Bindemittel und Verbundwerkstoffe und sind ständig auf der Suche nach neuen Legierungen und Kunststoffen.

Materialwissenschaftler sind Spezialisten für Gewinnung, Entwicklung und Verarbeitung dieser Materialien und erkunden ihre ganz speziellen Eigenschaften. Ihre Arbeit ist Grundlage für die Werkstoffwissenschaftler, die aus diesen Materialien Verfahren und Produkte entwickeln. Beim Hausbau, in der Fahrzeugtechnik, im Umweltschutz, in der Energiewirtschaft, in der Medizintechnik oder in der Luftfahrt, überall gilt es, besonderen Bedingungen gerecht zu werden. Künstliche Implantate müssen gut verträglich sein. Materialien für die Luft- und Raumfahrt müssen extremen Kälte-, Hitze- oder Druckbedingungen standhalten. Moderne Windschutzscheiben aus Glas-Kunststoff-Verbundstoffen und Karosserien mit Knautschzonen sollen das Verletzungsrisiko bei Unfällen minimieren. Sogenannte Supraleiter dürfen keinen messbaren elektrischen Widerstand mehr besitzen, um den hohen Anforderungen in der modernen Energietechnik gerecht zu werden.

Diese weit gefassten Aufgaben bieten Werkstoff- und Materialwissenschaftlern vielfältige berufliche Möglichkeiten in Unternehmen, die sich mit der Verarbeitung und Weiterentwicklung von Werkstoffen und Materialien beschäftigen, vor allem in der Forschung und in der technischen Entwicklung, aber auch in Materialämtern, Planungsbüros, als Sachverständige und in der staatlichen Forschung, z. B. an Hochschulen und industrienahen Forschungsinstituten.

Studierende finden in solchen Fächern optimale Studienbedingungen. Fast überall überschaubare Studienatmosphäre, kein Numerus clausus und kein Weg über die ZVS in Dortmund, gute Betreuung und vielfältige Möglichkeiten von Praktika und von Bachelor- und Masterarbeiten in der Praxis. Hinterher winkt häufig ein Job in der Industrie mit weitergehenden Perspektiven. Im Studium können solche Fächer entweder als eigenständige Studiengänge Materialwissenschaft, Werkstoffwissenschaft, Metallurgie und Werkstofftechnik oder als Schwerpunkt Werkstoffe in Fächern wie Maschinenbau und Physik oder als spezialisierte Studiengänge wie Kunststofftechnik, Metalltechnik, Keramik und Glas belegt werden. Die erstgenannten werden vor allem an Universitäten, die letztgenannten eher an Fachhochschulen angeboten. Trotz der verschiedenen Studiengänge und Vertiefungsmöglichkeiten: Das Studium erfordert eine mathematisch-naturwissenschaftliche Begabung und viel technisches Verständnis. Es schließt mit dem Bachelor und Master of Science (B.Sc. und M.Sc.) oder – vor allem an den Fachhochschulen – mit dem Bachelor und Master of Engineering (B.Eng. und M.Eng.) ab. An Universitäten sind die Studiengänge auf drei Jahre (sechs Semester) angelegt; hinzu kommt ein zweijähriges (vier Semester) vertiefendes Masterstudium. An Fachhochschulen sind vorwiegend dreieinhalbjährige Bachelorstudiengänge und eineinhalbjährige Masterstudiengänge eingerichtet worden.

Die Suche nach dem optimalen Material und dem idealen Werkstoff – leicht, korrosionsfrei, kälte- und hitzebeständig, elastisch und gleichzeitig von hoher Festigkeit, lang haltbar und leicht abbaubar, preiswert in der Herstellung und gut umweltverträglich – wird noch einigen Generationen von Werkstoff- und Materialwissenschaftlern Kopfzerbrechen bereiten, ihnen aber ihre berufliche Existenz noch lange sichern.

Werkstoff- und Materialwissenschaften an Universitäten

Hochschule	Studiengang	Abschluss
Aachen TH	Werkstoffingenieurwesen	Bachelor of Science
Aachen TH	Werkstoffingenieurwesen	Master of Science
Aachen TH	Wirtschaftsingenieurwesen (Werkstoff- und Prozesstechnik)	Bachelor of Science
Bayreuth U	Polymer Science	Master of Science
Berlin FU	Polymer Science	Master of Science
Berlin U	Polymer Science	Master of Science

Berlin TU	Polymer Science	Master of Science
Berlin TU	Werkstoffwissenschaften	Bachelor of Science
Berlin TU	Werkstoffwissenschaften	Master of Science
Clausthal TU	Materialwissenschaft und Werkstofftechnik	Bachelor of Science
Clausthal TU	Werkstofftechnik	Master of Science
Dortmund TU	Polymerwissenschaften	Master of Science
Dresden TU	Werkstoffwissenschaft	Diplom
Erlangen-Nürnberg U	Materialwissenschaft und Werkstofftechnik	Bachelor of Science
Erlangen-Nürnberg U	Materialwissenschaft und Werkstofftechnik	Master of Science
Freiberg TUBergAk	Werkstofftechnologie/Gießereitechnik	Bachelor of Science
Freiberg TUBergAk	Werkstoffwissenschaft und Werkstofftechnologie	Diplom
Halle U	Applied Polymer Science	Master of Science
Hamburg-Harburg TU	Produktentwicklung, Werkstoffe und Produktion	Master of Science
Ilmenau TU	Werkstoffwissenschaft	Bachelor of Science
Ilmenau TU	Werkstoffwissenschaft	Master of Science
Jena U	Werkstoffwissenschaft	Bachelor of Science
Kaiserslautern TU	Kunststoffe und Faser-Kunststoff-Verbunde	Master of Science
Saarbrücken U	Materialwissenschaft und Werkstofftechnik	Bachelor of Science
Saarbrücken U	Materialwissenschaft und Werkstofftechnik in Kombination mit Maschinenbau	Bachelor of Science
Saarbrücken U	Werkstofftechnik	Master of Science
Stuttgart U	Computational Mechanics of Materials and Structures (COMMAS)	Master of Science
Würzburg U	Technologie der Funktionswerkstoffe	Master of Science
Würzburg U	Technologie der Funktionswerkstoffe	Bachelor of Science

Werkstoff- und Materialwissenschaften an Fachhochschulen

Hochschule	Studiengang	Abschluss
Aachen FH	Angewandte Polymerwissenschaften	Master of Science
Aalen H	Materialographie	Bachelor of Engineering
Aalen H	Oberflächen- und Werkstofftechnik	Bachelor of Engineering
Aalen H	Polymer Technology	Master of Science
Gelsenkirchen FH	Polymerwissenschaften	Master of Science
Göttingen PrivFH	Verbundwerkstoffe/Composites	Master of Science
Hof FH	Systemwerkstoffe	Bachelor of Engineering
Hof FH	Verbundwerkstoffe	Master of Engineering
Jena FH	Werkstofftechnik	Bachelor of Engineering
Jena FH	Werkstofftechnik/Materials Engineering	Master of Engineering
Koblenz FH	Werkstofftechnik Glas und Keramik	Diplom (FH)
Nürnberg H	Werkstofftechnik	Bachelor of Engineering
Offenburg H	Material Engineering	Bachelor of Engineering
Osnabrück FH	Angewandte Werkstoffwissenschaften	Master of Science
Osnabrück FH	Kunststoff- und Werkstofftechnik	Bachelor of Science
Zwickau H	Nano- und Oberflächentechnologien	Bachelor of Engineering
Zwickau H	Nano- und Oberflächentechnologien	Master of Engineering

Wirtschaftsingenieurwesen

»Weder Fisch noch Fleisch« hieß es, als die ersten Studiengänge Wirtschaftsingenieurwesen eingerichtet wurden. Was anfangs belächelt wurde, hat sich wie kaum ein anderer neu entwickelter Studiengang auf dem Arbeitsmarkt behauptet. Die vermeintliche Schwäche – Breite statt Spezialisierung – wurde schnell zur Stärke. Ein Blick in die Stellenangebote zeigt, dass Wirtschaftsingenieure aufgrund ihrer weit gefächerten Ausbildung in immer mehr Tätigkeitsfelder dringen, die ursprünglich als rein technisch oder rein kaufmännisch galten.

Der Grund hierfür ist einfach: Alle Wirtschaftsbereiche sind seit Jahrzehnten durch immer mehr Arbeitsteilung und Spezialisierung der Arbeitskräfte gekennzeichnet. Immer mehr Leute verstehen von immer mehr Dingen immer weniger. Entscheidungen an der Schnittstelle zwischen Technik und Wirtschaft erfordern aber technisch-naturwissenschaftliches Verständnis, wirtschaftliche Kompetenz und gesellschaftliche Akzeptanz. Nur die Unternehmen, die strategisch planen und das technisch Mögliche mit dem wirtschaftlich Richtigen verbinden und auch dem Umweltschutz Rechnung tragen, können sich auf Dauer am Markt behaupten. In diesem Wechselbereich zwischen Technik und Wirtschaft liegt das breite Einsatzpotential von Wirtschaftsingenieuren.

Nach der letzten Untersuchung des Berufsverbandes sind über 90 Prozent der Wirtschaftsingenieure in der Privatwirtschaft tätig, davon zwei Drittel in leitenden Positionen. Etwa jeder sechste ist selbstständig. Entgegen dem Akademikertrend arbeiten über 50 Prozent von ihnen auch in mittelgroßen und kleineren Betrieben, die es sich häufig nicht leisten können, einen Ingenieur *und* einen Kaufmann zu beschäftigen.

Was die Zeit zwischen Studienabschluss und Berufseinstieg, Einstiegsgehälter, Verdienstmöglichkeiten und die Berufszufriedenheit anbelangt, sind Wirtschaftsingenieure in den Spitzenpositionen. Kein Wunder, dass sich über 95 Prozent aller Befragten erneut für dieses Studium entscheiden würden.

Innerhalb der Unternehmen arbeiten die meisten Wirtschaftsingenieure in der Unternehmensleitung, in Marketing und Vertrieb, in der Beratung, in Rechnungswesen und Controlling, in der Logistik und im Einkauf. Aber auch in Forschung und Entwicklung, Fertigung und Produktion, Datenverarbeitung, Fortbildung, Mitarbeiterschulung und im Personalwesen sind Wirtschaftsingenieure tätig.

Das Studium wird mit einem Bachelor und Master of Science (B.Sc. und M.Sc.) oder Bachelor und Master of Engineering (B.Eng. und M.Eng.) abgeschlossen. An Universitäten sind im Bachelorstudium drei Jahre (sechs Semester) Studienzeit vorgesehen, daran schließt sich ein zweijähriges (viersemestriges) Masterstudium an. An Fachhochschulen werden überwiegend dreieinhalbjährige Bachelorstudiengänge angeboten, die Masterstudiengänge dauern hier in der

Regel eineinhalb Jahre. Mit einem Anteil von rund 20 Prozent schließen überdurchschnittlich viele Absolventen noch eine Promotion an, für die weitere zwei bis drei Jahre eingeplant werden sollten.

Das Studium verbindet technische (einschließlich EDV), naturwissenschaftliche sowie wirtschafts- und gesellschaftswissenschaftliche Studienfächer. Bei der Wahl der ingenieurwissenschaftlichen Ausrichtung steht eine Vielzahl von Fächern – von Bauingenieurwesen über Logistik und Luft- und Raumfahrttechnik bis hin zu Werkstofftechnik – zur Auswahl. Hinzu kommen Praktika in kaufmännischen und technischen Bereichen.

Die Ausbildung setzt eine breite Begabung, analytisches Denken und die Bereitschaft zu einem arbeitsintensiven Studium voraus. »Eliteschmieden« für angehende Wirtschaftsingenieure sind die TU Berlin und die TU Karlsruhe, wo die meisten Wirtschaftsingenieure in Deutschland ausgebildet werden.

Die beruflichen Perspektiven für Wirtschaftsingenieure können als gut bis sehr gut eingeschätzt werden, ebenso die Einkommenssituation: Rund die Hälfte der berufstätigen Wirtschaftsingenieure erzielt Gehälter zwischen 50.000 und 100.000 Euro.

Wirtschaftsingenieurwesen an Universitäten

Hochschule	Studiengang	Abschluss
Aachen TH	Wirtschaftsingenieurwesen/Bauingenieurwesen	Bachelor of Science
Aachen TH	Wirtschaftsingenieurwesen/Elektrische Energietechnik	Bachelor of Science
Aachen TH	Wirtschaftsingenieurwesen/Maschinenbau	Bachelor of Science
Aachen TH	Wirtschaftsingenieurwesen/Werkstoff- und Prozesstechnik	Bachelor of Science
Berlin TU	Wirtschaftsingenieurwesen	Bachelor of Science
Berlin TU	Wirtschaftsingenieurwesen	Master of Science
Braunschweig TU	Wirtschaftsingenieurwesen (Bauingenieurwesen)	Bachelor of Science
Braunschweig TU	Wirtschaftsingenieurwesen (Bauingenieurwesen)	Master of Science
Braunschweig TU	Wirtschaftsingenieurwesen (Elektrotechnik)	Bachelor of Science
Braunschweig TU	Wirtschaftsingenieurwesen (Elektrotechnik)	Master of Science
Braunschweig TU	Wirtschaftsingenieurwesen (Maschinenbau)	Bachelor of Science
Bremen U	Wirtschaftsingenieurwesen	Bachelor of Science
Bremen U	Wirtschaftsingenieurwesen	Master of Science
Chemnitz TU	Wirtschaftsingenieurwesen	Bachelor of Science
Chemnitz TU	Wirtschaftsingenieurwesen	Master of Science
Clausthal TU	Wirtschaftsingenieurwesen	Bachelor of Science
Clausthal TU	Wirtschaftsingenieurwesen	Master of Science
Cottbus TU	Wirtschaftsingenieurwesen	Bachelor of Science
Cottbus TU	Wirtschaftsingenieurwesen	Master of Science
Darmstadt TU	Wirtschaftsingenieurwesen (Bauingenieurwesen)	Bachelor of Science

Darmstadt TU	Wirtschaftsingenieurwesen (Bauingenieurwesen)	Master of Science
Darmstadt TU	Wirtschaftsingenieurwesen (Elektrotechnik und Informationstechnik)	Bachelor of Science
Darmstadt TU	Wirtschaftsingenieurwesen (Elektrotechnik und Informationstechnik)	Master of Science
Darmstadt TU	Wirtschaftsingenieurwesen (Maschinenbau)	Bachelor of Science
Darmstadt TU	Wirtschaftsingenieurwesen (Maschinenbau)	Master of Science
Dortmund U	Wirtschaftsingenieurwesen	Bachelor of Science
Dortmund U	Wirtschaftsingenieurwesen	Master of Science
Dresden TU	Wirtschaftsingenieurwesen	Bachelor of Science
Dresden TU	Wirtschaftsingenieurwesen	Master of Science
Duisburg-Essen U	Wirtschaftsingenieurwesen	Bachelor of Science
Duisburg-Essen U	Wirtschaftsingenieurwesen	Master of Science
Erlangen-Nürnberg U	Wirtschaftsingenieurwesen	Bachelor of Science
Erlangen-Nürnberg U	Wirtschaftsingenieurwesen	Master of Science
Freiberg TUBergAk	Wirtschaftsingenieurwesen	Bachelor of Science
Freiberg TUBergAk	Technologiemanagement	Bachelor of Science
Hamburg UBw	Wirtschaftsingenieurwesen	Bachelor of Science
Hamburg UBw	Wirtschaftsingenieurwesen	Master of Science
Hamburg-Harburg TU	Global Technology Management	Master of Business Administration
Hamburg-Harburg TU	Internationales Wirtschaftsingenieurwesen	Master of Science
Hamburg U	Wirtschaftsingenieurwesen	Bachelor of Science
Hannover U	Wirtschaftsingenieurwesen	Bachelor of Science
Ilmenau TU	Wirtschaftsingenieurwesen	Bachelor
Ilmenau TU	Wirtschaftsingenieurwesen	Master
Kaiserslautern TU	Wirtschaftsingenieurwesen (Chemie)	Bachelor of Science
Kaiserslautern TU	Wirtschaftsingenieurwesen (Chemie)	Master of Science
Kaiserslautern TU	Wirtschaftsingenieurwesen (Elektrotechnik)	Bachelor of Science
Kaiserslautern TU	Wirtschaftsingenieurwesen (Elektrotechnik)	Master of Science
Kaiserslautern TU	Wirtschaftsingenieurwesen (Informatik)	Bachelor of Science
Kaiserslautern TU	Wirtschaftsingenieurwesen (Informatik)	Master of Science
Kaiserslautern TU	Wirtschaftsingenieurwesen (Maschinenbau)	Bachelor of Science
Kaiserslautern TU	Wirtschaftsingenieurwesen (Maschinenbau)	Master of Science
Kaiserslautern TU	Wirtschaftsingenieurwesen (Verfahrens- und Umwelttechnik)	Bachelor of Science
Kaiserslautern TU	Wirtschaftsingenieurwesen (Verfahrens- und Umwelttechnik)	Master of Science
Karlsruhe U	Wirtschaftsingenieurwesen	Bachelor of Science
Karlsruhe U	Wirtschaftsingenieurwesen	Master of Science
Kassel U	Wirtschaftsingenieurwesen	Master of Science
Kassel U	Wirtschaftsingenieurwesen – Elektrotechnik	Bachelor of Science
Kassel U	Wirtschaftsingenieurwesen – Maschinenbau	Bachelor of Science
Kassel U	Wirtschaftsingenieurwesen – Regenerative Energien und Energieeffizienz	Bachelor of Science
Kassel U	Wirtschaftsingenieurwesen – Bauingenieurwesen	Bachelor of Science
Kiel U	Wirtschaftsingenieurwesen Elektrotechnik und Informationstechnik	Bachelor of Science

Lüneburg U	Management & Engineering	Master of Science
Magdeburg U	Wirtschaftsingenieurwesen für Elektrotechnik, Informationstechnik und Mikrosystemtechnik	Bachelor of Science
Magdeburg U	Wirtschaftsingenieurwesen, Logistik	Bachelor of Science
Magdeburg U	Wirtschaftsingenieurwesen, Maschinenbau	Bachelor of Science
Magdeburg U	Wirtschaftsingenieurwesen, Verfahrens- und Energietechnik	Bachelor of Science
München TU	Wirtschaftsingenieurwesen	Master of Science
Erlangen-Nürnberg U	Wirtschaftsingenieurwesen	Bachelor of Science
Erlangen-Nürnberg U	Wirtschaftsingenieurwesen	Master of Science
Paderborn U	Wirtschaftsingenieurwesen – Elektrotechnik	Bachelor of Science
Paderborn U	Wirtschaftsingenieurwesen – Elektrotechnik	Master of Science
Paderborn U	Wirtschaftsingenieurwesen – Maschinenbau	Bachelor of Science
Paderborn U	Wirtschaftsingenieurwesen – Maschinenbau	Master of Science
Rostock U	Wirtschaftsingenieurwesen	Bachelor of Science
Rostock U	Wirtschaftsingenieurwesen	Master of Science
Siegen U	Wirtschaftsingenieurwesen	Bachelor of Science
Siegen U	Wirtschaftsingenieurwesen	Master of Science
Stuttgart U	Technologiemanagement	Bachelor of Science
Wuppertal U	Verkehrswirtschaftsingenieurwesen	Bachelor of Science
Wuppertal U	Wirtschaftsingenieurwesen/Automotive	Master of Science
Wuppertal U	Wirtschaftsingenieurwesen/Energiemanagement	Master of Science
Wuppertal U	Wirtschaftsingenieurwesen/Informationstechnik	Master of Science
Wuppertal U	Wirtschaftsingenieurwesen Elektrotechnik	Bachelor of Science
Zittau IHI	Projektmanagement und Engineering	Master of Arts

Wirtschaftsingenieurwesen an Fachhochschulen

Hochschule	Studiengang	Abschluss
Aachen FH	Wirtschaftsingenieurwesen	Bachelor of Science
Aalen FH	Industrial Management	Master of Engineering
Aalen FH	Wirtschaftsingenieurwesen	Bachelor of Engineering
Albstadt-Sigmaringen HS	Wirtschaftsingenieurwesen	Bachelor of Science
Albstadt-Sigmaringen HS	Wirtschaftsingenieurwesen – Produktionsmanagement insbesondere Fahrzeugwirtschaft	Master of Science
Amberg-Weiden FH	Innovation Focused Engineering and Management	Master of Engineering
Amberg-Weiden FH	Interkulturelles Unternehmens- und Technologiemanagement	Master of Arts
Amberg-Weiden FH	Wirtschaftsingenieurwesen	Bachelor of Engineering
Anhalt FH	Wirtschaftsingenieurwesen	Bachelor of Engineering
Ansbach FH	Wirtschaftsingenieurwesen	Bachelor of Engineering
Aschaffenburg FH	Wirtschaftsingenieurwesen	Bachelor of Engineering
Berlin H bbw	Wirtschaftsingenieurwissenschaften – Logistik und Supply Chain Management	Bachelor of Science
Berlin H bbw	Wirtschaftsingenieurwissenschaften – Medientechnik und Medienmanagement	Bachelor of Science

Berlin TH	Wirtschaftsingenieur/in Umwelt und Nachhaltigkeit	Bachelor of Engineering
Berlin TH	Wirtschaftsingenieurwesen	Bachelor of Engineering, Master of Science
Berlin TH	Wirtschaftsingenieurwesen/Bau	Bachelor of Engineering
Berlin TH	Wirtschaftsingenieurwesen/Maschinenbau	Bachelor of Engineering
Berlin TH	Wirtschaftsingenieurwesen/Projekt-management	Master of Arts
Berlin HTW	Wirtschaftsingenieurwesen	Bachelor of Science, Master of Science
Berlin HWR	Bauwirtschaftsingenieurwesen	Bachelor of Engineering
Berlin HWR	Wirtschaftsingenieur/in Umwelt und Nachhaltigkeit	Bachelor of Engineering
Bingen FH	Wirtschaftsingenieurwesen	Bachelor of Science
Bielefeld FH	Wirtschaftsingenieurwesen	Bachelor of Engineering
Bochum H	Wirtschaftsingenieurwesen (Verbundstudiengang)	Bachelor of Science
Bochum H	Wirtschaftsingenieurwesen Bau	Bachelor of Science
Bochum H	Wirtschaftsingenieurwesen Elektrotechnik	Bachelor of Science
Braunschweig/ Wolfenbüttel FH	Wirtschaftsingenieurwesen/ Verkehrsmanagement	Bachelor of Science
Braunschweig/ Wolfenbüttel FH	Wirtschaftsingenieurwesen	Bachelor of Engineering
Bremen H	Wirtschaftsingenieur für Seeverkehr »Nautik«	Diplom (FH)/Befähigungszeugnis Kapitän
Bremen H	Wirtschaftsingenieurwesen	Bachelor of Engineering
Darmstadt H	Wirtschaftsingenieurwesen	Bachelor of Science
Darmstadt H	Wirtschaftsingenieurwesen	Master of Science
Darmstadt PrivFH	Innovations- und Technologiemanagement	Master of Science
Darmstadt PrivFH	Wirtschaftsingenieurwesen – Logistik	Bachelor of Engineering
Darmstadt PrivFH	Wirtschaftsingenieurwesen – Produktion	Bachelor of Engineering
Deggendorf H	Wirtschaftsingenieurwesen	Bachelor of Science
Ostwestfalen-Lippe H	Wirtschaftsingenieurwesen	Bachelor of Engineering
Ostwestfalen-Lippe H	Wirtschaftsingenieurwesen Bau	Bachelor of Engineering
Vechta/Diepholz PrivFHTW	Wirtschaftsingenieurwesen	Bachelor of Engineering
Dresden HTW	Wirtschaftsingenieurwesen	Bachelor of Engineering
Düsseldorf H	Wirtschaftsingenieurwesen	Bachelor of Science
Elmshorn FH (Nordakademie)	Wirtschaftsingenieurwesen	Bachelor of Science
Emden/Leer FH	Technical Management	Master of Engineering
Emden/Leer FH	Wirtschaftsingenieurwesen (IBS)	Bachelor of Engineering
Esslingen H	Internationale Technische Betriebswirtschaft	Bachelor of Science
Esslingen H	Internationales Wirtschaftsingenieurwesen	Bachelor of Engineering
Esslingen H	Wirtschaftsingenieurwesen	Bachelor of Engineering
Frankfurt am Main FH	Wirtschaftsingenieurwesen	Master of Business Administration and Engineering
Frankfurt am Main FH	Industrial Management	Master of Arts

Fulda H	Wirtschaftsingenieurwesen (Elektrotechnik und Informationstechnik)	Bachelor of Engineering
Gelsenkirchen FH	Wirtschaftsingenieurwesen/ Facility Management	Bachelor of Science
Gelsenkirchen FH	Wirtschaftsingenieurwesen: Transport, Verkehr, Logistik	Bachelor of Science
Gießen-Friedberg FH	Wirtschaftsingenieurwesen	Bachelor of Science
Gießen-Friedberg/ Wetzlar FH	Wirtschaftsingenieurwesen	Bachelor of Engineering
Hildesheim/Holzmin-den/Göttingen FH	Wirtschaftsingenieurwesen	Bachelor of Engineering
Hildesheim/Holzmin-den/Göttingen FH	Wirtschaftsingenieurwesen – Infrastruktur	Bachelor of Science
Hamburg FernH	Wirtschaftsingenieurwesen	Bachelor of Engineering
Hamburg H	Logistik/Technische Betriebswirtschaftslehre	Bachelor of Arts
Hamburg H	Marketing/Technische Betriebswirtschafts-lehre	Bachelor of Arts
Hamburg H	Wirtschaftsingenieurwesen	Bachelor of Science
Hamm SRH FH	Wirtschaftsingenieurwesen/Energiewirtschaft	Bachelor of Science
Hamm SRH FH	Wirtschaftsingenieurwesen/ Facility Management	Bachelor of Science
Hamm SRH FH	Wirtschaftsingenieurwesen/Logistik	Bachelor of Science
Hannover FH	Wirtschaftsingenieurwesen (Elektrotechnik)	Bachelor of Engineering
Hannover FH	Wirtschaftsingenieurwesen (Maschinenbau)	Bachelor of Engineering
Harz H, Wernigerode	Applied Automation & Business Administration (Internationales Wirtschaftsingenieurwesen)	Bachelor of Engineering
Harz H, Wernigerode	Wirtschaftsingenieurwesen	Bachelor of Engineering
Heidelberg H	Wirtschaftsingenieurwesen	Bachelor of Engineering
Heilbronn H	Technical Management	Master of Engineering
Heilbronn H	Wirtschaftsingenieurwesen	Bachelor of Engineering
Hof FH	Wirtschaftsingenieurwesen	Bachelor of Engineering
Ingolstadt FH	Wirtschaftsingenieurwesen	Bachelor of Engineering
Jena FH	Wirtschaftsingenieurwesen	Master of Science
Jena FH	Wirtschaftsingenieurwesen (Industrie)	Bachelor of Science
Jena FH	Wirtschaftsingenieurwesen (Informations-technik)	Bachelor of Science
Jena FH	Wirtschaftsingenieurwesen StudiumPlus	Bachelor of Science
Kaiserslautern FH	Wirtschaftsingenieurwesen	Bachelor of Engineering
Karlsruhe H	Wirtschaftsingenieurwesen	Bachelor of Science
Karlsruhe H	Wirtschaftsingenieurwesen	Master of Science
Kempten FH	Wirtschaftsingenieurwesen	Diplom (FH)
Köln FH	Wirtschaftsingenieurwesen	Bachelor of Engineering
Konstanz H	Wirtschaftsingenieurwesen	Master of Engineering
Konstanz H	Wirtschaftsingenieurwesen Bau	Bachelor of Engineering
Konstanz H	Wirtschaftsingenieurwesen Elektro- und Informationstechnik	Bachelor of Engineering
Konstanz H	Wirtschaftsingenieurwesen Maschinenbau	Bachelor of Engineering
Landshut FH	Wirtschaftsingenieurwesen	Bachelor of Engineering
Lausitz H	Wirtschaftsingenieurwesen	Master of Engineering

Leipzig HTWK	Wirtschaftsingenieurwesen (Bauingenieurwesen)	Bachelor of Science
Leipzig HTWK	Wirtschaftsingenieurwesen (Elektrotechnik)	Bachelor of Engineering
Leipzig HTWK	Wirtschaftsingenieurwesen (Maschinenbau und Energietechnik)	Bachelor of Science
Lübeck FH	Wirtschaftsingenieurwesen	Bachelor of Engineering
Lübeck FH	Wirtschaftsingenieurwesen	Bachelor of Science
Magdeburg-Stendal H	Wirtschaftsingenieurwesen	Bachelor of Engineering
Mannheim H	Wirtschaftsingenieurwesen	Bachelor of Science/ Master of Science
Mannheim H	Wirtschaftsingenieurwesen	Master of Science
Merseburg FH	Wirtschaftsingenieurwesen	Bachelor of Engineering
Mittweida H	Wirtschaftsingenieurwesen	Diplom (FH)
München FH	Wirtschaftsingenieurwesen	Bachelor of Engineering
München FH	Wirtschaftsingenieurwesen	Master of Engineering
Münster FH	Wirtschaftsingenieurwesen (Verbundstudiengang)	Bachelor of Science
Münster FH	Wirtschaftsingenieurwesen – Chemietechnik	Bachelor of Science
Münster FH	Wirtschaftsingenieurwesen – Chemietechnik	Master of Science
Münster FH	Wirtschaftsingenieurwesen – Elektrotechnik	Bachelor of Science
Münster FH	Wirtschaftsingenieurwesen – Energie-, Gebäude- und Umwelttechnik	Bachelor of Science
Münster FH	Wirtschaftsingenieurwesen – Maschinenbau	Bachelor of Science
Münster FH	Wirtschaftsingenieurwesen – Maschinenbau	Master of Science
Münster FH	Wirtschaftsingenieurwesen – Physikalische Technologien	Bachelor of Science
Münster FH	Wirtschaftsingenieurwesen – Physikalische Technologien	Master of Science
Neu-Ulm FH	Wirtschaftsingenieurwesen	Bachelor of Engineering
Neu-Ulm FH	Wirtschaftsingenieurwesen – Logistik	Bachelor of Engineering
Neuss FH	Industriemanagement	Bachelor of Arts
Neuss H	International Industry and Trade Management	Bachelor of Science
Niederrhein H	Wirtschaftsingenieurwesen	Bachelor of Science
Niederrhein H	Wirtschaftsingenieurwesen – Human Engineering	Master of Science
Niederrhein H	Wirtschaftsingenieurwesen – Produktion und Logistik	Master of Engineering
Niederrhein H	Wirtschaftsingenieurwesen – Technisches Produktmanagement	Master of Science
Nordhausen FH	Wirtschaftsingenieurwesen	Master of Engineering
Offenburg H	Wirtschaftsingenieurwesen	Bachelor of Engineering
Offenburg H	Wirtschaftsingenieurwesen	Master of Engineering
Oldenb/Ostfriesl/ Wilhelmsh FH	Wirtschaftsingenieurwesen/Bauwirtschaft	Bachelor of Engineering
Oldenb/Ostfriesl/ Wilhelmsh FH	Wirtschaftsingenieurwesen/Geoinformation	Bachelor of Engineering
Oldenb/Ostfriesl/ Wilhelmsh FH	Wirtschaftsingenieurwesen	Bachelor of Engineering

Oldenb/Ostfriesl/ Wilhelmsh FH	Wirtschaftsingenieurwesen	Master of Engineering
Oldenb/Ostfriesl/ Wilhelmsh FH	Wirtschaftsingenieurwesen – Telekommunikation	Bachelor of Engineering
Osnabrück FH	Wirtschaftsingenieurwesen	Bachelor of Science
Osnabrück FH	Wirtschaftsingenieurwesen Lebensmittelproduktion	Bachelor of Engineering
Pforzheim H	Wirtschaftsingenieurwesen/General Management	Bachelor of Science
Pforzheim H	Wirtschaftsingenieurwesen/Global Process Management	Bachelor of Science
Pforzheim H	Wirtschaftsingenieurwesen/International Management	Bachelor of Science
Reutlingen HTW	Produktionsmanagement (Wirtschaftsingenieurwesen)	Master of Science
Rosenheim FH	Wirtschaftsingenieurwesen	Bachelor of Engineering
Rosenheim FH	Wirtschaftsingenieurwesen	Master of Engineering
RheinMain H, Rüsselsheim	Internationales Wirtschaftsingenieurwesen	Bachelor of Engineering
RheinMain H, Rüsselsheim	Kooperatives Internationales Wirtschaftsingenieurwesen (KIWI)	Bachelor of Engineering
Saarbrücken HTW	Wirtschaftsingenieurwesen	Bachelor of Science
Saarbrücken HTW	Wirtschaftsingenieurwesen	Master of Science
Schmalkalden FH	Wirtschaftsingenieurwesen	Bachelor of Engineering
Stralsund FH	Frauenstudiengang Wirtschaftsingenieurwesen	Bachelor of Engineering
Stralsund FH	Wirtschaftsingenieurwesen	Bachelor of Engineering
Südwestfalen FH	Wirtschaftsingenieurwesen (Verbundstudiengang)	Bachelor of Science
Südwestfalen FH	Wirtschaftsingenieurwesen	Bachelor of Science
Südwestfalen FH	International Management with Engineering	Bachelor of Arts
Südwestfalen FH	Wirtschaftsingenieurwesen – Elektrotechnik	Bachelor of Engineering
Südwestfalen FH	Wirtschaftsingenieurwesen – Maschinenbau	Bachelor of Engineering
Trier FH	Wirtschaftsingenieurwesen	Bachelor of Engineering
Trier FH	Wirtschaftsingenieurwesen/Umweltplanung	Bachelor of Science
Ulm H	Wirtschaftsingenieurwesen	Bachelor of Engineering
Ulm H	Wirtschaftsingenieurwesen – Logistik	Bachelor of Engineering
Vechta/Diepholz FHWT	Wirtschaftsingenieurwesen (ausbildungsintegriert)	Diplom (FH)
Wedel FH	Wirtschaftsingenieurwesen	Bachelor of Science
Wedel FH	Wirtschaftsingenieurwesen	Master of Science
Westküste FH	Management und Technik	Bachelor of Science
Wildau TFH	Wirtschaftsingenieurwesen	Bachelor of Engineering
Wildau TFH	Wirtschaftsingenieurwesen	Diplom (FH)
Würzburg/Schweinfurt FH	Wirtschaftsingenieurwesen	Diplom (FH)
Zittau/Görlitz H	Wirtschaftsingenieurwesen	Diplom (FH)
Zwickau H	Wirtschaftsingenieurwesen	Diplom (FH)

Zum Weiterlesen: Helmut Baumgarten, Burkhard Schmager, *Wirtschaftsingenieurwesen in Ausbildung und Praxis. Berufsbild-Untersuchung,* 2007, hrsg. vom Verband Deutscher Wirtschaftsingenieure e. V. (VWI), zu beziehen bei: VWI-Geschäftsstelle, Hardenbergstr. 4–5, 10623 Berlin, Tel. 030 / 3150-5777, Fax 030 / 31505-888, E-Mail: *info@vwi.org, www.vwi.org.*

Auf der Homepage des Verbandes sind ebenfalls viele nützliche Informationen rund um das Studium zu finden und eine Kurzversion der o. g. Untersuchung.

Wirtschaftswissenschaften

Wirtschaftswissenschaften sind die mit Abstand größte Fächergruppe in Deutschland. Über 50.000 Personen beginnen jährlich mit dem Studium. Die Gruppe umfasst die Fächer Volkswirtschaftslehre (VWL), Betriebswirtschaftslehre (BWL), Wirtschaftswissenschaft und kombinierte Studiengänge wie Wirtschaftspädagogik, Wirtschaftsinformatik oder Wirtschaftsmathematik. Wegen ihrer besonderen Bedeutung für die Studien- und Berufswahl erfolgt eine ausführliche Beschreibung dieser Fächergruppe.

Wirtschaftswissenschaften beschäftigen sich mit der Darstellung, Erklärung und Analyse wirtschaftlichen Handelns und mit den Instrumenten zu deren Gestaltung. Diese weit gefasste Definition macht bereits deutlich, dass es sich bei den Wirtschaftswissenschaften nicht um einen einheitlichen Studienbereich, sondern um mehrere fachlich benachbarte, aber selbstständige Studiengänge mit jeweils unterschiedlichen Sichtweisen und Schwerpunkten handelt.

An den wissenschaftlichen Hochschulen (Universitäten und Technische Universitäten/Hochschulen) wird der Studiengang Betriebswirtschaftslehre (BWL), der sich vor allem mit den Unternehmen befasst, der Studiengang Volkswirtschaftslehre (VWL), in dem es mehr um gesamtwirtschaftliche Zusammenhänge geht, und der Studiengang Wirtschaftswissenschaft (bestehend aus BWL- und VWL-Anteilen) angeboten. Das Angebot der Fachhochschulen beschränkt sich auf Betriebswirtschaft (nur drei Studienangebote Volkswirtschaftlehre); es kann zwischen generalistischen Studiengängen Betriebswirtschaft und Studiengängen, die ab dem ersten Semester auf eine Branche oder auf eine internationale Orientierung hin ausbilden, gewählt werden, wie etwa die Studiengänge Controlling und Rechnungswesen, Logistik, Marketing, Personalwirtschaft, Tourismusmanagement, aber auch deutsch-französische Betriebswirtschaft, deutsch-spanische Betriebswirtschaft, European Business o. Ä.

Das Studium an Universitäten/wissenschaftlichen Hochschulen und an Fachhochschulen unterscheidet sich durch die unterschiedlichen Zulassungsvoraussetzungen

zungen (Abitur, Fachhochschulreife) und hat an Fachhochschulen mehr praxisbezogene Anteile sowie eine stärkere Ausrichtung auf konkrete Berufstätigkeiten. Das Studium an wissenschaftlichen Hochschulen ist mehr theoretisch-methodisch-forschungsorientiert angelegt und bietet nach dem Studienabschluss die Möglichkeit der Promotion (Dr. rer. pol. oder Dr. rer. oec.). Eine Promotion für Fachhochschulabsolventen ist nur nach einem Masterabschluss und dem anschließenden Wechsel an eine Universität möglich.

Neben den o.g. »klassischen« wirtschaftswissenschaftlichen Fächern gibt es Studiengänge, die Wirtschaftswissenschaften mit anderen Fächern kombinieren, wie etwa Wirtschaftspädagogik, Wirtschaftsingenieurwesen, Wirtschaftsmathematik und Wirtschaftsinformatik. Das Studium der Statistik ist mathematisch ausgerichtet, ist aber eine wichtige Hilfswissenschaft für die wirtschaftswissenschaftlichen Fächer und kann an mehreren Universitäten als Studienschwerpunkt in Wirtschaftswissenschaften gewählt werden.

Wer ein wirtschaftswissenschaftliches Fach studieren möchte, steht nicht nur vor der Entscheidung zwischen BWL, VWL und Ökonomie und (möglicherweise) im Falle der BWL vor der Entscheidung Universität oder Fachhochschule. Auch die Wahl des richtigen Studienortes ist ein wesentliches Kriterium, denn es gibt beim gleichen Fach von Hochschule zu Hochschule sehr unterschiedliche Schwerpunkte, Ausrichtungen und Wahlmöglichkeiten bei den Neben- und Ergänzungsfächern. Deshalb sollte Wert auf eine ausführliche Studienberatung und auf die Lektüre des jeweiligen Modulhandbuchs gelegt werden.

Das Fach Betriebswirtschaftslehre an wissenschaftlichen Hochschulen beschäftigt sich mit allen wirtschaftlichen Fragen von Betrieben und Unternehmen. Übergreifend über einzelne Wirtschaftszweige und Wirtschaftsformen geht es dabei vor allem um Fragen und Probleme der Beschaffung, der Produktion, des Absatzes, der Finanzierung und der Organisation und damit um die übergreifende Frage der Wirtschaftlichkeit. Die hierfür zu erarbeitenden Lösungskonzepte münden in diesbezüglichen Vorschlägen zu Handlungsalternativen der Unternehmensleitungen. Deshalb wird an einigen Universitäten Unternehmensführung als Schwerpunkt im Studium angeboten.

Das Fach Volkswirtschaftslehre an wissenschaftlichen Hochschulen befasst sich stärker mit den allgemeinen Entwicklungen und Gesetzmäßigkeiten innerhalb einer Volkswirtschaft und zwischen Volkswirtschaften verschiedener Länder. Sie untersucht die Funktionen und Beziehungen zwischen den Unternehmen, den privaten Haushalten und dem Staat. Neben der theoretischen Durchdringung der maßgeblichen ökonomischen Sachverhalte und Zusammenhänge geht es dabei um die Erarbeitung von Konzepten für eine zielgerichtete Wirtschaftspolitik. Von daher arbeitet die Volkswirtschaftslehre stark mit theoretischen Modellen und Szenarien.

Der Studiengang Wirtschaftswissenschaft an wissenschaftlichen Hochschulen geht von der Überlegung aus, dass die Aufteilung der Studiengänge in BWL und VWL den Anforderungen des Arbeitsmarktes nicht gerecht wird, zumal es keine klar abgegrenzten Tätigkeiten für Hochschulabsolventen der BWL und VWL gibt. Außerdem steht eine frühzeitige Spezialisierung dem Trend entgegen, dass für Entscheidungen betriebliche Kenntnisse und die Fähigkeit, diese in einen gesamtwirtschaftlichen Zusammenhang einordnen zu können, benötigt werden.

Die Studiengänge BWL, VWL und Wirtschaftswirtschaft sind in der ersten Phase des Bachelorstudiums ähnlich aufgebaut: Die ersten drei oder vier Semester sollen grundlegende inhaltliche und methodische Kenntnisse und Fertigkeiten vermitteln, die Studierenden in die wirtschaftswissenschaftlichen Denkweisen einführen, die notwendigen instrumentellen Kenntnisse vermitteln und sie zu problemorientierter und kooperativer Arbeit befähigen. Kernfächer sind normalerweise Volkswirtschaftslehre und Betriebswirtschaftslehre, Betriebliches Rechnungswesen (Kostenrechnung und Bilanzen), Mathematik, Statistik, Rechtswissenschaft, EDV für Wirtschaftswissenschaftler und mancherorts auch gesellschaftswissenschaftliche Lehrveranstaltungen. Hinzu kommen Wahlpflichtmodule, die je nach Hochschule unterschiedlich sind, z. B. Fremdsprachen, Soziologie, Psychologie. Nach drei oder vier Semestern wird das Basis- oder Grundstudium abgeschlossen. Die Lehrveranstaltungen bestehen im Wesentlichen aus Vorlesungen und Übungen, die mit schriftlichen Prüfungen (Klausuren) abgeschlossen werden. In den letzten zwei oder drei Semestern des Bachelorstudiengangs erfolgt eine kleine Schwerpunktbildung. Abgeschlossen wird ein Bachelorstudiengang an Universitäten nach drei Jahren Studienzeit (sechs Semestern) mit dem Bachelor of Arts (B.A.) oder Bachelor of Science (B.Sc.). Die eigentliche Vertiefung und Spezialisierung ist dem anschließenden zweijährigen Masterstudium vorbehalten.

An den meisten Universitäten wird kein Praktikum vor Studienbeginn vorausgesetzt. Nur wenige Universitäten sehen dies bei BWL vor (Dauer: ca. ein bis drei Monate).

Die Ausrichtung des Faches Betriebswirtschaft an Fachhochschulen ist vergleichbar mit dem Universitätsstudium Betriebswirtschaftslehre. Analysiert werden die Bedingungen, unter denen Betriebe der Gütererzeugung, des Handels, der Kreditwirtschaft, des Verkehrs, der öffentlichen Hand und der Versicherungswirtschaft effektiv wirtschaften und planen. Auch hier stehen Fragen wie etwa Beschaffung von Rohstoffen und Betriebsmitteln, Produktion, Verkauf, Arbeit, Organisation und Unternehmensführung im Vordergrund der Ausbildung. Die Studierenden sollen sich das betriebswirtschaftliche Wissen für die spätere berufliche Praxis aneignen, betriebliche Lösungsansätze exemplarisch erarbeiten und auch das methodische Instrumentarium erlernen.

Die ersten zwei oder drei Semester sind ähnlich angelegt wie an der Universität und umfassen üblicherweise die Fächer Allgemeine Betriebswirtschaftslehre, Spezielle Betriebswirtschaftlehre, Volkswirtschaftslehre, Rechnungswesen, Steuerlehre, Marketing, Mathematik, Statistik, EDV, Recht und Wirtschaftsfremdsprachen. Zusätzlich werden Wahlpflichtmodule entsprechend des gewählten Studienschwerpunktes belegt, überwiegend in Vorlesungen und Übungen. In den letzten zwei oder drei Semestern des Bachelors erfolgt eine kleine Schwerpunktsetzung. Die eigentliche Vertiefung und Spezialisierung ist in den Masterstudiengängen vorgesehen.

Die meisten Fachhochschulen erwarten ein Vorpraktikum mit einer Dauer zwischen sechs Wochen und zwölf Monaten, das sich bei einer vorher einschlägigen Berufsausbildung erübrigt. In das Studium ist häufig ein Praxissemester integriert.

Die FH-Bachelorstudiengänge sind überwiegend auf sieben Semester angelegt; es gibt aber auch Studienangebote mit sechs oder acht Semestern Studienzeit. Ein Masterstudium an Fachhochschulen dauert weitere drei (häufiger) oder vier Semester. Verliehen werden entweder der Bachelor und Master of Arts (B.A. und M.A.) oder der Bachelor und Master of Science (B.A. und M.A.).

Was Berufstätigkeiten und Berufsperspektiven anbelangt, sind Wirtschaftswissenschaftler überall dort zu finden, wo es um wirtschaftliche Fragen, Geld und Organisation geht. Während die Betriebswirte überwiegend als Angestellte in der Industrie und in Dienstleistungsunternehmen arbeiten, sind Volkswirte stärker im öffentlichen Dienst, bei Banken und Versicherungen zu finden. Die Berufsperspektiven werden auch für die Zukunft als durchaus passabel eingeschätzt, aber mit erheblichen Einschränkungen. Der Run auf die wirtschaftswissenschaftlichen Fächer hat auch in den nächsten Jahren hohe Absolventenzahlen zur Folge. Die Arbeitgeber suchen passgenaue Bewerber mit den richtigen Fächerschwerpunkten. Ebenso wichtig sind eine breite methodische Ausbildung, fundierte EDV- und Fremdsprachenkenntnisse, möglichst verbunden mit einem Auslandsaufenthalt, praktische Erfahrungen etwa durch eine vorherige Berufsausbildung und vor allem keine einseitige Theorielastigkeit. Eine Zusatzqualifikation kann – meist aber erst nach einigen Jahren Berufstätigkeit – auch der Master of Business Administration (MBA) sein.

Die Wirtschaftswissenschaften bieten wie kaum eine andere Fächergruppe vielfältige Möglichkeiten der Selbstständigkeit und der Existenzgründung. Studiengänge wie BWL und Wirtschaftswissenschaft vermitteln das notwendige Rüstzeug bereits im Studium. Allerdings werden für einen erfolgreichen Start in die berufliche Selbstständigkeit auch ein tragfähiges Unternehmenskonzept und eine solide Finanzierung benötigt. Gute bis sehr gute Möglichkeiten bieten Berufstätigkeiten als Steuerberater, Wirtschaftsprüfer (jeweils nach mehrjähriger Berufserfahrung und einer Zusatzprüfung) sowie Unternehmensberater.

Internationale Studiengänge

Im Zeitalter der Globalisierung gehört die internationale Kompetenz auf dem Arbeitsmarkt zu den wichtigsten Qualifikationen. Gute Fremdsprachenkenntnisse, Denken in globalen Strukturen sowie Sensibilität für andere gesellschaftliche, politische, soziale und kulturelle Systeme gehören immer mehr zum Anforderungsprofil in Stellenausschreibungen. Auslandsaufenthalte während des Studiums sind für viele Arbeitgeber ein Zeichen von Flexibilität, Mobilität und für internationale Orientierung.

Aus diesem Grund bieten die Hochschulen im Rahmen von Kooperationen eigenständige europäische oder international ausgerichtete Studiengänge an, bei denen neben entsprechenden Lehrangeboten ein Studienaufenthalt von zwei oder mehr Semestern an Partnerhochschulen im Ausland Bestandteil der Ausbildung ist. Die Studieninhalte sind zwischen den Hochschulpartnern abgestimmt. Studien- und Prüfungsleistungen werden auf das hiesige Studium angerechnet. Studiengebühren fallen in der Regel nicht an. Gute Kenntnisse in der jeweiligen Landessprache werden ebenso vorausgesetzt wie die Bereitschaft zu einem arbeitsintensiven Studium. Besonders attraktiv ist die Möglichkeit eines doppelten Studienabschlusses (deutscher Abschluss und ausländisches Examen) oder von Praktika bei ausländischen Unternehmen, die in das Studium integriert sind. Aber nicht alle diese Studiengänge bieten solche Möglichkeiten.

Die meisten internationalen Studiengänge gibt es im Bereich der Wirtschaftswissenschaften und hier vor allem an den Fachhochschulen. Auch haben viele Hochschulen, ohne einen eigenen internationalen Studiengang einzurichten, Austauschprogramme mit europäischen und (teilweise) mit außereuropäischen Hochschulpartnern, haben Schwerpunkte wie europäische Wirtschaft oder internationale Wirtschaftsbeziehungen verstärkt in das Studienangebot aufgenommen und sogenannte fachspezifische Fremdsprachenkurse eingerichtet.

Eine besondere Qualifikation für den internationalen Arbeitsmarkt ist der *Master of Business Administration*, abgekürzt *MBA*. Dabei handelt es sich nicht um ein grundständiges Studium, sondern um ein Aufbaustudium, für das mehrere Jahre Berufstätigkeit Voraussetzung sind.

Darüber hinaus bieten Hochschulen Studiengänge an, die entweder von den Studieninhalten internationaler ausgerichtet sind als herkömmliche Studienangebote oder deren Unterrichtssprache Englisch ist. Diese Studienangebote geben die Möglichkeit, die Studienschwerpunkte internationaler zu fixieren, ohne hierfür im Ausland studiert zu haben, und hervorragende Fremdsprachenkenntnisse für den internationalen Arbeitsmarkt zu erwerben.

Wichtig: Diese Studiengänge haben nur eine begrenzte Anzahl von Studienplätzen und sind sehr begehrt. Interessenten müssen in der Regel ein Auswahlverfahren an der Hochschule erfolgreich bestehen. Wird man in den Studiengang aufgenommen, ist die Teilnahme an Auslandssemestern, Auslandspraktika u. Ä. Bestandteil des Studienplans und man muss sich nicht noch einmal extra hierfür bewerben.

Im Folgenden werden exemplarisch internationale Studiengänge aus allen Studienbereichen vorgestellt:

Agrarwissenschaften

Hochschule	Studiengang	Bemerkungen
Eberswalde (FH)	International Forest Ecosystem Management	internationaler Bachelorstudiengang mit Partnerhochschulen in Estland, Kanada, Lettland, Litauen, Russland, Skandinavien u. a.

Geistes- und Gesellschaftswissenschaften

Hochschule	Studiengang	Bemerkungen
Freie Universität Berlin	Politikwissenschaft	deutsch-französischer Studiengang mit Doppelabschluss
Ruhr-Universität Bochum	Geschichte	deutsch-französischer Studiengang mit Doppelabschluss Bachelor/ Licence
Johannes Gutenberg-Universität Mainz	Geistes- und Kulturwissenschaften	deutsch-französisches Studienprogramm mit Doppelabschluss
Westfälische Wilhelms-Universität Münster	Internationale und Europäische Governance	gemeinsames Bachelor-Master-Programm mit Lille/Frankreich
Friedrich-Alexander-Universität Erlangen-Nürnberg	Sozialwissenschaft	internationaler Studiengang mit Doppelabschluss und Partnerhochschulen in Frankreich und Spanien
Eberhard-Karls-Universität Tübingen	Interkulturelle Deutsch-Französische Studien	deutsch-französischer Studiengang Abschluss Master of Arts

Informatik

Hochschule	Studiengang	Bemerkungen
Fachhochschule für Technik und Wirtschaft Berlin	Internationale Wirtschaftsinformatik	internationaler Studiengang mit Doppelabschluss und Partnerhochschulen in Frankreich
Technische Universität Berlin	Informatik	internationaler Studiengang mit Doppelabschluss und Partnerhochschulen in China und Frankreich
Hochschule Bremen	Europäisches Studium Technische Informatik (Angewandte Informatik, Automatisierungstechnik)	europäischer Studiengang mit Doppelabschluss und Partnerhochschulen in Großbritannien
Fachhochschule Frankfurt	Business Information Systems/Wirtschaftsinformatik	internationaler und transnationaler Studiengang
Hochschule Furtwangen	Allgemeine Informatik	internationaler Studiengang mit Doppelabschluss und Partnerhochschulen in Frankreich
Hochschule Furtwangen	Wirtschaftsinformatik	internationaler Studiengang mit Doppelabschluss und Partnerhochschulen in Frankreich
Universität Karlsruhe (TH)	Informatik	internationaler Studiengang mit Doppelabschluss und Partnerhochschulen in Frankreich

Ingenieurwissenschaften

Hochschule	Studiengang	Bemerkungen
Fachhochschule Aachen	Maschinenbau deutsch-französischer Studiengang	Doppelabschluss und Partnerhochschulen in Frankreich
Hochschule Bochum	Mechatronik International UK	deutsch-britischer Studiengang mit Doppelabschluss
Hochschule Bochum	Mechatronik International USA	binationaler Studiengang mit Partnerhochschulen in den USA
Technische Universität Carolo-Wilhelmina zu Braunschweig	Bauingenieurwesen	»Dual Degree Program« möglich mit Partnerhochschulen in den USA
Technische Universität Carolo-Wilhelmina zu Braunschweig	Elektrotechnik	»Dual Degree Program« möglich mit Partnerhochschulen in den USA
Hochschule Bremen	Luftfahrtsystemtechnik und -management	internationaler dualer Studiengang mit Partnerhochschulen in den USA
Hochschule Bremen	Microsystems Engineering (ISMS)	internationaler Studiengang mit Partnerhochschulen in Großbritannien
Hochschule Bremerhaven	Process Engineering and Energy Technology	internationaler Studiengang mit Partnerhochschulen in mehr als zehn Ländern

Brandenburgische Technische Universität Cottbus	Umwelt- und Ressourcenmanagement	englischsprachiger internationaler Studiengang mit Partnerhochschulen in Mexiko, Venezuela, Brasilien, Argentinien, Tschechien, Polen, Ungarn, Bulgarien, Türkei, Ukraine, Russland
Technische Universität Darmstadt	Elektrotechnik und Informationstechnik	deutsch-französisches Doppelabschluss möglich
Technische Universität Darmstadt	Maschinenbau	deutsch-französischer Studiengang mit Doppelabschluss
Hochschule Esslingen	Fahrzeugtechnik/Karosserie und Mechatronik	internationaler Studiengang mit Doppelabschluss und Partnerhochschulen in Großbritannien
Hochschule Esslingen	Maschinenbau/Entwicklung und Konstruktion	deutsch-französischer Studiengang mit Doppelabschluss
Hochschule Esslingen	Maschinenbau/Produktion und Organisation	deutsch-französischer Studiengang mit Doppelabschluss
Fachhochschule Gießen-Friedberg	Medizintechnik – Clinical Engineering	internationaler Studiengang mit Doppelabschluss und Partnerhochschulen in Frankreich, Nordirland, Südafrika
Hochschule für Angewandte Wissenschaften Hamburg	Information Engineering	internationaler Studiengang
Technische Universität Hamburg-Harburg	General Engineering Science	internationaler Studiengang
Fachhochschule Aachen	Chemieingenieurwesen (International Studies of Technology)	internationaler Studiengang mit Doppelabschluss und Partnerhochschulen in Australien, Südostasien, Pazifikregion
Fachhochschule Aachen	Elektrotechnik (International Studies of Technology)	internationaler Studiengang mit Doppelabschluss und Partnerhochschulen in Australien, Südostasien, Pazifikregion
Fachhochschule Aachen	Maschinenbau (International Studies of Technology)	internationaler Studiengang mit Doppelabschluss und Partnerhochschulen in Australien, Südostasien, Pazifikregion
Technische Universität Kaiserslautern	Energietechnik/Kraftmaschinen – Ingénieur franco-allemand Enérgetique et propulsion	deutsch-französischer Studiengang
Technische Universität Kaiserslautern	Wirtschaftsingenieurwesen (Chemie)	internationaler Studiengang mit Doppelabschluss und Partnerhochschulen in Frankreich und den USA
Technische Universität Kaiserslautern	Wirtschaftsingenieurwesen (Informatik)	internationaler Studiengang mit Doppelabschluss und Partnerhochschulen in Frankreich und den USA
Universität Karlsruhe (TH)	Elektrotechnik und Informationstechnik	internationaler Studiengang mit Doppelabschluss bzw. dreisprachigem Zertifikat, Partnerhochschulen in Frankreich, Großbritannien, Polen, Spanien

Hochschule Niederrhein	Chemieingenieurwesen	auch kooperative Ingenieurausbildung; europäisches Studienangebot Lackingenieurwesen mit Partnerhochschulen in den Niederlanden
Hochschule Niederrhein	Mechatronik	europäischer Studiengang mit Partnerhochschulen in den Niederlanden
Hochschule Mannheim	Nachrichtentechnik/ Elektronik	internationaler Studiengang mit Doppelabschluss und Partnerhochschulen in Frankreich
Fachhochschule Münster	Elektrotechnik – European Engineering Programme (EEP)	deutsch-britischer/ deutsch-französischer Studiengang
Hochschule Offenburg	Verfahrens- und Umwelttechnik	deutsch-französischer Studiengang mit Doppelabschluss
Fachhochschule Osnabrück	Aircraft and Flight Engineering (AFE)	internationaler Studiengang mit Doppelabschluss; auch parallele Ausbildung zum CPL/IFR- bzw. ATPL-Piloten möglich; Zusammenarbeit mit Partnerhochschulen in Großbritannien
Fachhochschule Osnabrück	Europäisches Elektrotechnik-/Informatik-Studium (EES/EIS)	europäische Studiengänge, auch Doppelabschluss möglich, mit Partnerhochschulen im europäischen Ausland
Fachhochschule Osnabrück	European Mechanical Engineering Studies (EMS)	europäischer Studiengang mit Doppelabschluss und Partnerhochschulen in Großbritannien, Frankreich, den Niederlanden und Spanien
Hochschule für Technik und Wirtschaft des Saarlandes, Saarbrücken	Elektrotechnik/ Génie électrique	deutsch-französischer Studiengang mit Doppelabschluss
Hochschule der Medien Stuttgart	Drucktechnik	deutsch-chinesischer Studiengang
Universität Stuttgart	Luft- und Raumfahrttechnik	Auslandsstudium mit Doppelabschluss und Partnerhochschulen in Frankreich
Fachhochschule Trier	Bauingenieurwesen	deutsch-britischer Studiengang mit Doppelabschluss
Hochschule Ulm	Industrieelektronik	internationaler Studiengang mit Doppelabschluss und Partnerhochschulen in Frankreich und Großbritannien
Hochschule Ulm	Maschinenbau	internationaler Studiengang mit Doppelabschluss und Partnerhochschulen in Frankreich und Großbritannien

Naturwissenschaften

Hochschule	Studiengang	Bemerkungen
Hochschule Bremen	Bionik	internationaler Studiengang
Universität Leipzig	Physik	englischsprachiges International Physics Studies Program
Universität des Saarlandes, Saarbrücken	Chemie	internationaler Studiengang mit Doppelabschluss und Partnerhochschulen in Frankreich
Universität des Saarlandes, Saarbrücken	Mathematik	internationaler Studiengang mit Mehrfachabschlüssen und Partnerhochschulen in Belgien, Frankreich, Luxemburg
Universität des Saarlandes, Saarbrücken	Physik	internationaler Studiengang mit Mehrfachabschlüssen und Partnerhochschulen in Frankreich und Luxemburg
Universität Stuttgart	Chemie	internationaler Studiengang mit Doppelabschluss und Partnerhochschulen in Frankreich
Eberhard-Karls-Universität Tübingen	Physik	internationaler Studiengang mit Doppelabschluss und Partnerhochschulen in Italien

Rechtswissenschaft

Hochschule	Studiengang	Bemerkungen
Humboldt-Universität zu Berlin	Rechtswissenschaft	deutsch-französisches Studienprogramm mit Doppelabschluss
Universität Bremen	Comparative and European Law (Hanse Law School)	gemeinsamer Studiengang der Uni Bremen und Uni Oldenburg; internationaler Studiengang mit Partnerhochschulen in den Niederlanden
Friedrich-Alexander-Universität Erlangen-Nürnberg	Rechtswissenschaft	internationaler Studiengang mit Doppelabschluss und Partnerhochschulen in Frankreich und Großbritannien
Europa-Universität Viadrina Frankfurt (Oder)	German and Polish Law	kombinierte Ausbildung in deutschem und polnischem Recht; deutsche und polnische Sprachkenntnisse erforderlich, mit Partnerhochschulen in Polen
Bucerius Law School Hochschule für Rechtswissenschaft	Rechtswissenschaft	internationaler Studiengang mit Partnerhochschulen in Frankreich, Großbritannien und den USA
Universität zu Köln	Rechtswissenschaft, deutsch-britisch	Studiengang mit Doppelabschluss Bachelor of Laws (LL.B.)/ Baccalaureus Legum mit Partnerhochschulen in Großbritannien
Universität zu Köln	Rechtswissenschaft, deutsch-französisch	mit Partnerhochschulen in Frankreich
Johannes Gutenberg-Universität Mainz	Rechtswissenschaft	deutsch-französisches Studienprogramm mit Doppelabschluss

Wirtschaftswissenschaften

Hochschule	Studiengang	Bemerkungen
Fachhochschule Aachen	Europäischer Studiengang Wirtschaft	Doppelabschluss mit Partnerhochschulen in Belgien, Frankreich, Großbritannien, Irland, Italien, den Niederlanden, Schweden, Spanien
Universität Augsburg	Deutsch-Französisches Management	deutsch-französischer Studiengang mit Doppelabschluss
Fachhochschule für Wirtschaft Berlin	International Business	internationaler Studiengang mit Doppelabschluss und Partnerhochschulen in Großbritannien
Hochschule Bochum	Betriebswirtschaft – Business in Europe	deutsch-britischer Wirtschaftsstudiengang mit Doppelabschluss und Partnerhochschulen in Großbritannien
International School of Management – ISM Dortmund	Internationale Betriebswirtschaft	internationaler Studiengang mit Partnerhochschulen in Großbritannien, Frankreich, Irland, den USA, Spanien, Argentinien, Kanada
Hochschule für Technik und Wirtschaft Dresden (FH)	International Business Studies	internationaler Studiengang; auch Doppelabschluss möglich; mit Partnerhochschulen in England, Finnland, Frankreich, Irland, den Niederlanden, Polen, Russland, Schottland, Spanien
Technische Universität Dresden	Betriebswirtschaftslehre	deutsch-französischer, deutsch-italienischer, deutsch-spanischer Studiengang mit Doppelabschluss
Universität Karlsruhe	Wirtschaftsingenieurwesen	internationaler Studiengang mit Doppelabschluss und Partnerhochschulen in Frankreich
Universität Mannheim	Betriebswirtschaftslehre	internationaler Studiengang mit Doppelabschluss und Partnerhochschulen in Frankreich
Fachhochschule Münster	Betriebswirtschaft	deutsch-lateinamerikanischer Studiengang mit Doppelabschluss und Partnerhochschulen in Brasilien, Chile, Kolumbien, Mexiko
Fachhochschule Münster	European Business Programme (EBP)	deutsch-britischer, deutsch-französischer, deutsch-niederländischer, deutsch-spanischer Studiengang mit Doppelabschluss
Friedrich-Alexander-Universität Erlangen-Nürnberg	Internationale Betriebswirtschaftslehre	internationaler Studiengang; auch Doppelabschluss möglich
Friedrich-Alexander-Universität Erlangen-Nürnberg	Internationale Volkswirtschaftslehre	internationaler Studiengang; auch Doppelabschluss möglich, mit Partnerhochschulen in Europa und Übersee
Hochschule Reutlingen	Europäisches Studienprogramm für Betriebswirtschaft (ESB)	deutsch-amerikanischer, deutsch-englischer, deutsch-französischer, deutsch-irischer, deutsch-italienischer, deutsch-spanischer Studiengang mit Abschlussgrad einer Partnerhochschule

Hochschule Reutlingen	International Business	internationaler Studiengang; Doppelabschluss mit MBA einer Partnerhochschule; Partnerhochschulen in Australien, Großbritannien und den USA
Eberhard-Karls-Universität Tübingen	Internationale Betriebswirtschaftslehre	internationaler Studiengang mit Partnerhochschulen in Europa, Kanada, Lateinamerika u. a.
WHU – Otto Beisheim School of Management	Betriebswirtschaftslehre/ Unternehmensführung	im Bachelor-Studienprogramm: Austauschprogramme mit einer Vielzahl europäischer und internationaler Hochschulen; im Master-Studienprogramm: Möglichkeit zum Doppelabschluss (M.Sc. und MBA)
Hochschule Harz (FH)	International Business Studies	internationaler Studiengang mit zusätzlichem Abschluss der Partnerhochschule (in Dänemark, Finnland, Frankreich, Großbritannien und den USA)
Hochschule Harz (FH)	International Tourism Studies	internationaler Studiengang mit zusätzlichem Abschluss der Partnerhochschule (in Dänemark, Finnland, Frankreich, Großbritannien und den USA)
Fachhochschule Worms	Internationale Betriebswirtschaftslehre und Außenwirtschaft	internationaler Studiengang mit Partnerhochschulen in Europa, Chile und den USA

Die Finanzen müssen stimmen: Studienfinanzierung

In diesem Kapitel werden folgende Fragen beantwortet:

1. Wie viel Geld wendet der Staat für jedes Studium auf?
2. Wie viel braucht ein Studierender durchschnittlich pro Monat für Lebensunterhalt und Studium?
3. Welche Möglichkeiten der Studienfinanzierung gibt es?
4. Welche Vergünstigungen können Studierende in Anspruch nehmen?
5. Welche Versicherungen brauchen Studierende?

Das unsichtbare Geld: Kosten des Studienplatzes

Wenn man von den Kosten des Studiums spricht, meint man in Deutschland die Lebenshaltungskosten, die Studenten aufbringen müssen, und die in mehreren Bundesländern eingeführten Studiengebühren von etwa 500 Euro pro Semester; man fragt aber kaum, wie viel Geld der Staat und damit der Steuerzahler für jedes Studium aufwenden muss.

Hier gibt es von Fach zu Fach große Unterschiede. Die teuerste Ausbildung ist die der Mediziner, Ingenieure und Naturwissenschaftler, da hierfür vor allem teure technische Anlagen und Labors benötigt werden. Nach einer Untersuchung des Wissenschaftsrates lagen die jährlichen Ausgaben pro Student/in z. B. im Fach Physik zwischen 7.700 Euro und 13.600 Euro, im Mittel bei 10.000 Euro. Eine komplette Physikausbildung kostet bei sechs Jahren Studiendauer also zwischen 46.200 und 81.600 Euro. Bei den Mathematikausbildungen schwankten bei durchschnittlich 4.200 Euro die Ausgaben zwischen 3.400 Euro und 5.800 Euro, was insgesamt Aufwendungen von 20.400 bis 34.800 Euro pro Student/in bedeutet.

Die Ausgaben lagen am niedrigsten bei den Germanisten, für die zwischen 800 und 1.500 Euro und im Mittel 1.000 Euro pro Jahr aufgewendet wurden. Für das Studium der Psychologie lagen die Ausgaben zwischen 2.200 Euro und 4.900 Euro, im Mittel bei 3.400 Euro.

In diesen Beträgen sind noch nicht die Baukosten für die Hochschulen eingerechnet. So müssen pro Hochschulausbildung noch einmal ein paar tausend Euro hinzugezählt werden.

Wenn ein US-Amerikaner von Studienkosten spricht, meint er damit etwas anderes als ein Deutscher. In den USA ist es üblich, dass man Studien- und Prüfungsgebühren von mehreren tausend Dollar jährlich aufwendet. 10.000 oder 15.000 Dollar pro Studienjahr und Student sind keine Seltenheit. Dass Absolventen mit Schulden von 50.000 bis 100.000 Dollar ins Berufsleben starten, ist eher die Regel als die Ausnahme, sofern die Eltern nicht seit der Geburt des Kindes entsprechende Summen angespart haben oder man ein Stipendium erhält. Allerdings ist es für US-Banken normal, an Studierende Kredite in dieser Größenordnung für die Studienfinanzierung zu vergeben.

Bis vor einigen Jahren wurden in Deutschland keine Studiengebühren für das Erststudium erhoben. Nur wer übermäßig lang studierte, ein Zweitstudium aufnahm oder sich für das Studium an einer privaten Hochschule entschied, war hiervon betroffen. Die Bundesländer, die ihren Hochschulen nun die Erhebung von allgemeinen Studiengebühren erlaubt haben, haben dabei unterschiedlich hohe Maximalbeträge vorgesehen. Im Durchschnitt werden 500 Euro pro Semester erhoben. Eine Befreiung von den Studiengebühren ist – hier gibt es wiederum von Bundesland zu Bundesland und auch von Hochschule zu Hochschule unterschiedliche Regelungen – für bestimmte Gruppen von Studierenden vorgesehen, etwa für studierende Eltern, bei Mitarbeit in der Fachschaft, beim Studentenwerk oder beim AStA, für Studierende, bei denen sich durch Behinderung oder schwere Erkrankung die Studienzeit verlängert, oder für diejenigen, für die Studiengebühren eine »unbillige Härte« darstellen, wobei sehr strenge Maßstäbe angewandt werden (z. B. hauptverantwortliche Pflege naher Angehöriger).

Grundsätzlich entrichten alle Studierenden den sogenannten *Sozialbeitrag* oder *Semesterbeitrag*. Jedes Semester werden ca. zwischen 30 und 60 Euro fällig. Dieses Geld wird für die studentische Selbstverwaltung, für das Studentenwerk (Wohnheime, Essensversorgung, Notdarlehen usw.) und für die studentische Unfallversicherung verwendet. Die an das Studentenwerk bei Studienbeginn oder bei der Rückmeldung zu jedem weiteren Semester abzuführenden Kosten liegen an einigen Hochschulen mittlerweile aber durchaus schon bei 100 bis 200 Euro, weil das Studentenwerk gleichzeitig das Geld für Verkehrsbetriebe mit einzieht, deren Einrichtungen (Busse, Straßenbahnen usw.) die Studierenden mit ihrem Studentenausweis nutzen können.

Jede Hochschule versucht sicherzustellen, dass alle Geräte, Hilfsmittel und Bücher, die für das jeweilige Studium benötigt werden, vorhanden sind und kostenfrei benutzt werden können. Das schließt im Einzelfall natürlich nicht aus, dass ein Studierender der Musikwissenschaft über ein eigenes Musikinstrument verfügt, dass sich die Studierenden im Laufe des Studiums die wichtigsten Bücher des Faches kaufen oder dass künftige Naturwissenschaftler sich die einen oder anderen Laborgeräte anschaffen. Hierbei kann man aber auch übertreiben. Nicht jeder benötigt eine kleine Fachbibliothek oder ein eigenes Forschungslabor zu Hause. Anschaffen sollte man sich nur das Notwendige.

Auf die Ansprüche kommt es an: Wie viel Geld braucht man/frau im Monat?

Wenn wir von den eigentlichen Kosten des Studiums sprechen, meinen wir neben den evtl. anfallenden allgemeinen Studiengebühren das Geld, das wir für den monatlichen Lebensunterhalt benötigen. Wie viel Geld man im Monat für Unterkunft, Verpflegung, Kleidung und Transport benötigt, ist individuell verschieden und hängt in erster Linie von der Unterbringung (zu Hause oder auswärts) und den persönlichen Ansprüchen ab. Wer sich nur in einer Dachterrassenwohnung wohlfühlt, einen Sportwagen vor der Haustür sein Eigentum nennen möchte und regelmäßig im Restaurant statt in der Mensa isst, wird sicherlich erheblich mehr Ausgaben haben als ein Student, der im Studentenwohnheim wohnt, sich mit dem Bus fortbewegt und sein Essen hauptsächlich in der Mensa oder zu Hause einnimmt.

Betrachten wir einmal die monatlichen Ausgaben des durchschnittlichen Studierenden, der ein Zimmer außerhalb des Elternhauses bewohnt, über kein eigenes Auto verfügt, entweder in der Mensa oder zu Hause isst, keine kostspieligen Hobbys pflegt, sich nur die notwendigsten Dinge fürs Studium anschafft und auch seine Kino-, Theater- und Kneipenbesuche auf das übliche Maß beschränkt.

Bei einem solchen Musterstudenten fallen (nach der 18. Sozialerhebung des Deutschen Studentenwerks) pro Monat folgende durchschnittliche Kosten an:

	Ausgaben
Miete (einschl. Nebenkosten)	266 Euro
Ernährung	147 Euro
Kleidung/Schuhe	50 Euro
Bücher, Arbeitsmaterialien, Lernmittel	35 Euro
Fahrtkosten	82 Euro
Krankenversicherung und sonstige Kosten für die medizinische Behandlung	54 Euro
Telefon, Internet	43 Euro
Ausgaben für Freizeit, Sport, Kultur	62 Euro
Insgesamt	**739 Euro**

Diese Posten geben einen Gesamtdurchschnittsbetrag von rund 740 Euro. Vor allem Studierende, die in einem staatlichen Studentenwohnheim wohnen oder in den östlichen Bundesländern studieren, wo die Mieten auf dem freien Wohnungsmarkt sehr niedrig sind, können gut unter diesem Betrag bleiben. Wer im Heimatort studiert und zu Hause wohnt, hat ebenso geringere Ausgaben, da die Kosten für Miete und Heimfahrten wegfallen und für die Verpflegung geringer sind oder entfallen. Aber auch hier kommt man schnell auf einen Betrag von 300 bis 400 Euro, den man braucht, wenn man nicht jeden Groschen zweimal umdrehen will.

Die Kosten für den Lebensunterhalt hängen nicht nur von den persönlichen Ansprüchen ab, sondern auch von dem Ort, an dem man studiert. In Großstädten sind die Kosten höher als in kleineren Städten. Auch in Orten, in denen der Anteil der Studierenden an der Gesamtbevölkerung sehr hoch ist, liegen die Kosten, vor allem für Miete, höher.

Die Summe, die den meisten Studierenden zur Verfügung steht, liegt unter dem genannten Betrag von ca. 740 Euro. Abgesehen von einer kleinen finanziell sehr gut gestellten Gruppe, die über scheinbar unbegrenztes Geld im Monat verfügt, sieht die wirtschaftliche Lage vieler Studenten düster aus.

Nachdem nun klar ist, was man als Student/in für das Dach über dem Kopf, für Essen und Trinken und für diverse andere Bedürfnisse braucht, stellt sich die Frage, wie man die anfallenden monatlichen Kosten decken kann, sofern man nicht mit Unterstützung der Eltern rechnen kann und alle Ausgaben allein bestreiten muss. Ein Trost für all diejenigen – und das sind die meisten –, deren Eltern über nicht so viel Geld verfügen: Diese bequeme und problemlose Art der Studienfinanzierung bleibt nur einer kleinen Anzahl von Studierenden vorbehalten. Die aktuelle Sozialerhebung des Deutschen Studentenwerks an den deutschen Hochschulen schlüsselt auf, dass nur 52 Prozent des monatlichen Geldes, das Studierenden zur Verfügung steht, von den Eltern kommt. 14 Prozent wird durch BAföG, 10 Prozent aus sonstigen Quellen (Stipendium, Oma) und 24 Prozent aus regelmäßigem Arbeiten, sprich Jobben, erzielt.

An diesen Zahlen sieht man, dass viele Studierende eine sogenannte Mischfinanzierung haben. Sie bekommen etwas Geld von den Eltern, haben Anspruch auf 80 oder 150 Euro BAföG oder ein Stipendium ergattert und verdienen sich das, was noch fehlt, durch gelegentliches Jobben hinzu.

Staatliche Unterstützung europäisch ausgerichtet: Förderung durch BAföG

Was ist BAföG?

BAföG ist die Abkürzung für Bundesausbildungsförderungsgesetz, mit dem unter bestimmten Umständen Studierenden eine finanzielle Unterstützung gewährt wird, deren Eltern oder Ehepartner bestimmte Einkommensgrenzen nicht überschreiten. Eingeführt wurde es Anfang der 70er Jahre, um begabten Schülern, deren Eltern kein Studium finanzieren konnten, das Studium zu ermöglichen. Derzeit erhalten etwa 330.000 Studierende BAföG, wobei der durchschnittliche BAföG-Förderungsbetrag 398 Euro/Monat beträgt.

Nicht jeder, der sein Studium über BAföG finanzieren möchte, erhält eine entsprechende Ausbildungsbeihilfe. Anspruch auf BAföG haben nur diejenigen, denen, wie es im Amtsdeutsch heißt, für den Lebensunterhalt und für die Ausbildung die erforderlichen Mittel anderweitig nicht zur Verfügung stehen und deren gewählte Studienfächer den Neigungen und Fähigkeiten entsprechen. Im Klartext heißt das: BAföG bekommt, wer von Hause aus nicht begütert und fleißig im Studium ist.

BAföG ist zur einen Hälfte ein Geschenk, zur anderen Hälfte ein Darlehen des Staates, von dem bis zu 50 Prozent nach Ende des Studiums wieder zurückgezahlt werden müssen. Bei einem durch BAföG finanzierten Auslandsaufenthalt wird der Auslandszuschlag als nicht zurückzahlbarer Zuschuss gezahlt. Die Darlehen werden nicht verzinst. Außerdem besteht die Möglichkeit eines Erlasses von 25 Prozent des Darlehens durch schnellen Studienabschluss (2.560 Euro Erlass, wenn das Studium mindestens vier Monate vor Ende der Förderhöchstdauer abgeschlossen wird, 1.025 Euro Erlass, wenn es zwei Monate vor Ende der Förderhöchstdauer abgeschlossen wird) oder durch gute Studienleistungen (Abschlussprüfung zählt zu den besten 30 Prozent aller Prüfungen, die im jeweiligen Fach innerhalb des Kalenderjahres abgelegt wurden, Erlass: 15 bis 25 Prozent, je nach Studiendauer). Es können beide Arten des Darlehensteilerlasses in Anspruch genommen werden, sodass man im günstigsten Fall die Hälfte des Darlehens nicht zurückzahlen muss. Wer diese Möglichkeiten nicht hat, kann Geld einsparen, indem er das Darlehen vorzeitig zurückzahlt und einen entsprechenden Nachlass erhält. Je nach Höhe des Ablösungsbetrages liegt dieser Nachlass zwischen 8 und 50 Prozent. Die BAföG-Gesamtdarlehnsbelastung ist auf 10.000 Euro begrenzt.

Wer hat Anspruch auf BAföG?

Grundsätzlich alle deutschen Studierenden, die an einer deutschen Hochschule ordnungsgemäß immatrikuliert sind, und Ausländer unter bestimmten Bedingungen. Bei Ausbildungsbeginn dürfen BAföG-Bewerber das 30. Lebensjahr noch nicht vollendet haben. Es gibt aber mehrere Ausnahmen (Bewerber, die über den zweiten Bildungsweg kommen; Bewerber, die durch langjährige Berufstätigkeit einen Studienplatz bekommen haben; Bewerber, die durch Krankheit oder Kindererziehung ein Studium nicht früher aufnehmen konnten). Ob jemand Anspruch auf Leistungen hat, hängt davon ab, wie gut oder schlecht die Einkommenssituation der Eltern ist, wie groß die Familie und ob der Antragsteller bei den Eltern wohnt oder außerhalb des Wohnortes untergebracht ist. Außerdem spielt der Familienstand des Antragstellers eine Rolle und ggf. das Einkommen des Ehepartners.

Das System der Einkommens- und Vermögensermittlung mit seinen Freibeträgen, Zuschlägen und Anrechnungsbeträgen ist sehr kompliziert und ändert sich von Jahr zu Jahr. Verfügen die Eltern nur über ein durchschnittliches Einkommen oder sind mehrere Kinder im studierfähigen Alter, ist die Chance, BAföG zu bekommen, erheblich höher als bei einem hohen oder bei zwei Einkommen.

Leistungen können auch unabhängig vom Einkommen der Eltern erfolgen, wenn eine der folgenden Bedingungen erfüllt ist: Beginn des Studiums nach Vollendung des 30. Lebensjahres, fünfjährige Erwerbstätigkeit nach dem 18. Lebensjahr, insgesamt sechs Jahre Ausbildungs- und Berufstätigkeit (drei Jahre Berufsausbildung, drei Jahre Erwerbstätigkeit), Aufenthalt der Eltern ist nicht bekannt, oder sie sind nicht zum Unterhalt verpflichtet.

Wie hoch sind die BAföG-Leistungen?

Der derzeitige Förderungshöchstbetrag beträgt für Studierende, die nicht bei den Eltern leben, 648 Euro. Das ist der sogenannte BAföG-Höchstsatz. Es gibt aber auch viele Studierende, die nur 100 oder 200 Euro pro Monat erhalten. Studierende Eltern erhalten zusätzlich einen Kinderbetreuungszuschlag von 113 Euro monatlich für das erste und 85 Euro für jedes weitere Kind.

Die Finanzierung eines Auslandsaufenthaltes während des Studiums ist möglich, wenn der Aufenthalt für das Studium förderlich ist und wenn Studienleistungen, die dort erbracht wurden, auf das hiesige Studium angerechnet werden können. In diesem Fall kommen folgende Leistungen hinzu: Auslandszuschlag je nach Land (zwischen 50 und 450 Euro, evtl. anfallende Studiengebühren bis zu 4.500 Euro pro Studienjahr, Zuschuss zu den Reisekosten, Krankenversicherung, zusätzliche Aufwendungen). Die Auslandsförderung ist ein Zuschuss und braucht später nicht zurückgezahlt zu werden.

Studierende, die ein Komplettstudium im EU-Ausland oder der Schweiz aufnehmen wollen und BAföG-berechtigt sind, können auch dort vom ersten Semester an nach den Inlandssätzen mit BAföG gefördert werden.

Ein Studium außerhalb der EU kann zunächst bis zu einem Jahr und maximal bis zu fünf Semestern gefördert werden.

Wie lange wird BAföG gezahlt?

BAföG wird nur für einen bestimmten Zeitraum gezahlt. Für die meisten Studiengänge an den Fachhochschulen beträgt die Förderungshöchstdauer sieben bis acht Semester, an den wissenschaftlichen Hochschulen neun bis zehn Semester.

Vom vierten (Fachhochschulen) bzw. fünften Semester (Universitäten) an wird BAföG nur noch gezahlt, wenn der Studierende eine Bescheinigung über die bisherigen Studienleistungen vorlegt. Damit wird kontrolliert, ob die BAföG-Stipendien im Sinne des Gesetzgebers verwendet wurden. Wer diese Bedingungen nicht erfüllt, verliert den Anspruch auf weitere Unterstützung.

Wer sein Studienfach wechselt, erhält nur dann eine Weiterförderung, wenn der Wechsel aus einem wichtigen Grund vorgenommen wird und frühzeitig, nach Möglichkeit im ersten oder zweiten Semester, erfolgt.

Wann stellt man den BAföG-Antrag?

Diese Frage ist leicht zu beantworten: so früh wie möglich, da die Bearbeitung der Anträge gerade zu Beginn des Semesters längere Zeit in Anspruch nimmt. Auf alle Fälle sollte der Antrag vor Studienbeginn und spätestens in dem Monat gestellt werden, in dem die Ausbildung beginnt: zu Beginn des Wintersemesters im Oktober (Universitäten) oder im September (Fachhochschulen) und zu Beginn des Sommersemesters im April (Universitäten) oder März (Fachhochschulen). Wer seinen Antrag verspätet stellt, erhält kein Geld rückwirkend.

Wie ist das mit der Rückzahlung des Darlehens?

Das Darlehen muss – sofern man nicht die genannten Vergünstigungen in Anspruch nehmen kann – voll zurückgezahlt werden, und zwar unverzinst.

Fünf Jahre nach Ende der Förderhöchstdauer (nicht nach Ende des Studiums) ist die erste Rate fällig. Die letzte Rate muss spätestens nach 20 Jahren gezahlt sein. Die monatliche Mindestrate beträgt derzeit 105 Euro, die an das Bundesverwaltungsamt (s. unter *www.bva.bund.de*) überwiesen werden muss. Bei Wohnungswechsel oder Namenswechsel sollte dies direkt mitgeteilt werden, weil ansonsten pauschal 25 Euro für die Ermittlung der neuen Anschrift in Rechnung gestellt werden (50728 Köln oder *bafoeg@bva.bund.de*).

Weil nicht alle fünf Jahre nach dem Studium einen gut bezahlten Arbeitsplatz gefunden haben, besteht für Schlechterverdienende die Möglichkeit, sich von der Rückzahlungsverpflichtung befreien zu lassen.

Wo erhält man weitergehende Informationen?

An allen Hochschulen gibt es BAföG-Ämter, in der Regel als eine Abteilung des Studentenwerkes. Sie geben auch gerne vor Studienbeginn Auskunft darüber, ob ein Antrag auf BAföG-Förderung Aussicht auf Erfolg hat. Die Adressen der Studentenwerke sind am Ende des Buches ab S. 350 aufgelistet. Setzen Sie sich mit dem jeweiligen Studentenwerk und dem Amt für Ausbildungsförderung in Verbindung. Vorher sollte man sich gründlich auf der Homepage des Bundesministeriums für Bildung und Forschung unter *www.bafoeg.bmbf.de* informieren.

Für Begabte und Geschickte: Stipendienmöglichkeiten

Es gibt in Deutschland Einrichtungen, sogenannte Begabtenförderungswerke, die Stipendien an geeignete Studierende vergeben. Außerdem fördern sie Doktorarbeiten.

Die Begabtenförderungswerke erhalten jährliche staatliche Zuschüsse. Derzeit sind es rund 132 Mio. Euro, womit ca. 21.000 Personen in den Genuss eines Stipendiums kommen, was aber weniger als einem Prozent aller Studierenden entspricht.

Die wichtigsten Begabtenförderungswerke, was die Anzahl der Stipendien anbelangt, sind die sechs politischen Stiftungen, die je einer Partei weltanschaulich nahestehen. Wir betonen »nahestehen«, weil sie nicht, wie viele glauben, zur jeweiligen Partei gehören, sondern mehr oder weniger unabhängig sind. Im Einzelnen handelt es sich um die *Konrad-Adenauer-Stiftung* (CDU), die *Friedrich-Ebert-Stiftung* (SPD), die *Friedrich-Naumann-Stiftung für die Freiheit* (FDP), die *Hanns-Seidel-Stiftung* (CSU), die *Heinrich-Böll-Stiftung* (Grüne) und die *Rosa-Luxemburg-Stiftung* (Linkspartei). Daneben gibt es noch die *Studienstiftung des deutschen Volkes* und den Konfessionen nahestehende Förderungswerke: das *Cusanuswerk – Bischöfliche Studienförderung* (katholische Kirche) und das *Evangelische Studentenwerk Villigst* (evangelische Kirche). Neu hinzugekommen ist ein Förderwerk für jüdische Studierende, das *Ernst-Ludwig Ehrlich-Förderwerk*. Des Weiteren gibt es noch die *Hans-Böckler-Stiftung* (Förderwerk des Deutschen Gewerkschaftsbundes) und die *Stiftung der Deutschen Wirtschaft – Studienförderwerk Klaus Murmann* (Arbeitgeber).

In der *Stiftung Begabtenförderungswerk berufliche Bildung* werden Personen mit einer abgeschlossenen Ausbildung und mindestens zwei Jahren Berufserfahrung gefördert. Angesprochen werden besonders beruflich Begabte, die ihre Hochschulzugangsberechtigung nicht über das Abitur oder die Fachhochschulreife, sondern durch besondere Leistungen in der Ausbildung erworben haben.

Im Folgenden soll kurz erläutert werden, nach welchen Prinzipien die Begabtenförderungswerke ihre Stipendien vergeben. Diese sind unabhängig von den politischen oder weltanschaulichen Vorstellungen der jeweiligen Stiftung sehr ähnlich. Die Förderwerke erhalten ihre Mittel überwiegend aus staatlichen Zuschüssen, entscheiden aber selbst über die Verwendung der Mittel. Da es sich schließlich um Steuergelder handelt, sind sie angehalten, diese so effektiv wie möglich einzusetzen. Um von einer der Stiftungen gefördert zu werden, muss man nicht Mitglied der Partei sein, die hinter ihr steht. Die Zugehörigkeit zu irgendeiner politischen Partei ist auf der anderen Seite aber auch kein Ausschlussgrund für eine Förderung. Bei den Kirchen nahestehenden Stiftungen sollte man nicht nur der jeweiligen Religionsgemeinschaft angehören, sondern seinen Glauben auch praktizieren.

Alle Begabtenförderungswerke legen übereinstimmend Wert darauf, dass Personen gefördert werden, die nicht nur finanziell gefördert werden wollen, sondern auch an der Arbeit der Stiftung interessiert sind. So erwarten die Stiftungen, dass man entsprechende einführende und weiterführende Seminare besucht, Verbindungen zwischen den Stipendiaten unterhält, sich an der Bildungsarbeit aktiv beteiligt, sich später bei der Auswahl neuer Stipendiaten engagiert und sich generell auf Dauer der Stiftung verpflichtet fühlt.

Eine weitere Gemeinsamkeit: Die bis zur Bewerbung erbrachten Studienleistungen sind bei der Bewerberauswahl sehr wichtig, sie sind aber nicht der entscheidende Aspekt. Anders ausgedrückt, suchen die Stiftungen keine Fachidioten, sondern Menschen, die auch das Allgemeinwohl im Auge haben und einen Dienst an der Gesellschaft leisten. Wessen Biografie deutlich macht, dass es ihm oder ihr bislang in allererster Linie um das eigene Wohl und ohne Rücksicht auf Verluste um die eigene Karriere ging, hat wenig Chancen auf ein Stipendium.

Was Stipendiaten vorweisen sollten, kann vielfältig sein: Mitarbeit in der Jugendarbeit, im sozialen Bereich, in karitativen Organisationen, im Umweltschutz, in der kommunalen Politik, in der Hochschulpolitik, in Selbsthilfegruppen, in kirchlichen Organisationen, im Sport und bei vielem mehr. Natürlich wird nicht erwartet, dass man überall sein soziales, politisches oder kirchliches Engagement unter Beweis gestellt hat, aber es sollte schon deutlich werden, dass ein solches Interesse nicht nur theoretisch, sondern auch praktisch vorhanden ist.

Die Höhe der Stipendien ist überall ähnlich und entspricht etwa der BAföG-Förderung. Sie ist abhängig vom Einkommen und Vermögen der Eltern und des Studierenden. Zu einem Grundbetrag von maximal 585 Euro pro Monat kommt bei den meisten Stiftungen noch ein sogenanntes Büchergeld (ca. 80 Euro pro Monat) und für Verheiratete ein entsprechender Zuschlag hinzu (ca. 155 Euro), falls der Ehepartner bestimmte Einkommensgrenzen nicht überschreitet. Auch Auslandsaufenthalte zu Studienzwecken können finanziert und Zuschüsse zur eigenen Krankenversicherung bis maximal 54 Euro und zur Pflegeversicherung bis maximal 10 Euro gewährt werden.

Wer kann sich wie für ein Stipendium bewerben?

Grundsätzlich können sich alle Studierenden einer deutschen Hochschule unabhängig vom gewählten Studienfach bewerben. Üblich ist die Eigenbewerbung. Aber auch der Direktor des Gymnasiums, Hochschullehrer und ehemalige Stipendiaten können geeignete Kandidaten benennen. Bei der Studienstiftung des deutschen Volkes ist neben dem bisher ausschließlich praktizierten Vorschlagsverfahren jetzt zusätzlich die Eigenbewerbung möglich. Vorschlagsberechtigt sind der Direktor der Schule nach dem Abitur und Hochschullehrer während des Studiums. Bei der Hans-Böckler-Stiftung ist eine Eigenbewerbung nur im Programm »Böckler-Aktion Bildung« möglich, für das sich bereits Schüler bewerben können und das eine Förderung ab dem ersten Semester vorsieht. Ansonsten müssen sich Interessenten, die Gewerkschaftsmitglieder sind, über die jeweilige Gewerkschaft bewerben und Nicht-Gewerkschaftsmitglieder entweder über die Böckler-Stipendiatengruppe am Hochschulort oder über Vertrauensdozenten der Stiftung.

Bei der Stiftung der Deutschen Wirtschaft ist eine Bewerbung über einen Vertrauensdozenten der Stiftung erforderlich.

Die Bewerbung erfolgt entweder zu bestimmten Terminen oder kann jederzeit stattfinden. Folgende Unterlagen werden üblicherweise erwartet: Ausgefüllte Formblätter (vorher anfordern oder von der Homepage herunterladen), Lebenslauf, Kopie des Abiturzeugnisses, Immatrikulationsbescheinigung, Studienleistungen, zwei Gutachten von Hochschullehrern, Darstellung der wirtschaftlichen Situation.

Die eingereichten Unterlagen werden von der jeweiligen Stiftung im Hinblick auf die besonderen Förderrichtlinien durchgesehen. Es erfolgt eine Entscheidung, wer für nicht förderungswürdig erachtet wird (diejenigen erhalten einige Wochen oder Monate später ihre Unterlagen mit einem Schreiben der Stiftung zurück) und wer in die engere Auswahl kommt. Dieser Kreis erhält eine Einladung zu einem Vorstellungsgespräch, zumeist in Form eines mehrtägigen Auswahlseminars in einer Bildungsstätte der Stiftung. Wer die erste Hürde genommen hat, muss sich jetzt einem harten Auswahlverfahren unterwerfen. Auch wenn es hierbei von Stiftung zu Stiftung Unterschiede gibt, ist das Verfahren ähnlich und besteht aus schriftlichen und mündlichen Prüfungen sowie Einzel- und Gruppengesprächen. An der Auswahl sind auch Professoren des Studienfaches vertreten, die vor allem bei dem Teil der Prüfung den Kandidaten auf den Zahn fühlen, in dem es um die Studienleistungen und das fachliche Wissen geht. Nach Abschluss des Auswahlgesprächs geben die Prüfer eine Empfehlung ab, wer in den Kreis der Stipendiaten aufgenommen werden sollte. Üblich ist die Aufnahme für ein Jahr im Sinne einer Probeförderung. Über eine Weiterförderung wird später entschieden, wobei ein weiterhin erfolgreicher Studienverlauf eine wichtige Rolle spielt. Hierzu ist es üblich, dass die Stipendiaten der Stiftung einen Semesterbericht vorlegen. Im günstigen Fall wird man bis zum Ende der Förderhöchstdauer unterstützt. Diese orientiert sich am jeweiligen Studienfach und berücksichtigt einen Zeitrahmen, in dem man sein Studium abgeschlossen haben kann.

Die Kriterien, nach denen die Stipendiaten ausgesucht werden, sind in allen Stiftungen ähnlich. Fachliche und persönliche Eignung für das gewählte Studium ist überall wichtig, ebenso ein erfolgreicher Studienverlauf und entsprechende Leistungsbereitschaft. Hinzu kommen je nach Stiftung spezielle Kriterien, z. B. politisches, soziales oder kirchliches Engagement.

Wer schließlich für eine Förderung ausgewählt wurde, wird während des ganzen Studiums durch sogenannte Vertrauensdozenten an der Hochschule betreut.

Noch eine kleine Einschränkung: Nicht alle Begabtenförderungswerke berücksichtigen Studienanfänger, weil die Studienleistungen ein wichtiges Kriterium bei der Bewerberauswahl sind und Studienanfänger noch keine Leistungen vorweisen können. Üblich ist eine Bewerbung für das zweite oder dritte Semester. Zum ersten Semester fördern die Studienstiftung des deutschen Volkes, die Friedrich-Naumann-Stiftung für die Freiheit mit ihrem »Probestipendium«, die Hanns-Seidel-Stiftung, die Heinrich-Böckler-Stiftung mit dem Sonderprogramm »Böckler-Aktion Bildung« und die Stiftung Begabtenförderung berufliche Bildung.

Bleibt noch die wichtige Frage offen, ob es sinnvoll ist, sich bei mehreren Begabtenförderungswerken gleichzeitig zu bewerben. Im Prinzip nein – höchstens bei zwei Stiftungen, falls man die Anforderungen und Kriterien von beiden Förderungswerken erfüllt.

Auf der Homepage des jeweiligen Begabtenförderungswerks (s. u.) sind detaillierte Angaben zur Bewerbung enthalten, Mindest- und Höchstalter, spezifische Anforderungen an die Kandidaten, aber auch besondere Programme der jeweiligen Stiftung. Die Bewerbungsvordrucke kann man in der Regel von der Homepage der jeweiligen Institution herunterladen oder die Bewerbung erfolgt ausschließlich online.

Über das gemeinsame Portal der Begabtenförderungswerke *www.stipendiumplus.de* erhält man weitere wichtige Informationen.

Konrad-Adenauer-Stiftung
Begabtenförderung und Kultur
Rathausallee 12
53757 St. Augustin
Tel. 02241 / 246328
www.kas.de
Die Stiftung hat ein Sonderprogramm für Studierende zur Förderung des journalistischen Nachwuchses.

Friedrich-Ebert-Stiftung
Abteilung Studienförderung
Godesberger Allee 149
53175 Bonn
Tel. 0228 / 883-0
Fax 0228 / 883-697
www.fes.de

Friedrich-Naumann-Stiftung für die Freiheit
Abteilung Wissenschaftliche Dienste
und Begabtenförderung
Karl-Marx-Straße 2
14482 Potsdam
Tel. 0331 / 7019-349
Fax 0331 / 7019-222
www.freiheit.org

Hanns-Seidel-Stiftung
Lazarettstraße 33
80636 München
Tel. 089 / 1258-301
Fax 089 / 1258-403
www.hss.de
Die Stiftung fördert in einem eigenen Programm Studierende mit Berufsziel Journalismus.

Heinrich-Böll-Stiftung
Studienwerk
Rosenthaler Straße 40–41
10178 Berlin
Tel. 030 / 28534-400
Fax 030 / 28534-409
www.boell.de

Rosa-Luxemburg-Stiftung
Franz-Mehring-Platz 1
10243 Berlin
Tel. 030 / 4431-223
Fax 030 / 44331-0188
www.rosalux.de

Studienstiftung des deutschen Volkes
Ahrstraße 41
53175 Bonn
Tel. 0228 / 82096-0
Fax 0228 / 82096-84
www.studienstiftung.de

Cusanuswerk – Bischöfliche Studienförderung
Baumschulallee 5
53115 Bonn
Tel. 0228 / 98384-0
Fax 0228 / 651912
www.cusanuswerk.de

Evangelisches Studienwerk
Haus Villigst
Iserlohner Straße 25
58239 Schwerte
Tel. 02304 / 755-196
Fax 02304 / 755-250
www.evstudienwerk.de

Ernst-Ludwig Ehrlich-Studienwerk
Postfach 120852
10598 Berlin
Tel. 030 / 3180591-0
Fax 030 / 3180591-10
www.eles-studienwerk.de

Hans-Böckler-Stiftung
Abteilung Studienförderung
Hans-Böckler-Straße 39
40476 Düsseldorf
Tel. 0211 / 7778-140
Fax 0211 / 7778-120
www.boeckler.de
Bewerbung über eine der im DGB zusammengeschlossenen Einzelgewerkschaften.

Stiftung der Deutschen Wirtschaft – Studienförderwerk Klaus Murmann
Breite Straße 29
10178 Berlin
Tel. 030 / 2033-1540
Fax 030 / 2033-1555
www.sdw.org
Bewerbung von Studierenden über einen Vertrauensdozenten der Stiftung.

Stiftung Begabtenförderung berufliche Bildung gGmbH
Lievelingsweg 102–104
53119 Bonn
Tel. 0228 / 62931-43
Fax 0228 / 62931-40
www.aufstiegsstipendium.de

Außer diesen großen und in ganz Deutschland tätigen Förderungswerken gibt es weitere Stiftungen, die Stipendien vergeben:

- allgemein für Studierende
- für Studierende einzelner Fächer
- für Studierende an bestimmten Hochschulen
- für Studierende, die an einem bestimmten Hochschulort studieren
- für Studierende, die aus einer bestimmten Region stammen
- für Studierende einer bestimmten Konfession
- für Studierende, deren Eltern einer bestimmten Berufsgruppe angehören, usw.

Diese vielen – zumeist kleineren – Stiftungen, von denen es einige hundert gibt und die in der Regel keine volle Studienförderung gewähren, sondern sachlich und zeitlich befristete Vorhaben wie zum Beispiel die Anfertigung einer Examensarbeit fördern, werden in folgendem Studienführer umfassend vorgestellt:

Dieter Herrmann, Angela Verse-Herrmann, *Geld fürs Studium und die Doktorarbeit. Wer fördert was?*, 2006. Er beantwortet alle Fragen zum Thema Studienfinanzierung. Zudem lohnt die Recherche unter *www.stipendienlotse.de*.

Die Ochsentour: Studium und Jobben

Denjenigen, denen BAföG nicht zusteht, die keine Aussicht auf ein Stipendium haben und deren Eltern nicht in der Lage sind, jeden Monat ca.740 Euro für die Ausbildung ihrer Kinder auszugeben, bleibt nichts anderes übrig, als zu arbeiten. So gehen mittlerweile rund 65 Prozent der Studierenden einer Erwerbstätigkeit nach – immer häufiger nicht mehr nur ausschließlich in den Semesterferien, sondern in gleich hohem Umfang auch während des Semesters.

Die Frage, wie man einen gut bezahlten Job bekommt, ist nicht einfach zu beantworten. Auch studentische Jobs sind rar, und je nachdem, an welchem Ort man studiert, gibt es mehr oder weniger davon.

Um den Studierenden die Jobsuche zu erleichtern, haben die Arbeitsagenturen an den Hochschulorten eigene Arbeitsvermittlungen für Studierende eingerichtet, die Tagesjobs und längere Beschäftigungsverhältnisse sowohl für die Semesterferien als auch für die Vorlesungszeit vermitteln. Vor allem in den Semesterferien werden Aushilfskräfte vielerorts benötigt.

Im Allgemeinen ist es leichter, eine Arbeit zu finden, wenn fachliche Qualifikationen vorhanden sind. Gefragt sind derzeit vor allem Fähigkeiten im Tippen und Kenntnisse moderner Textverarbeitung. Aus diesem Grund ist ein entsprechender Kursus eine sinnvolle Investition nicht nur für die Jobsuche während des Studiums. Solche Qualifikationen werden auch von vielen Arbeitgebern nach dem Examen erwartet. Viele Hochschulen bieten ihren Studierenden kostenfreie Kurse an.

Was Studierende sonst alles tun oder besser gesagt tun müssen, um ihr Studium zu finanzieren, ist vielfältig: Arbeit im Restaurant oder Café, in der Fabrik und an der Tankstelle, als Zeitungsausträger, bei Umzügen und auf dem Bau, als Babysitter, Stadtführer, Aufpasser in Museen oder an der Kasse eines Supermarktes. In Hochschulstädten, in denen der Anteil der Studierenden an der Gesamtbevölkerung sehr hoch ist, gibt es kaum eine Tätigkeit, die nicht von Studenten ausgeübt wird.

Auch an den Hochschulen gibt es studentische Jobs, die sowohl für den Geldbeutel als auch für die Ausbildung lohnend sind. Es handelt sich um sogenannte Tutoren- oder Hilfskraftstellen. Unter der Leitung eines Hochschullehrers darf man Hilfsarbeiten im Forschungs- und Lehrbetrieb ausführen. Solche Stellen sind sehr begehrt und entsprechend rar. Für Studienanfänger kommen sie kaum in Frage, da sie zumeist an Studierende vergeben werden, die einen Teil ihres Studiums erfolgreich abgeschlossen haben.

Mancher Euro lässt sich einsparen: Vergünstigungen für Studierende

Der Status als Student/in bringt eine Reihe von finanziellen Vorteilen. Manchen Zeitgenossen erscheinen diese Vergünstigungen so groß, dass sie von einer vom Staat privilegierten Gruppe sprechen. Diese Ansicht ist zweifellos einseitig und unhaltbar. Da Studierende, im Gegensatz zu Auszubildenden, keine Ausbildungsvergütung bekommen und bei vielen die Studienfinanzierung auf wackligen Beinen steht und selbst bei einer sicheren Finanzierung durch die Eltern die Abhängigkeit groß ist, brauchen Studierende Vergünstigungen, die andere Gruppen der Gesellschaft nicht benötigen.

Der Nachweis für den Status als Student/in ist der Studentenausweis.

Mit diesem Ausweis sind eine Reihe von Vorteilen verbunden, die man erst einmal nicht vermuten würde:

- Man hat die Berechtigung, sich für ein studentisches Wohnheimzimmer oder Apartment zu bewerben, das preislich günstiger ist als Zimmer oder Wohnungen auf dem freien Wohnungsmarkt.
- Bei Vorlage des Studentenausweises kann man in der Mensa und in den Cafeterien der Hochschule preisgünstiger essen und trinken, als dies in einem Restaurant möglich ist.
- Der Studentenausweis berechtigt in vielen Städten, mit Bahn und Bussen sowie bei Heimfahrten zu einem studentischen Tarif zu fahren. Oder es wird

die Berechtigung erworben, mit Zahlung des Sozialbeitrags (s. S. 323) kostenfrei die Verkehrsmittel im und rund um den Hochschulort zu nutzen.

- An fast allen Hochschulorten gibt es für Studierende ermäßigte Preise für Theater, Konzerte, Museen und mancherorts auch fürs Kino.
- Wer einen Studentenausweis hat, kann sich einen Internationalen Studentenausweis ausstellen lassen, der viele Vorteile bei Reisen im Ausland bringt.
- Studierende können die Sporteinrichtungen der Hochschule kostenfrei oder gegen geringe Gebühr nutzen.
- Es gibt Kreditinstitute, die die Konten ihrer studentischen Kunden kostenfrei oder gegen geringere Gebühr führen.
- Manche Zeitungs- und Zeitschriftenverlage bieten preisgünstige Studentenabonnements an.
- Die studentische Kranken- und Pflegeversicherung ist preislich günstiger als die Tarife für Berufstätige.
- Wer ein bestimmtes Einkommen monatlich nicht überschreitet, erhält für das eigene Telefon eine ermäßigte Grundgebühr und eine Befreiung von den Rundfunk- und Fernsehgebühren.
- In manchen Städten besteht für Studierende die Möglichkeit, einen sogenannten Sozialausweis zu beantragen, mit dem man innerhalb der Stadt weitere Vergünstigungen hat.

Wir dürfen auch eine Vergünstigung nicht vergessen, die so selbstverständlich ist, dass man sie nicht als Vergünstigung ansieht: Die Tatsache nämlich, dass in einer Stadt Studenten studieren und leben, führt dazu, dass Geschäfte auf studentische Geldbeutel zugeschnittene Waren und Dienstleistungen anbieten, die es in Orten ohne Studierende nicht gibt.

Nur im Notfall: Kredite und Bildungsfonds

Studierende im Erststudium können zur Finanzierung ihrer Lebenshaltungskosten den *Studienkredit* der KfW-Förderbank in Anspruch nehmen und einen monatlichen Kredit von 100 bis 650 Euro beantragen. Er ist in der Regel auf maximal zehn Fachsemester beschränkt. Die KfW-Förderbank bietet den Studienkredit allen Studierenden zum gleichen Zinssatz an – unabhängig vom Studienfach, Studienort, von den bisherigen Studienleistungen, einem möglichen eigenen Einkommen oder dem Einkommen der Eltern/des Ehepartners. Sicherheiten brauchen nicht gestellt zu werden. Der Zinssatz des KfW-Studienkredits ist variabel und wird halbjährlich neu festgelegt.

Die Rückzahlung des Kredits erfolgt nach Eintritt in das Berufsleben in monatlichen Raten, die bis auf maximal 25 Jahre gestreckt werden können. Die

Rückzahlung beginnt frühestens 6, spätestens 23 Monate nach der letzten Auszahlung. Möglich ist auch eine außerplanmäßige Rückzahlung. Weiterhin ist eine Kombination mit anderen Studienfinanzierungsformen wie BAföG oder dem u. g. Bildungskredit möglich.

Bedingung für den Studienkredit der KfW-Förderbank ist, dass die Studierenden bei Studienbeginn volljährig und bei Finanzierungsbeginn nicht älter als 30 Jahre sind. Sie müssen als Vollzeitstudierende an einer staatlichen oder staatlich anerkannten Hochschule mit Sitz in Deutschland eingeschrieben sein. Eine Einschränkung gibt es: Den Studienkredit können nur Studierende mit einer positiven Schufa-Auskunft in Anspruch nehmen. Wer bereits andere Kredite am Laufen oder einen negativen Schufa-Eintrag hat, kann mit seinem Antrag abgelehnt werden. Weitere Informationen unter *www.kfw-foerderbank.de* (Pfad »Studium und Beruf«, dann »Wissenskredite für Studierende«).

Auch andere Kreditinstitute vergeben mittlerweile Studienkredite, wobei die meisten sich bei ihrem Angebot auf Studierende einer Hochschule oder einer Region, auf Studierende bestimmter Fachrichtungen oder Kredite für die Zahlung der Studiengebühren konzentrieren.

Auch hier ist üblicherweise der Rückzahlungsbeginn 6 bis 12 Monate, in Einzelfällen 24 Monate nach Studienabschluss.

Interessenten sollten sich zu aktuellen Entwicklungen vor allem auf der Website des Centrums für Hochschulentwicklung Gütersloh *unter www.che.de* informieren und deren neuesten Kreditvergleich lesen. Siehe hierzu:
www.che.de/downloads/CHE_Studienkredit_Test_2009_AP120.pdf

Nicht zur Finanzierung des Studiums, sondern für »besondere Ausbildungssituationen« wie Praktika im In- und Ausland, eine besondere Exkursion oder die Finanzierung teurer Studienmaterialien kann der sogenannte *Bildungskredit* beantragt werden. Er wird, anders als BAföG, unabhängig vom eigenen Einkommen und Vermögen der Eltern und des Ehepartners vergeben. Der Kredit kann für maximal zwei Jahre und mit einer monatlichen Auszahlung von 100, 200 oder 300 Euro gewährt werden (Darlehnshöchstbetrag von 7.200 Euro).

Auf Antrag kann die Zahl der Monatsraten reduziert werden, jedoch nicht auf weniger als drei. In diesem Fall kann zu einem späteren Zeitpunkt ein zweiter Kredit bis zur Höhe von 24 Raten beantragt werden. Wird glaubhaft gemacht, dass ein bestimmter Betrag unmittelbar für die Finanzierung eines besonderen Aufwandes benötigt wird, kann neben dem monatlichen Kredit ein Abschlag im Voraus bis zur Höhe von 6 Raten ausgezahlt werden.

Die Antragstellung erfolgt schriftlich beim Bundesverwaltungsamt (Abteilung IV Bildungskredit, 50728 Köln) oder online unter *www.bundesverwaltungs-*

amt.de. Organisiert wird der Bildungskredit von der KfW-Bankengruppe, die die Anträge prüft und bewilligt.

Von Beginn der Auszahlung an ist der Kredit zu verzinsen. Die Zinsen werden bis zum Beginn der Rückzahlung gestundet. Die ersten vier Jahre nach Beginn der Auszahlung sind tilgungsfrei. Anschließend wird der Kredit in monatlichen Raten von 120 Euro zurückgezahlt. Eine teilweise oder vollständige Rückzahlung ist denkbar. Ein Teilerlass des Darlehens ist – anders als beim BAföG – bei vorzeitiger Rückzahlung aber nicht möglich.

Beantragt werden kann der Bildungskredit von allen Studierenden bis zum Ende des zwölften Studiensemesters, sofern sie einen Bachelorstudiengang erfolgreich abgeschlossen haben und sich in einem Masterstudiengang befinden oder sofern sie in Staatsexamensstudiengängen eingeschrieben sind und eine Bescheinigung vorlegen, dass sie die Zwischenprüfung bestanden haben bzw. dass in diesem Studiengang keine Zwischenprüfung vorgesehen ist.

Ausländische Studierende sind wie beim BAföG unter bestimmten Bedingungen antragsberechtigt. Der Bildungskredit kann neben dem BAföG in Anspruch genommen werden.

Weitere Informationen unter *www.bildungskredit.de* oder *www.kfw-foerderbank* (Pfad »Studium und Beruf«, dann »Wissenskredite für Studenten«).

Eine weitere Möglichkeit der Studienfinanzierung sind *Bildungsfonds*. In einen Bildungsfonds zahlen Anleger Geld ein, mit dem Studierende ihr Studium oder ihre Doktorarbeit finanzieren. Nach dem Abschluss zahlen die Absolventen einen bestimmten Anteil ihres Bruttoeinkommens an den Fonds zurück, woraus die Renditen gezahlt werden. Die Studierenden erhalten Mittel bis zu 750 Euro im Monat plus mögliche Studiengebühren. Auch Einmalzahlungen, etwa für einen Auslandaufenthalt, sind möglich. Je nach Einkommen zahlen sie später über drei bis acht Jahre durchschnittlich drei bis acht Prozent ihres Bruttoeinkommens an die fondsbildende Gesellschaft zurück. Das Geld wird ausgewählten Studierenden für ihre Studienfinanzierung zur Verfügung gestellt, z.B. für Lebenshaltung, mögliche Auslandsaufenthalte oder für Studiengebühren.

Bei den Bildungsfonds investieren die Anleger gewissermaßen in die Zukunft von hochbegabten Studierenden. Anders als bei einem Studienkredit, der unabhängig von den Studienleistungen gezahlt wird, werden nur leistungsstarke Studierende mit zu erwartenden hohen Aufstiegschancen und späterem entsprechendem Einkommen ausgewählt. Zusätzlich zur obligatorischen Schufa-Prüfung müssen die Bewerber ein fünfstufiges Auswahlverfahren durchlaufen, das schulische und bisher im Studium erbrachte Leistungen ebenso berücksichtigt wie Motivation oder Einsatzfreude. Deshalb ist dieses Angebot primär an die Studierenden der sogenannten zukunftsträchtigen Fachbereiche wie Wirtschaftswissenschaften, Naturwissenschaften oder Technikwissenschaften gerichtet. Wird ein Studierender schließlich ausgewählt, schließt er dem Modell zufolge mit der Fondsgesellschaft keinen Darlehens-, sondern einen Studienfördervertrag. Praktiziert werden Bildungsfonds etwa an folgenden Hochschulen: Leipzig (Handelshochschule/HHL), München (TU München) und Oestrich-Winkel (European Business School/ebs).

Die Entscheidung für oder gegen einen Studienkredit oder die Studienfinanzierung über einen Bildungsfonds sollte nicht überstürzt getroffen werden. Studierende sollten sich gut überlegen, ob sie diese Art der Studienfinanzierung, die sie über Jahre nach dem Studium finanziell stark belastet, nicht vermeiden können. Es sollte vorher gründlich geprüft werden, ob sie nicht für BAföG, ein Stipendium oder für den staatlichen Studienkredit in Frage kommen.

Standard genügt: Versicherungen für Studierende

Nach den gesetzlichen Bestimmungen müssen alle Studierenden krankenversichert sein. Dafür stehen vier Möglichkeiten offen:

1. Kostenlose *Mitversicherung* in der gesetzlichen Krankenversicherung der Eltern (oder des Ehepartners). Diese Möglichkeit der sogenannten Familienversicherung besteht aber nur bis zum 25. Lebensjahr. Wehr-/Zivildienstzeiten o. Ä. werden mit berücksichtigt. Wer über seinen Ehepartner oder eingetragenen Lebenspartner versichert ist, für den gilt die Altersgrenze nicht.
2. Eigene studentische Krankenversicherung bei einem gesetzlichen Krankenversicherungsunternehmen. Die Kosten betragen pro Monat derzeit 55,55 Euro. Hinzu kommen Beiträge zur Pflegeversicherung von 9,98 Euro/Monat oder bei Kinderlosen über 23 Jahren 11,26 Euro. Eine solche Versicherung kann bis zum Ende des 14. Fachsemesters oder bis zur Vollendung des 30. Lebensjahres genutzt werden.
3. Hat man die Altershöchstgrenze der gesetzlichen Krankenversicherung überschritten, besteht die Möglichkeit, sich im direkten Anschluss bis zu sechs Monate weiterzuversichern. Der Tarif richtet sich nach der finanziellen Leistungsfähigkeit des freiwilligen Mitglieds (ab ca. 125 Euro monatlich, Pflegeversicherung mindestens 16,38 Euro).
4. Eigene studentische Versicherung bei einem privaten Krankenversicherungsunternehmen. Die Kosten pro Monat sind abhängig von verschiedenen Faktoren, u. a. dem Eintrittsalter, dem gewählten Leistungsumfang, dem Geschlecht und der Selbstbeteiligung. Hinzu kommt noch die Pflegeversicherung.

Studierende, die bis zum Beginn des Studiums Mitglied einer privaten Krankenversicherung waren, müssen sich zu Beginn des Studiums entscheiden, ob sie sich für die Dauer des Studiums bei einer gesetzlichen Krankenversicherung oder weiter privat versichern wollen. Diese Entscheidung gilt für die Dauer des Studiums und ist nicht widerrufbar.

Studierende, die während der Vorlesungszeit mehr als 20 Stunden pro Woche neben dem Studium arbeiten, können studentische Tarife nicht in Anspruch nehmen und müssen die Arbeitnehmerbeiträge entrichten. Sie gelten nicht mehr als Studierende.

Ist die Tätigkeit befristet, so gilt der studentische Tarif dann, wenn die Beschäftigung entweder während der Vorlesungszeit auf nicht mehr als 2 Monate (50 Arbeitstage) oder auf die vorlesungsfreie Zeit beschränkt ist.

Studierende sind im Rahmen der studentischen Unfallversicherung gegen Unfälle in der Hochschule, auf dem Weg zur Hochschule und auf dem Weg von der Hochschule nach Hause sowie (unter bestimmten Umständen) bei Familienheimfahrten versichert. Die Leistungen umfassen die Kosten der Heilbehandlung und der Rehabilitation sowie im schlimmsten Fall eine Rente.

Weitere Zwangsversicherungen bestehen normalerweise nicht. Lebensversicherungen, Haftpflicht-, Kfz-, Hausratversicherungen usw. sind freiwillig.

Der Ernst beginnt schon früher: Zwischen Einschreibung, Zimmersuche und Studienbeginn

Das glückliche Ende jeder erfolgreichen Bewerbung um einen Studienplatz ist der Zulassungsbescheid, der irgendwann per Post ins Haus kommt. In diesem Bescheid, der je nach Studienfach und Hochschule vier bis acht Wochen vor dem Semesteranfang verschickt wird, teilt die Hochschule oder die ZVS mit, wann und mit welchen Unterlagen die sogenannte Immatrikulation, das heißt die Eintragung in die Liste der Studierenden, zu erfolgen hat.

Es gibt Hochschulen, bei denen es ausreicht, wenn man diese Unterlagen zur Zulassungsstelle schickt; die Immatrikulation erfolgt dort praktisch per Post. Andere Hochschulen erwarten die persönliche Immatrikulation. Man muss dann mit den im Zulassungsbescheid genannten Unterlagen dort erscheinen. Auch die Online-Einschreibung ist schon möglich.

An Unterlagen werden normalerweise erwartet:

- Personalausweis zum Nachweis der Identität
- Zulassungsbescheid (bei ZVS-Fächern oder zulassungsbeschränkten Fächern einer Hochschule)
- Original des Abiturzeugnisses und beglaubigte Kopie
- ausgefüllter Personalbogen der Hochschule, zuweilen mit Lebenslauf
- ein oder mehrere Passbilder
- Nachweis einer Krankenversicherung und Pflegeversicherung
- Nachweis über den eingezahlten Sozialbeitrag (wird verwendet für studentische Einrichtungen und für die Unfallversicherung)

Nachdem die vorgelegten oder geschickten Unterlagen geprüft worden sind, stellt jede Hochschule das sogenannte Studienbuch aus. Dieses Studienbuch, in dem alle wichtigen Angaben der künftigen Studierenden vermerkt sind, ist ein Nachweis, dass man an dieser Hochschule angenommen worden ist. Künftig werden alle wichtigen Unterlagen über das Studium und die Studienleistungen in diesem Studienbuch gesammelt. Es begleitet die Studierenden während des gesamten Studiums und wird bei der Anmeldung zum Examen wieder vorgelegt.

Bei kleinen Hochschulen erhält man häufig schon mit dem Studienbuch den Studentenausweis. Bei größeren Hochschulen, vor allem bei den großen Universitäten, dauert es einige Wochen, bis der Studentenausweis ausgehändigt werden kann.

Der Studentenausweis ist neben dem Studienbuch das wichtigste Dokument für die Studierenden. Er hat eine Reihe wichtiger Aufgaben. Bei Vorlage des Studentenausweises können verbilligte Fahrkarten für Bahn und Busse ebenso in Anspruch genommen werden wie reduzierte Eintrittspreise für Schwimmbäder, Konzert- und Theaterveranstaltungen sowie (in manchen Städten) fürs Kino. Darüber hinaus wird der Studentenausweis innerhalb der Hochschule benötigt, um z. B. in der Bibliothek Bücher auszuleihen, sich zu Lehrveranstaltungen anzumelden oder Zutritt zu bestimmten Instituten zu bekommen.

Derzeit wird der Studentenausweis von Papier auf Chipkarten umgestellt, die über verschiedene Funktionen verfügen. Dann ist der Studentenausweis auch Zahlungsmittel. Zudem werden auf ihm alle studienbezogenen Daten gespeichert: So kann man Bücher ausleihen, sich fürs nächste Semester zurückmelden, im Bus ausweisen, für Klausuren und Prüfungen anmelden und die Ergebnisse elektronisch abfragen und, falls genügend Geld aufgeladen ist, das Mensaessen bezahlen und Säumnisgebühren in der Universitätsbibliothek entrichten.

Spätestens nach der Einschreibung stellen sich die künftigen Studierenden die Frage, ob sie nun noch mal richtig Urlaub machen sollten. Bis zum Beginn der Lehrveranstaltungen sind es noch ein bis zwei Monate, da könnte man alles Mögliche unternehmen. Man könnte aber auch noch alles Mögliche an Studienvorbereitungen erledigen – und vielleicht dann noch wegfahren.

Jedenfalls sollte man sich spätestens jetzt, wenn man in einem Bachelorstudiengang studieren will, das Modulhandbuch und die Prüfungsordnung des künftigen Studienfachs beschaffen. Diejenigen, die einen Staatsexamensstudiengang anstreben, besorgen sich die entsprechende Studien- und Prüfungsordnung. Wie bereits ausführlich erläutert (s. S. 137) enthalten diese Ordnungen genaue Informationen, welche Lehrveranstaltungen in den einzelnen Ausbildungsabschnitten besucht werden müssen und welche Leistungsnachweise zu erbringen sind.

Das Modulhandbuch und die Studien- und Prüfungsordnungen sagen aber nicht, welche konkreten Lehrveranstaltungen (Titel der Veranstaltung, Ort, Dozent) im kommenden Semester angeboten werden. Um diese Informationslücke zu schließen, beschafft man sich das Gesamtvorlesungsverzeichnis der Hochschule, das entweder elektronisch über die Homepage der Hochschule abzurufen oder in allen Buchhandlungen der Stadt erhältlich ist. Das Vorlesungsverzeichnis enthält auf vielen Seiten (bei großen Universitäten mehrere hundert Seiten) eine Fülle an Informationen, die viele Studienanfänger eher irritieren, als dass sie hilfreich sind. Diejenigen, die tatsächlich nach vielem Durchblättern die Lehrveranstaltungen des künftigen Studienfaches gefunden haben, entdecken, dass in aller Regel dort nur der Titel der Veranstaltung, der Ort, wo die Veranstaltung stattfindet (Hörsaal oder Arbeitsraum), und der Name der Person, die diese Veranstaltung leitet, vermerkt sind.

Damit ist man kaum schlauer als vorher: Wer ein Studium der Philosophie beginnen möchte und den Hinweis »Übung für Anfänger« findet, kann damit ebenso wenig anfangen wie ein Architekturstudent mit der Information »Einführung in die Bauphysik« oder ein künftiger Student im Fach Geschichte mit der Veranstaltung »Überlieferungsformen mittelalterlicher Dokumente«. Was aber verbirgt sich hinter solchen Begriffen? Welche speziellen Gebiete werden abgehandelt? Welchen Aufbau hat die Veranstaltung? Welche Vorkenntnisse werden benötigt? Wie bereitet man sich auf das Thema vor?

Diese und weitere Fragen beantwortet das *Kommentierte Vorlesungsverzeichnis*, das man sich beim Sekretariat des jeweiligen Studienfaches oder bei der Fachschaft beschaffen kann oder das auf der Instituts-Homepage eingestellt ist. Hier finden sich die gewünschten weitergehenden Hinweise: anhand welcher Fachliteratur man sich auf die Lehrveranstaltung vorbereiten kann, wie und wo die Anmeldung erfolgt und an welchem Ort und zu welcher Zeit die erste Lehrveranstaltung stattfinden wird. Häufig findet man neben der Zeitangabe die Abkürzung c.t. (lat. cum tempore, »mit Zeit«), die den Hinweis darauf gibt, dass die Veranstaltung eine viertel Stunde später beginnt als im Vorlesungsverzeichnis aufgeführt. So fängt ein mit 9.00 Uhr c.t. angegebenes Seminar tatsächlich erst um 9.15 Uhr an. Man spricht in diesem Zusammenhang auch vom *akademischen Viertel*. Steht neben der Zeit die Abkürzung s.t. (lat. sine tempore, »ohne Zeit«), beginnt die Veranstaltung pünktlich.

Der letzte Schritt durch das Dickicht der Anträge, Formulare und der übrigen behördlichen Regelungen ist die Erstellung des Stundenplanes. Sie werden jetzt sagen, dass Sie das an der Schule ja oft genug gemacht haben. Aber der Stundenplan an der Hochschule ist anders als in der Schule und bereitet selbst fortgeschrittenen Studierenden jedes Semester die gleichen Probleme, da er im Gegensatz zur Schule in den meisten Fächern nicht vorgegeben wird, sondern selbst zusammengestellt werden muss.

Im Modulhandbuch und den Studien- und Prüfungsordnungen des jeweiligen Faches ist aufgeführt, welche Lehrveranstaltungen von den Studierenden üblicherweise im ersten Semester oder im ersten Studienabschnitt belegt werden müssen oder sollten. Im Vorlesungsverzeichnis bzw. Kommentierten Vorlesungsverzeichnis steht, welche Lehrveranstaltungen im nächsten Semester angeboten werden. Nehmen wir einmal an, für Fach X wird erwartet, dass im ersten Semester sieben Lehrveranstaltungen à zwei Stunden = 14 Stunden pro Woche belegt werden sollten, um den vorgegebenen »Fahrplan« auch einhalten zu können. Wer sich anschließend die sieben Veranstaltungen heraussucht, die entsprechend dieser Vorgabe im nächsten Semester angeboten werden, erlebt die erste unangenehme Überraschung. Häufig überschneiden sich Lehrveranstaltungen, die man gerne besuchen möchte, zeitlich. Da bleibt einem nichts anderes übrig, als sich für eine von beiden zu entscheiden und die Lehrveranstaltung, die in diesem Semester nicht möglich ist, im zweiten oder dritten Semester zu besuchen, vorausgesetzt, dass sie irgendwann noch einmal angeboten wird.

Ein weiteres Problem ist der auseinandergerissene Stundenplan. Nachdem mit viel Mühe endlich die Veranstaltungen ausgewählt und auf dem Stundenplan eingetragen sind, entdeckt man, dass etwa am Montagvormittag von 8 bis 10 Uhr eine Vorlesung stattfindet, die nächste Lehrveranstaltung jedoch erst um 16 Uhr beginnt. Oder dass am Freitag acht Stunden Unterricht bis in den späten Abend hinein auf dem Plan stehen, obwohl man gerne bereits am frühen Nachmittag nach Hause fahren würde. Dann beginnt man erneut mit der Lektüre des Vorlesungsverzeichnisses und versucht, Lehrveranstaltungen zu finden, die zeitlich besser in den Stundenplan passen.

Vor allem die Erstsemester sind bei der Erstellung des Stundenplanes häufig überfordert. Um zu verhindern, dass bereits die ersten Schritte ins Studium mit Frustration verbunden sind, gibt es Unterstützung von verschiedenen Seiten. Die Dozenten bieten in den Wochen vor Beginn des Studiums zusätzliche Sprechstunden an, in denen auch die Frage der Stundenplanerstellung besprochen werden kann. Die studentischen Einrichtungen (Fachschaften, AStA) bieten spezielle Informationsveranstaltungen oder Einführungskurse an. Auch die Zentralen Studienberatungsstellen stehen mit Rat und Tat zur Seite.

Nachdem es nach mehreren Anläufen und mit Unterstützung gelungen ist, den Stundenplan für das erste Semester zu erstellen, folgt die Anmeldung zu den Lehrveranstaltungen. Die Art und Weise, wie man sich anmeldet, ist von Hochschule zu Hochschule und von Fach zu Fach sowie von Hochschullehrer zu Hochschullehrer verschieden.

Für Vorlesungen meldet man sich üblicherweise nicht an. Hier reicht es aus, wenn man sich in der ersten Woche des Semesters am angegebenen Ort zu der Zeit einfindet, die im Vorlesungsverzeichnis oder im Kommentierten Vorlesungsverzeichnis vermerkt ist. Bei Übungen, Seminaren und fachpraktischen Lehrveranstaltungen meldet man sich entweder über das Internet oder direkt bei dem Dozenten an, der die Lehrveranstaltung durchführt, oder man trägt sich in eine Liste bzw. findet sich zu einem bestimmten Termin zu einer Vorbesprechung ein.

Sie werden sicherlich fragen: Wozu dieses komplizierte und für den Studienanfänger schwer durchschaubare Anmeldungsverfahren? Das alles ist ein Ergebnis der Massenhochschule und der Autonomie der Hochschulen in Forschung und Lehre. Jede/r Hochschullehrer/in entscheidet selbst, welche Lehrveranstaltungen er oder sie zu welcher Zeit anbietet und wie man sich hierfür anmeldet. Außerdem müssen Sie berücksichtigen, dass innerhalb weniger Tage hunderte und an großen Universitäten tausende von Studienanfängern an die Hochschulen strömen und mit den richtigen Informationen versorgt werden müssen. Vor dreißig oder vierzig Jahren war das völlig anders. Da konnte man am Schwarzen Brett lesen, welche Lehrveranstaltungen angeboten wurden, und ging anschließend zum Professor, der genügend Zeit hatte, einem ausführlich einführende Ratschläge zu geben. Aber damals hatte eine Universität nicht 20.000 oder 30.000 Studierende, sondern 3.000 oder 4.000.

Natürlich spielt auch die Größe der Hochschule und die Zahl der Mitstudierenden im jeweiligen Fach eine wichtige Rolle. Bei einer Fachhochschule mit 100 Studienanfängern pro Jahr ist das System von Anmeldung, Information und Stundenplanerstellung sehr viel einfacher und mit weniger Formalitäten und Bürokratie verbunden als an einer Universität, an der jedes Semester zehn- oder zwanzigmal mehr Studierende ihre Ausbildung beginnen. In einem Fach, in dem es nur zehn oder zwanzig Studenten gibt, ist die Orientierung sehr viel leichter als in einem sogenannten Massenfach, wo tausende von Studierenden zur selben Zeit ausgebildet werden.

Nachdem die Immatrikulation, die Stundenplanerstellung und die Anmeldung zu den Lehrveranstaltungen abgeschlossen sind, ist es nicht verkehrt, sich anschließend schon mal mit den wichtigsten Örtlichkeiten vertraut zu machen. Ansonsten besteht die Gefahr, dass man in den ersten Wochen des Semesters ziellos umherirrt und die Räume im Labyrinth der Gebäude sucht. Einige Dinge, die vor dem ersten Studientag erkundet werden sollten: Wo befinden sich die Räumlichkeiten, in denen die Lehrveranstaltungen stattfinden? Wo sind z. B. die Bibliotheken, die Mensa, die Labors, Zeichensäle oder die studentischen Einrichtungen? Wo werden Einführungsveranstaltungen angeboten?

Wenn Sie nicht bei Eltern, Verwandten oder Bekannten Ihre Unterkunft am Hochschulort bereits sicher haben, sollten Sie spätestens nach der Einschreibung Ausschau halten nach einem Zimmer oder einer kleinen Wohnung. Ansonsten laufen Sie Gefahr, bei Ihrem Studienanfang erst einmal in der Jugendherberge oder in Notunterkünften des Studentenwerks nächtigen zu müssen.

Eine passende Unterkunft am Hochschulort zu finden ist überall nicht einfach und vielerorts teuer. Immerhin wohnen nur 22 Prozent der Studierenden zu Hause und 78 Prozent in den eigenen vier Wänden. Dies hat jedes Semester eine große Nachfrage nach studentischem Wohnraum zur Folge.

Es gibt drei Arten von Unterkünften: das Zimmer oder Apartment in einem der Studentenwohnheime der Hochschule, das Zimmer oder die Wohnung auf dem sogenannten freien Wohnungsmarkt und die Wohngemeinschaft, abgekürzt WG.

Jede Hochschule hat studentische Wohnheime für einen Teil der Studierenden. Dort leben derzeit bundesweit etwa 12 Prozent der Studierenden in (zumeist möblierten) Einzelzimmern oder in kleinen Apartments.

Soweit es sich bei den Hochschulen um geschlossene Komplexe am Rande der Stadt (Campus-Hochschulen) handelt, liegen die Wohnheime in der Regel nahe beieinander auf dem Campus oder in dessen Nähe. Bei Hochschulen, deren Gebäude über die Stadt verstreut sind, befinden sich die Wohnheime zumeist in verschiedenen Stadtteilen.

Studentische Wohnheime haben Vorteile und Nachteile. Von Vorteil sind die Mieten, die für Einzelzimmer (Größe ca. 10–18 qm) zwischen 130 und 180 Euro, für Apartments (Größe ca. 15–25 qm) zwischen 150 und 210 Euro liegen und damit in aller Regel günstiger sind als die Miete für entsprechende Wohnmöglichkeiten bei privaten Vermietern (Zimmer ca. 140 bis 220 Euro, Kleinwohnungen ab 250 Euro). Von Vorteil ist auch, was vor allem für die Campus-Hochschulen gilt, dass der Weg zur Arbeit zu Fuß oder per Fahrrad problemlos möglich ist. Auf der anderen Seite ist das Wohnen Zimmer an Zimmer mit einigen dutzend oder mit bis zu hunderten von Mitstudierenden nicht jedermanns Sache.

Wer lieber mit Menschen in einem Haus zusammenleben möchte, die aus verschiedenen sozialen Gruppen kommen und möglicherweise auch verschiedenen Berufen nachgehen, sollte sich ein Zimmer oder eine kleine Wohnung bei einem privaten Vermieter suchen. Neben der in der Regel höheren Miete kommt als möglicher Nachteil hinzu, dass Studierende sich zusätzlich auch um alle Belange, die mit der Wohnung zusammenhängen, kümmern müssen. Wirklich unangenehm kann das werden, wenn – aus welchen Gründen auch immer (Standardthemen: Krach, Treppenputzen u. a.) – ein gespanntes Mieter-Vermieter-Verhältnis besteht.

Bei der Suche nach der Unterkunft gibt es Unterstützung von der Wohnungsvermittlungsstelle des Studentenwerks. Auch die studentischen Gremien helfen mit Rat und Tat. Außerdem gibt es überall in der Hochschule Schwarze Bretter, wo Wohnungssuchende Angebote finden können.

Wer sich für einen Platz im Studentenwohnheim entschieden hat, sollte sich bereits etwa sechs Monate vor Studienbeginn ebenfalls beim Studentenwerk der jeweiligen Hochschule (das Studentenwerk ist zuständig für die Wohnheimplätze) anmelden. Die Adressen der Studentenwerke finden Sie im hinteren Teil des Buches ab S. 350.

Für diejenigen, die einen privaten Vermieter vorziehen, ein Tipp: Am leichtesten lassen sich studentische Zimmer und Wohnungen kurz nach Ende der Lehrveranstaltungen finden. Dies sind die Monate August (für das nächste Wintersemester) und März (für das darauffolgende Sommersemester). In dieser Zeit geben die bisherigen Zimmerbesitzer, die ihr Studium beendet haben oder den Hochschulort wechseln, in größerer Zahl ihre bisherige Bleibe auf und suchen eine/n Nachmieter/in.

Eine weitere Möglichkeit des studentischen Wohnens ist die Wohngemeinschaft. Von dieser Wohn- und Lebensform macht derzeit etwa jede/r fünfte Studierende mindestens einmal im Studium Gebrauch. Eine Wohngemeinschaft ist die engste und erfahrungsreichste Variante, sofern die Personen, die eine Wohngemeinschaft bilden, gut zusammenpassen. Macht man nach einigen Monaten die Erfahrung, dass dies nicht der Fall ist, stehen immer noch die Möglichkeiten eins und zwei offen.

Für behinderte Studierende und Studierende mit Kindern ist es sehr problematisch, den passenden Wohnraum zu finden. Es gibt zwar reservierte Wohnheimplätze für diesen Personenkreis, die jedoch bei weitem nicht ausreichen – immerhin haben 7 Prozent der Studierenden Kinder, vor allem im Krippenalter.

Für Studierende mit Kindern ist nicht nur die Wohnungssuche, sondern auch das Studium mit Schwierigkeiten verbunden, die andere Studierende nicht kennen. An allen Hochschulen gibt es deshalb für Behinderte und studentische Eltern Einrichtungen, die ihnen bei der Beschaffung von Wohnraum oder Krippenplätzen oder Kindergartenplätzen behilflich sind und sie in Studienfragen unterstützen.

Wichtige Literatur und Websites

Literatur

- Dieter Herrmann, Angela Verse-Herrmann, *Geld fürs Studium und die Doktorarbeit. Wer fördert was?*, 2006
- Dieter Herrmann, Angela Verse-Herrmann, *Erfolgreich bewerben an Hochschulen. So bekommen Sie Ihren Wunschstudienplatz*, 2008
- Helmut E. Klein, *Abiturientenausbildung der Wirtschaft. Die praxisnahe Alternative zur Hochschule*, hrsg. vom Institut der deutschen Wirtschaft Köln, 2009 (CD-ROM mit Begleitheft in Kassette), zu beziehen über die IW Medien GmbH, Konrad-Adenauer-Ufer 21, 50668 Köln, *www.iwmedien.de*, s. im dortigen »Bookshop«
- *Studien- und Berufswahl 2009/2010*, hrsg. von den Ländern der Bundesrepublik Deutschland und der Bundesagentur für Arbeit, 2009

Websites

- *www.ausbildungplus.de*
  (Recherche nach Lehrstellen/Ausbildungen mit Zusatzqualifikationen , etwa Fremdsprachenkursen, und nach dualen Studienangeboten)
- *www.studienwahl.de*
  (Informationen rund um das Studium in Deutschland, Online-Portal von »Studien- und Berufswahl«)
- *www.hochschulkompass.de*
  (Die Website der Hochschulrektorenkonferenz enthält Informationen zu den über 300 von ihr vertretenen Mitgliedshochschulen in Deutschland und eine Datenbank der Studiengänge.)
- *www.studentenwerke.de*
  (Recherche nach dem Angebot des Studentenwerks am gewünschten Hochschulort, etwa nach Wohnheimzimmern, BAföG-Amt, Kinderbetreuungsmöglichkeiten)
- *www.stipendiumplus.de*
  (Website der Begabtenförderungswerke)
- *www.stipendienlotse.de*
  (Datenbank mit vielfältigen Stipendienmöglichkeiten)

Für BAföG und Unterkunft: Adressen der Studentenwerke

Die Studentenwerke sind zuständig für alle sozialen Belange der Studierenden. Zu ihren Aufgaben gehören die Vergabe von eigenen Wohnheimzimmern, Apartments und Wohnungen, Vermittlung von Privatzimmern und Wohnungen auf dem freien Wohnungsmarkt, Unterhaltung von Mensen und Cafeterien und die Betreuung von besonderen Gruppen, z. B. von Studierenden mit Kindern und Behinderten. Wer einen Platz in einem Studentenwohnheim sucht, sollte bereits mehr als ein halbes Jahr vor dem Studienbeginn die Bewerbung starten. Vielerorts bestehen Wartelisten, oder die Zimmer werden verlost. Bewerbung für das Wintersemester: in der Regel bis spätestens 15.6., für das Sommersemester bis 15.12. Schreiben Sie die *Wohnheimverwaltung* des für Sie zuständigen Studentenwerks unter der unten angeführten (E-Mail-)Adresse an.

Der ideale Zeitraum für die Suche nach einem Zimmer oder einer entsprechenden Wohnung auf dem freien Wohnungsmarkt ist die vorlesungsfreie Zeit, da Studierende im Falle eines Ortswechsels oder bei Studienabschluss meistens zum Ende der Vorlesungszeit ihre Räumlichkeiten aufgeben, also Suche im August oder im März unter Zuhilfenahme der Wohnraumvermittlung des Studentenwerks.

Bei den Studentenwerken ist zudem eine andere wichtige Abteilung zu finden: das *Amt für Ausbildungsförderung*. Hier kann schon vor Studienbeginn in Erfahrung gebracht werden, ob ein Antrag auf BAföG Aussicht auf Erfolg haben wird oder nicht. Nicht vergessen: Ein BAföG-Antrag sollte nicht erst im ersten Studienmonat gestellt werden, sondern mehrere Wochen zuvor, da die Mitarbeiter des Studentenwerks erfahrungsgemäß zu Studienbeginn besonders überlastet sind. Rückwirkend wird BAföG *nicht* gezahlt.

Nachfolgend sind die Adressen der Studentenwerke aufgelistet, deren Serviceangebote (Wohnheime, Kinderbetreuungsmöglichkeiten usw.) in der Regel über das Internet einsehbar sind. Entweder haben sie eine eigene Homepage, oder man findet sie über die Homepage der jeweiligen Hochschule.

Studentenwerk Aachen
(Zuständigkeitsbereich: Aachen, Jülich)
Turmstraße 3
52072 Aachen
Tel. 0241 / 80-93200
Fax 0241 / 80-93109
E-Mail: info@studentenwerk-aachen.de
www.studentenwerk-aachen.de

Studentenwerk Augsburg
(Zuständigkeitsbereich: Augsburg, Kempten, Neu-Ulm)
Eichleitnerstraße 30
86159 Augsburg
Tel. 0821 / 598-4901
Fax 0821 / 5962-50
E-Mail: studentenwerk@stw.uni-augsburg.de
www.studentenwerk-augsburg.de

Studentenwerk Berlin
(Zuständigkeitsbereich: Berlin)
Hardenbergstraße 34
10623 Berlin
Tel. 030 / 93939-70
Fax 030 / 93939-7202
E-Mail: info@studentenwerk-berlin.de
www.studentenwerk-berlin.de

Studentenwerk Bielefeld
(Zuständigkeitsbereich: Bielefeld, Detmold, Höxter, Lemgo, Minden)
Universitätsstraße 25
33615 Bielefeld
Tel. 0521 / 106-4119
Fax 0521 / 106-4121
E-Mail: studentenwerk@uni-bielefeld.de
www.studentenwerk-bielefeld.de

Akad. Förderungswerk Bochum – Studentenwerk
(Zuständigkeitsbereich: Bocholt, Bochum, Gelsenkirchen, Recklinghausen)
Universitätsstraße 150
44801 Bochum
Tel. 0234 / 32-210
Fax 0234 / 32-14010
E-Mail: akafoe@akafoe.de
www.akafoe.de

Studentenwerk Bonn
(Zuständigkeitsbereich: Bonn, St. Augustin, Rheinbach)
Nassestraße 11
53113 Bonn
Tel. 0228 / 737-102
Fax 0228 / 737-104
E-Mail: info@stw-bonn.de
www.studentenwerk-bonn.de

Studentenwerk Braunschweig
(Zuständigkeitsbereich: Braunschweig, Buxtehude, Hildesheim, Holzminden, Lüneburg, Wolfenbüttel, Wolfsburg, Salzgitter, Suderburg)
Katharinenstraße 1
38106 Braunschweig
Tel. 0531 / 391-4807
Fax 0531 / 391-4848
E-Mail: info@sw-bs.de
www.sw-bs.de

Studentenwerk Bremen
(Zuständigkeitsbereich: Bremen, Bremerhaven)
Bibliothekstraße 3/Studentenhaus
28359 Bremen
Tel. 0421 / 2201-0
Fax 0421 / 2201-195
E-Mail: postmaster@studentenwerk.bremen.de
www.studentenwerk.bremen.de

Studentenwerk Chemnitz-Zwickau
(Zuständigkeitsbereich: Chemnitz, Schneeberg, Zwickau)
Thüringer Weg 3
09126 Chemnitz
Tel. 0371 / 562 -8100
Fax 0371 / 562 -8102
E-Mail: stuwe.info@swcz.tu-chemnitz.de
www.tu-chemnitz.de/stuwe

Studentenwerk Darmstadt
(Zuständigkeitsbereich: Darmstadt, Dieburg)
Alexanderstraße 4
64283 Darmstadt
Tel. 06151 / 16-2210
Fax 06151 / 16-3857
E-Mail: stw@studentenwerkdarmstadt.de
www.studentenwerkdarmstadt.de

Studentenwerk Dortmund
(Zuständigkeitsbereich: Dortmund, Iserlohn, Hagen, Meschede, Soest)
Vogelpothsweg 85
44227 Dortmund
Tel. 0231 / 75-55699
Fax 0231 / 75-4060
E-Mail: info@stwdo.de
www.stwdo.de

Studentenwerk Dresden
(Zuständigkeitsbereich: Dresden, Görlitz, Zittau)
Fritz-Löffler-Straße 18
01069 Dresden
Tel. 0351 / 4697-50
Fax 0351 / 47181-54
E-Mail: info@swdd.tu-dresden.de
www.studentenwerk-dresden.de

Studentenwerk Düsseldorf
(Zuständigkeitsbereich: Düsseldorf, Krefeld, Mönchengladbach)
Universitätsstraße 1
40225 Düsseldorf
Tel. 0211 / 81-15777
Fax 0211 / 81-15778
E-Mail: info@studentenwerk-duesseldorf.de
www.studentenwerk-duesseldorf.de

Studentenwerk Erlangen-Nürnberg
(Zuständigkeitsbereich: Ansbach, Eichstätt, Erlangen, Ingolstadt, Neuendettelsau, Nürnberg)
Langemarckplatz 4
91054 Erlangen
Tel. 09131 / 8002-0
Fax 09131 / 8002-18
E-Mail: stw.orb@rzmail.uni-erlangen.de
www.studentenwerk.uni-erlangen.de

Studentenwerk Essen-Duisburg
(Zuständigkeitsbereich: Essen, Duisburg)
Reckhammerweg 1
45141 Essen
Tel. 0201 / 82010-0
Fax 0201 / 82010-19
E-Mail: gf@stw.essen-duisburg.de
www.studentenwerk.essen-duisburg.de

MainSWerk
Studentenwerk Frankfurt am Main
(Zuständigkeitsbereich: Frankfurt am Main, Offenbach, Wiesbaden, Rüsselsheim und Geisenheim)
Bockenheimer Landstraße 133
60325 Frankfurt am Main
Tel. 0180 / 1788-3368
Fax 069 / 7982-3057
E-Mail: info@studentenwerkfrankfurt.de
www.studentenwerkfrankfurt.de

Studentenwerk Frankfurt/Oder
(Zuständigkeitsbereich: Cottbus, Eberswalde, Frankfurt/Oder, Senftenberg)
Paul-Feldner-Straße 8
15230 Frankfurt (Oder)
Tel. 0335 / 56509-0
Fax 0335 / 56509-99
E-Mail: gf@studentenwerk-frankfurt.de
www.studentenwerk-frankfurt.de

Studentenwerk Freiberg
(Zuständigkeitsbereich: Freiberg, Mittweida)
Petersstr. 5
09599 Freiberg
Tel. 03731 / 2624-21
Fax 03731 / 2624-22
E-Mail: service@swf.tu-freiberg.de
www.studentenwerk.tu-freiberg.de

Studentenwerk Freiburg
(Zuständigkeitsbereich: Freiburg, Furtwangen, Offenburg, Villingen-Schwenningen)
Schreiberstraße 12–16
79098 Freiburg
Tel. 0761 / 2101-200
Fax 0761 / 2101-303
E-Mail: swfr@studentenwerk.uni-freiburg.de
www.studentenwerk-freiburg.de

Studentenwerk Gießen
(Zuständigkeitsbereich: Friedberg, Fulda, Gießen)
Otto-Behaghel-Straße 23–27
35394 Gießen
Tel. 0641 / 40008-0
Fax 0641 / 40008-109
E-Mail: studentenwerk@studwerk.uni-giessen.de
www.uni-giessen.de/studentenwerk

Studentenwerk Göttingen
(Zuständigkeitsbereich: Göttingen)
Platz der Göttinger Sieben 4
37073 Göttingen
Tel. 0551 / 39-5102
Fax 0551 / 39-5186
E-Mail: info@studentenwerk-goettingen.de
www.studentenwerk-goettingen.de

Studentenwerk Greifswald
(Zuständigkeitsbereich: Greifswald, Neubrandenburg, Stralsund)
Am Schießwall 1–4
17489 Greifswald
Tel. 03834 / 8617-00
Fax 03834 / 8617-02
E-Mail: info@studentenwerk-greifswald.de
www.studentenwerk-greifswald.de

Studentenwerk Halle
(Zuständigkeitsbereich: Bernburg, Dessau, Halle/Saale, Köthen, Merseburg)
Wolfgang-Langenbeck-Str. 5
06120 Halle
Tel. 0345 / 6847-0
Fax 0345 / 6847-502
www.studentenwerk-halle.de

Studentenwerk Hamburg
(Zuständigkeitsbereich: Hamburg)
Von-Melle-Park 2
20146 Hamburg
Tel. 040 / 41902-0
Fax 040 / 41902-100
E-Mail: info@studierendenwerk-hamburg.de
www.studierendenwerk-hamburg.de

Studentenwerk Hannover
(Zuständigkeitsbereich: Hannover, Nienburg)
Jägerstraße 3–5
30167 Hannover
Tel. 0511 / 7688-022
Fax 0511 / 7688-949
E-Mail: info@studentenwerk-hannover.de
www.studentenwerk-hannover.de

Studentenwerk Heidelberg
(Zuständigkeitsbereich: Heidelberg, Heilbronn, Mosbach)
Marstallhof 1
69117 Heidelberg
Tel. 06221 / 5426-70
Fax 06221 / 5427-41
www.studentenwerk.uni-heidelberg.de

Studierendenwerk Kaiserslautern
(Zuständigkeitsbereich: Kaiserslautern, Zweibrücken)
Erwin-Schrödinger-Straße 30
67663 Kaiserslautern
Tel. 0631 / 23923
Fax 0631 / 20548-56
E-Mail: studwerk@rhrk.uni-kl.de
www.uni-kl.de/Studentenwerk

Studentenwerk Karlsruhe
(Zuständigkeitsbereich: Bruchsal, Calw, Karlsruhe, Pforzheim)
Adenauerring 7
76131 Karlsruhe
Tel. 0721 / 6909-0
Fax 0721 / 6909-292
E-Mail: info@studentenwerk-karlsruhe.de
www.studentenwerk-karlsruhe.de

Studentenwerk Kassel
(Zuständigkeitsbereich: Kassel, Witzenhausen)
Wolfhager Straße 10
34117 Kassel
Tel. 0561 / 804-2550
Fax 0561 / 804-3520
E-Mail: verwaltg@studentenwerk.uni-kassel.de
www.uni-kassel.de/stw

Studentenwerk Koblenz
(Zuständigkeitsbereich: Koblenz, Höhr-Grenzhausen, Remagen)
Universitätsstr. 1
56070 Koblenz
Tel. 0261 / 287110-0
Fax 0261 / 287110-1
www.studentenwerk-koblenz.de

Kölner Studentenwerk
(Zuständigkeitsbereich: Gummersbach, Köln)
Universitätsstraße 16
50937 Köln
Tel. 0221 / 94265-0
Fax 0221 / 94265-115
E-Mail: info@kstw.de
www.koelner-studentenwerk.de

Seezeit – Studentenwerk Bodensee
(Zuständigkeitsbereich: Isny, Konstanz, Ravensburg, Weingarten)
Universitätsstraße 10
78464 Konstanz
Tel. 07531 / 88-3946
Fax 07531 / 88-3999
E-Mail: servicecenter@seezeit.com
www.seezeit.com

Studentenwerk Leipzig
(Zuständigkeitsbereich: Leipzig)
Goethestraße 6
04109 Leipzig
Tel. 0341 / 965-95
Fax 0341 / 965-9684
E-Mail: info@studentenwerk-leipzig.de
www.studentenwerk-leipizg.de

Studentenwerk Magdeburg
(Zuständigkeitsbereich: Friedensau, Halberstadt, Magdeburg, Stendal, Wernigerode)
Johann-Gottlob-Nathusius-Ring 5
39106 Magdeburg
Tel. 0391 / 6703
Fax 0391 / 67115-55
E-Mail: geschaeftsfuehrung@studentenwerk-magdeburg.de
www.studentenwerk-magdeburg.de

Studierendenwerk Mainz
(Zuständigkeitsbereich: Bingen, Mainz)
Staudingerweg 21
55128 Mainz
Tel. 06131 / 39249-10
Fax 06131 / 39249-07
E-Mail: stwmz@uni-mainz.de
www.studierendenwerk-mainz.de

Studentenwerk Mannheim
(Zuständigkeitsbereich: Mannheim)
L 7, 8
68161 Mannheim
Tel. 0621 / 292-0
Fax 0621 / 292-1027
E-Mail: info@studentenwerk-mannheim.de
www.studentenwerk-mannheim.de

Studentenwerk Marburg
(Zuständigkeitsbereich: Marburg)
Erlenring 5
35037 Marburg
Tel. 06421 / 296-0
Fax 06421 / 157-61
E-Mail: info@studentenwerk-marburg.de
www.studentenwerk-marburg.de

Studentenwerk Münster
(Zuständigkeitsbereich: Münster)
Bismarckallee 5
48151 Münster
Tel. 0251 / 837-0
Fax 0251 / 837-9207
www.studentenwerk-muenster.de

Studentenwerk München
(Zuständigkeitsbereich: Benediktbeuern, Freising, München, Rosenheim)
Leopoldstraße 15
80802 München
Tel. 089 / 38196-0
Fax 089 / 38196-133
E-Mail: stuwerk@studentenwerk.mhn.de
www.studentenwerk.muenchen.de

Studentenwerk Oberfranken
(Zuständigkeitsbereich: Bayreuth, Coburg, Hof, Münchberg)
Universitätsstraße 30
95447 Bayreuth
Tel. 0921 / 5559-00
Fax 0921 / 5559-99
E-Mail: post@swo.uni-bayreuth.de
www.swo.uni-bayreuth.de

Studentenwerk Oldenburg
(Zuständigkeitsbereich: Elsfleth, Emden, Leer, Oldenburg, Wilhelmshaven)
Uhlhornsweg 49–55
26129 Oldenburg
Tel. 0441 / 798-2709
Fax 0441 / 798-2615
E-Mail: info@sw-ol.de
www.studentenwerk-oldenburg.de

Studentenwerk Osnabrück
(Zuständigkeitsbereich: Osnabrück, Vechta)
Ritterstraße 10
49074 Osnabrück
Tel. 0541 / 33107-0
Fax 0541 / 33107-31
E-Mail: info@studentenwerk-osnabrueck.de
www.studentenwerk-osnabrueck.de

Studentenwerk Niederbayern/Oberpfalz
(Zuständigkeitsbereich: Deggendorf, Landshut, Passau, Regensburg)
Albertus-Magnus-Straße 4
93053 Regensburg
Tel. 0941 / 943-2201
Fax 0941 / 943-1937
E-Mail: stwno@studentenwerk.uni-regensburg.de
www.studentenwerk.uni-regensburg.de

Studentenwerk Paderborn
(Zuständigkeitsbereich: Paderborn)
Warburger Straße 100
33098 Paderborn
Tel. 05251 / 60-3118
Fax 05251 / 60-3439
E-Mail: info@studentenwerk-pb.de
www.studentenwerk-pb.de

Studentenwerk Potsdam
(Zuständigkeitsbereich: Brandenburg, Potsdam, Wildau)
Friedrich-Ebert-Straße 4
14467 Potsdam
Tel. 0331 / 3706-0
Fax 0331 / 3706-125
E-Mail: post@studentenwerk-potsdam.de
www.studentenwerk-potsdam.de

Studentenwerk Rostock
(Zuständigkeitsbereich: Güstrow, Rostock, Warnemünde, Wismar)
St.-Georg-Straße 104–107
18055 Rostock
Tel. 0381 / 4592-600
Fax 0381 / 4592-999
www.studentenwerk-rostock.de

Studentenwerk im Saarland e.V.
(Zuständigkeitsbereich: Homburg, Saarbrücken)
Universitätsgebäude 28
66123 Saarbrücken
Tel. 0681 / 302-2800
Fax 0681 / 302-2890
E-Mail: info@studentenwerk-saarland.de
www.studentenwerk-saarland.de

Studentenwerk Schleswig-Holstein
(Zuständigkeitsbereich: Eckernförde, Flensburg, Heide/Holst., Kiel, Lübeck, Rendsbrück, Wedel)
Westring 385
24118 Kiel
Tel. 0431 / 8816-0
Fax 0431 / 8054-16
www.studentenwerk-s-h.de

Studentenwerk Siegen
(Zuständigkeitsbereich: Siegen)
Herrengarten 5
57072 Siegen
Tel. 0271 / 740-0
Fax 0271 / 740-4971
E-Mail: info@studentenwerk.uni-siegen.de
www.studentenwerk-siegen.de

Studentenwerk Stuttgart
(Zuständigkeitsbereich: Ludwigsburg, Stuttgart)
Holzgartenstraße 11
70174 Stuttgart
Tel. 0711 / 9574-410
Fax 0711 / 9574-400
E-Mail: studentenwerk@sws-internet.de
www.sws-internet.de

Studierendenwerk Trier
(Zuständigkeitsbereich: Trier, Birkenfeld)
Universitätsring 12 a
54296 Trier
Tel. 0651 / 201-3560
Fax 0651 / 201-3918
E-Mail: mail@studierendenwerk-trier.de
www.studiwerk.de

Studentenwerk Thüringen
(Zuständigkeitsbereich: Jena, Weimar, Eisenach, Erfurt, Ilmenau, Nordhausen, Schmalkalden)
Philosophenweg 22
07743 Jena
Tel. 03641 / 930-500
Fax 03641 / 930-502
E-Mail: poststelle@stw-thueringen.de
www.stw-thueringen.de

Studentenwerk Tübingen-Hohenheim
(Zuständigkeitsbereich: Albstadt, Geislingen, Hohenheim, Nürtingen, Reutlingen, Rottenburg, Sigmaringen, Trossingen, Tübingen)
Wilhelmstraße 15
72074 Tübingen
Tel. 07071 / 29738-30
Fax 07071 / 29738-36
E-Mail: studentenwerk@studentenwerk.uni-tuebingen.de
www.tuebingen-hohenheim.de

Studentenwerk Ulm
(Zuständigkeitsbereich: Aalen, Biberach, Neu-Ulm Schwäbisch Gmünd, Ulm)
James-Franck-Ring 8
89081 Ulm
Tel. 0731 / 502-3810
Fax 0731 / 502-3831
E-Mail: stw-ulm@uni-ulm.de
www.uni-ulm.de/uni/studentenwerk

Studentenwerk Vorderpfalz
(Zuständigkeitsbereich: Germersheim, Landau, Ludwigshafen, Worms)
Im Fort 7
76829 Landau
Tel. 06341 / 9179-0
Fax 06341 / 840-69
E-Mail: info@studierendenwerk-vorderpfalz.de
www.studierendenwerk-vorderpfalz.de

Hochschulwerk Witten/Herdecke e.V.
(Zuständigkeitsbereich: Witten/Herdecke)
Alfred-Herrhausen-Straße 50
58455 Witten
Tel. 02302 / 926-840
Fax 02302 / 926-839
E-Mail: hsw@uni-wh.de
www.hochschulwerk.de

Studentenwerk Würzburg
(Zuständigkeitsbereich: Aschaffenburg, Bamberg, Schweinfurt, Würzburg)
Am Studentenhaus
97072 Würzburg
Tel. 0931 / 8005-0
Fax 0931 / 8005-214
E-Mail: info@studentenwerk-wuerzburg.de
www.studentenwerk-wuerzburg.de

Hochschul-Sozialwerk Wuppertal – Studentenwerk
(Zuständigkeitsbereich: Wuppertal)
Max-Horkheimer-Straße 15
42119 Wuppertal
Tel. 0202 / 439-2561, 2562
Fax 0202 / 439-2568
E-Mail: hsw@uni-wuppertal.de
www.hsw.uni-wuppertal.de

Abkürzungsverzeichnis

AkdBK	▶	Akademie der Bildenden Künste
B.A.	▶	Bachelor of Arts
B.Eng.	▶	Bachelor of Engineering
B.Sc.	▶	Bachelor of Science
BLS	▶	Bucerius Law School
BTU	▶	Brandenburgische Technische Universität
D	▶	Diplom
FH	▶	Fachhochschule
FernU	▶	Fernuniversität
FHKuG	▶	Fachhochschule für Kunst und Gestaltung
FHNordak	▶	Fachhochschule Nordakademie
FHT	▶	Fachhochschule für Technik
FHTW	▶	Fachhochschule für Technik und Wirtschaft
FHW	▶	Fachhochschule für Wirtschaft
FU	▶	Freie Universität
H	▶	Hochschule
HAW	▶	Hochschule für Angewandte Wissenschaften
HfGest	▶	Hochschule für Gestaltung
HdM	▶	Hochschule der Medien
HTW	▶	Hochschule für Technik und Wirtschaft
HTWK	▶	Hochschule für Technik, Wirtschaft und Kultur
HU	▶	Humboldt-Universität
IHI	▶	Internationales Hochschulinstitut
KHB	▶	Kunsthochschule Berlin
MedU	▶	Medizinische Universität
M.A.	▶	Master of Arts
M.Eng.	▶	Master of Engineering
M.Sc.	▶	Master of Science
PH	▶	Pädagogische Hochschule
RheinFH	▶	Rheinische Fachhochschule
TFH	▶	Technische Fachhochschule
TH	▶	Technische Hochschule
TU	▶	Technische Universität
TUBergAk	▶	Technische Universität Bergakademie
U	▶	Universität
UBw	▶	Universität der Bundeswehr
UdK	▶	Universität der Künste
ZVS	▶	Zentralstelle für die Vergabe von Studienplätzen

Der schnellste Weg zum Wunschstudienplatz

Dieter Herrmann, Angela Verse-Herrmann

Erfolgreich bewerben an Hochschulen

So bekommen Sie Ihren Wunschstudienplatz

Auswahltests – Motivationsschreiben – Vorstellungsgespräch

188 Seiten / broschiert

ISBN 978-3-8218-5958-3

Das Abitur ist geschafft, jetzt wartet das Studium. Wichtige Fragen müssen beantwortet und schwierige Entscheidungen getroffen werden: Ist mein Wunschstudienplatz zulassungsbeschränkt bzw. welche Hürden muss ich überwinden? Ist es sinnvoll, mich mehrfach zu bewerben oder nur auf den Wunschstudienplatz zu konzentrieren?

Dieser Ratgeber hilft Ihnen dabei, sich optimal auf den Wettbewerb um den Studienplatz an Ihrer Wunschhochschule vorzubereiten und Umwege zum Studium oder lange Wartezeiten zu vermeiden. Die zentralen Themen:

- Das aktuelle ZVS-Auswahlverfahren
- Die verschiedenen Auswahlkriterien der Hochschulen
- Die schriftliche Bewerbung um einen Studienplatz
- Das Auswählgespräch um einen Studienplatz
- Schriftliche Eignungs- und Studierfähigkeitstests
- Tipps von Hochschullehrern für Bewerber/-innen